REVISTA ESPÍRITA
JORNAL DE ESTUDOS PSICOLÓGICOS

ANO IV - 1861

4ª edição
2.000 exemplares
Do 6º ao 8º milheiro
Janeiro/2022

Capa e Projeto gráfico
Éclat! Comunicação Ltda

Tradução
Julio Abreu Filho

Impressão
Ar Fernandez Gráfica

O produto da venda desta obra é
destinado à manutenção das atividades
assistenciais da Sociedade Espírita
Boa Nova, de Catanduva, SP.

1ª edição: Julho de 2016 - 2.000 exemplares

REVISTA ESPÍRITA
JORNAL DE ESTUDOS PSICOLÓGICOS

Publicada sob a direção de
ALLAN KARDEC

ANO IV – 1861

Todo efeito tem uma causa. Todo efeito inteligente tem uma causa inteligente. O poder da causa inteligente está na razão da grandeza do efeito.

Tradução do francês
Julio Abreu Filho

Editora Cultural Espírita Edicel
Instituto Beneficente Boa Nova
Entidade coligada à Sociedade Espírita Boa Nova
Av. Porto Ferreira, 1.031 | Parque Iracema
Catanduva/SP | CEP 15809-020
www.boanova.net | boanova@boanova.net
Fone 17.3531-4444 | Fax 17.3531-4443

Título do original francês:
Revue Spirite: Journal D'Études Psychologiques
(Paris, 1861)

Dados Internacionais de Catalogação na Publicação (CIP)
(Câmara Brasileira do Livro, SP, Brasil)

Kardec, Allan, 1804-1869.
Revista Espírita : jornal de estudos psicológicos, ano IV : 1861 / publicada sob a direção de Allan Kardec ; tradução do francês Julio Abreu Filho. -- Catanduva, SP : EDICEL, 2016.

Título original: Revue Espirite : journal D'Etudes psychologiques
ISBN 978-85-9273-05-0

1. Espiritismo 2. Kardec, Allan, 18 -1869
3. Revista Espírita e Allan Kardec I. Título.

16-04746 CDD-133.901

Índices para catálogo sistemático:

1. Artigos espíritas : Filosofia espírita 133.901
2. Doutrina espírita : Artigos 133.901

CONSIDERAÇÕES PRÉVIAS

O ano de 1861, a que corresponde este volume da *Revista Espírita*, é um dos mais agitados da vida de Kardec e do desenvolvimento do Espiritismo. Por isso mesmo, um dos mais fecundos. Nos princípios de janeiro, lançada pelos editores Didier, aparece a primeira edição de *O Livro dos Médiuns*, em que Kardec trabalhara intensamente. A importância dessa obra excita a reação. *La Bibliographie Catholique*, órgão de grande divulgação, lança violento artigo contra o Espiritismo, cuja refutação se encontra neste volume. Depois, é o auto de fé em Barcelona, também tratado nestas páginas. São publicados livros e artigos de combate à Doutrina, o que exige de Kardec maior esforço na sua defesa mas ao mesmo tempo revela a sua pujança. Todas as críticas sofrem da fragilidade do sectarismo: são incoerentes e caluniosas.

Kardec empreende a sua segunda viagem espírita pelas províncias. Visita as cidades de Sens, Mâcon, Lião e Bordéus, sendo recebido com grande entusiasmo por toda parte e podendo verificar de perto os progressos do movimento espírita francês. Pronuncia discursos de inegável importância histórica e doutrinária sobre as modificações que o Espiritismo produz nas relações sociais, dirigindo-se especialmente ao operariado. Lê as epístolas de Erasto, discípulo do apóstolo Paulo e um dos guias da Sociedade Parisiense de Estudos Espíritas, dirigidas aos trabalhadores. São documentos válidos para os nossos dias e publicados por extenso neste volume. Ao lado de toda essa atividade prosseguem normalmente os trabalhos da Sociedade, cujos boletins nos mostram a segurança com que eram realizados.

Estudos da maior relevância são aqui publicados, como o *Ensaio Sobre a Teoria das Alucinações*, que tem muito a oferecer aos parapsicólogos atuais, o estudo sobre *Fenômenos Psicofisiológicos das Pessoas que Falam de Si Mesmas na Terceira Pessoa* (uma das formas de prova espontânea da reencarnação), *Organização do Espiritismo*, de grande atualidade para o nosso movimento espírita. Neste mesmo ano, ao regressar de sua segunda viagem pelas províncias, Kardec trata da segunda edição de *O Livro dos Médiuns*, cuja primeira edição esgotou-se de maneira significativa. Dois novos livros do Codificador são lançados: *O Espiritismo na Sua Mais Simples Expressão* e *Refutação das Críticas ao Espiritismo*, abrangendo este último as críticas dos materialistas, dos cientistas e dos religiosos. Essa refutação é válida ainda hoje, o que demonstra a lógica de seus argumentos e a firmeza com que Kardec enfrentava os adversários no plano da cultura geral.

Dois fatos curiosos e ao mesmo tempo de grande significação ocorrem neste ano e estão amplamente registrados no presente volume. O primeiro, por ordem cronológica e de importância, é a querela literária surgida na Sociedade sobre o aforismo de Buffon: *o estilo é o homem*. Levantada pelo espírito de Lammenais, com réplica imediata de Buffon, a querela se prolonga por várias sessões e em comunicações fora da Sociedade, envolvendo diversos escritos. Nenhum *vivente*, porém, participa dos debates. A citação de um nome, em determinada comunicação, provocava a posterior intervenção do citado, sendo das mais emocionantes a participação de Bernardin de Saint-Pierre. Um episódio que teria, por si só, abalado os meios literários da época, não fosse o descaso e a atitude preconceituosa com que os fatos espíritas eram encarados.

O segundo episódio é o aparecimento das fábulas em versos do Sr. Dombe, de Marmande, que são publicadas neste volume em seu texto francês integral, precedidas de tradução integral e em versos para a nossa língua. O Sr. Dombe é o La Fontaine do Espiritismo, seguindo a mesma técnica do fabulista clássico e apresentando verdadeiras joias de ensinamento moral. Não se trata de comunicações, mas de trabalho literário de pessoa viva, como várias poesias publicadas nos volumes anteriores. As fábulas do Sr. Dombe já deviam ter merecido traduções e publicações em volumes especiais. Constituem um episódio histórico da Literatura Espírita e representam uma valiosa contribuição para a divulgação doutrinária.

A seção *Palestras Familiares de Além-Túmulo* apresenta aspectos da vida espiritual que servem ao mesmo tempo de explicações para problemas da prática mediúnica e de pontos de partida para estudos a serem realizados. Esta seção é um dos filões mais profundos da *Revista* e deve ser estudada seriamente pelos pesquisadores atuais. Grande é o número de mensagens morais publicadas neste ano, o que mostra a tendência cada vez mais acentuada dos Espíritos nesse campo.

Outro curioso episódio literário aparece no número de março, com uma comunicação de Gérard de Nerval e outra de Henri Murger. Este último cria uma expressão tipicamente espírita ao escrever que fizera ato de vida (equivalente a ato de presença) em sessão anterior, dando sinal de sua sobrevivência. Como este, numerosos outros fatos espontâneos, comprobatórios da realidade da vida após a morte, que os cientistas de hoje procuram verificar, fazem do presente volume um acervo de provas da sobrevivência. É necessário estudá-lo.

ANO IV
JANEIRO DE 1861

BOLETIM

DA SOCIEDADE PARISIENSE DE ESTUDOS ESPÍRITAS

(Extrato das Atas)

(SEXTA-FEIRA, 16 DE NOVEMBRO DE 1860 – SESSÃO PARTICULAR)

Admissão de dois novos membros.

Comunicações diversas. 1. – Leitura de várias dissertações recebidas fora de sessão.

2. – Carta do Sr. de Porry, de Marselha, que faz presente à Sociedade, da segunda *edição* de seu poema intitulado *Uranie.* A Sociedade agradece ao autor, por lhe haver permitido apreciar o seu talento e sente-se feliz por vê-lo aplicar-se às ideias espíritas. Revestidas da graciosa forma poética, estas ideias têm um encanto que as tornam mais facilmente aceitáveis por aqueles a quem poderia chocar a severidade da forma dogmática.

3. – Carta do Sr. L., que dá novos detalhes sobre o Espírito batedor e obsessor, do qual a Sociedade já se ocupou. (Ver o relatório a seguir).

4. – Carta das senhoras G., do departamento de Indre, sobre as travessuras e depredações de que são vítimas há vários anos, e que atribuem a um Espírito malévolo. Trata-se de seis irmãs e, a despeito de todas as precauções por elas tomadas, suas roupas são tiradas das gavetas dos móveis, ainda que fechadas a chave e, muitas vezes, rasgadas.

5. – Relata o Sr. Th. um caso de obsessão violenta, exercida so-

bre um médium, por um mau Espírito, ao qual, entretanto, aquele conseguiu dominar e expulsar. Dirigindo-se ao Sr. Th., esse Espírito escreveu: *Odeio-te, porque me dominas.* Desde então não mais apareceu e o médium não mais foi molestado no exercício de sua faculdade.

6. – O Sr. Allan Kardec cita um caso pessoal, de indicação dada pelos Espíritos, notável por sua precisão: numa conversa tida na véspera com seu Espírito familiar, disse-lhe este: "Encontrarás em *Le Siècle* de hoje um longo artigo sobre este assunto e que responde à tua pergunta. Fomos nós que inspiramos ao seu autor a tese por ele exposta, pelo fato de ele se ligar às grandes reformas humanitárias que se preparam". Esse artigo, do qual nem o Sr. Kardec nem o médium tinham conhecimento, realmente se encontra no referido jornal, sob o título designado, prova de que os Espíritos podem estar a par das publicações terrenas.

Trabalhos da Sessão. *Ensino espontâneo.* Comunicação pelo Sr. A. Didier, sob a assinatura de Cazotte. – Outra, pela Sra. Costel, contendo lamentações de um Espírito sofredor e egoísta.

Evocações. Segunda palestra com o Espírito gastrônomo, que tomou o nome de Balthazar, e que alguém julgou identificar como sendo o do Sr. G. de la R., o que foi confirmado pelo Espírito.

Questões diversas. Perguntas dirigidas a São Luís sobre o Espírito batedor, ao qual se refere a carta do Sr. L., bem como sobre o Espírito depredador das senhoras G. Em relação a este último, respondeu que será mais fácil doutriná-lo, de vez que é mais brincalhão do que mau.

(SEXTA-FEIRA, 23 DE NOVEMBRO DE 1860 – SESSÃO GERAL)

Comunicações diversas. Leitura de algumas mensagens obtidas fora de sessão: entrada de um culpado no mundo dos Espíritos, recebida pela Sra. Costel, sob a assinatura de Novel. O castigo do egoísta, pela mesma senhora. Esta mensagem se relaciona com outra do mesmo Espírito, obtida em sessão anterior. Outra sobre o livre-arbítrio, sob a assinatura de Marsillac. Reflexões do Espírito de Verdade sobre as comunicações relativas ao castigo do egoísta, recebidas pelo Sr. M. C.

Trabalhos da Sessão. *Ensino espontâneo.* 1. – O duende familiar, assinado Charles Nodier, recebida pela Sra. Costel. 2. – Parábola de Lázaro, assinada por Lamennais, recebida pelo Sr. A. Didier. 3. – O Espírito de Alfred de Musset apresenta-se pela Srta. Eugênia; propõe-se tratar de um assunto à escolha da assistência; deixada a escolha ao seu critério faz notável dissertação sobre as consolações do Espiritismo. Oferecendo-se para responder a perguntas, trata dos seguintes temas: Qual a influência da poesia sobre o Espiritismo? – Haverá uma arte espírita, do mesmo modo que houve uma arte pagã e uma arte cristã? – Qual a influência da mulher no século XIX?

Evocações. Evocação de Cazotte, manifestado espontaneamente na sessão anterior. Foram-lhe feitas várias perguntas sobre o dom de previsão que em vida parecia possuir.

Questões e problemas diversos. Sobre a ubiquidade dos Espíritos nas manifestações visuais. – Sobre os Espíritos das trevas, a propósito das manifestações do Sr. Squire, que só se produzem na obscuridade.

Nota: Trataremos dessa questão em artigo especial, referindo-nos ao Sr. Squire.

O Sr. Jobart lê três encantadoras poesias de sua lavra: *Le Bonheur des Martyrs, l'Oiseau de Paradis e l'Annexion,* esta última, uma fábula.

(SEXTA-FEIRA, 30 DE NOVEMBRO DE 1860 – SESSÃO PARTICULAR)

Assuntos administrativos. Carta coletiva, assinada por vários sócios relativamente à resposta do Sr. L. A Sociedade aceitou as conclusões do parecer da comissão.

Carta do Sr. Sol..., pedindo demissão de membro da comissão, por motivo das viagens que o afastam de Paris durante a maior parte do ano. – A Sociedade lamenta a deliberação do Sr. Sol... e sente-se feliz em poder conservá-lo como sócio. Fica o Sr. presidente encarregado de responder nesses termos. A substituição na comissão será feita oportunamente.

Comunicações diversas. 1. – Ditado espontâneo, assinado por São Luís, contendo explicações sobre a ubiquidade.

Discussão sobre essa comunicação. 2. – Outro, assinado por Charles Nodier, obtido através de um médium estranho à Sociedade e transmitido pelo Sr. Didier, pai, a respeito do artigo do *Journal dos Débats* contra o Espiritismo.

3. – O Sr. D., do departamento da Vienne, pede insistentemente seja evocado o Sr. Jean-Baptiste D..., seu sogro. A Sociedade jamais atende a tais solicitações, desde que estas encerram apenas um interesse privado, sobretudo quando ausentes as pessoas interessadas e quando estas não são conhecidas pessoalmente. Entretanto, à vista do caráter e da posição oficial do correspondente, das circunstâncias particulares que marcavam o morto e do seu ateísmo, professado durante toda a vida, pensa a Sociedade que tal evocação pode ser útil assunto de estudo. Em consequência, o põe na ordem do dia.

4. – Vários membros relatam um interessante fenômeno de manifestação física por eles testemunhado. Consiste na elevação de uma pessoa, por influência mediúnica de duas mocinhas de 15 e 16 anos que, pondo dois dedos nas barras da cadeira, a elevam a cerca de um metro, seja qual for o seu peso, do mesmo modo que o fizessem com o mais leve dos corpos. Esse fenômeno foi repetido várias vezes, sempre com a mesma facilidade.

Dar-lhe-emos a explicação em artigo especial.

5. – O Sr. Jobard lê um artigo de sua autoria, sob o título de *La Conversion d'un paysan.*

Trabalhos da Sessão. *Ensino espontâneo.* Dissertação sobre a ubiquidade, pela Srta. Huet, assinada Channing. – Outra, pelo Sr. Didier e assinada por André Chénier, sobre o artigo no *Journal des Débats.* – Outra, sob a assinatura de Raquel, dada através da Sra. Costel.

Fato digno de nota, lembrado a propósito das duas primeiras comunicações, é que, quando um assunto de certa importância se acha na ordem do dia, é muito comum vê-lo tratado por vários Espíritos através de médiuns e lugares diferentes. Parece que, interessando-se pela questão, cada um deseja contribuir para o ensino decorrente de tais comunicações.

Evocações. 1. – Do Sr. Jean-Baptiste D..., referida pouco antes, e seu irmão, ambos materialistas e ateus. A situação do primeiro, aliás suicida, é extremamente deplorável.

2. – Evocação do Sr. C. de B., de Bruxelas, a pedido do Sr. Jobard, que o conhecera pessoalmente.

(SEXTA-FEIRA, 7 DE DEZEMBRO DE 1860 – SESSÃO PARTICULAR)

Admissão do Sr. C..., professor em Paris, como sócio livre.

Comunicações diversas. Leitura de uma dissertação assinada pelo Espírito de Verdade, obtida em sessão particular, em casa do Sr. Allan Kardec, a propósito da definição de arte e da distinção entre arte pagã, arte cristã e arte espírita.

O Sr. Theub completa essa definição, dizendo que pode considerar-se a arte pagã como expressão do sentimento material, a arte cristã, expressão da expiação e a arte espírita, expressão do triunfo.

Trabalhos da Sessão. *Ensino espírita espontâneo.* Através do Sr. A. Didier, dissertação assinada por Lamennais. – Outra, pela Srta. Huet, assinada por Charles Nodier, na qual continua a desenvolver o tema iniciado a 24 de agosto de 1860, embora ninguém lhe tivesse guardado a lembrança e o pudesse recordar. – Outra, através da Sra. Costel, sob a assinatura de Georges.

Evocações. Do Dr. Kane, viajante americano e explorador do pólo norte, o qual descobriu um mar livre de gelos, além da cintura glacial. Apreciação muito justa, da parte do Espírito, quanto aos resultados de tal descoberta.

Questões diversas. Perguntas dirigidas a Charles Nodier sobre as causas que podem influir na natureza das comunicações em certas sessões, notadamente nesse dia em que os Espíritos não tiveram a sua eloquencia habitual. Discussão desse ponto.

(SEXTA-FEIRA, 14 DE DEZEMBRO DE 1860 – SESSÃO GERAL)

O Sr. Indermuhle, de Berna, homenageia a Sociedade com uma brochura alemã, publicada em Glaris, em 1855, intitulada *Éternité n'est plus un secret* ou *Révélations Les plus évidentes sur le monde des Espirits*[1].

Comunicações diversas. 1. – Leitura de uma evocação muito interessante e de várias dissertações espíritas obtidas fora de sessão.

---

[1] *A Eternidade já não é segredo,* ou *As mais evidentes revelações sobre o mundo dos Espíritos.* (N. do T.)

2. – O fato da manifestação visual referido na carta do Sr. Intermuhle à Sociedade.

3. – Fato pessoal ocorrido com o Sr. Allan Kardec, e que pode ser considerado uma prova de identidade do Espírito de antigo personagem. A Srta. J... recebeu várias comunicações de João Evangelista, sempre com uma caligrafia muito característica e completamente diversa da sua escrita habitual. Tendo o Sr. Allan Kardec, a seu pedido, evocado aquele Espírito, por intermédio da Sra. Costel, verificou-se que a caligrafia tinha absolutamente o mesmo caráter da Srta. J..., embora a nova médium dela não tivesse conhecimento; ademais, o movimento da mão tinha uma delicadeza inabitual, o que constituía, ainda, uma similitude; enfim, as respostas concordavam em todos os pontos com as que tinham sido dadas através da Srta. J... e na linguagem nada havia que não estivesse à altura do Espírito evocado.

4. – Notícia remetida pelo Sr. D., sobre o caso notável de um agricultor que teve uma visão e uma revelação poucos dias antes de morrer.

Trabalhos da Sociedade. *Comunicações espíritas espontâneas.* Os três tipos Hamlet, Tartufo e Dom João, mensagem pelo Sr. A. Didier, sob a assinatura de Gérard de Nerval. – Fantasia, através da Sra. Costel, assinada por Alfred de Musset. – O julgamento, pela Srta. Eugênia, assinado por Leão X.

Evocação do agricultor, do qual falamos pouco acima. Ele dá algumas explicações sobre suas visões. Uma particularidade notável é a ausência de qualquer ortografia e uma linguagem inteiramente semelhante à da gente do campo.

Questões diversas dirigidas a São Luís, sobre os fatos relacionados com a mencionada evocação.

O LIVRO DOS MÉDIUNS

Há muito tempo anunciada, mas com a publicação retardada por força de sua própria importância, esta obra aparecerá de 1 a 10 de janeiro, pelos Srs. Didier & Cie, livreiros-editores *Quai des Augustins, 35*[1]. Ela constitui o complemento de *O Livro dos Espíritos* e encerra a

[1] Ela é igualmente encontrada nos escritórios da *Revue Spirite*, rue Sainte-Anne 59, travessa Sainte-Anne. Um grande volume in-18, de 500 páginas; Paris, 3 *fr.* 50; pelo correio 4 fr.

parte experimental do Espiritismo, assim como este último contém a parte filosófica.

Nesse trabalho, fruto de longa experiência e de estudos laboriosos, procuramos esclarecer todas as questões que se ligam à prática das manifestações. De acordo com os Espíritos, contém a explicação teórica dos diversos fenômenos e das condições em que os mesmos se podem reproduzir. Mas a seção concernente ao desenvolvimento e ao exercício da mediunidade foi de nossa parte objeto de particular atenção.

O Espiritismo experimental é cercado de muito mais dificuldades do que geralmente se pensa; e os escolhos aí encontrados são numerosos. Eis o que ocasiona tantas decepções aos que nele se ocupam, sem experiência e conhecimentos necessários. Nosso objetivo foi o de premunir contra esses escolhos, que nem sempre são desprovidos de inconvenientes para quem se aventure sem cautela por esse terreno novo. Não podíamos esquecer esse ponto capital: e o tratamos com o cuidado equivalente à sua importância.

Os inconvenientes quase sempre se originam da leviandade com que é tratado problema tão sério. Os Espíritos, sejam quais forem, são as almas dos que viveram; em seu meio estaremos infalivelmente, de um momento para outro; todas as manifestações espíritas, inteligentes ou não, têm, assim, por objeto, pôr-nos em contato com essas mesmas almas. Se respeitamos os seus restos mortais, com mais forte razão devemos respeitar o ser inteligente que sobrevive, e que constitui a verdadeira individualidade. Transformar as manifestações em brincadeira é faltar com o respeito que talvez um dia reclamemos para nós próprios, e que jamais é violado impunemente.

O primeiro momento de curiosidade causada por esses estranhos fenômenos já passou; hoje, que se lhes conhece a fonte, evitemos profaná-la com brincadeiras indecorosas e esforcemo-nos por nela haurir o ensinamento adequado a nos assegurar a felicidade futura. O campo é muito vasto e o objetivo bastante importante para tomar toda a nossa atenção. Até hoje os nossos esforços tenderam para fazer o Espiritismo entrar nesse caminho sério. Se essa nova obra, tornando-o ainda melhor conhecido, puder contribuir para impedir que o desviem de seu objetivo providencial, estaremos amplamente recompensados de nossos cuidados e de nossas vigílias.

Esse trabalho, não temos dúvidas a respeito, provocará críticas da parte daqueles a quem desagrada a severidade dos princípios, bem como dos que, vendo as coisas de um outro ponto de vista, já nos acusam de querermos fazer escola no Espiritismo. Se é fazer escola procurar nesta ciência um fim útil e proveitoso para a Humanidade, teríamos o direito de nos sentirmos envaidecidos com a acusação. Mas uma tal escola não necessita de outro chefe que o bom-senso das massas e a sabedoria dos bons Espíritos, que a criariam independentemente de nós. Eis por que declinamos da honra de a ter fundado, sentindo-nos, ao contrário, felizes de nos colocarmos sob a sua bandeira; aspirando apenas o modesto título de divulgador. Se um nome é necessário, inscreveremos em seu frontispício: *Escola do Espiritismo Moral e Filosófico,* e para ela convidaremos todos quantos têm necessidade de esperanças e de consolações.

Allan Kardec

LA BIBLIOGRAPHIE CATHOLIQUE
CONTRA O ESPIRITISMO

Até este momento o Espiritismo não havia sido atacado seriamente. Quando certos autores da imprensa periódica, nos seus momentos de lazer, se dignaram ocupar-se dele, não o fizeram senão para o ridicularizar. Trata-se de encher um rodapé, de fornecer um artigo a tanto por linha, não impor sobre que assunto, desde que a contagem dê certo. De que tratar? Tratarei de tal coisa? pergunta lá aos seus botões redator da seção recreativa. Não; é muito séria. Daquela outra? – É assunto batido. – Inventarei uma autêntica aventura da alta sociedade ou do povo? Nada me vem à mente neste quarto de hora, e a crônica escandalosa da semana está em branco. Ah! uma ideia! Achei o meu assunto! Vi algures *o título* de um livro que fala de Espíritos; e há em toda parte gente bastante tola para levar isto a sério. Que são os Espíritos? Eu mesmo não sei; não faço a menor ideia. Mas não importa! Deve ser engraçado. Para começar, eu não acredito absolutamente, porque jamais os vi e mesmo que os visse também não acreditaria, porque isso é impossível. Assim, nenhum homem de bom-senso poderá crer neles. Ou isto é lógico ou eu me desconheço. Falemos, pois, dos Espíritos, de vez que estão na ordem do dia. Tanto este assunto, como qualquer outro divertirá os nossos caros leitores. O tema é muito simples: "Não há Espíritos; não pode nem deve havê-los. Portanto, todos os que neles acreditam são loucos. Mãos à obra e enfeitemos a coisa. Ó *meu bom gênio! Como eu te agradeço esta inspiração!* Tu me tiras de um grande embaraço, pois é forçoso que te diga; eu preciso de meu artigo para amanhã e não tinha uma palavra".

Eis, porém, um homem sério que diz: Não se deve brincar com essas coisas; isso é mais sério do que se pensa; não acrediteis que se trate de moda passageira: essa crença é uma tendência inerente à Humanidade, que em todas as épocas acreditou no maravilhoso, no sobrenatural, no fantástico. Quem imaginaria que em pleno século XIX, num século de luzes e de progresso, depois que Voltaire demonstrou claramente que só o nada nos espera, depois de tantos sábios que procuravam a alma, sem a encontrar, ainda se possa acreditar em Espíritos, em mesas girantes, em feiticeiros e magos, no poder de Merlin o encantador, na varinha mágica, em Mademoiselle Lenormand? Ó Humanidade! Humanidade! onde irás se eu não vier em teu auxílio para tirar-te do lodaçal da superstição? Quiseram matar os Espíritos pelo ridículo, e não o conseguiram. Longe disso, o mal contagioso faz constantes progressos; a zombaria parece dar-lhe uma recrudescência e, se não for posto um paradeiro, em breve a Humanidade inteira estará infestada. Uma vez que esse meio, habitualmente tão eficaz, tornou-se impotente, é tempo dos cientistas meterem mãos à obra, a fim de acabar com isso de uma vez para sempre. As zombarias não são argumentos: falemos em nome da Ciência; demonstremos que em todos os tempos os homens foram uns imbecis por acreditarem que houvesse um poder que lhes era superior; que não tivessem em si mesmos todo o poder sobre a Natureza; provemos-lhes que tudo quanto atribuem às forças sobrenaturais se explica por simples leis da Fisiologia; que a sobrevivência da alma e o seu poder de comunicação com os vivos é uma quimera e que é loucura acreditar no futuro. Se, depois de haver digerido quatro volumes de boas razões não se convencerem, só nos restará lamentar a sorte da Humanidade que ao invés de progredir, recua a largos passos para a barbárie da Idade Média e corre para a sua perda.

Sr. Figuier esconda o rosto, pois o seu livro, tão pomposamente anunciado, tão elogiado pelos campeões do materialismo, produziu um resultado inteiramente contrário ao que esperava.

Mas eis que surge um novo campeão, pretendendo esmagar o Espiritismo por um outro meio: é o Sr. Georges Gandy, redator de *La Bibliographie Catholique*, que se atira num corpo a corpo, em nome da religião ameaçada. Esta é boa! a religião ameaçada por uma coisa a que chamais de utopia! Então é que tendes pouca fé na sua força; assim, a supondes muito vulnerável para temerdes que as ideias de alguns sonhadores abalem os seus alicerces; considerais, pois, esse inimigo tão temível, que o atacais com tanta raiva e tanta fúria. Tereis melhor resultado que os outros? Duvidamo-lo, pois que a cólera é má conselheira. Se conseguirdes apavorar algumas almas timoratas, não receais acender a curiosidade num grande número de criaturas? Julgai-o pelo fato seguinte. Numa cidade que conta um certo número de espíritas e alguns grupos íntimos, que se ocupam com as manifestações, um pregador fez certo dia um sermão virulento, contra aquilo a que chamava obra do Diabo, pretendendo que só este vinha falar nas reuniões satânicas, cujos membros estavam todos notoriamente votados à danação eterna. Que aconteceu? Desde o dia seguinte bom número de ouvintes se puseram em busca de tais reuniões espíritas e quiseram ouvir os Diabos, curiosos de saber o que lhes diriam; porque tanto se tem falado que a gente se familiarizou com um nome que já não inspira medo. Ora, nessas reuniões viram pessoas sérias, respeitáveis, instruídas, orando a Deus, coisa que eles não mais haviam feito desde a primeira comunhão; pessoas crentes em sua alma, em sua imortalidade nas penas e recompensas futuras, trabalhando para se tornarem melhores; esforçando-se por praticarem a moral do Cristo, não falando mal de ninguém, nem mesmo dos que lhes lançavam anátemas. Então aquelas pessoas compreenderam que se o diabo ensinava tais coisas é que se havia convertido. Quando os viram tratar respeitosa e piamente com os parentes e amigos mortos que lhes davam consolação e sábios conselhos, não puderam crer que tais reuniões fossem sucursais do *sabbat,* desde que não viam caldeiras nem vassouras, corujas nem gatos pretos, crocodilos nem livros de magia, *guéridons*[1], nem varinhas mágicas ou quaisquer outros acessórios de feitiçarias, nem mesmo a velha de queixo e nariz recurvados. Também quiseram conversa: este com sua mãe, aquele com um filho querido. E, ao reconhecê-los,

---

[1] Mesinha redonda, com um pé central terminando por três pés recurvos. (N. da Eq. Rev.)

pareceu-lhes difícil admitir que essa mãe e esse filho fossem demônios. Felizes por terem a prova de sua existência e a certeza de um encontro num mundo melhor, perguntaram-se com que objetivo haviam procurado amedrontá-los. Isto os levou a reflexões que jamais tinham imaginado. O resultado é que gostaram mais de ir ali onde encontravam consolações, do que aos lugares onde os enchiam de pavores.

Esse pregador, como vimos, tomou um caminho errado e permite que se diga: Mais vale um inimigo que um amigo inábil. O Sr. Georges Gandy espera ser mais feliz? Nós o citamos textualmente, para edificação dos nossos leitores:

"Em todas as épocas das grandes provas da igreja e de seus próximos triunfos houve contra ela conspirações infernais, nas quais a ação dos demônios era visível e tangível. Jamais a teurgia e a magia tiveram mais voga no seio do paganismo e da Filosofia do que no momento em que o Cristianismo se espalhava no mundo para o subjugar. No século XVI, Lutero teve colóquios com Satã e um redobramento de feitiçarias, de comunicações diabólicas se fez notar na Europa quando a igreja operava a grande reforma católica que iria triplicar as suas forças, e quando um novo mundo lhe abria destinos gloriosos sobre um espaço imenso. No século XVIII, na véspera daquele dia em que o machado dos carrascos deveria retemperar a igreja no sangue de novos mártires, a demonolatria florescia no cemitério de Saint-Médard, ao redor das varinhas de Mesmer e dos espelhos de Cagliostro. Hoje, na grande luta do Catolicismo contra todas as potências do inferno, a conspiração de Satã veio visivelmente em auxílio do filosofismo. Em nome do naturalismo, o inferno quis prover uma consagração à obra da violência e da astúcia, que continua a exercitar já há quatro séculos e que se apresta para coroar com uma suprema impostura. Aí está todo o segredo da pretensa doutrina *Espírita,* amontoado de absurdos, de contradições, de hipocrisias e de blasfêmias – como veremos a seguir – e que tenta, com a última das perfídias, glorificar o Cristianismo para o aviltar, espalhálo para o suprimir, afetando respeito pelo divino Salvador, a fim de arrancar na Terra tudo aquilo que Ele fecundou com o seu sangue e substituir o seu reino imortal pelo despotismo dos ímpios devaneios.

Abordando o exame dessas estranhas pretensões, aliás ainda não suficientemente desvendadas e disciplinadas, pedimos aos nossos leitores acompanhem nossa caminhada, um tanto longa, nesse dédalo diabólico, do qual a seita espera sair vitoriosa, depois de haver abolido para sempre o nome divino ante o qual a vemos dobrar os joelhos. A despeito de seus ridículos, de suas revoltantes profanações, de suas intérminas contradições, o Espiritismo é para nós precioso ensinamento. Jamais as loucuras do inferno haviam rendido à nossa santa religião mais deslumbrante homenagem. Jamais o havia Deus condenado com mais soberano poder, a confirmar-se pelo testemunho destas palavras do divino Mestre: *Vos ex patrre diabolo estis"*.

Este começo permite avaliar a amenidade do resto. Os nossos leitores que quiserem edificar-se nessa fonte de caridade evangélica poderão permitir-se o prazer de ler a *Bibliographie,* nº. 3, de setembro de 1860, *rue de Sévres, nº. 34.* Ainda uma vez, por que tanta cólera, tanto fel contra uma doutrina que, se como dizem, é obra de Satã, não poderá prevalecer contra a obra de Deus, a menos que se admita seja Deus menos poderoso do que Satã, o que seria um tanto ímpio? Duvidamos muito desse rosário de injúrias, dessa febre, dessa profusão de epítetos de que o Cristo jamais se serviu contra os seus maiores inimigos, sobre os quais ele chamava a misericórdia de Deus e não a sua vingança, quando dizia: "Perdoai-lhes, Senhor, pois não sabem o que fazem". Duvidamos, íamos dizendo, que uma tal linguagem seja persuasiva. A verdade é calma e não necessita de arroubos; e com tal raiva faríeis crer na vossa fraqueza. Confessamos que não é muito compreensível esta singular política de Satã, de *glorificar o Espiritismo para o aviltar, espalhá-lo para o suprimir.* Em nossa opinião isto seria muito inábil e se assemelharia a um hortelão que, não querendo batatas, as semeasse em profusão no seu horto, a fim de lhes destruir a espécie. Quando acusamos os outros por lhes falhar o raciocínio, devemos, para ser lógicos, começar por nós próprios.

O Sr. Georges Gandy ataca mortalmente o Espiritismo pelo fato de apoiar-se este no Evangelho e no Cristianismo; mas na verdade não sabemos bem a razão. Que diria, então, se se apoiasse em Maomé? Certamente muito menos, pois que um fato digno de nota é que o Islamismo, o Judaísmo, o próprio Budismo são objeto de ataques menos virulentos que as seitas dissidentes do Cristianismo. Com certas pessoas é preciso ser tudo ou nada. Há, sobretudo, um ponto que o Sr. Gandy não perdoa ao Espiritismo: é o não haver proclamado esta máxima absoluta: "Fora da igreja não há salvação", e admitir que aquele que faz o bem possa ser salvo das chamas eternas, seja qual for a sua crença. Uma tal doutrina evidentemente só poderia sair do inferno. As orelhas lhe ardem sobretudo nesta passagem:

"Que quer o Espiritismo? É uma importação americana, inicialmente protestante, e que já havia triunfado – permitam-nos que o digamos – sobre todas as praias da idolatria e da heresia; tais são os seus títulos em relação ao mundo. Seria, pois, das terras clássicas da superstição e da loucura religiosa que nos viriam a verdade e a sabedoria!" Eis aqui, por certo um grande agravo. Se ele houvesse nascido em Roma seria a voz de Deus; como nasceu num país protestante é a voz do Diabo Mas o que direis quando tivermos provado – o que faremos um dia – que ele estava na Roma cristã muito antes de estar na América protestante? Que respondereis ao fato, hoje constatado, de haver mais espíritas católicos do que espíritas protestantes?

O número das pessoas que em nada creem, que de tudo duvidam, do futuro, do próprio Deus, é considerável e cresce em proporção alarmante. Será por vossas violências, vossos anátemas, vossas ameaças com o inferno, vossas declamações furibundas que as reconduzireis? Não, pois são as vossas próprias violências que as afastam. Serão culpadas por haverem levado a sério a caridade e a mansuetude do Cristo e a bondade infinita de Deus? Ora, quando elas escutam os que pretendem falar em seu nome e despejam ameaças e injúrias, põem-se a duvidar do Cristo, de Deus, de tudo. Fá-las o Espiritismo compreender as palavras de paz e de esperança e, desde que lhes pesa a dúvida e sentem necessidade de consolações, atiram-se aos braços do Espiritismo, de vez que a gente prefere aquilo que sorri às coisas que apavoram. Então creem em Deus, na missão do Cristo e na sua divina moral. Numa palavra, de incrédulos e indiferentes, tornam-se crentes. Foi isto que ultimamente levou um padre respeitável a responder a uma de suas penitentes que o interrogava sobre o Espiritismo: "Nada acontece sem a vontade de Deus; ora, Deus permite essas coisas a fim de reavivar a fé que se extingue". Se tivesse empregado outra linguagem, tê-la-ia afastado talvez para sempre.

Quereis a toda força, que o Espiritismo, seja uma seita, quando ele só aspira ao título de ciência moral e filosófica, que respeita todas as crenças sinceras. Por que, então, dar a ideia de uma separação àqueles que não pensam nisso? Se repelirdes aqueles que ele reconduz à crença em Deus; se não lhes oferecerdes outra perspectiva além do inferno; não sereis senão vós mesmos os responsáveis por uma cisão por vós provocada.

Disse-nos um dia São Luís: "Zombaram das mesas girantes; jamais, entretanto, zombarão da filosofia, da sabedoria e da caridade que brilham nas comunicações sérias".

Enganou-se, porque não contou com o Sr. Georges Gandy.

Muitas vezes, os escritores se divertiram à custa dos Espíritos e de suas manifestações, sem pensar que um dia eles próprios poderiam ser alvo das piadas de seus sucessores. Entretanto, sempre respeitaram a parte moral da ciência. Estava, porém, reservado a um escritor católico – e o lamentamos sinceramente – levar a ridículo as máximas admitidas pelo mais elementar senso comum. Cita bom número de passagens de *O Livro* dos *Espíritos*. Não nos reportaremos senão a umas poucas, que dão bem a ideia de sua apreciação.

– "Deus prefere os que o adoram no fundo do seu coração aos que o fazem exteriormente". O texto de *O Livro dos Espíritos* diz: "Deus prefere os que o adoram no fundo do seu coração, sinceramente, fazendo o bem e evitando o mal, aos que julgam honrá-lo por meio de cerimônias que não os tornam melhores para os seus semelhantes." O Sr. Gandy admite o contrário; mas, como homem de boa-fé, deveria ter citado a passagem textualmente, ao invés de truncá-la de modo a lhe desnaturar o sentido.

– "Toda destruição de animais que ultrapassa o limite das necessidades é uma violação da lei de Deus; o que quer dizer que o princípio moral que rege os prazeres, igualmente se aplica ao exercício da caça e da matança."

Precisamente. Parece, entretanto, que o Sr. Gandy é caçador e pensa que Deus fez a caça, não para alimento do homem, mas para lhe proporcionar o prazer de, sem necessidade, fazer matança de animais inofensivos.

– "Os prazeres têm limites fixados pela Natureza: o limite da necessidade. Pelos excessos, chegamos à saciedade. É a moral do virtuoso Horácio, um dos pais do Espiritismo."

Pois o autor critica esta máxima, parecendo que não admite limitação aos prazeres, o que certamente não é religioso.

– “Para ser legítima, a propriedade deve ser adquirida sem prejuízo da lei *de amor* e de *Justiça;* assim, aquele que possui sem respeitar os deveres de *caridade,* que ordena a *consciência* ou a *razão* individual, é um usurpador do bem alheio; espiriticamente estamos em pleno socialismo.”

O texto diz assim: “Só é legítima a propriedade adquirida sem prejuízo de outrem. A lei de amor e de justiça proíbe fazer a outrem aquilo que não quereríamos nos fosse feito; condena, por isso mesmo, todo meio de aquisição a ela contrário.” Lá não se acha aquele *que ordena a razão individual:* é uma pérfida adição. Não julgamos que se possa, com toda a segurança de consciência, possuir à custa de justiça; o Sr. Gandy deveria dizer-nos os casos em que é legítima a *espoliação.* Ainda bem que os tribunais não são de sua opinião.

– “A indulgência aguarda, fora desta vida, o suicida que se vê a braços com a necessidade e que quis impedir que a vergonha caísse sobre os seus filhos ou a sua família. Aliás, São Luís, cujas funções espíritas referiremos dentro em pouco, se digna revelar-nos que há escusas para os suicídios por amor. Quanto às penas do suicida, elas não são *fixadas:* o que é certo é que ele não escapa ao desapontamento. Por outras palavras, cai numa cilada, como se diz vulgarmente neste mundo.”

Esta passagem está inteiramente desnaturada pelas exigências da crítica do Sr. Gandy. Seria preciso transcrever sete páginas para restabelecer o seu texto. Com tal sistema, seria fácil tornar ridículas as mais belas páginas dos nossos melhores escritores. Parece que o Sr. Gandy não admite gradação nem nas faltas nem nas penalidades de além-túmulo. Pensamos que Deus é mais justo e desejamos que jamais haja o Sr. Gandy de reclamar em seu favor o benefício das circunstâncias atenuantes.

– “A pena de morte e a escravidão foram, são e serão contrárias à lei da Natureza. Homem e mulher, iguais perante Deus, devem ser iguais perante os homens.” Terá sido a alma errante de algum *saint-simonista*[1] apavorado, à procura da mulher livre, que fez a graça dessa picante revelação ao Espiritismo?”

---

[1] Saint-simonista, sectário da escola política e social do Conde de Saint-Simon. Segundo essa escola a humanidade deve ser hierarquizada assim: “a cada um segundo a sua capacidade; a cada capacidade segundo as suas obras”. O antagonismo social deve dar lugar à associação universal, onde não existe a propriedade privada. (N. do T.)

"Assim a pena de morte, a escravidão e a submissão da mulher, que a civilização tende a abolir, são instituições que o Espiritismo não tem direito de condenar. Ó felizes tempos medievais, porque passastes sem retorno? Onde estais, ó fogueiras que nos teríeis livrado dos Espíritos?"

Citemos uma última passagem, das mais benignas.

– "O Espiritismo não pode negar uma tal salada de contradições, de absurdos e de loucuras, que não pertencem a nenhuma filosofia, nem a nenhuma língua. Se Deus permite essas manifestações ímpias, é porque deixa aos Demônios, conforme ensina a igreja, o poder de enganar àqueles que os chamam, violando a sua lei."

Então o Demônio vem a propósito, porque, sem o querer, faz-nos amar a Deus.

– "Quanto à verdade, a igreja nô-la dá a conhecer: ela nos diz com os livros que o anjo das trevas se transforma em anjo de luz e que seria mister recusar até o testemunho de um arcanjo, caso fosse contrário à doutrina do Cristo, de cuja infalível autoridade é depositária. Aliás tem ela meios seguros e evidentes para distinguir o prestígio diabólico das manifestações divinas."

É uma grande verdade, que se deveria recusar o testemunho de um arcanjo, caso fosse contrário à doutrina do Cristo. Ora, que diz esta doutrina, que o Cristo pregou pela palavra e pelo exemplo?

"Bem-aventurados os misericordiosos, porque alcançarão misericórdia. Bem-aventurados os pacíficos, porque serão chamados filhos de Deus. Aquele que se encolerizar contra seu irmão será réu de juízo; e qualquer que disser a seu irmão: *Raca,* será réu do sinédrio; e qualquer que lhe disser: Louco, será réu do fogo do inferno." "Amai a vossos inimigos, bendizei os que vos maldizem, fazei bem aos que vos odeiam, e orai pelos que vos maltratam e perseguem; para que sejais filhos do vosso Pai que está nos céus; porque faz que o seu sol se levante sobre maus e bons e a chuva desça sobre justos e injustos. Pois, se amardes os que vos amam, que galardão havereis? Não fazem os publicanos também o mesmo?" "Sede vós pois perfeitos, como é perfeito o vosso Pai que está nos céus." "Não façais aos outros o que não quereis que vos seja feito."

A caridade é, pois, o princípio fundamental da doutrina do Cristo.

Dai concluímos que toda palavra e toda ação contrárias à caridade não podem ser, como dizeis perfeitamente bem, inspiradas senão por Satã, ainda mesmo que este se revestisse da forma de um arcanjo. Eis por que diz o Espiritismo: *"Fora da Caridade não há salvação."*

Sobre o mesmo assunto remetemos o leitor às nossas respostas ao *Univers,* números de maio e julho de 1859, e à *Gazette de Lyon,* de outubro de 1860. Como refutação ao Sr. Gandy recomendamos igualmente a *Lettre d'un catholique sur le Spiritisme,* pelo Dr. Grand. Se o autor dessa brochura[1] está condenado ao inferno, haverá muitos outros e ali veríamos – coisa estranha! – aqueles que pregam a caridade para todos, enquanto o céu seria reservado àqueles que lançam anátemas e maldição. Seria um singular equivoco sobre o sentido das palavras do Cristo.

A falta de espaço obriga-nos a deixar para o próximo número a resposta ao Sr. Deschanel, do *Journal des Debats.*

CARTA SOBRE A INCREDULIDADE

PRIMEIRA PARTE

Um dos nossos colegas, o Sr. Canu, outrora muito imbuído dos princípios materialistas, e que o Espiritismo levou a uma apreciação mais sadia das coisas, acusava-se de se ter feito propagandista de doutrinas que ora considera subversivas da ordem social. No intuito de reparar aquilo que razoavelmente considera uma falta, e para esclarecer aqueles a quem havia transviado, escreveu a um de seus amigos uma carta sobre a qual entendeu pedir-nos conselho. Afigurou-se-nos que ela correspondia tão bem ao objetivo visado, que lhe pedimos nos permitisse a sua publicação, que certamente agradará aos nossos leitores.

Ao invés de abordar frontalmente a questão do Espiritismo, que teria sido repelido pelas pessoas que não admitem ser a alma, a sua base; sobretudo ao invés de lhes pôr sob os olhos os estranhos fenômenos que teriam negado ou atribuído a causas comuns, ele remonta às

[1] Grand, in-18, preço 1 fr.; pelo correio 1,15 fr. – No escritório da *Revue Spirite* e na Livraria Ledoyen, Palais-Royal.

origens. Com razão procura torná-las espiritualistas, antes de as tornar espíritas. Por um encadeamento de ideias perfeitamente lógico, chega à ideia espírita como consequência. Evidentemente, é esta a marcha mais racional.

A extensão desta carta obriga-nos a dividir a sua publicação.

"Paris, 10 de novembro de 1860.

Meu caro amigo,

Desejas uma longa carta sobre o Espiritismo. Procurarei satisfazer-te como melhor puder, enquanto espero a remessa de importante obra sobre a matéria, a qual deve aparecer no fim do ano.

Serei obrigado a começar por algumas considerações gerais, para o que necessário se torna remontar à origem do homem. Isso alongará um pouco a minha carta, mas é indispensável à compreensão do assunto.

Diz-se comumente: tudo passa!

Sim; tudo passa. Mas geralmente a esta expressão também se dá uma significação muito afastada da que lhe é própria.

Tudo passa – mas nada acaba, senão a forma.

Tudo passa, no sentido de que tudo marcha e segue o seu curso; mas não um curso cego e sem objetivo, embora jamais deva acabar.

O movimento é a grande lei do Universo, na ordem moral como na ordem física; e o fim do movimento é a progressão para o melhor; é um trabalho ativo, incessante e universal; é o que podemos chamar *o progresso.*

Tudo está submetido a esta lei, exceto Deus. Deus é o seu autor; a criatura lhe é instrumento e objeto.

A Criação compõe-se de duas naturezas distintas: a natureza material e a natureza intelectual. Esta última é o instrumento ativo; a outra é o instrumento passivo.

Esses dois instrumentos são complementos recíprocos, isto é, um sem o outro seria de emprego absolutamente nulo.

Sem a natureza intelectual, ou o espírito inteligente e ativo, a natureza material, isto é, a matéria ininteligente e inerte seria perfeitamente inútil, pois nada poderia por si mesma.

Sem a matéria inerte, o espírito inteligente também não teria maior poder.

Ainda o mais perfeito instrumento seria como se não existisse, caso não houvesse senão um para dele se servir.

O mais hábil operário, o cientista da mais alta classe seriam tão impotentes quanto o mais perfeito idiota, se não tivessem instrumentos para desenvolver a sua ciência e manifestá-la.

Eis aqui o lugar e o momento de fazer notar que o instrumento material não consiste apenas no cepilho do carpinteiro, no cinzel do escultor, na palheta do pintor, no escalpelo do cirurgião, no compasso e na luneta do astrônomo: também consiste na mão, na língua, nos olhos, no cérebro, numa palavra, na reunião de todos os órgãos materiais necessários à manifestação, do pensamento, o que naturalmente implica na denominação de *instrumento passivo* a própria matéria sobre a qual a inteligência opera por meio do instrumento propriamente dito. É assim que uma mesa, uma casa, um quadro, considerados em seus elementos componentes, não são menos instrumentos que a serra, o cepilho, o esquadro, o prumo, o pincel que os produziram, que a mão e os olhos que os dirigiram, enfim que o cérebro que presidiu a essa direção. Ora, tudo isso, inclusive o cérebro, foi o instrumento complexo de que se serviu a inteligência para manifestar o seu pensamento, a sua vontade, que era produzir uma forma, e essa forma ou era uma mesa, ou uma casa, ou um quadro, etc.

Inerte por natureza, informe por essência, a matéria não adquire propriedades úteis senão pela forma que se lhe imprime, o que levou um célebre fisiologista a dizer que a forma era mais necessária que a matéria – proposição talvez um tanto paradoxal, mas que prova a superioridade do papel desempenhado pela forma nas modificações da matéria. De acordo com esta lei é que Deus, se assim me posso exprimir, dispôs e modificou incessantemente os mundos e as criaturas que os habitam, segundo as formas que melhor convêm aos seus propósitos para a harmonização do Universo. E é sempre segundo essa lei que as criaturas inteligentes, agindo incessantemente sobre a matéria, como o próprio Deus, mas secundariamente, concorrem para a sua transformação contínua, transformação da qual cada grau, cada estágio é um passo no progresso, ao mesmo tempo que manifestação da inteligência que o leva a esse passo.

É assim que tudo na Criação está em movimento e sempre em progresso; que a missão da criatura inteligente é ativar esse movimento no sentido do progresso, e que por vezes o faz mesmo sem o saber; que o papel da criatura material é obedecer a esse movimento e manifestar o progresso da criatura inteligente; que a Criação, enfim, considerada em seu conjunto ou em suas partes, realiza incessantemente os desígnios de Deus.

Sem sair do nosso planeta, quantas pessoas ditas inteligentes realizam uma missão da qual estão longe de suspeitar! De minha parte confesso que ainda há bem pouco tempo eu era desse rol. Não me sentiria nem por isso constrangido em deixar aqui algumas palavras sobre a minha própria história.

Perdoar-me-ás essa pequena digressão, que talvez tenha o seu lado útil.

Educado na escola do dogma católico, não tendo desenvolvido a reflexão e o exame senão bastante tarde, fui, durante muito tempo, um crente fervoroso e cego; certamente não o esqueceste. Sabes, porém, que mais tarde caí no excesso contrário. Da negação de certos princípios que minha razão não podia admitir, concluí pela negação absoluta. O dogma da eternidade das penas sobretudo me revoltava. Eu não podia conciliar a ideia de um Deus, que me diziam infinitamente misericordioso, com a de um castigo perpétuo para uma falta passageira; o quadro do inferno, de suas fornalhas, de suas torturas materiais me parecia ridículo e uma paródia do Tártaro dos Pagãos. Recapitulei minhas impressões de infância e lembrei-me de que, por ocasião da minha primeira comunhão, diziam-nos que não se devia orar pelos danados, por lhes ser isto de nenhum proveito; aquele que não tivesse fé era votado às chamas; e bastava uma dúvida sobre a infalibilidade da igreja para se ser danado; que o próprio bem que fizéssemos aqui não nos poderia salvar, de vez que Deus colocava a fé acima das melhores ações humanas. Essa doutrina havia-me tornado ímpio, endurecendo-me o coração. Olhava os homens com desconfiança e ao menor pecadilho eu cria ver a meu lado um condenado de quem deveria fugir como da peste, e ao qual, em minha indignação, eu teria recusado um copo d'água, dizendo-me a mim mesmo que Deus lhe recusaria ainda mais. Se ainda existissem fogueiras, eu teria empurrado para elas todos os que não tivessem fé ortodoxa, ainda que fosse meu próprio pai.

Nessa situação de espírito eu não podia amar a Deus, mas temê-lo.

Mais tarde uma porção de circunstâncias, que seria longo enumerar, vieram abrir-me os olhos e eu rejeitei os dogmas que não se acomodavam à minha razão, porque ninguém me havia ensinado a pôr a moral acima da forma. Do fanatismo religioso, caí no fanatismo da incredulidade, a exemplo de tantos companheiros de infância.

Não entrarei em minúcias que nos levariam muito longe. Apenas acrescentarei que, depois de haver perdido, durante quinze anos, a doce ilusão da existência de um Deus infinitamente bom, poderoso e sábio, da existência e da imortalidade da alma, enfim hoje encontro de novo, não uma ilusão, mas uma certeza tão completa quanto à de minha existência atual, quanto à de que te escrevo neste instante.

Eis, meu amigo, o grande acontecimento de nossa época, o grande acontecimento que nos é dado ver realizar-se em nossos dias: a prova material da existência e da imortalidade da alma.

Voltemos ao fato. Mas para te fazer melhor compreender o Espiritismo, vamos remontar à origem do homem, assunto sobre o qual não nos demoraremos.

É evidente que os globos que povoam a imensidade não foram feitos unicamente tendo em vista a sua ornamentação. Têm também uma finalidade útil, ao lado da agradável: a de produzir e alimentar os seres vivos materiais, que são instrumentos apropriados e dóceis a essa multidão infinita de criaturas inteligentes que povoam o espaço e que são, em definitivo, a obra-prima, ou antes, o objetivo da Criação, pois que só eles têm a faculdade de lhe conhecer, admirar e adorar o autor.

Cada um dos globos espalhados no espaço teve o seu começo, quanto à forma, num tempo mais ou menos afastado. Quanto à idade da matéria que o compõe, é um segredo que não nos importa aqui conhecer, de vez que a forma é tudo para o objeto que nos ocupa. Com efeito, pouco nos importa que a matéria seja eterna, ou apenas de criação anterior à formação do astro, ou, ainda, contemporânea a essa formação. O que é necessário saber é que o astro foi formado para ser habitado. Talvez não seja fora de propósito acrescentar que essas formações não são feitas em um dia, como dizem as Escrituras; que um globo não sai repentinamente do nada coberto de florestas, de prados e de habitantes, como Minerva saiu armada, dos pés à cabeça, da cabeça de Júpiter. Não: Deus seguramente procede com mais lentidão; tudo segue uma lei lenta e progressiva, não porque Deus hesite ou tenha necessidade de lentidão mas porque suas leis são assim e são imutáveis. Aliás, aquilo a que nós, seres efêmeros chamamos *lentidão,* não o é para Deus, para quem o tempo nada é.

Eis, pois, um globo em formação ou, se quiseres, já formado. Muitos séculos ou mesmo milhares de séculos devem passar antes que ele seja habitável. Mas, enfim, chega o momento. Após modificações numerosas e sucessivas de sua superfície, começa pouco a pouco a cobrir-se de vegetação. (Falo da Terra e não pretendo, a não ser por analogia, fazer a história dos outros globos, cujo fim, evidentemente, é o mesmo, mas cujas modificações físicas podem variar). Ao lado da vegetação aparece a vida animal, uma e outra na sua maior simplicidade, pois esses dois ramos do reino orgânico são necessários um ao outro, fecundam-se mutuamente, alimentam-se reciprocamente, elaborando ao mesmo tempo a matéria inorgânica, para torná-la cada vez mais apropriada à formação de seres cada vez mais perfeitos, até que ela tenha atingido o ponto de poder produzir e alimentar o corpo que deve servir de habitação e instrumento ao *ser* por excelência, isto é, o ser intelectual que dele deve servir-se, que, por assim dizer, o espera para manifestar-se e que sem ele não poderia manifestar-se.

Eis-nos chegados ao homem!

Como se formou ele? Isto ainda não é o problema: formou-se segundo a grande lei da formação dos seres – eis tudo. Pelo fato de não ser conhecida, essa lei não deixa de existir. Como se formaram os primeiros indivíduos de cada espécie de planta? Os de cada espécie animal? Cada um deles se formou à sua maneira, segundo a mesma lei. O que é certo é que Deus não teve necessidade de se transformar em oleiro, nem de sujar as mãos no barro para formar o homem, nem de lhe arrancar uma costela para formar a mulher. Essa fábula, aparentemente absurda e ridícula, pode bem ser uma imagem engenhosa, a ocultar um sentido penetrável por espíritos mais perspicazes que o meu. Como, porém, não entendo disso, aqui faço ponto.

Então aqui está o homem material habitando a Terra e habitado ele próprio por um ser imaterial, do qual é instrumento. Incapaz de qualquer coisa por si mesmo, como em geral o é a matéria, não se torna apto para qualquer coisa senão pela inteligência que o anima; mas essa mesma inteligência, criatura imperfeita, como tudo quanto é criatura, isto é, como tudo quanto não é Deus, necessita aperfeiçoar-se; e é precisamente para esse aperfeiçoamento que lhe é dado o corpo, pois que sem a matéria o Espírito não poderia manifestar-se, nem, consequentemente, melhorar-se, esclarecer-se e enfim progredir.

Considerada coletivamente, a humanidade é comparável ao indivíduo: ignorante na infância, ela se esclarece à medida que os anos passam. Isto se explica naturalmente pelo mesmo estado de imperfeição em que se achavam os Espíritos, para cujo avanço esta humanidade foi feita. Mas quanto ao Espírito, considerado individualmente, não é numa existência única que pode adquirir a soma de progresso que é chamado a realizar. Eis porque um número mais ou menos grande de existências corpóreas lhes são necessárias, conforme o emprego que faça de cada uma delas. Quanto mais houver trabalhado o seu adiantamento em cada existência, menos existências deverá passar e como cada existência corpórea é uma prova, uma expiação, um verdadeiro purgatório, tem interesse de progredir o mais rapidamente possível, para ter que sujeitar-se ao menor número de provas, de vez que o Espírito não retrograda. Cada progresso realizado lhe é uma conquista assegurada, que nada poderia retomá-la. De acordo com esse princípio, hoje demonstrado, torna-se evidente que quanto mais rapidamente marchar mais cedo alcançará o fim.

Resulta do que precede, que cada um de nós não está hoje em nossa primeira existência corpórea; estamos muito distanciados e, talvez, mais distanciados ainda da última, porque nossas existências primitivas devem ter-se passado em mundos muito inferiores à Terra, à qual chegamos quando o nosso Espírito teria atingido um estado de perfeição em relação com esse astro. Do mesmo modo, à medida que progredirmos, passaremos a mundos superiores, muito mais adiantados que a Terra, sob todos os pontos de vista, avançando, assim, de degrau em degrau, sempre para o melhor. Antes, porém, de deixarmos um globo, parece que nele passamos várias existências cujo número não é, todavia, limitado, mas antes, subordinado à soma de progresso que tivermos realizado.

Prevejo uma objeção em teus lábios.

Tudo isso, dir-me-ás, pode ser verdadeiro; como, porém, nada me lembro; como acontece o mesmo com os outros; tudo quanto se tiver passado em nossas precedentes existências como se não se tivesse passado; e, assim sendo em cada nova existência, ao nosso Espírito pouco importa ser imortal ou morrer com o corpo, se, conservando a individualidade, nós não temos consciência de sua identidade.

Com efeito, para nós seria o mesmo. Mas não é assim. Não perdemos a lembrança do passado senão durante a vida corpórea; readquirimo-la com a morte, isto é, ao despertar o Espírito em sua verdadeira existência – a de Espírito livre, em relação à qual as existências corpóreas podem ser comparadas àquilo que é o sono para o corpo.

Em que se tornam as almas dos mortos enquanto esperam uma nova reencarnação?

As que não deixam a Terra ficam errantes em sua superfície, vão sem dúvida aonde lhes apraz, ou, pelo menos, aonde podem, conforme o grau de progresso, mas, em geral, pouco se afastam dos vivos e, sobretudo, daqueles a quem são afeiçoados, quando têm afeição a alguém – a menos que lhes sejam impostos deveres a cumprir alhures. Estamos, pois, em todos os instantes, cercados por uma multidão de Espíritos conhecidos e desconhecidos, amigos e inimigos, que nos veem, nos observam, nos ouvem; destes, uns participam de nossas penas, como de nossas alegrias, enquanto outros sofrem com os nossos prazeres ou gozam com as nossas dores, ao passo que outros, finalmente, a tudo se mostram indiferentes, exatamente como acontece na Terra, entre os mortais, cujas afeições, antipatias, vícios e virtudes são conservados no outro mundo. A diferença é que os bons desfrutam na outra vida uma felicidade desconhecida na Terra, o que é bem compreensível: não tendo necessidades materiais a satisfazer, nem obstáculos do mesmo gênero a vencer; se viveram bem, isto é, se nada têm ou pouco têm a lamentar em sua última existência corpórea, gozam em paz o testemunho de sua consciência e do bem que fizeram; se viveram mal, se foram maus, como lá o são a descoberto, pois não podem se dissimular sob o envoltório material, sofrem a vergonha de se verem conhecidos e apreciados; sofrem a presença daqueles a quem ofenderam, desprezaram, oprimiram, bem como a impossibilidade, em que se acham, de subtrair-se aos olhares de todos; sofrem, finalmente, o remorso que os rói, até que o arrependimento os venha aliviar – o que acontece mais cedo ou mais tarde – ou que uma nova encarnação os subtraia, não às vistas de outros Espíritos, mas às próprias vistas, tirando-lhes momentaneamente a consciência de sua identidade; então, perdendo a lembrança do passado, sentem-se aliviados.

Mas, também, é o momento em que para eles começa uma nova prova. Se tiveram a sorte de sair dela melhorados, gozam o progresso realizado; se não se melhorarem, voltam aos mesmos tormentos, até que, por fim, se arrependam ou aproveitem uma nova existência.

Há um outro gênero de sofrimento: o experimentado pelos piores e mais perversos Espíritos. Inacessíveis à vergonha e ao remorso, estes não experimentam os seus tormentos; seus sofrimentos são, entretanto, mais vivos, porque, sempre empolgados pelo mal, mas impotentes para o fazer, sofrem a inveja de ver os outros mais felizes ou melhores que eles próprios, como sofrem, ao mesmo tempo, a raiva de não poderem saciar o seu ódio e entregar-se a todas as suas más inclinações. Oh! estes sofrem muito mais, como te disse, mas não sofrerão senão enquanto não se melhorarem. Ou, em outros termos, até o dia que melhorarem. Muitas vezes, não preveem esse termo: são tão maus, tão enceguecidos pelo mal, que nem suspeitam a existência de um melhor estado de coisas; consequentemente, não imaginam que seu sofrimento deva acabar um dia, circunstância que os obstina no mal e lhes agrava os tormentos. Como, entretanto, não podem fugir sempre à sorte comum, que Deus reserva a todas as criaturas sem exceção, chega um momento em que lhes é preciso, finalmente, seguir a rota ordinária. Por vezes esse dia está mais próximo do que se poderia supor ao observar a sua perversidade. Alguns têm sido vistos, que se convertem de repente, e de repente seus sofrimentos cessam; entretanto, ainda lhes restam rudes provas a passar na Terra em sua próxima encarnação: é preciso que se depurem, expiando as próprias faltas e isto, em definitivo, é mais que justo; seja como for, já não têm que temer a perda do progresso realizado, pois não podem retroceder.

Eis, meu amigo, o mais sucintamente e o mais claramente, que me foi possível fazer, uma exposição da filosofia do Espiritismo, tal qual pelo menos me era possível fazê-lo numa carta. Dela encontrarás desenvolvimento mais completo até este momento, e também os mais satisfatórios em *O Livro dos Espíritos,* fonte onde bebi aquilo que me fez o que sou.

Passemos agora à prática.

(Conclui no próximo número).

O ESPÍRITO BATEDOR DE AUBE

Um dos nossos assinantes nos transmite detalhes muito interessantes sobre manifestações que se deram, e se dão ainda agora, numa localidade do departamento de Aube, cujo nome silenciaremos, uma vez que a pessoa em cuja casa ocorrem os fenômenos não gosta de ser assaltada por numerosas visitas de curiosos, que não deixariam de ir procurá-la. Essas manifestações barulhentas já lhe produziram vários dissabores. Aliás, o nosso correspondente nos conta os fatos como testemunha ocular e nós o conhecemos bastante para sabê-lo digno de confiança.

Extraímos as passagens mais interessantes de seu relato: "Há quatro anos, em 1856, na cidade onde resido, em casa do Sr. R..., deram-se manifestações que, até certo ponto, lembram as de Bergzabern[1]; então eu não conhecia aquele senhor; só mais tarde travamos conhecimento, de sorte que é por informações que sei dos fatos então ocorridos. As manifestações haviam cessado há muito tempo e o Sr. R... julgava-se livre delas quando, há pouco tempo, recomeçaram como outrora. Então pude ser testemunha durante alguns dias seguidos. Assim, contarei o que vi.

"A pessoa que é objeto dessas manifestações é o filho do Sr. R..., de dezesseis anos e que, portanto, tinha doze quando as manifestações ocorreram pela primeira vez. É um rapaz de inteligência excessivamente acanhada, que não sabe ler nem escrever e que raramente sai de casa. Quanto às manifestações ocorridas em minha presença, com exceção do balançar do leito e da suspensão magnética, o Espírito imitou mais ou menos em tudo o de Bergzabern: as pancadas e as arranhaduras foram as mesmas; assoviava, imitava o ruído da lima e da serra e atirou através do quarto pedaços de carvão vindos não se sabe de onde, pois não havia carvão no cômodo onde nos encontrávamos. Os fenômenos geralmente se produzem desde que o menino está deitado e começa a dormir. Durante o sono fala ao Espírito com autoridade e assume o tom de comando de um perfeito oficial superior, apesar de jamais ter assistido a exercícios militares: simula um combate, comanda a manobra, conquista a vitória e se julga nomeado general no campo de

[1] Vide *Revista Espírita*, maio, junho e julho de 1858. (N. do T.)

batalha. Quando ordena ao Espírito que dê umas tantas pancadas, acontece por vezes que este dá mais do que lhe é ordenado. Então o menino pergunta: "Como farás para tirar as pancadas que deste a mais? Aí, o Espírito se põe a raspar, como se apagasse alguma coisa. Quando o menino comanda, fica numa grande agitação e por vezes grita tão forte que a voz se extingue numa espécie de estertor. Sob comando, o Espírito bate todas as marchas francesas e estrangeiras, mesmo as dos chineses. Não lhes pude verificar a exatidão, pois não as conheço. Mas frequentemente acontecia que o menino dissesse: "Não é assim! Recomece!" E o Espírito obedecia. Devo dizer de passagem que, durante o sono e comandando, o menino é muito grosseiro.

"Uma noite eu assistia a uma dessas cenas. Havia cinco horas que o filho R... se achava em grande agitação. Experimentei acalmálo por meio de passes magnéticos. Logo, porém, tornou-se furioso e revolveu toda a cama. No dia seguinte deitou-se à minha chegada e, como de costume, adormeceu em poucos minutos. Então as pancadas e arranhaduras começaram. De repente disse ao Espírito: "Vem cá; eu vou te adormecer". E com grande surpresa nossa, magnetizou-o, apesar da resistência do Espírito, que parecia recusar-se, segundo depreendo de sua conversação. Depois o despertou, desmagnetizando-o como o teria feito um profissional. Percebi, então, que dava a impressão de recolher muito fluido, que me atirou em cima, apostrofando-me e injuriando-me. Ao despertar não tinha a menor ideia do que se havia passado.

"Longe de se atenuarem, os fatos se agravam mais e mais de. modo aflitivo, para exasperação do Espírito, que certamente teme perder o domínio que exerce sobre o rapaz. Quis perguntar-lhe o nome e os antecedentes, mas só obtive mentiras e blasfêmias. Aqui é ocasião de advertir que fala pela boca de um rapaz que lhe serve de médium falante. Em vão tentei despertar-lhe melhores sentimentos por meio de boas palavras: responde-me que a prece de nada lhe serve; que experimentou aproximar-se de Deus, mas só encontrou gelo e nevoeiro. Então me chama de beato e, sempre que oro mentalmente, observo que se enfurece e bate com redobrada intensidade. Diariamente traz objetos muito volumosos, ferro, cobre, etc.. Quando lhe pergunto onde os obtém, responde que os tira de gente desonesta. Se lhe prego moral, fica irado. Uma noite me disse que se eu insistisse quebraria tudo; que não iria embora antes da Páscoa. Depois cuspiu-me no rosto. Perguntado por que motivo assim se ligava ao jovem R..., respondeu: "Se não fosse este, seria um outro". O próprio pai não está livre dos assaltos desse Espírito malévolo. Muitas vezes seu trabalho é interrompido porque aquele lhe bate, puxa-lhe as roupas e o belisca até sangrar.

"Fiz o que foi possível, mas já não tenho recursos. Ademais, é tanto mais difícil obter bons resultados quanto é certo que os R..., a despeito do desejo de livrar-se do Espírito, que lhes ocasionou verdadeiros prejuízos, e são obrigados a trabalhar para viver, não me ajudam, pois sua fé em Deus não tem muita consistência."

Omitimos uma porção de detalhes que apenas corroborariam aquilo que referimos. Contudo, dissemos o bastante para mostrar que se pode dizer desse Espírito, como de certos malfeitores: é da pior espécie.

Na sessão da Sociedade de 9 de novembro último foram dirigidas a São Luís, as seguintes perguntas a respeito:

1. – Teríeis a bondade de dizer-nos alguma coisa sobre o Espírito que obsidia o jovem R...? R – A inteligência do moço é das mais fracas; e, quando o Espírito dele se apodera, fica completamente alucinado, tanto mais quanto mais mergulhado no sono. Assim, o raciocínio nada pode sobre o seu cérebro. Então se entrega à obsessão desse Espírito turbulento.

2. – Pode um Espírito relativamente superior exercer sobre outro uma ação magnética e paralisar as suas faculdades? R – Um bom Espírito nada pode sobre outro a não ser moralmente; nunca fisicamente. A fim de paralisar pelo fluido magnético terá que agir sobre a matéria; e o Espírito não é matéria semelhante a um corpo humano.

3. – Como, então, pretende o jovem R... magnetizar o Espírito e o adormecer? R – Ele assim o imagina; e o Espírito se presta à ilusão.

4. – O pai deseja saber se não haveria um meio de se desembaraçar desse hóspede importuno; se ainda por muito tempo seu filho estaria sujeito a essa prova... R – Quando o jovem estiver desperto dever-se-á, junto com ele, evocar bons Espíritos, a fim de o pôr em contato com estes e, por tal meio, afastar os ma-us, que o obsidiam durante o sono.

5. – Poderíamos agir assim, evocando, por exemplo, esse Espírito, a fim de o moralizar ou, talvez, o próprio Espírito do rapaz? R – Talvez

não seja possível no momento: são ambos muito materializados. É necessário agir diretamente sobre o corpo do ser vivo, por meio da presença de bons Espíritos, que virão a ele.

6. – Não compreendemos bem a resposta. R – Digo que é necessário chamar o concurso de bons Espíritos, que poderão tornar o rapaz menos acessível às impressões dos maus Espíritos.

7. – Que poderemos fazer por ele? R – O mau Espírito que o obsidia não o largará facilmente, desde que não é fortemente repelido por ninguém. Vossas preces, vossas evocações são fracas armas contra ele. Seria necessário agir direta e materialmente sobre a pessoa a quem ele atormenta. Podeis orar, pois a prece é sempre boa. Não o conseguireis, entretanto, por vós mesmos, se não fordes secundados por aqueles mais interessados no caso, a saber, os pais infelizmente, estes não têm aquela fé em Deus que centuplica as forças, e Deus não ouve senão aqueles que a Ele se dirigem com confiança. Assim, não podem queixar-se de um mal para o qual nada fazem para evitar.

8. – Como conciliar a sujeição desse jovem sob o império de tal Espírito, com a autoridade que sobre ele exerce aquele, de vez que ordena e o Espírito obedece? R – O Espírito desse moço é pouco adiantado moralmente, mas o é mais do que se pensa, em inteligência. Em outras existências abusou de sua inteligência, não dirigida para um fim moral, mas, ao contrário, para objetivos ambiciosos. Agora encontra-se em punição num corpo que não lhe permite livre curso à inteligência e o mau Espírito aproveita a sua fraqueza. E se deixa levar em questões sem importância, porque o sabe incapaz de lhe ordenar coisas sérias: e o Espírito abusa. A Terra formiga de Espíritos assim, em punição em corpos humanos. Eis porque há tantos males de todos os matizes.

Observação: A observação vem confirmar esta explicação. Durante o sono, o menino mostra uma inteligência incontestavelmente superior à de seu estado normal, o que prova um desenvolvimento anterior, mas reduzido a estado latente sob esse novo envoltório grosseiro. É só nos momentos de emancipação da alma, nos quais não sofre tanto a influência da matéria, que sua inteligência se expande, e no qual também exerce uma espécie de autoridade sobre o ser que o subjuga. Mas reduzido ao estado de vigília, suas faculdades se anulam sob o invólucro material que a comprime. Não está aí um ensino moral prático?

Revelamos o desejo de evocar esse Espírito, mas nenhum dos

médiuns presentes se interessa em servir-lhe de intérprete. A Srta. Eugênia, que também havia mostrado repugnância, repentinamente tomou do lápis e num movimento involuntário escreveu:

1. – Não queres? Ah! tu escreverás. Pensas que não dominarei. Pois bem: eis-me aqui. Mas não te espantes. Eu te farei ver minha força.

Nota: Então o Espírito faz a médium desferir um soco na mesa e quebrar vários lápis.

2. – Já que está aqui, diga-nos por que motivo se ligou ao filho do Sr. R... R – Até parece que eu teria que vos fazer confidências! Para começar, sabei que tenho uma grande necessidade de atormentar alguém. Um médium ativo me repeliria. Eu me apego a um idiota que não me opõe nenhuma resistência.

3. – **Nota:** Alguém ponderou que, a despeito desse ato de covardia, esse Espírito não deixa de ter inteligência. Este responde sem que lhe tenham perguntado diretamente. R – Um pouco. Não sou tão tolo quanto pensais.

4. – Que era você em vida? R – Não era grande coisa: um homem que fez mais mal do que bem, pelo que é cada vez mais castigado.

5. – Desde que você é punido por ter feito mal, deve compreender a necessidade de fazer o bem. Não quer tratar de se melhorar? R – Se quiserdes ajudar-me, eu perderia menos tempo.

6. – Não pedimos mais que isso. Necessário, porém, é que você tenha vontade. Ore conosco: isto o ajudará.

(Aqui o Espírito dá uma resposta blasfema).

7. – Chega! Não queremos ouvir mais. Esperávamos despertar em você alguns sentimentos bons. Foi com esse objetivo que o chamamos. Mas desde que você responde a nossa benevolência com palavras vis, pode retirar-se. R – Ah! aqui para a vossa caridade! Porque pude resistir um pouco, vejo que essa caridade logo estaca. É que não valeis mais do que eu. Sim: poderíeis moralizar-me mais do que pensais, se soubésseis vos conduzir, para começar, no interesse do idiota que sofre, do pai que não se assusta muito e finalmente no meu, se assim vos agrada.

8. – Diga-nos o seu nome, a fim de que possamos chamá-lo. R –

Oh! meu nome pouco vos importa: chamai-me, se quiserdes, o Espírito do jovem idiota.

9. – Se quisemos fazê-lo calar é porque disse uma palavra sacrílega. R – Ah! ah! o senhor chocou-se! Para saber o que há na lama é preciso revolvê-la.

10. – Alguém observa: Essa imagem é digna do Espírito. – É ignóbil. R – Quereis poesia, moço? Ei-la: Para conhecer o perfume da rosa é necessário cheirá-la.

11. – Desde que você disse que poderíamos ajudá-lo, um dos presentes se oferece para o instruir. Quer atendê-lo quando for evocado? R – Para começar, quero ver se me convém. (Depois de uns instantes de reflexão acrescenta:) Sim, irei.

12. – Por que se enfurecia o filho do Sr. R..., quando o Sr. L... queria magnetizá-lo? R – Não era ele quem se encolerizava: era eu.

13. – Por quê? R – Não tenho nenhum poder sobre esse homem, que me é superior: por isso não posso suportá-lo. Ele quer arrebatar-me aquele que tenho sob o meu domínio. E isso eu não quero.

14. – Você deve ver ao seu redor Espíritos mais felizes que você. Sabe por quê? R – Sim; o sei: são melhores do que eu.

15. – Compreende então que, se em lugar de fazer o mal, fizesse o bem, você seria feliz como eles? R – Não desejava mais que isso; mas é difícil fazer o bem.

16. – Talvez difícil para você; mas não impossível. Compreende que a prece pode exercer grande influência em sua melhora? R – Não digo que não: refletirei. Chamai-me algumas vezes.

Observação: Como se vê, o Espírito não desmentiu o seu caráter. Entretanto, mostrou-se menos recalcitrante no fim, o que prova que não é inteiramente impermeável ao raciocínio. Ele dispõe de remédio mas é preciso um concurso de vontades ora inexistentes a fim de o dominar inteiramente. Isso deve ser um ensinamento para as pessoas que poderiam achar-se em casos semelhantes.

Sem dúvida esse Espírito é muito mau e pertence ao *bas-fond* do mundo espírita. Pode-se dizer que é brutalmente mau, mas que em seres semelhantes há mais recursos que nos hipócritas. Sem sombra de dúvida são muito menos perigosos que os Espíritos fascinadores que, com o auxílio de certa dose de inteligência e uma falsa aparência de virtude, sabem inspirar em certas pessoas uma cega confiança em suas palavras, confiança de que mais cedo ou mais tarde serão vítimas, porque esses Espíritos jamais agem com vistas ao bem: têm sempre uma segunda intenção. *O Livro dos Médiuns* terá como resultado – assim o esperamos – pôr-nos em guarda contra suas sugestões, o que, seguramente, lhes não agradará. Como é bem de ver, entretanto, tão pouco nos inquietamos com sua má vontade quanto com a dos *Espíritos encarnados,* que eles podem suscitar contra nós. Do mesmo modo que os homens, os maus Espíritos não veem com bons olhos aqueles que, desmascarando as suas torpezas, lhes tiram os meios de fazer o mal.

ENSINO ESPONTÂNEO DOS ESPÍRITOS

DITADOS OBTIDOS OU LIDOS NA SOCIEDADE POR VÁRIOS MÉDIUNS

OS TRÊS TIPOS

(MÉDIUM: SR. ALFRED DIDIER)

Há no mundo três tipos que serão eternos. Esses três tipos, grandes homens os pintaram como eles eram em seu tempo; e adivinharam que existiriam sempre. Esses três tipos são, para começar, *Hamlet,* que diz em solilóquio: *To be or not to be, that is the question;* depois *Tartufo,* que resmunga preces enquanto medita o mal; por fim *Don Juan,* que a todos diz: "Não creio em nada." Molière achou, sozinho, dois desses tipos. Estigmatizou Tartufo e fulminou Don Juan. Sem a verdade, o homem fica na dúvida como Hamlet, sem consciência como Tartufo, sem coração como Don Juan. Hamlet está em dúvida, é bem certo, mas busca, é infeliz, a incredulidade o acabrunha, suas mais suaves ilusões diariamente se afastam e esse ideal, essa verdade que ele persegue cai no abismo como Ofélia e fica perdida para sempre. Então enlouquece e morre como um desesperado. Deus, porém, o perdoará, porque teve coração, amou e foi o mundo que lhe roubou aquilo que queria conservar.

Os outros dois tipos são atrozes, porque egoístas e hipócritas, cada um a seu modo. Tartufo afivela a máscara da virtude, o que o torna odioso; Don Juan em nada crê, nem mesmo em Deus: só acredita em si mesmo. Jamais tivestes a impressão de ver, nesse famoso símbolo que é Don Juan e na estátua do Comendador[1], o ceticismo perante as mesas girantes? O corrompido Espírito humano na sua mais brutal manifestação? Até o presente o mundo viu neles apenas uma figura inteiramente humana. Credes que não se deve neles ver e sentir algo mais? Como o gênio inimitável de Molière não teve, nessa obra, o sentimento do bom-senso dos fatos espirituais, como o tinha sempre dos defeitos deste mundo!

Gérard de Nerval

CAZOTTE

(MÉDIUM: SR. ALFRED DIDIER)

É curioso ver surgir, no meio do materialismo, um grupo de homens de boa-fé, propagando o Espiritismo. Sim: é no meio das mais profundas trevas que Deus lança a luz e no momento em que Ele é mais esquecido, que melhor se mostra. Semelhante ao ladrão sublime de que fala o Evangelho, e que virá julgar o mundo no momento em que este menos esperar. Mas Deus não vem a vós para vos surpreender: ao contrário, vem prevenir-vos de que essa grande surpresa, que deve empolgar os homens ao morrerem, deve ser para eles funesta ou feliz.

Deus me enviou para o meio de uma sociedade corrupta. Graças à clarividência, algumas dessas revelações que em meu tempo pareciam tão maravilhosas, hoje se afiguram muito naturais. Todas essas lembranças para mim não passam de sonhos e – louvado seja Deus! – o despertar não foi penoso. Nasceu o Espiritismo, ou antes, ressuscitou em vosso tempo; o magnetismo era do meu tempo. Crede que as grandes luzes precedem os grandes clarões.

O autor do *Diable Amoureux* vos lembra que já teve a honra de conversar convosco e sentir-se-á feliz em continuar suas relações amistosas.

Cazotte

---

[1] O subtítulo ou variante *O Festim de Pedra* vem do seguinte episódio da lenda espanhola.

Em meio da noite Don Juan penetra na igreja de um convento, onde se eleva a estátua do Comendador que ele matara havia pouco tempo. Faz-lhe zombarias, chegando ao cúmulo de convidar a estátua para cearem juntos. A estatua responde estendendo-lhe a mão, ao mesmo tempo que ribomba o trovão, descem raios, a terra se abre e engole o profanador. A alusão à *estátua do comendador* ficou como expressão literária. (N. do T.)

Na sessão seguinte foram dirigidas ao Espírito de Cazotte as seguintes perguntas:

P – Vindo espontaneamente na última vez, tivestes a gentileza de nos dizer que voltaríeis de boa vontade. Aproveitamos o oferecimento para vos dirigir algumas perguntas, se assim o quiserdes.

1. – A história do famoso jantar, na qual predissestes a sorte que aguardava cada um dos convivas é inteiramente verídica? R – Ela é verdadeira no sentido de que a predição não foi feita numa mesma noite, mas em vários jantares, no fim dos quais eu me divertia em meter medo aos meus convivas, por meio de sinistras revelações.

2. – Conhecemos os efeitos da segunda vista e compreendemos que, dada essa faculdade, tivésseis podido ver coisas distantes mas que se passavam no momento. Como pudestes ver coisas futuras, que ainda não existiam e vê-las com precisão? Poderíeis, ao mesmo tempo, dizer-nos como vos foi dada tal precisão? Falastes simplesmente como inspirado, sem nada ver, ou o quadro dos acontecimentos que anunciastes se vos apresentou como uma imagem? Tende a bondade de descrever isso o melhor que puderdes para a nossa instrução. R – Há na razão do homem um instinto moral que o impele a predizer certos acontecimentos. É certo que eu era dotado de muitíssima clarividência, mas sempre humana, para os acontecimentos que então se passaram. Acreditais, porém, que o bom-senso, ou o correto julgamento das coisas terrenas vos possam detalhar, com anos de antecedência, esta ou aquela circunstância? Não. Aliava-se à minha natural sagacidade uma qualidade sobrenatural: a segunda vista. Quando eu revelava às pessoas que me cercavam os terríveis abalos que deveriam ocorrer, evidentemente eu falava como um homem de bom-senso e de lógica; quando, porém, eu via pequenos detalhes dessas circunstâncias vagas e gerais, quando eu via, visivelmente, esta ou aquela vítima, então não falava mais como um simples homem dotado, mas como um inspirado.

3. – Independentemente desse fato, tivestes, durante a vida, outros exemplos de previsão? R – Sim. Estas eram todas mais ou menos sobre o mesmo assunto. Mas, por passatempo, eu estudava as ciências ocultas e me ocupava muito de magnetismo.

4. – Essa faculdade de previsão vos acompanhou no mundo dos

Espíritos? Isto é, após a morte ainda prevedes certos acontecimentos?
R – Sim; esse dom me ficou muito mais puro.

Observação: Poder-se-ia ver aqui uma contradição com o princípio que se opõe à revelação do futuro. Com efeito, o futuro nos é oculto por uma lei muito sábia da Providência, pois que tal conhecimento prejudicaria o nosso livre-arbítrio e nos levaria à negligência do presente pelo futuro. Ademais, por nossa oposição, poderíamos entravar certos acontecimentos necessários à ordem geral. Quando, porém, essa comunicação nos pode impelir a facilitar a realização de uma coisa, Deus pode permitir a sua revelação, nos limites assinados por sua sabedoria.

A VOZ DO ANJO DA GUARDA

(MÉDIUM: SRTA. HUET)

Todos os homens são médiuns; todos têm um Espírito que os dirige para o bem, quando sabem escutá-lo. Mas que alguns se comuniquem diretamente com ele por uma mediunidade particular, que outros não o ouçam senão pela voz do coração e da inteligência, pouco importa, nem por isso deixa de ser o seu Espírito familiar que os aconselha. Chamai-o Espírito, razão, inteligência, é sempre uma voz que responde a vossa alma e vos dita boas palavras. Só que nem sempre as compreendeis. Nem todos sabem agir segundo os conselhos dessa razão – não dessa razão que se arrasta e se roja, ao invés de marchar, dessa razão que se perde em meio aos interesses materiais e grosseiros, mas dessa razão que eleva o homem acima de si mesmo, que o transporta para as regiões desconhecidas; chama sagrada que inspira o artista e o poeta, pensamento divino que eleva o filósofo, sopro que arrasta os indivíduos e os povos, razão que o vulgo não pode compreender, mas que aproxima o homem da divindade mais que qualquer outra criatura; entendimento que sabe conduzi-lo do conhecido para o desconhecido e o faz executar os atos mais sublimes. Ouvi, pois, essa voz interior, esse bom gênio que vos fala sem cessar e chegareis, progressivamente, a ouvir o vosso anjo da guarda que do alto do céu vos estende as mãos.

Channing

A GARRIDICE

(MÉDIUM: SRA. COSTEL)

Ocupar-nos-emos hoje da garridice feminina, que é a inimiga do amor: ela o mata ou o amesquinha, o que é ainda pior. A mulher garrida assemelha-se a um pássaro engaiolado que, pelo canto, atrai os outros para junto de si. Ela atrai os homens que espedaçam os corações contra as grades que a encerram. Lamentemos mais a ela que a eles. Reduzida ao cativeiro pela estreiteza das ideias e pela aridez de seu coração, sapateia na obscuridade de sua consciência, sem jamais poder ver brilhar o sol do amor, que não irradia senão para as almas generosas e dedicadas. É mais difícil sentir o amor do que o inspirar; entretanto, todos se inquietam e esquadrinham o coração desejado, sem examinar primeiro se o seu possui o tesouro cobiçado.

Não: o amor que é a sensualidade do amor-próprio não é amor, do mesmo modo que a garridice não é a sedução para uma alma elevada. Razão existe para reprovar-se e cercar-se de dificuldades essas frágeis ligações, vergonhosa permuta de vaidades e de misérias de toda sorte. O amor fica alheio a tudo isso, do mesmo modo que o raio não fica manchado pelo monturo que ele alumia. Insensatas são as mulheres que não compreendem que sua beleza e sua virtude são o amor no seu abandono, no esquecimento dos interesses pessoais e na transmigração da alma que se entrega inteiramente ao ser amado. Deus abençoa a mulher que carregou o jugo do amor; repele aquela que transformou esse precioso sentimento num troféu de sua vaidade, numa distração para o seu ócio ou numa chama carnal que consome o corpo deixando vazio o coração.

Georges

Allan Kardec

ANO IV
FEVEREIRO DE 1861

BOLETIM

DA SOCIEDADE PARISIENSE DE ESTUDOS ESPÍRITAS

(Resumo das Atas)

(SEXTA-FEIRA, 21 DE DEZEMBRO DE 1860 – SESSÃO PARTICULAR)

Admissão de dois novos membros.

Comunicações diversas. 1. – Leitura de várias comunicações obtidas fora das sessões.

2. – O Sr. Allan Kardec lê uma carta de Bordéus, na qual é proposta a evocação da Srta. M. H..., recentemente falecida. Consultada, a Sociedade pensa em ocupar-se dessa evocação.

Trabalhos da Sessão. 1. – Ditado espontâneo, assinado *Lázaro,* obtido pela Sra. Costel. – Outro, assinado Gérard de Nerval, obtido pelo Sr. A. Didier. O Espírito desenvolve a tese cujas bases apresentara na comunicação *Os Três Tipos:* Hamlet, Don Juan e Tartufo, a 14 de dezembro. Desenvolve o tipo de Hamlet. Solicitado, faz uma apreciação sobre La Fontaine[1]. – Outro, assinado Torquato Tasso[2], pela Srta. H... O Espírito dá igualmente a sua opinião sobre La Fontaine.

---

[1] La Fontaine: Jean de La Fontaine, poeta francês nascido em Château-Thierry, em 1621 e morto em Paris em 1695. Estilista fino e espiritual, autor de *Contos* notáveis e de Fábulas que adquiriram uma importância universal, inclusive como manual para todas as idades e condições, verdadeira obra de gênio. (N. do T.)

[2] *O Tasso.* Torquato Tasso, cognominado *O Tasso,* poeta italiano, nascido em Sorrento, em 1844 e falecido em 1595. Sua obra notabilíssima é a *Jerusalém Libertada,* epopéia mundialmente conhecida, cheia de imagens brilhantes, de conceitos grandiosos, de histórias românticas e transbordantes de graça. Seus versos são muito harmoniosos. Era um Espírito torturado e foi vítima da mania de perseguição.

Inspirou a Goethe uma tragédia publicada em 1790, de absoluta pureza clássica. (N. do T.)

2. – Evocação de Lady Esther Stanhope, que havia passado a maior parte de sua vida nas montanhas do Líbano, no meio das populações árabes, que lhe haviam dado o título de *Rainha de Palmira.*

(SEXTA-FEIRA, 28 DE DEZEMBRO DE 1860 – SESSÃO GERAL)

Comunicações diversas. 1. – Leitura de várias comunicações obtidas fora das sessões, entre outras um conto fantástico, assinado Hoffmann[1], pela Sra. Costel, e a evocação de um negro, feita em Nova-Orleans, pela Sra. B... Esta é notável pela ingenuidade das ideias e pela reprodução da linguagem usada entre os pretos.

2. – Carta da Sra. T. D..., de Cracóvia, que constata os progressos do Espiritismo na Polônia, na Podólia e na Ucrânia. Essa senhora é médium há sete anos. Junta à sua carta, quatro comunicações que atestam a bondade e a superioridade do Espírito que as traçou, além de pedir inscrição na Sociedade.

3. – O Sr. Allan Kardec, dirige aos Espíritos a alocução seguinte, para agradecer-lhes o seu concurso durante o ano que está findando:

"Não queremos terminar o ano sem dirigir os nossos agradecimentos aos bons Espíritos que tiveram a bondade de nos instruir. Agradecemos sobretudo a São Luís, nosso presidente espiritual, cuja proteção foi evidente à Sociedade que tomou sob seu patrocínio, e que, assim esperamos, terá a bondade de continuá-la, rogando-lhe que os inspire, a todos, os sentimentos que dela nos tornem dignos. Agradecemos igualmente a todos os que espontaneamente vieram dar-nos o seu conselho e as suas instruções, quer nas nossas sessões, quer nas comunicações dadas em particular aos nossos médiuns, e que nos foram transmitidas. Neste número não poderíamos esquecer Lamennais, que ditou ao Sr. Didier páginas de grande eloquência, Channing, Georges, cujas comunicações têm sido admiradas por todos os leitores da *Revista*; Sra Delphine de Giradin, Charles Nodier, Gérard de Nerval, Lázaro, Tasso, Alfred de Musset, Rousseau e outros. O ano de 1860 foi eminentemente próspero para as ideias espíritas. Esperamos que com o concurso

---

[1] *Hoffmann.* Há vários Hoffmann notáveis, uns franceses, outros alemães. Aqui se trata, porém, de *Ernst-Theodor-Amédée Hoffmann,* músico e romancista alemão, nascido em Koenigsberg em 1776 e falecido em 1822. Grande observador e de imaginação esquisita, escreveu os *Contos Fantásticos.* (N. do T.)

dos bons Espíritos o ano que vai começar não seja menos favorável. Quanto aos Espíritos sofredores que apareceram, espontaneamente ou a nosso chamado, continuaremos, por nossas preces, a pedir para eles a misericórdia de Deus, rogando-lhe amparo aos que se acham no caminho do arrependimento e esclarecimento para os que estão na via tenebrosa do mal."

Trabalhos da Sessão. 1. – Ditado espontâneo sobre o ano de 1860, assinado J. J. Rousseau[1], pela Sra. Costel. – Outro, assinado Necker[2] pela Senhorita H... – Outro, sobre o ano de 1861, assinado São Luís[3].

2. – Evocação de Lady Stanhope, Hoffmann e o negro de Nova-Orleans.

---

[1] *Rousseau.* Jean-Jacques Rousseau nasceu em Genebra em 1712 e faleceu em 1778. Espírito melancólico, sonhador e fantasista, pregava a volta à natureza, a bondade natural e a necessidade de um contrato social que garantisse os direitos de todos. E pregou numa linguagem eloquente e apaixonada, tão apaixonada e eloquente que inspirou a *Revolução Francesa* e a *Escola Romântica,* através das seguintes obras: *Contrato Social, A Nova Heloísa, Confissões, Sonhos de um viajante solitário.* (N. do T.)

[2] *Necker* Jacques Necker, natural de Genebra, onde nasceu em 1739, mas de origem inglesa e protestante, foi grande financista e banqueiro em Paris e ligou-se estreitamente à história da França pelas reformas tentadas em dois ministérios de Luís XVI. Era pai de Madame de Staël (Vide *Revista Espírita*; Ano 1). (N. do T.)

[3] *São Luís.* Trata-se de *Luís IX, rei de França,* filho de *Luís VIII* e de *Branca de Castela,* nascido em 1215, elevado ao trono em 1226 e morto em 1270. Teve um reinado muito agitado: até 1236, sob a regência materna, em cujo período se deu a revolta dos vassalos e a guerra dos Albigenses; em 1234 desposou *Margarida de Provença;* o *Conde de Marco* e os ingleses organizaram nova liga contra ele, sendo vencidos em Taillebourg e Saintes, em 1242, posteriormente regulado (1259) pelo tratado de Paris, que lhe trouxe o *Anjou,* a *Normandia,* o *Maine* e o *Poitou.* Em 1249 empreendeu uma cruzada, desembarcou em *Damietta,* foi vencido na batalha de *Mansurah,* no ano seguinte e feito prisioneiro. Resgatado, ficou na *Palestina* até 1252, quando voltou à França ao saber da morte de sua mãe. Organizou os seus estados, tomou importantes medidas no setor da justiça e da organização da moeda; concedeu grandes privilégios ao clero pela *Pragmática sanção* de 1269; construiu a *Sainte-Chapelle,* obra-prima de arquitetura gótica, da traça de *Mestre Pierre de Montereau,* a *Sorbonne,* que durante muito tempo foi a mais alta escola de teologia, sofreu várias reformas materiais e atualmente é a sede da faculdade de letras e ciências e da Academia de Paris; também fundou os *Quinze-Vingts* – hospital para cegos, cujo nome exprimia, no antigo francês, o número 300, isto é, quinze vezes vinte, que tantos eram os asilados. Animado pelo irmão, *Carlos de Anjou,* a empreender a oitava cruzada, desembarcou em Tunis, e logo morreu de peste. Foi canonizado em 1297. Teve a reputação de integridade e foi muito virtuoso. (N. do T.)

3. *Questões diversas:* Sobre a lembrança de existências anteriores em Júpiter; sobre diversas aparições à Sra. sogra do Sr. Pr..., presente à sessão.

(SEXTA-FEIRA, 4 DE JANEIRO DE 1861 – SESSÃO PARTICULAR)

Admissão do Sr. W..., pintor.

Comunicações diversas. 1. – Carta do Sr. Kond..., doutor em Medicina, de Vaucluse, lamentando que tudo quanto se menciona nas atas da Sociedade não seja publicado integralmente na *Revista*. "Os partidários do Espiritismo", diz ele, "que não podem assistir às sessões, sentem-se estranhos às questões que são estudadas e resolvidas nessa assembleia científica. Todos os meses esperamos com febril impaciência a chegada da *Revista*. Quando a temos, não perdemos um minuto para a ler. Lemo-la e relemo-la, pois aprendemos uma porção de problemas cujas soluções jamais teríamos". Pergunta se não haveria um meio de remediar esse inconveniente.

A Sra. Costel diz ter recebido cartas no mesmo sentido.

Diz o Sr. Allan Kardec que isso prova uma coisa, que nos deve dar grande satisfação: é o valor que se liga aos trabalhos da Sociedade e o crédito que ela desfruta entre os verdadeiros espíritas. A publicação do resumo das atas mostra aos estrangeiros que ela só se ocupa de coisas sérias e importantes; a consideração que conquistou no exterior se deve à sua moderação e à sua marcha prudente por um terreno novo, à ordem e à gravidade que presidem às suas reuniões e ao caráter essencialmente moral e científico de seus trabalhos. É, pois, para ela um encorajamento a não se afastar de uma via que lhe acarreta estima, desde que do exterior, até da Polônia, escrevem pedindo para dela participar.

A reclamação especial e muito honrosa para nós, feita pelo Dr. K..., responderei, para começar, que a publicação integral de tudo quanto se diz e se faz na Sociedade exigiria volumes. Entre as evocações nela feitas muitas há que não correspondem à expectativa ou não oferecem um interesse bastante geral para serem publicadas. São conservadas nos arquivos a fim de serem consultadas, caso necessário, e o boletim se contenta em as mencionar. O mesmo se dá com as comunicações espontâneas: só se publicam as mais instrutivas. Quanto às questões diversas e problemas morais, que têm, por vezes, um grande interesse, está equivocado o Dr.... se pensa que os espíritas de fora estarão deles privados. O que o leva a pensar assim é o fato de que a abundância de matéria e a necessidade de a coordenar, muito raramente permitem a publicação de todas as questões no número da *Revista* em que são mencionadas no boletim. Mais cedo ou mais tarde terão o seu lugar. Aliás, elas constituem um dos elementos essenciais das obras sobre o Espiritismo: foram aproveitadas em *O Livro dos Espíritos* e em *O Livro dos Médiuns*, nos quais são classificadas conforme o assunto, não tendo sido omitida nenhuma das essenciais. Tenham paciência o Sr. K..., e os demais espíritas: se, pela leitura da *Revista*, não podem assistir de longe às sessões da Sociedade e não perdem uma só palavra, nada do que nelas se obtém de importante fica sob o alqueire. Não obstante, a *Revista* esforçar-se-á, na medida do possível, por corresponder ao desejo expresso pelo digno correspondente.

2. – Após o relato de um negociante de Nova York, presente à sessão, o Sr. Allan Kardec assinala o progresso feito nos Estados Unidos da América do Norte pelos princípios formulados em *O Livro dos Espíritos*. Esse livro foi traduzido em inglês, em fragmentos, e a doutrina da reencarnação ali conta agora numerosos partidários.

3. – Leitura de uma graciosa e encantadora comunicação no velho estilo medieval, recebida pela Srta. S... – Outra sobre a imaterialidade dos Espíritos, pela Sra. Costel.

Trabalhos da Sessão. 1. – Observações críticas sobre o ditado feito na última sessão pelo Espírito de Necker. O Espírito de Madame de Staël[1] se manifesta espontaneamente e, explicando-lhe o sentido, justifica as palavras de seu pai.

2. – Evocação de Leão X[2], que se havia manifestado espontaneamente na sessão de 14 de dezembro. Respondendo a várias perguntas que lhe foram feitas, explica e desenvolve suas ideias sobre o caráter comparado dos americanos, dos franceses e dos ingleses; sobre a ma-

---

[1] *Madame de Staël.* vide *Revista Espírita,* Ano 1. (N. do T.)

[2] *Leão X.* Foi um papa que deu o nome a um século. Trata-se do célebre *Giovanni di Medici,* que reinou como papa de 1513 a 1521. Admirador das obras-primas da antiguidade, protegeu as artes, as letras, as ciências. Assinou a célebre *Concordata* com Francisco I, rei de França e viu nascer o cisma luterano. (N. do T.)

neira por que esses povos encaravam o Espiritismo: sobre os inevitáveis progressos dessa doutrina, etc.

3. – Diálogo espontâneo entre Monsenhor Sibour[1] e o seu assassino.

4. – Perguntas dirigidas a São Luís sobre o negro evocado a 28 de dezembro, sobre o seu caráter e a sua origem.

5. – Evocação da Srta. J. B., feita por sua mãe, presente à sessão. A comunicação, de interesse absolutamente particular, oferece um quadro tocante da afeição que certos Espíritos conservam por aqueles que amaram na Terra.

O SR. SQUIRE

Vários jornais, conforme seu hábito, levaram mais ou menos a ridículo esse novo médium, compatriota do Sr. Home, sob cuja influência também se produzem fenômenos de uma ordem, sob certo ponto, excepcional. Têm isto de particular, os efeitos não ocorrem senão na mais profunda escuridão, circunstância que os incrédulos não deixam de alegar. Como se sabe, o Sr. Home produzia fenômenos muito variados, entre os quais o mais notável era, incontestavelmente, o das aparições tangíveis. Nós os descrevemos minuciosamente na *Revista Espírita* de fevereiro, março e abril de 1858. O Sr. Squire produz apenas dois, ou, melhor dito, um só, com certas variantes, mas não menos digno de atenção. Sendo a obscuridade uma condição essencial à obtenção do fenômeno, desnecessário é dizer que todas as precisas precauções são tomadas para garantir a sua realidade.

Eis em que consiste.

O Sr. Squire coloca-se em frente a uma mesa de 35 a 40 quilos, semelhante a uma reforçada mesa de cozinha; amarram-lhe fortemente as duas pernas juntas, a fim de que delas não se possa servir e, nessa mesma posição, sua força muscular estaria consideravelmente imobilizada, caso a ela recorresse. Uma outra pessoa, qualquer que seja, ou,

---

[1] *Monsenhor Sibour.* Trata-se de *Marie-Dominique-Auguste Sibour* arcebispo de Paris, nascido em Saint-Paul-Trois-Château, em 1792 e assassinado em Paris em 1859, ao sair da igreja de Saint-Etienne-du-Mont, por um padre que ele havia interditado. Vide *Revista Espírita.* (N. do T.)

se se quiser, a mais incrédula, dá-lhe a mão, de modo a lhe deixar livre apenas a outra. Então ele a depõe de leve à borda da mesa. Isso feito, extinguem as luzes e no mesmo momento a mesa se ergue, passa por sobre a sua cabeça e vai cair por detrás dele, de pernas para o ar, sobre um divã ou sobre almofadas previamente dispostas para recebê-la, a fim de que não se parta na queda. Produzido o efeito, faz-se a luz imediatamente: é questão de segundos. A experiência pode ser repetida tantas vezes quantas se queira na mesma sessão.

Eis uma variante desse fenômeno: uma pessoa se coloca ao lado do Sr. Squire; levantada e virada a mesa, como acima foi descrito, ao invés de cair para trás, ela pousa, voltada mas em equilíbrio, sobre a cabeça da pessoa, a qual apenas sente uma ligeira pressão; mas, apenas feita a luz, ela sente o seu peso completo e cairia, se duas outras pessoas não estivessem prontas a sustentá-la pelas extremidades.

Tal é, substancialmente e com a maior singeleza, sem ênfase nem reticências, o relato dos fatos singulares que colhemos em *La Patrie* de 26 de dezembro de 1860, bem como de grande número de testemunhas, porque confessamos não os haver presenciado. Mas a honestidade das pessoas que no-los contaram nenhuma dúvida nos deixa quanto à sua exatidão. Temos um outro motivo, talvez mais poderoso, para os admitir: é que a teoria nos demonstra a sua possibilidade. Ora, nada melhor para firmar uma convicção do que verificar; nada provoca mais dúvida do que dizer: vi mas não compreendo.

Tentemos, pois, dar a compreender.

Comecemos levantando algumas objeções prejudiciais. A primeira que chega muito naturalmente é que o Sr. Squire empregue algum meio secreto ou, por outras palavras, que seja um hábil prestidigitador; ou ainda, como dizem mais cruamente os que não se preocupam em passar por educados, que é um charlatão. Uma palavra basta para responder a tal suposição: o Sr. Squire veio a Paris como simples turista e nenhum proveito tira de sua estranha faculdade. Ora, como não há charlatães desinteressados, isto nos é a melhor garantia de sinceridade. Se o Sr. Squire desse sessões a tanto por cabeça, se fosse movido por um interesse qualquer, todas as suspeitas seriam perfeitamente legítimas. Não temos a honra de o conhecer, mas através de pessoas dignas de toda confiança, que o conhecem particularmente há vários anos, sabemos que é um homem dos mais respeitáveis, de caráter afável e benevolente, um distinto literato, que escreve em vários jornais da América. Raramente a crítica leva em conta o caráter das pessoas e o móvel de suas ações. E erra, porque isso constitui por certo uma base essencial de apreciação. Casos há em que a acusação de fraude não só é uma ofensa, mas uma falta de lógica.

Isso posto, afastada toda presunção de meios fraudulentos, resta saber se o fenômeno poderia produzir-se com o auxílio da força muscular. Ensaios foram procedidos por homens dotados de força excepcional, e todos reconheceram a absoluta impossibilidade de levantar aquela mesa com uma mão e ainda menos, de fazer piruetas no ar. Acrescentemos que a compleição física do Sr. Squire não se coaduna com uma força hercúlea. Já que o emprego da força física se torna impossível e que um exame escrupuloso previne o emprego de qualquer meio mecânico, necessário se torna admitir a ação de uma força sobre-humana. Todo efeito tem uma causa; se a causa não estiver na humanidade é absolutamente necessário que esteja fora dela; por outras palavras, na intervenção de seres invisíveis que nos cercam, a saber, os Espíritos.

Para os espíritas o fenômeno produzido pelo Sr. Squire nada tem de novo, a não ser a forma por que se produz; quanto ao fundo, entra na categoria de todos os outros fenômenos conhecidos de transporte e de deslocamento de objetos, com ou sem contato, de suspensão de corpos pesados no espaço; e tem o seu princípio no fenômeno elementar das mesas girantes, cuja teoria completa se encontra em nossa nova obra *O Livro dos Médiuns*. Quem quer que tenha bem meditado nessa teoria, poderá facilmente ter a explicação do efeito produzido pelo Sr. Squire.

Porque, certamente, o fato de uma mesa, sem contato de qualquer pessoa, deslocar-se do solo, levantar-se, manter-se no ar sem apoio é ainda mais extraordinário. Se podemos dar-nos conta disso, tanto mais facilmente poderemos explicar o outro fenômeno.

Perguntar-se-á onde, em tudo isso, a prova da intervenção dos Espíritos? Se os efeitos fossem puramente mecânicos, é certo que nada provaria tal intervenção, bastando recorrer-se à hipótese de um fluido elétrico ou outro. Do momento, porém, que um efeito é inteligente, deve haver uma causa inteligente. Ora, é pelos sinais de inteligência dos efeitos que se pôde reconhecer que sua causa não era exclusivamente material. Falamos dos efeitos espíritas em geral, porque os há cujo caráter inteligente é quase nulo, como no caso do Sr. Squire. Poder-se-ia supô-lo, então, dotado como tantas pessoas, de um potencial elétrico natural. Mas não sabíamos jamais que a luz fosse um obstáculo à ação da eletricidade ou do fluido magnético. Por outro lado, o exame atento das circunstâncias do fenômeno exclui tal suposição, enquanto que sua analogia com os que apenas podem ser produzidos pela interferência de inteligências ocultas está manifesta. É, pois, mais racional colocá-lo entre estes últimos. Resta saber como faz o Espírito, ou ser invisível, para atuar sobre a matéria inerte.

Quando uma mesa se move, não é o Espírito que a toma com as mãos e a levanta à força de braço, pela razão muito simples de que, embora tenha um corpo como o nosso, tal corpo é fluídico e não pode exercer uma ação muscular propriamente dita. Ele satura a mesa com seu próprio fluido, combinado com o fluido *animalizado* do médium. Por esse meio, a mesa fica momentaneamente animada de uma vida fictícia: então obedece a vontade, como o faria um ser vivo; por seus movimentos, exprime alegria, cólera e os diversos sentimentos do Espírito que dela se serve. Não é ela que pensa, se alegra ou encoleriza; não é o Espírito que se incorpora nela, porque ele não se metamorfoseia em mesa. Ela lhe é apenas um instrumento dócil, obediente à sua vontade, como o bastão que um homem agita e com o qual exprime ameaça ou faz outros sinais. Nesse caso o bastão é sustido pelos músculos; mas a mesa, não podendo ser movimentada pelos músculos do Espírito, é agitada pelo fluido dele, que faz o papel de força muscular.

Tal o princípio fundamental de todos os movimentos em casos semelhantes.

Uma questão, à primeira vista mais difícil, é esta: como pode um corpo pesado destacar-se do solo e manter-se no espaço, contrariando a lei da gravidade? Para nos darmos conta disso basta lembrar o que diariamente se passa aos nossos olhos. Sabe-se que num corpo sólido é necessário distinguir o peso próprio e a força de gravidade. O peso é sempre o mesmo e depende da soma das moléculas; a força de gravidade varia em razão da densidade do meio. Eis porque um corpo pesa menos na água do que no ar e ainda menos no mercúrio. Suponhamos uma câmara, em cujo solo repousa uma mesa; que de repente ela se enche de água; a mesa levantar-se-á por si mesma ou, pelo menos, um homem, ou uma criança a levantarão sem esforço. Outra comparação: Faça-se o vácuo na campânula pneumática e no mesmo instante o ar do seu interior não mais se equilibra com a coluna atmosférica; a campânula adquire tal força que o mais forte dos homens não poderá levantá-la. Entretanto, posto que nem a tábua nem a campânula tenham aumentado ou diminuído um átomo de sua substância, seu peso relativo aumentou ou diminuiu em razão do meio, quer seja este um líquido, ou um fluido.

Conhecemos todos os fluidos da Natureza ou mesmo todas as propriedades daqueles que conhecemos? Seria muita presunção admiti-lo. Os exemplos que acabamos de citar são comparações: não dizemos similitudes; apenas desejamos mostrar que os fenômenos espíritas, que nos parecem tão estranhos, não o são mais que os fenômenos citados e, pois, podem ser explicados, senão pelas mesmas causas, ao menos por causas análogas. Com efeito, eis uma mesa que, evidentemente, perde o peso aparente num dado momento e que, em outras circunstâncias, adquire uma sobrecarga; e tal fato não pode explicar-se por leis conhecidas. Como, porém, ele se repete, isso prova estar submetido a uma lei, que não deixa de existir pelo simples fato de ser desconhecida. Que lei é essa? Dão-na os Espíritos. Contudo, em falta da explicação deles, podemos deduzi-la por analogia, sem necessidade de recorrermos a causas miraculosas ou sobrenaturais.

O fluido universal, como o chamam os Espíritos, é o veículo e o agente de todos os fenômenos espíritas. Sabe-se que os Espíritos podem modificar as suas propriedades, conforme as circunstâncias; que ele é o elemento constitutivo do perispírito ou envoltório semi-material do Espírito; que, neste último estado, pode adquirir visibilidade e até tangibilidade. É, pois, irracional admitir que, num dado momento, possa um Espírito envolver um corpo sólido numa atmosfera fluídica, cujas propriedades, consequentemente modificadas, produzem sobre esse corpo o efeito de um meio mais denso ou mais rarefeito? Nesta hipótese o deslocamento tão fácil de uma pesada mesa pelo Sr. Squire se explica muito naturalmente, assim como todos os fenômenos análogos.

A necessidade de escuridão é mais embaraçosa. Por que cessa o efeito ao menor contato da luz? Exerce o fluido luminoso uma ação mecânica qualquer? Não é provável, de vez que fatos do mesmo gênero se produzem perfeitamente em plena luz. Não se pode atribuir tal singularidade senão à natureza toda especial dos Espíritos que se manifestam por esse médium. Por que por esse médium e não pelos outros? Eis aí um desses mistérios só penetráveis por aqueles que se identificaram com os fenômenos tão numerosos, e por vezes tão bizarros, do mundo dos invisíveis. Só eles podem compreender as simpatias existentes entre vivos e mortos.

A que ordem pertencem esses Espíritos? São bons ou maus? Sabemos que temos ferido o amor-próprio de certas criaturas terrenas, depredando o valor dos Espíritos que produzem manifestações físicas; criticaram-nos fortemente porque os classificamos como saltimbancos do mundo invisível. Desculpando-nos, diremos que a expressão não é nossa, mas dos próprios Espíritos. Pedimos perdão, mas jamais entrará em nossa cabeça que Espíritos elevados venham divertir-se fazendo prestidigitações e coisas desse gênero, do mesmo modo que não nos convencerão de que palhaços, atletas, dançarinos de corda e pregoeiros de rua sejam membros do Instituto[1]. Quem quer que conheça a hierarquia dos Espíritos sabe que os há de todos os graus de inteligência e de moralidade, como os há de todas as variedades de aptidões e de caracteres como entre os homens, o que não é de admirar, pois que os Espíritos nada mais são que almas que viveram. Ora, até prova em contrário, permitam-nos duvidar que os Espíritos como Pascal, Bossuet e outros, mesmo menos elevados, se ponham às nossas ordens para fazerem girar as mesas, divertindo um grupo de curiosos. Perguntamos aos que pensam de modo contrário se julgam que, após a morte, iriam facilmente resignar-se a esse papel de aparato. Até entre os que se acham às ordens do Sr. Squire há um servilismo incompatível com a menor superioridade intelectual, de onde concluímos que devem pertencer às classes inferiores, o que não quer dizer que sejam maus. Pode-se muito bem ser honesto e bom sem saber ler nem escrever. Os

[1] Ser *Membro do Instituto é* receber a mais alta designação honorífica na França. O Instituto é um conjunto de cinco academias, a saber: 1.º – A *Académie Française,* fundada em 1635 pelo *Cardeal Richelieu,* com 40 membros; 2.º – A *Académie de Inscriptions et Belles-Lettres,* fundada por *Colbert* em 1663, com 40 membros; 3.º – A *Académie des Sciences morales et politiques,* criada pela Convenção em 1795, com 40 membros; 4.º – A *Académie des Sciences,* fundada por *Colbert* em 1666, com 66 membros e 2 secretários perpétuos; e 5.º – A *Académie des Beaux-Artis,* composta de várias seções fundadas pelo *Cardeal Mazarini* e por *Colbert* e em 1795 reunidas num só organismo. (N. do T.)

maus Espíritos geralmente são indóceis, coléricos e gostam de fazer o mal. Ora, não nos consta que os do Sr. Squire jamais lhe hajam pregado uma peça; obedecem com uma docilidade pacífica, que exclui toda suspeita de malevolência; nem por isso, entretanto, são aptos a fazer dissertações filosóficas. Consideramos o Sr. Squire com o bom-senso suficiente para se ofender com essa apreciação. Essa subordinação dos Espíritos que o assistem levou um dos nossos colegas a dizer que certamente o haviam conhecido em outra existência, na qual o Sr. Squire sobre eles haveria exercido uma grande autoridade, razão por que nesta existência ainda lhe conservam uma obediência passiva. Aliás, não se deve confundir os Espíritos que se ocupam de efeitos físicos propriamente ditos, e que mais comumente são designados por Espíritos batedores, com aqueles que se comunicam por meio de batidas. Este último meio é uma linguagem e pode ser empregada como escrita por Espíritos de qualquer ordem.

Como dissemos, vimos muitas pessoas que assistiram às experiências do Sr. Squire; mas entre as que não eram iniciadas na Ciência Espírita, muitas saíram pouco convencidas, tanto é certo que a simples vista dos mais extraordinários efeitos não basta para levar à convicção. Depois de ouvidas as explicações que lhes demos, sua maneira de ver modificou-se. Por certo não apresentamos essa teoria como a última palavra e solução definitiva. Mas, desde que não se podem explicar os fatos por leis conhecidas, há que convir que o sistema por nós admitido não é destituído de verossimilhança. Admitam-no, se assim o quiserem, a título de simples hipóteses; e quando for apresentada uma solução melhor, seremos o primeiro a aceitá-la.

ESCASSEZ DE MÉDIUNS

Conquanto só recentemente publicado, *O Livro dos Médiuns* já provocou em várias localidades o desejo de formar reuniões espíritas íntimas, como nós aconselhamos. Escrevem-nos, entretanto, que param ante a escassez de médiuns. Por isso julgamo-nos no dever de dar alguns conselhos sobre a maneira de os suprir.

Um médium, sobretudo um bom médium, é incontestavelmente um dos elementos essenciais em toda reunião que se ocupa de Espiritismo; mas seria erro pensar que, em sua falta, nada mais resta que cruzar os braços ou levantar a sessão. Absolutamente não compartilhamos a opinião de uma pessoa que compara uma sessão espírita sem médiuns a um concerto sem músicos. A nosso ver, existe uma comparação muito mais justa – a do Instituto e de todas as sociedades científicas que sabem empregar o seu tempo sem ter permanentemente sob os olhos o material de experimentação. Vai-se a um concerto ouvir música. É, pois, evidente que se os músicos estiverem ausentes, o objetivo falhou. Mas numa reunião espírita, vamos – ou, pelo menos devíamos ir – para nos instruirmos. A questão agora é de saber se o poderemos ou não sem o médium. Certamente para os que vão a essas reuniões com o único objetivo de ver efeitos, o médium será tão indispensável quanto o músico no concerto; mas para os que, antes de mais nada, buscam instruir-se, que querem aprofundar as várias partes da Ciência, em falta de um instrumento de experimentação terão mais de um meio de o obter. É o que tentaremos explicar.

Para começar, diremos que se os médiuns são comuns, os bons médiuns, na verdadeira acepção da palavra, são raros. Diariamente a experiência prova que não basta possuir a faculdade mediúnica para ter boas comunicações. Mais vale, pois, privar-se de um instrumento, do que o ter defeituoso. Por certo que para os que buscam nas comunicações mais o fato do que a qualidade, que assistem mais por distração do que para esclarecimento, a escolha do médium é bastante indiferente, e aquele que mais os efeitos produz será o mais interessante. Mas nós falamos dos que têm um objetivo mais sério e veem mais longe. A estes é que nos dirigimos, pois estamos seguros de que nos compreendem.

Por outro lado, os melhores médiuns são sujeitos a intermitências mais ou menos longas, durante as quais há suspensão total ou parcial da faculdade mediúnica, sem falar das numerosas causas acidentais, que momentaneamente podem privar-nos de seu concurso. Acrescentemos ainda que os médiuns perfeitamente flexíveis, os que se prestam a todos os gêneros de comunicações, ainda são mais raros. Em geral possuem aptidões especiais, das quais importa não desviá-los. Vê-se, pois, que, se não houver elementos de reserva, podemos ficar desprevenidos quando menos o esperamos, e seria aborrecido que em tais condições os trabalhos fossem interrompidos.

O ensino fundamental que se vem buscar nas reuniões espíritas sérias é, sem dúvida, dado pelos Espíritos. Mas que frutos tiraria um aluno das lições dadas pelo mais hábil professor se ele também não trabalhasse? Se não meditasse sobre o que ouviu? Que progressos faria a sua inteligência se tivesse constantemente o mestre ao seu lado, para lhe mastigar a tarefa e lhe poupar o esforço de pensar?

Nas reuniões espíritas, os Espíritos desempenham dois papéis: uns são professores que desenvolvem os princípios da Ciência, elucidam os pontos duvidosos, e, sobretudo, ensinam as leis da verdadeira moral; outros são material de observação e de estudo, que servem de aplicação. Dada a lição, sua tarefa está acabada e a nossa principiada: a de trabalhar naquilo que nos foi ensinado, a fim de melhor compreender e de melhor apreender o seu sentido e o seu alcance. É para nos deixar a oportunidade de cumprir o nosso dever – permitam-nos a expressão clássica – que os Espíritos suspendem, por vezes, as suas comunicações. Bem que eles nos querem instruir, mas com a condição de que lhes secundemos os esforços. Cansam-se de repetir incessantemente, mas inutilmente, a mesma coisa. Advertem. E se não são ouvidos, retiram-se, a fim de termos tempo para refletir.

Na ausência de médiuns, a reunião que se propõe algo mais que ver manejar um lápis tem mil e um meios de empregar o tempo de maneira proveitosa. Limitamo-nos a indicar alguns, sumariamente:

1. – Reler e comentar as antigas comunicações, cujo estudo aprofundado fará ressaltar melhor o seu valor.

Se se objeta que isso seria fastidioso e monótono, diremos que ninguém se cansa de ouvir um bonito trecho de música ou de poesia; que depois de haver escutado um sermão eloquente, gostaríamos de o ler com a cabeça fresca; que certas obras são lidas vinte vezes, porque cada vez nelas descobrimos algo de novo. Aquele que apenas é tocado pelas palavras se aborrece ao ouvir a mesma coisa ser repetida, ainda que fosse sublime; sente necessidade de coisas novas para o seu interesse, ou antes, para sua distração. Aquele que medita tem um sentido a mais: é mais tocado pelas ideias do que pelas palavras. Por isso gosta de ouvir ainda aquilo que lhe vai ao espírito, sem parar no ouvido.

2. – Contar fatos de que se tem conhecimento, discuti-los, comentá-los, explicá-los pelas leis da Ciência Espírita; examinar-lhes a possibilidade ou a impossibilidade; ver o que encerram de provável ou de exagero; examinar a parte da imaginação e da superstição, etc.

3. – Ler, comentar e desenvolver cada artigo de *O Livro dos Espíritos* e de *O Livro dos Médiuns*, bem como todas as outras obras sobre o Espiritismo.

Esperamos nos desculpem citarmos aqui as nossas próprias obras, o que é muito natural, pois que para isso foram escritas. Aliás, não passa isto de uma indicação e não uma recomendação expressa. Aqueles aos quais elas não convierem podem livremente pô-las de lado. Longe de nós a pretensão de pensar que outros não as possam fazer tão boas ou melhores. Apenas julgamos que, até o momento, a Ciência nelas é encarada de modo mais completo do que em muitas outras, e que elas respondem a um maior número de perguntas e de objeções. A esse título, as recomendamos. Quanto ao seu mérito intrínseco só o futuro lhes será o grande juiz.

Daremos um dia um *catálogo racional* das obras que, direta ou indiretamente, tratam da Ciência Espírita, na Antiguidade e nos tempos modernos, na França e no estrangeiro, entre os autores sacros e os profanos. É questão de tempo para reunir os elementos necessários. É um trabalho naturalmente longo, e ficaremos muito agradecidos às pessoas que nos quiserem facilitar, fornecendo-nos documentos e indicações.

4. – Discutir os vários sistemas sobre interpretação dos fenômenos espíritas.

Sobre a matéria, recomendamos a obra do Sr. de Mirville e a do Sr. Louis Figuier, que são as mais importantes. A primeira é rica em fatos do mais alto interesse, colhidos em fontes legítimas. Só a conclusão é contestável, porque apenas vê demônios em toda parte. É certo que o acaso o serviu ao seu gosto, pondo-lhe sob as vistas o que melhor podia servi-lo, ao passo que lhe ocultava os inumeráveis fatos que a própria religião acolhe como obra dos anjos e dos santos.

L'historie du merveilleux dans les temps modernes, pelo Sr. Figuier, é interessante sob outro ponto de vista. Não se sabe muito bem porque ali se encontram fatos longa e minuciosamente narrados, que vale a pena conhecer. Quanto aos fenômenos espíritas propriamente ditos, ocupam a parte menos considerável dos quatro volumes. Enquanto que o Sr. de Mirville tudo explica pelo diabo, quando os outros o explicam pelos anjos, o Sr. Figuier, que nem acredita nos diabos nem nos anjos, nem nos Espíritos, bons ou maus, tudo explica, ou pensa explicar, pelo organismo humano. O Sr. Figuier é um cientista: escreve com seriedade, apóia-se no testemunho de *alguns* cientistas. Pode-se, pois, considerar o seu livro como a última palavra da Ciência oficial sobre o Espiritismo. E esta palavra é *a negação de todo o princípio inteligente fora da matéria.* É pena que a Ciência seja posta ao serviço de tão triste causa. Porém, ela, que nos desvenda incessantemente as maravilhas da Criação, e que escreve o nome de Deus em cada folha das plantas e nas asas de cada inseto, não é por isso culpada: culpados são os que se esforçam para, em nome dela, persuadir que, após a morte, não restam mais esperanças.

Verão, pois, os Espíritas, por esse livro, a que se reduzem os raios terríveis que lhes deveriam aniquilar a crença. Aqueles que poderiam ter sido abalados pelo receio de um choque, fortificar-se-ão vendo a pobreza dos argumentos opostos, as inúmeras contradições resultantes da ignorância e da inobservância dos fatos. A esse respeito a leitura pode ser-lhes útil, quando mais não fosse, para permitir falar dessa obra com maior conhecimento de causa do que o faz o autor em relação ao Espiritismo, que nega sem o haver estudado, pelo simples fato de negar todo poder extra-humano. O contágio de semelhantes ideias não deve ser temido: elas trazem em si mesmas o antídoto: a instintiva repulsa do homem pelo nada. Proibir um livro é provar que o tememos. Nós aconselhamos a leitura do livro do Sr. Figuier.

Se a pobreza de seus argumentos contra o Espiritismo é manifesta nas obras sérias, sua nulidade é absoluta nas diatribes e artigos difamatórios, nos quais a raiva impotente se trai pela grosseria, pela injúria e pela calúnia. Lê-los nas reuniões sérias seria dar-lhes demasiada importância. Neles nada há a refutar, nada a discutir e, consequentemente, nada a aprender: temos apenas que os desprezar.

Vê-se, pois, que fora das instruções dadas pelos Espíritos, existe matéria ampla para um trabalho útil. Acrescentemos, mesmo, que nesse trabalho colheremos abundantes elementos de estudo a submeter aos Espíritos, em perguntas às quais inevitavelmente ele dará lugar. Mas se, conforme a necessidade, devemos preencher a ausência momentânea de médiuns, não seria lógico preconizar a sua abolição indefinida. É necessário nada negligenciar, com o fito de os encontrar. Para uma reunião, o melhor é procurá-los no próprio meio; e, se se reportarem ao que sobre a matéria dizemos em nossa última obra, às páginas 306 e 307, ver-se-á que o meio é mais fácil do que se pensa.

CARTA SOBRE A INCREDULIDADE

(CONCLUSÃO. VIDE O N.º DE JANEIRO DE 1861)

Desde que o homem existe na Terra, existem Espíritos; e, assim, desde então eles se manifestam aos homens. A História e a tradição formigam de provas a esse respeito, embora uns não compreendam os fenômenos de tais manifestações, outros não tenham coragem de os divulgar, por medo da cadeia ou da fogueira, e outros, ainda, tomem esses fatos como superstição ou charlatanismo, por pessoas prevenidas, ou porque têm interesse em que a luz não se faça, seja, enfim, porque são levados à conta do demônio, por uma outra classe de interessados, o certo é que, até estes últimos tempos, embora bem constatados, esses fenômenos ainda não tinham sido explicados de modo satisfatório ou, pelo menos, a verdadeira teoria ainda não tinha caído no domínio público, provavelmente porque a humanidade ainda não se achava madura para isso, como para muitas outras coisas maravilhosas, que se realizam em nossos dias. À nossa época estava reservado o desenvolvimento, no mesmo meio século, do vapor, da eletricidade, do magnetismo animal, pelo menos como ciências aplicadas e, enfim o Espiritismo, de todas a mais maravilhosa, não só na constatação material de nossa existência imaterial e de nossa imortalidade, mas ainda no estabelecimento de relações, por assim dizer, materiais e constantes, entre nós e o mundo invisível. Que consequências incalculáveis não irão nascer de tão prodigioso acontecimento! Mas, para não falar senão daquilo que no momento mais fere a generalidade das criaturas, da morte, por exemplo, não a vemos reduzida ao seu verdadeiro papel de acidente natural, necessário, quase diria feliz, perdendo, assim, o seu caráter de acontecimento doloroso e terrível, pois que, para os que a sofrem, ela representa o momento de despertar; pois que, desde o dia seguinte ao da morte de um ente querido, nós que ficamos, poderemos continuar nossas relações íntimas como no passado! Nada mudaram senão as nossas relações materiais! Não o vemos mais, não o tocamos mais, não mais ouvimos a sua voz: mas continuamos a trocar com ele os nossos pensamentos, como em vida, e muitas vezes, até,, muito mais frutuosamente para nós. Depois disso, que é o que resta de tão doloroso? E, se acrescentarmos ao que precede a certeza de que não mais estamos separados dele senão por alguns anos, alguns meses, talvez alguns dias, não será tudo isso para transformar num simples acontecimento útil aquilo que até hoje, com raríssimas exceções, os mais decididos não podiam encarar sem terror, e que, certamente, constitui o tormento contínuo da vida inteira de muitos homens? Mas eu me afasto do assunto.

Antes de explicar-te a prática muito simples das comunicações, queria tentar dar uma ideia da sua teoria fisiológica que construí para mim. Não a dou como certa, pois ainda não a vi explicada pela Ciência; mas pelo menos me parece que deve se aproximar a ela.

Age o Espírito sobre a matéria tanto mais facilmente quanto mais esta é disposta de modo adequado a receber a sua ação. Por isso não age diretamente sobre toda espécie de matéria, posto pudesse agir indiretamente, desde que entre ele e essa matéria existissem certas substâncias de uma organização graduada, que pusesse em contato os dois extremos, isto é, a matéria mais bruta e o Espírito. É assim que o Espírito de um homem vivo desloca pesados blocos de pedra, os trabalha, os coordena com outros, formando um todo que chamamos casa, coluna, igreja, palácio, etc. Foi o homem-corpo o autor de tudo isso? Quem ousaria dizê-lo?... Sim; foi ele quem fez tudo isso, como é a minha pena que escreve esta carta. Mas, voltemos, porque me sinto novamente derivando.

Como se põe o Espírito em contato com o pesado bloco de pedra que quer deslocar? Por meio da matéria escalonada entre ele e o bloco. A alavanca põe o bloco em relação com a mão; a mão põe a alavanca em relação com os músculos; os músculos põem a mão em relação com os nervos; os nervos põem os músculos em relação com o cérebro; e o cérebro põe os nervos em relação com o Espírito, a menos que haja uma matéria ainda mais delicada, um fluido que ponha o cérebro em relação com o Espírito. Seja como for, um intermediário a mais ou a menos não infirma a teoria. Quer aja o Espírito em primeira ou em segunda mão sobre o cérebro, age sempre de muito perto; de sorte que, retomando os contatos em sentido contrário, ou antes, na sua ordem natural, eis o Espírito agindo sobre uma matéria extremamente delicada, organizada pela sabedoria do Criador, de maneira adequada a receber diretamente, ou quase diretamente, a ação de sua vontade. Essa matéria, que é o cérebro, age por meio de suas ramificações, a que chamamos nervos, sobre uma outra matéria menos delicada, mas que o é ainda bastante para receber a ação destes – os músculos; os músculos imprimem movimento às partes sólidas que são os ossos do braço e da mão, enquanto que as outras partes da estrutura óssea, recebendo a mesma ação, servem de ponto de apoio ou sustentáculo. A parte óssea quando, por si mesma, não é ainda suficientemente forte ou suficientemente longa para agir diretamente, multiplica a sua força servindo-se da alavanca, e eis o pesado bloco inerte obediente e dócil à vontade do Espírito que, sem essa hierarquia intermediária, nenhuma ação teria sobre ele.

Procedendo do mais para o menos, eis que os menores feitos do Espírito ficam explicados, assim como, em sentido contrário, se vê como pode o Espírito chegar a transportar montanhas, secar lagos, etc. E em tudo isso o corpo quase que desaparece em meio à multidão de instrumentos necessários entre os quais apenas representa o primeiro papel.

Quero escrever uma carta. Que devo fazer? Pôr uma folha de papel em relação com o meu Espírito, como pouco antes punha um bloco de pedra. Substituo a alavanca pela pena e a coisa está feita. Eis a folha de papel repetindo o pensamento do meu Espírito, como há pouco o movimento transmitido ao bloco manifestava a sua vontade.

Se meu Espírito quer transmitir mais diretamente, mais instantaneamente o seu pensamento ao teu, desde que nada se oponha, como a distância ou a interposição de um corpo sólido, sempre por meio do cérebro e dos nervos, ele põe em movimento o órgão da voz que, ferindo o ar de vários modos, produz certos sons variados e convencionais, que representam o pensamento, os quais vão repercutir sobre o teu órgão auditivo, que os transmite ao teu Espírito, por meio de teus nervos e de teu cérebro. E é sempre o pensamento manifestado e transmitido por uma série de agentes materiais graduados e interpostos entre seu princípio e seu objeto.

Se verdadeira a teoria acima, parece que agora nada mais fácil do que explicar o fenômeno das manifestações espíritas e, particularmente, da escrita mediúnica, que é o que nos ocupa no momento.

Sendo a substância psíquica idêntica em todos os Espíritos, seu modo de ação sobre a matéria deve ser o mesmo para todos: só o seu poder deve ter uma gradação. Sendo a matéria dos nervos organizada de maneira a poder receber a ação de um Espírito, razão não existe para que não a possa receber de um outro, cuja natureza não difere da do primeiro; e desde que a substância de todos os Espíritos é da mesma natureza, todos os Espíritos devem ser aptos a exercer, não direi a mesma ação, mas o mesmo modo de ação sobre a substância, todas as vezes que se achem em condições de poder fazê-lo. Ora, é isso o que acontece nas evocações.

Que é a evocação?

Ê um ato pelo qual um Espírito, dono de um corpo, pede a outro Espírito ou, muito simplesmente, lhe permite servir-se de seu próprio órgão, de seu próprio instrumento, para manifestar o seu pensamento ou a sua vontade.

Nem por isso o dono abandona o seu corpo; pode momentaneamente neutralizar sua própria ação sobre o órgão da transmissão, deixando-o à disposição do outro que, entretanto, não pode dele servir-se senão enquanto o outro o permitir, em virtude do axioma de direito natural, de que cada um é senhor em sua casa. Contudo, é preciso se diga que no Espiritismo, como nas sociedades humanas, acontece que o direito de propriedade nem sempre é escrupulosamente respeitado pelos senhores Espíritos e que muitos médiuns têm sido surpreendidos por terem dado hospedagem a seres não convidados e até indesejáveis. Mas isso é um dos mil insignificantes aborrecimentos da vida, os quais devemos saber suportar, tanto mais quanto, na espécie, eles sempre têm o seu lado útil, quando mais não fosse, porque nos experimentam, ao mesmo tempo em que são a prova manifesta da ação de um Espírito estranho sobre o nosso órgão, fazendo-nos escrever coisas que estávamos longe de imaginar ou que não tínhamos a menor vontade de ouvir. Entretanto, isso só acontece aos médiuns incipientes: quando formados, já lhes não acontece ou, pelo menos já não se deixam pilhar.

Cada um é apto a ser médium? Naturalmente assim deveria ser, embora em graus diversos, como em aptidões diversas. Eis a opinião do Sr. Kardec: Há médiuns escreventes, videntes e auditivos; como há médiuns intuitivos, isto é, médiuns que escrevem, que são os mais numerosos e os mais úteis; que veem os Espíritos; que os ouvem e conversam com eles como com os vivos, embora sejam raros; outros recebem em seu cérebro o pensamento do Espírito evocado e o transmitem pela palavra. Raramente um médium possui simultaneamente várias faculdades. Existem ainda médiuns de outro gênero, isto é, cuja simples presença num lugar permite a manifestação dos Espíritos, quer por meio de golpes vibrados, quer pelo movimento dos corpos, tal como o deslocamento de um *guéridon*[1], o levantamento de uma mesa ou qualquer outro objeto. Foi por esse meio que os Espíritos começaram a manifestar-se, revelando a sua existência. Ouviste falar das mesas girantes e da dança das mesas: riste e eu também ri. Que queres? Foram os primeiros meios de que os Espíritos se serviram para chamar a atenção. Assim foi reconhecida a sua presença, depois do que, com o auxílio da observação e do estudo, foram descobertas no homem faculdades até então ignoradas, por meio das quais pode ele entrar em comunicação com os Espíritos. Não é maravilhoso tudo isso? Entretanto é apenas natural, somente que – eu te repito – estava reservada à nossa era fazer a descoberta e a aplicação desta Ciência, como de muitos outros maravilhosos segredos da Natureza.

Agora, para nos pormos em relação com os Espíritos ou, pelo menos, para ver se somos aptos a fazê-lo pela escrita, toma-se de uma folha de papel e de um lápis macio, ficando em posição de escrever. É sempre bom começar por dirigir uma prece a Deus, depois evoca-se um Espírito, isto é, pede-se-lhe a bondade de vir comunicar-se conosco, fazendo-nos escrever; por fim espera-se, sempre na mesma posição.

Há pessoas que têm a faculdade mediúnica de tal modo desenvolvida, que escrevem logo de começo. Outras, ao contrário, só veem a faculdade desenvolver-se com o tempo e a perseverança. Nesse caso renova-se a sessão todos os dias, para o que basta um quarto de hora. É inútil ultrapassar esse período; mas, tanto quanto possível, deve repetir-se todos os dias, de vez que a perseverança é uma das primeiras condições de sucesso. Também é necessário fazer sua prece e sua evocação com fervor; mesmo repeti-la durante o exercício; ter vontade firme, um grande desejo de êxito e, sobretudo, não se distrair. Uma vez obtida a escrita, as últimas precauções tornam-se desnecessárias.

Quando se está para escrever, sente-se em geral um ligeiro frêmito na mão, às vezes precedido de uma leve dormência na mão e no braço, outras vezes uma pequena dor nos músculos do braço e da mão: são os sinais precursores e, quase sempre, certos, de que está próximo o momento do sucesso; este, por vezes é imediato; outras, porém, se faz esperar um ou vários dias, mas nunca tarda demasiadamente. Apenas

---

[1] Mesa de três pés. (N. R.)

para chegar a tal ponto é preciso mais ou menos tempo, o que pode variar de um instante a seis meses, mas – eu to repito – bastam quinze minutos de exercício diário.

Quanto aos Espíritos que podem ser evocados para tais exercícios preparatórios, é preferível dirigir-se ao seu Espírito familiar, que sempre está próximo e jamais nos deixa, enquanto que os outros podem estar apenas momentaneamente ou não estar no momento em que o evocamos e, por uma causa qualquer impossibilitados de atender ao nosso apelo, como por vezes acontece.

O Espírito familiar, que até certo ponto verifica a teoria católica do anjo da guarda, não é, entretanto, exatamente aquilo que nos apresenta o dogma católico. É apenas o Espírito de um mortal, que viveu como nós, mas que é muito mais adiantado que nós e, consequentemente, nos é infinitamente superior em bondade e em inteligência; que realiza, assim, missão meritória para si, proveitosa para nós e que, desse modo, nos acompanha neste mundo e no outro, até ser chamado a uma nova encarnação, ou que nós mesmos, chegados a um certo grau de superioridade, sejamos chamados, na outra vida, a realizar missão semelhante junto a um mortal menos evoluído do que nós.

Tudo isso, meu caro amigo, entra maravilhosamente, como o vês, nas nossas ideias de solidariedade universal. Tudo isso, mostrando-nos essa solidariedade estabelecida em todos os tempos e funcionando constantemente entre nós e o mundo invisível, prova-nos evidentemente não ser uma utopia da concepção humana, mas uma das leis da Natureza; que os primeiros pensadores que a pregavam não a inventaram, mas apenas a descobriram; que, enfim, estando nas leis da Natureza, será chamada fatalmente a se desenvolver nas sociedades humanas, a despeito das resistências e obstáculos que ainda lhe possam antepor os cegos adversários[1].

Só me resta falar da maneira de evocar. É a coisa mais simples. Não há para isso nenhuma fórmula cabalística ou obrigatória: tu te diriges ao Espírito nos termos que te convém – eis tudo.

---

[1] Por pouco que os fatos mais naturais, mas ainda não explicados, se prestem ao maravilhoso, todos sabem com que habilidade e truanice se apodera deles e com que audácia os explora. Talvez esteja nisso ainda um dos maiores obstáculos à descoberta e, sobretudo, à vulgarização da verdade.

Para te dar melhor a compreender a simplicidade da coisa, entretanto, dar-te-ei a fórmula que eu mesmo emprego:

"Deus, Todo-Poderoso! permite a meu bom anjo (ou ao Espírito de Fulano, caso se prefira) comunicar-se comigo e fazer-me escrever." Ou, então: "Em nome de Deus Todo-Poderoso eu te peço, meu bom anjo (ou Espírito de Fulano) que te comuniques comigo."

Agora queres o resultado de minha própria experiência. Ei-lo:

Depois de seis semanas, mais ou menos, de exercícios infrutíferos, um dia senti a mão tremer, agitar-se e de súbito traçar com o lápis caracteres informes. Nos exercícios seguintes tais caracteres, embora sempre ininteligíveis, tornaram-se mais regulares: eu escrevia linhas e páginas com a velocidade de minha escrita ordinária, mas sempre ilegíveis. Outras vezes traçava rubricas de toda sorte, pequenas, grandes, às vezes em todo o papel. Outras vezes eram linhas retas, de alto a baixo, ou transversais; ainda outras eram círculos, grandes, pequenos, e tão repetidos uns sobre os outros que a folha de papel ficava enegrecida pelo lápis.

Enfim, depois de um mês de exercícios os mais variados, mas também os mais insignificantes, comecei por aborrecer-me e pedi ao meu Espírito familiar que me fizesse pelo menos traçar letras, caso não pudesse fazer-me escrever palavras. Então obtive todas as letras do alfabeto, mas não consegui mais que isso.

Neste ínterim, minha mulher, que sempre tivera o pressentimento de não possuir a faculdade mediúnica, decidiu-se, entretanto, a experimentar e, ao cabo de quinze dias, pôs-se a escrever corretamente e com grande facilidade. Mais feliz do que eu, entretanto, fazia-o muito corretamente e muito legível.

Um dos nossos amigos conseguiu, desde o segundo exercício, garatujar como eu, mas foi tudo. Não esmorecemos por isso e nos convencemos de que era uma prova e que, mais cedo ou mais tarde, escreveríamos. É preciso ter paciência: é fácil.

Numa outra carta entreter-nos-emos, com as comunicações que obtivemos por minha mulher e que, por mais singulares que pareçam, são sobretudo muito concludentes quanto à existência dos Espíritos. Chega por hoje: eu devia fazer-te uma exposição que, embora sumária, pudesse abarcar o conjunto da teoria espírita. Espero que isto baste para excitar tua curiosidade e, sobretudo, despertar o teu interesse. A leitura das obras especializadas a que irás dedicar-te fará o resto.

Esperando a obra prática de que te falei, remeterei brevemente a obra filosófica intitulada *O Livro do Espíritos.*

Estuda, lê, relê, experimenta, trabalha e, sobretudo, não desanimes: a coisa vale a pena.

Aluda mais: não ligues atenção aos que riem; há muitos que não riem mais, embora ainda estejam de posse de todos os órgãos que lhes serviam para tanto.

A ti e até breve,

Canu

PALESTRAS FAMILIARES DE ALÉM-TÚMULO

O SUICÍDIO DE UM ATEU

O Sr. J. B. D..., evocado a pedido de um de seus parentes, era um homem instruído, mas até o último grau imbuído de ideias materialistas; não acreditava na alma nem em Deus. Afogou-se voluntariamente há dois anos.

1. *(Evocação)*. R – Sofro! Sou um condenado.

2. – Pediram-nos que vos chamasse da parte de um dos vossos parentes, que deseja conhecer a vossa sorte. Podeis dizer se esta evocação é agradável ou penosa? R – Penosa.

3. – Vossa morte foi voluntária? R – Sim.

Observação: O Espírito escreve com extrema dificuldade. A letra é grande, irregular, convulsa e quase ilegível. De início denota cólera, quebra o lápis e rasga o papel.

4. – Tende calma. Rogaremos por vós a Deus. R – Sou forçado a crer em Deus.

5. – Que motivo vos levou a vos destruirdes? R – Tédio da vida *sem esperança,*

Observação: Compreende-se o suicídio quando a vida é *sem esperança:* quer-se fugir à infelicidade a todo custo. Com o Espiritismo o futuro se desenrola e a esperança se legítima: o suicídio, pois, não tem objetivo; ainda mais, reconhece-se que, por tal meio, não se escapa a um mal senão para cair num outro cem vezes pior. Eis porque o Espiritismo já tem arrancado tantas vítimas à morte voluntária. Estarão errados? Serão sonhadores os que nele buscam, antes de mais nada, o fim moral e filosófico? Muito culpados são aqueles que, por *sofismas científicos e no suposto nome da razão,* se esforçam por prestigiar esta ideia desesperada, fonte de tantos males e crimes, de que tudo acaba com a vida. Serão responsáveis não só por seus próprios erros, mas por todos os males de que tiverem sido causadores.

6. – Quisestes escapar às vicissitudes da vida. Conseguistes alguma coisa? Sois mais feliz agora? R – Porque o nada não existe!

7. – Teríeis a bondade de descrever-nos o melhor possível a vossa situação? R – Sofro por ser obrigado a crer em tudo aquilo que negava. Minha alma está como que num braseiro, horrivelmente atormentada.

8. – De onde as ideias materialistas que tínheis em vida? R – Em outra existência eu tinha sido mau: meu Espírito estava condenado a sofrer os tormentos da dúvida durante a vida. Assim, matei-me.

Observação: Existe aqui toda uma ordem de ideias. Frequentemente nos perguntamos como pode haver materialistas, de vez que, já tendo passado pelo mundo espírita, deveríamos ter-lhe a intuição. Ora, é precisamente essa intuição que é recusada, como castigo, a certos Espíritos que conservaram o orgulho e não se arrependeram de suas faltas. Não devemos esquecer que a Terra é um lugar de expiação. Eis porque ela encerra tantos Espíritos maus encarnados.

9. – Quando vos afogastes, que pensáveis que vos iria acontecer? Que reflexões fizestes naquele momento? R – Nenhuma: para mim era o nada. Vi depois que não tendo esgotado a minha pena, ainda iria sofrer muito.

10. – Agora estais bem convencido da existência de Deus, da alma e da vida futura? R – Oh! sou terrivelmente atormentado por isso!

11. – Revistes vossa mulher e vosso irmão? R – Oh! não!

12. – Por que? R – Por que nos reunirmos nos tormentos? A gente se exila na desgraça e só se reúne na felicidade. Ai de mim!

13. – Estaríeis contente de rever o vosso irmão, que poderíamos chamar para o vosso lado? R – Não, não! Eu estou muito embaixo.

14. – Por que não quereis que o chamemos? R – É que também ele não é feliz.

15. – Temeis a sua presença; entretanto, ela só vos poderia fazer bem. R – Não: mais tarde.

16. – Vosso parente pergunta se assististes o vosso enterro; se ficastes satisfeito com o que ele fez na ocasião. R – Sim.

17. – Desejais que ele diga alguma coisa? R – Que orem um pouco por mim.

18. – Parece que na sociedade que frequentáveis algumas pessoas partilham das opiniões que tínheis em vida. Quereríeis dizer-lhes algo a respeito? R – Ah! que infelizes! Possam eles acreditar numa outra vida! É o que lhes posso desejar para maior felicidade. Se pudessem compreender minha triste posição, iriam refletir bastante.

Evocação do irmão do precedente, que professava as mesmas ideias mas que não se suicidou. Conquanto infeliz, está mais calmo. Sua caligrafia é clara e legível.

19. *(Evocação)*. R – Possa o quadro de nossos sofrimentos vos ser uma lição útil, e vos persuadir de que há uma outra vida, na qual expiamos nossas faltas e a nossa incredulidade!

20. – Vós e o vosso irmão que acabamos de evocar vos vedes reciprocamente? R – Não: ele foge de mim.

21. – Estais mais calmo que ele. Poderíeis dar-nos uma descrição mais exata dos vossos sofrimentos? R – Na Terra não sofrem o vosso amor próprio, o vosso orgulho, quando sois obrigados a confessar o vosso erro? Vosso Espírito não se revolta ao pensamento de vos humilhardes ante aquele que vos demonstra que estais errados? Então! Que pensais que sofra o Espírito que em toda a sua existência ficou persuadido de que nada existe além de si mesmo e que tem razão contra todos? Quando, de repente, ele se acha ante a deslumbrante verdade, sente-se aniquilado e humilhado. A isso vem juntar-se o remorso de, por tanto tempo, ter esquecido a existência de um Deus tão bom, tão indulgente. Seu estado é insuportável; não encontra calma nem repouso; não achará um pouco de tranquilidade senão no momento em que a graça santa, isto é, o amor de Deus o tocar; porque de tal modo o orgulho se apodera do nosso pobre Espírito, que o envolve inteiramente; e ainda lhe é necessário muito tempo para se desfazer dessa túnica fatal. Só a prece dos nossos irmãos nos ajuda a nos desembaraçarmos dela.

22. – Quereis falar de vossos irmãos vivos ou em Espírito? R – De uns e de outros.

23. – Enquanto nos entretínhamos com o vosso irmão, um dos presentes orou por ele. A prece ter-lhe-á sido útil? R – Não será perdida. Se agora recusa a graça, ela lhe voltará quando estiver em estado de recorrer a essa divina *panaceia.*

O resultado dessas duas evocações foi transmitido à pessoa que no-las tinha pedido. Então recebemos a seguinte resposta:

"Não podeis imaginar, senhor, quão grande foi o bem produzido pela evocação de meu sogro e de meu tio. Nós os reconhecemos perfeitamente. Sobretudo a letra do primeiro tem uma notável analogia com a que tinha em vida, tanto mais quanto, nos últimos meses que passou conosco, ela era arrebatada e indecifrável: aí encontramos a mesma forma dos traços verticais, da assinatura, e de certas letras, principalmente os *d, f, o, p, q, t.* Quanto às palavras, às expressões e ao estilo, são ainda mais notáveis. Para nós, a analogia é perfeita, a não ser o seu maior esclarecimento sobre Deus, a alma e, a eternidade, que outrora ele negava tão formalmente. Estamos, pois, perfeitamente convencidos quanto à identidade. Deus será por isso mais glorificado por nossa crença mais firme no Espiritismo, e nossos irmãos Espíritos e vivos, assim se tornarão melhores. A identidade de seu irmão não é menos evidente. A imensa diferença entre o ateu e o crente foi reconhecida no seu caráter, no seu estilo, nas suas expressões: uma palavra, sobretudo, nos chocou – *panaceia.* Era sua expressão habitual, que dizia a todos e a todo momento.

Mostrei as duas comunicações a várias pessoas, que ficaram tocadas por sua veracidade. Mas os incrédulos, os que participam das opiniões de meus dois parentes, desejavam respostas mais categóricas: que, por exemplo, o Sr. D... precisasse o lugar onde foi enterrado, onde se afogou, de que maneira procedeu, etc. Para os satisfazer e convencer, bem poderíeis fazer-lhe as seguintes perguntas: Onde e como realizou o suicídio? Quanto tempo ficou mergulhado? Em que sítio seu corpo foi encontrado? Em que lugar foi enterrado? De que maneira, civil ou religiosa se procedeu à inumação, etc.?

Peço-vos, senhor, a bondade de exigir respostas categóricas a estas perguntas essenciais para os que ainda duvidam. Estou persuadido do imenso bem que isso produzirá. Procedo de modo que esta carta vos chegue amanhã, sexta-feira, a fim de poderdes evocá-lo na sessão da sociedade a realizar-se nesse dia... etc."

Reproduzimos esta carta devido à identidade que ela estabelece. Juntamos a nossa resposta, para instrução da pessoas não familiarizadas com as comunicações de além-túmulo.

"... As perguntas que desejais sejam dirigidas novamente ao Espírito de vosso sogro certamente são ditadas por louvável intenção – a de convencer os incrédulos; porque em vós não há mistura de sentimentos de dúvida e de curiosidade. Entretanto, um mais perfeito conhecimento do Espiritismo vos teria feito compreender que são supérfluas.

Para começar, pedindo faça o vosso sogro dar respostas categóricas, certamente ignorais que não governamos os Espíritos: eles respondem quando e como querem e, muitas vezes, como podem; sua liberdade de ação é ainda maior do que quando vivos e têm mais meios de subtrair-se à pressão moral que tentássemos exercer sobre eles. As melhores provas de identidade são dadas espontaneamente, de sua própria vontade ou brotam das circunstâncias e, na maioria dos casos, é perder tempo em querer provocá-las. Vosso parente provou sua identidade de modo irrecusável, segundo vossa opinião. É, pois, mais que provável que recuse responder a perguntas que de pleno direito ele considera supérfluas e feitas com o objetivo de satisfazer a curiosidade de pessoas que lhe são indiferentes. Poderia ele responder, como frequentemente fizeram outros Espíritos em casos semelhantes, perguntando: "Qual o interesse em perguntar-me coisas que sabeis?" Acrescentarei, ainda, que o estado de perturbação e de sofrimento em que se encontra deve tornar-lhe mais penosas as pesquisas desse gênero, exatamente como se se quisesse obrigar um doente que apenas pode pensar e falar, a contar-nos detalhes de sua vida; seria certamente faltar à consideração devida à sua posição.

Quanto ao resultado que esperais, seria nulo, tende a certeza. As provas de identidade fornecidas têm um valor ainda maior, por isso que foram espontâneas e nada podia indicar aquele caminho. Se os incrédulos não estão satisfeitos com isso, também não o ficariam por meio de perguntas que poderiam inquinar de conivência. Há criaturas a quem nada pode convencer: elas veriam o vosso sogro com os seus próprios olhos e diriam que estavam sendo vítimas de uma alucinação. O que de melhor se lhes pode fazer é deixá-las tranquilas e não perder tempo com palavras supérfluas. Só podemos lamentá-las, porque, mais cedo ou mais tarde, aprenderão por si mesmas quanto custa terem repelido a luz que Deus lhes envia. É sobretudo contra estes que Deus manifesta a sua severidade.

Duas palavras ainda, senhor, sobre o vosso pedido de evocação no mesmo dia em que devia receber a carta. As evocações não são feitas assim, às pressas; nem sempre os Espíritos respondem ao nosso apelo; para tanto é necessário que o possam ou o queiram; além disso, é preciso um médium que lhes convenha e que este tenha a aptidão especial necessária; que esse médium esteja à disposição em dado momento, que o meio seja simpático ao Espírito, etc. Todas estas são circunstâncias pelas quais não podemos responder jamais, e que importa conhecer quando se quer fazer coisa séria."

QUESTÕES E PROBLEMAS DIVERSOS

1. Em um mundo superior, como Júpiter ou outro, tem o Espírito encarnado a lembrança das existências passadas, bem como a do estado errante? R – Não. Desde que o Espírito reveste o envoltório material, perde a lembrança de suas existências anteriores.

P – Entretanto, em Júpiter o envoltório material é muito pouco denso e, por isso, não é o Espírito mais livre? R – Sim, mas é suficientemente denso para extinguir no Espírito a lembrança do passado.

P – Então os Espíritos que habitam Júpiter e que se comunicaram conosco ali se encontravam mergulhados no sono? R – Certamente. Naquele mundo, sendo o Espírito muito mais elevado, melhor compreende Deus e o Universo; mas o seu passado se apaga por enquanto, do contrário tudo obscureceria a sua inteligência: ele mesmo não mais se compreenderia: seria o homem da África, o da Europa ou da América? O da Terra, o de Marte ou o de Vênus? Não se recordando mais, é ele mesmo, o homem de Júpiter, inteligente, superior, compreendendo Deus, eis tudo.

Observação: Se é necessário o esquecimento do passado num mundo mais adiantado, como o é Júpiter, com mais forte razão deve sê-lo em nosso mundo material. É evidente que a lembrança de nossas existências precedentes lançaria uma penosa confusão em nossas ideias, sem falar de todos os outros inconvenientes já assinalados a respeito. Tudo quanto Deus faz traz a marca de sua sabedoria e de sua bondade: não nos cabe criticar, ainda mesmo quando não compreendamos o objetivo.

2. – A Srta. Eugênia, um dos médiuns da Sociedade, oferece a notável particularidade, de certo modo excepcional, que é a prodigiosa facilidade com que escreve e a incrível prontidão com que os mais diversos Espíritos se comunicam por seu intermédio. Há poucos médiuns com tão grande flexibilidade. A que se deve isso? R – Deve-se antes ao médium que ao Espírito. Este escreveria menos veloz por um outro médium, pela razão de que a natureza do instrumento já não seria a mesma. Assim, há médiuns desenhistas, outros mais aptos para a Medicina, etc.; conforme a mediunidade, age o Espírito. É, pois, uma causa física, antes que uma causa moral. Os Espíritos se comunicam tanto mais facilmente por um médium, quanto mais rapidamente se dá a combinação entre os fluidos deste e os do Espírito, mais que os outros ele se presta à rapidez do pensamento, de que se aproveita o Espírito, como vós vos aproveitais de um carro veloz quando tendes pressa. Essa vivacidade do médium é puramente física; seu próprio Espírito nisso não interfere.

P – Não haverá influência das qualidades morais do médium? R – Elas têm uma grande influência nas simpatias dos Espíritos, pois é necessário saberdes que alguns têm uma tal antipatia por certos médiuns, que só vencendo grande repugnância, se comunicam por eles.

São Luís

ENSINO DOS ESPÍRITOS

DITADOS ESPONTÂNEOS, RECEBIDOS OU LIDOS NA SOCIEDADE POR DIVERSOS MÉDIUNS

ANO DE 1860

(MÉDIUM: SRA. COSTEL)

Falarei da necessidade filosófica em que se acham os Espíritos de fazer frequentes rodeios sobre si mesmos, de dar, enfim, ao estado de seus cérebros o mesmo cuidado que cada um tem com o próprio corpo. Eis um ano terminado. Que progresso trouxe ele ao mundo intelectual? Muito grandes e muito sérios resultados, sobretudo de ordem científica. Menos feliz, a literatura não recebeu senão fragmentos e detalhes encantadores. Mas como uma estátua mutilada, que encontramos enterrada e que admiramos, lastimando o perdido conjunto de sua beleza, a literatura não oferece nenhuma obra séria.

Na França, ordinariamente ela marcha à frente das outras artes. Este ano foi ultrapassada pela pintura, que floresce, gloriosa, acima das escolas rivais. Por que esse compasso de espera entre os nossos jovens escritores? A explicação é fácil. Falta-lhes o sopro generoso que as lutas inspiram: a indiferença pesa sobre eles. Folheiam-nos, criticam-nos, mas não os discutem apaixonadamente como no meu tempo, em que a luta literária dominava quase todas as preocupações. Depois, não se improvisa um escritor: e é um pouco disto o que cada um faz. Para escrever são necessários longos e profundos estudos. Estes faltam absolutamente à vossa geração impaciente de gozo e preocupada, antes de tudo, com o sucesso fácil.

Termino admirando a marcha ascensional das Ciências e das Artes, e lamentando a ausência de generosos impulsos nos Espíritos e nos corações.

J. J. Rousseau

Observação: Esta comunicação, dada espontaneamente, prova que os Espíritos que deixam a Terra ainda se ocupam com o que aqui se passa e que lhes interessa, e seguem a marcha do progresso intelectual e moral. Não seria das infinitas profundezas do espaço que iriam fazê-lo. Para tanto, é necessário que estejam entre nós, em nosso meio, testemunhando o que se passa. Esta comunicação e a seguinte foram dadas na sessão da Sociedade a 28 de dezembro, onde se havia tratado do ano que findava e do que ia começar. Consequentemente, veio a propósito.

O ANO DE 1861

O ano que se extingue viu progredir sensivelmente a crença no Espiritismo. É uma grande felicidade para os homens, por que os retira um pouco das bordas do abismo que ameaça tragar o espírito humano.

O ano novo será ainda melhor, porque verá graves mudanças materiais, uma revolução nas ideias e o Espiritismo não será esquecido – crede-o; ao contrário, a ele se agarrarão, como a uma tábua de salvação. Rogarei a Deus que abençoe a vossa obra e a faça progredir.

São Luís

Observação: Numa sessão íntima, outro médium recebeu espontaneamente, sobre o mesmo assunto, a seguinte comunicação:

O ano que se vai iniciar traz nas suas dobras as maiores coisas. De cabeça baixa, a reação vai cair na armadilha que preparou. Por que pensais que a Terra se cobre de estradas de ferro e o mar se entreabre à eletricidade, senão para espalhar a boa nova? O verdadeiro, o bom e o belo serão, enfim, por todos compreendidos. Não vos canseis, verdadeiros Espíritas, porque a vossa tarefa está marcada na obra da regeneração. Felizes os que a souberem realizar.

Léon J... (irmão do médium)

SOBRE O MESMO ASSUNTO (POR OUTRO MÉDIUM)

A mudança é absolutamente necessária, o progresso é a lei divina; parece que avançou nos últimos anos mais que nos outros. Relativamente a 1860, 1861 será magnífico, mas pálido, se considerarmos 1862, porque quereis partir, caros irmãos e, uma vez que o sopro divino põe a locomotiva em movimento, não há descarrilhamento possível.

Leão X

COMENTÁRIO AO DITADO PUBLICADO SOB O TÍTULO DE "DESPERTAR DO ESPÍRITO"

Numa comunicação que o Espírito de Georges ditou à Senhora Costel, publicada na *Revista* de 1860, sob o título de *Despertar do Espírito,* foi dito que *não há relações amistosas entre os Espíritos errantes; que aqueles próprios que se amaram não trocam sinais de reconhecimento.* Sobre muitas pessoas essa teorias causou uma impressão tanto mais penosa quanto os leitores da *Revista* consideram aquele Espírito elevado, e admiraram a maioria de suas comunicações. Se essa teoria fosse absoluta, estaria em contradição com o que tantas vezes foi dito, que no momento da morte os Espíritos amigos vêm receber o recém-vindo, ajudam-no a se desvencilhar dos laços terrenos e, de certo modo, o iniciam em sua nova vida. Por outro lado, se os Espíritos inferiores não se comunicassem com os mais adiantados, não poderiam progredir.

Procuramos refutar essas objeções num artigo da *Revista* de 1860, sob o título de *Relações Afetuosas dos Espíritos,* mas eis os comentários que, a pedido nosso, o próprio Georges deu em sua comunicação:

"Quando um homem é surpreendido pela morte nos hábitos materialistas de uma vida que jamais lhe deixou lazer para se ocupar de Deus; quando, ainda palpitando de angústias e de pavores terrenos chega ao mundo dos Espíritos, é como uma viagem que ignorasse a língua e os costumes da terra que visita. Mergulhado na perturbação, é incapaz de se comunicar e de compreender até as próprias sensações, bem como as alheias; erra, envolto no silêncio. Então sente germinarem, brotarem e se desenvolverem lentamente pensamentos desconhecidos, e uma nova alma floresce na sua. Chegada a tal ponto, a alma cativa sente caírem os laços e, qual uma ave posta em liberdade, lança-se para Deus, soltando um grito de alegria e de amor. Então se comprimem ao seu redor os Espíritos parentes, os amigos purificados que, silenciosamente, haviam acolhido a sua volta. São em número pequeno aqueles que podem, logo após a libertação do corpo, comunicar-se com os amigos nesse reencontro. É necessário *ter merecido;* e só os que realizaram gloriosamente as suas migrações é que, desde o primeiro momento, se acham bastante desmaterializados para gozar desse favor que Deus concede como recompensa.

"Apresentei uma das fases da vida espírita; não tive a intenção de generalizar; e, como se vê, não falei senão do estado dos primeiros instantes que se seguem à morte, o qual pode ser mais ou menos duradouro, conforme a natureza do Espírito. De cada um depende abreviá-lo, desprendendo-se dos laços terrenos já na vida corpórea, pois só o apego às coisas materiais o impede de fruir a felicidade da vida espiritual."

Georges

Observação: Nada mais moral que essa doutrina, pois mostra que nenhuma fruição prometida pela vida futura é obtida sem mérito; que a própria felicidade de rever os seres queridos e de com os mesmos conversar pode ser adiada. Numa palavra, que a situação na vida espírita é, em tudo, o que a fizermos pela nossa conduta na vida corpórea.

OS TRÊS TIPOS

(CONTINUAÇÃO)

Nota: Nos três ditados que se seguem, o Espírito desenvolve cada um dos três tipos esboçados no primeiro (Vide o n.º de janeiro de 1861).

I

Aqui no vosso mundo inferior, o interesse, o egoísmo e o orgulho abafam a generosidade, a caridade e a simplicidade. O interesse e o egoísmo são os dois gênios maus do financista e do novo-rico; o orgulho é o vício do que sabe, e, principalmente. do que pode. Quando um coração verdadeiramente pensador examina esses três vícios horríveis, sofre; porque – tende a certeza – o homem que pensa sobre o nada e sobre a maldade deste mundo é, em geral, uma criatura cujos sentimentos e instintos são delicados e caridosos. E, bem o sabeis, os delicados são infelizes, como já disse La Fontaine, que esqueci de pôr ao lado de Molière. Só os delicados são infelizes, porque sentem.

Hamlet é a personificação dessa parte infeliz da humanidade, que sofre e chora sempre e que se vinga, vingando a Deus e a moral. Hamlet teve que castigar vícios vergonhosos em sua família: o orgulho e a luxúria, isto é, o egoísmo. Essa alma terna e melancólica, aspirando a verdade, empanou-se ao sopro do mundo, como um espelho que não pode mais refletir o que é bom e o que é justo. E essa alma tão pura derramou o sangue de sua mãe e vingou a sua honra. Hamlet é a inteligência impotente, o pensamento profundo, lutando contra o orgulho estúpido e contra a impudicícia materna. O homem que pensa e que vinga um vício da Terra, seja qual for, é culpado aos olhos dos homens, mas, muitas vezes não o é aos olhos de Deus. Não penseis que eu queira idealizar o desespero: eu fui bastante castigado, mas há tanta névoa ante os olhos do mundo!

Nota: Tendo sido pedida ao Espírito a sua apreciação sobre La Fontaine, do qual acabara de falar, acrescentou:

La Fontaine não é mais conhecido do que Corneille e Racine. Conheceis apenas os vossos literatos; entretanto, os alemães conhecem tanto Shakespeare quanto Goethe. Para voltar ao meu assunto, La Fontaine é o francês por excelência, que esconde a sua originalidade e a sua sensibilidade sob o nome de Esopo e de pensador alegre. Mas, tende a certeza, La Fontaine era um delicado, como vos dizia há pouco. Vendo que não era compreendido, afetou essa singeleza que dizeis falsa. Nos vossos dias teria sido alistado no regimento dos falsos-modestos. A verdadeira inteligência não é falsa; mas, muitas vezes a gente tem que uivar com os lobos. E foi isso que perdeu La Fontaine na opinião de muita gente. Não vos falo de seu gênio: este é igual, senão superior ao de Molière.

II

Para voltar ao nosso cursinho de literatura, muito familiar, Don Juan é, como já tive a honra de vos dizer, o tipo mais perfeitamente pintado de gentil-homem corrupto e blasfemo. Molière o elevou até o drama, porque, na verdade, a punição de Don Juan não devia ser humana, mas divina. É pelos golpes inesperados da vingança celeste que tombam as cabeças orgulhosas. O efeito é tanto mais dramático quanto mais imprevisto.

Disse que Don Juan era um tipo; mas, na verdade, é um tipo raro. Porque, realmente, poucos homens se veem dessa têmpera, de vez que quase todos são covardes; refiro-me à classe dos indiferentes e dos corruptos.

Muitos blasfemam; mas vos garanto que poucos ousam blasfemar sem medo. A consciência é um eco que lhes devolve a blasfêmia e a escutam tremendo de medo, embora se riam diante do mundo. São os que hoje se chamam os fanfarrões do vício. Esse tipo de libertino é numeroso nos vossos dias; mas estão muito longe de serem filhos de Voltaire.

Para voltar ao nosso assunto, Molière, como autor mais sábio, e observador mais profundo, não só castigou os vícios que atacam a humanidade, como os que ousam dirigir-se a Deus.

III

Vimos até agora dois tipos: um generoso infeliz, outro feliz para o mundo, mas miserável aos olhos de Deus. Resta-nos ver o mais feio, o mais ignóbil, o mais repugnante; refiro-me a Tartufo.

Na Antiguidade, a máscara da virtude já era medonha, porque, sem se haver depurado pela moral cristã, o paganismo também tinha virtudes e sábios. Mas diante do altar do Cristo, essa máscara é ainda mais feia, por ser a do egoísmo e da hipocrisia. Talvez o paganismo tenha tido menos Tartufos do que a religião cristã. Explorar o coração do homem sábio e bom, lisonjear todas as suas ações, enganar as pessoas confiantes por uma aparente piedade, levar a profanação até receber a Eucaristia com o orgulho e a blasfêmia no coração, eis o que faz Tartufo, o que fez e o que fará sempre.

Ó vós, homens imperfeitos e mundanos que condenais um princípe divino e uma moral sobre-humana, porque dela quereis abusar, estais cegos quando confundis os homens com aquele príncipe, isto é, Deus com a humanidade. É porque esconde as suas torpezas sob o manto sagrado, que Tartufo é horrível e repugnante. Maldição sobre ele, porque ele amaldiçoaria quando fosse perdoado e meditaria uma traição quando pregasse a caridade.

Gérard de Nerval

A HARMONIA

(MÉDIUM: SR. ALFRED DIDIER)

Vistes muitas vezes, em certas regiões, principalmente na Provence, as ruínas de grandes castelos; um torreão que por vezes se eleva em meio a imensa solidão e os restos tristes e silenciosos que nos lembram uma época em que a fé era ignorante, mas em que a arte e a poesia se haviam elevado com essa mesma fé tão inocente e pura. Vedes que estamos em plena Idade Média. Muitas vezes não pensastes que em redor desses muros desmantelados o elegante capricho de uma castelã tenha feito vibrar cordas harmoniosas, que eram chamadas a harpa eólia? Pois bem! Tão rápidos quanto o vento que as fazia vibrar, desapareceram, torreões, castelãs e harmonias! Aquela harpa de Eolo embalava o pensamento dos trovadores e das damas. Eram ouvidas com um recolhimento religioso.

Tudo acaba sobre a vossa Terra. Aí raramente desce a poesia do céu, para logo se evolar. Nos outros mundos, ao contrário, a harmonia é eterna; e o que a imaginação humana pode inventar, não iguala essa constante poesia, que não está apenas no coração dos puros Espíritos, mas, também, em toda Natureza.

Réné de Provence

Allan Kardec

ANO IV
MARÇO DE 1861

O HOMENZINHO AINDA VIVE

A PROPÓSITO DO ARTIGO DO SR. DESCHANEL, NO *JOURNAL DES DÉBATS*

O Sr. Émile Deschanel, cujo nome não nos era conhecido, quis consagrar-nos vinte e quatro colunas do folhetim do *Debats,* nos números de 15 e 29 de novembro último. Nós lhe agradecemos o fato, senão a intenção. Com efeito, depois do artigo da *Bibliographie Catholique e* o da *Gazette de Lyon,* que lançavam o anátema e a injúria à boca cheia, de maneira a fazer crer num retorno ao século XV, nada conhecemos de mais malévolo, de menos científico, sobretudo de mais longo, que o do Sr. Deschanel. Uma tão vigorosa sortida deve ter-lhe feito pensar que o Espiritismo, por ele ferido a lança e espada, deveria estar para sempre morto e bem enterrado. Como não lhe respondemos, não lhe fizemos nenhuma intimação, não iniciamos com ele nenhuma polêmica extrema, pode ter-se equivocado quanto à causa do nosso silêncio. Devemos expor os motivos. O primeiro é que, em nossa opinião, nada havia de urgente e estávamos muito à vontade para esperar, a fim de julgar o efeito desse assalto e por ele regular a nossa resposta. Hoje, que estamos completamente informados a respeito, diremos algumas palavras.

O segundo motivo é consequência do primeiro. Para refutar o artigo em detalhe teria sido necessário reproduzi-lo por inteiro, a fim de pôr à vista o ataque e a defesa, o que teria absorvido um número da nossa *Revista*; a refutação absorveria dois números; teríamos, assim, três números empregados em refutar o quê? Razões? Não, apenas pilhérias do Sr. Deschanel. Francamente não valia a pena, e nossos leitores preferem outra coisa. Os que desejarem conhecer a sua lógica poderão contentar-se lendo os números citados. E, depois, nossa resposta teria sido, em definitivo, senão a repetição do que escrevemos, do que respondemos ao *Univers,* ao Sr. *Oscar Comettant, à Gazette de Lyon,* ao Sr. *Louis Figuier, à Bibliographie Catholique*[1], porque todos esses ataques não passam de variantes do mesmo tema. Teria sido preciso, então, repetir a mesma coisa em outros termos para não ser monótono, e não teríamos tempo. O que poderíamos dizer seria inútil para os adeptos e não seria bastante completo para convencer os incrédulos; seria, pois, trabalho perdido; preferimos remeter às nossas obras os que queiram realmente esclarecer-se; eles poderão fazer um paralelo dos argumentos pró e contra: sua própria razão fará o resto.

Aliás, por que responder ao Sr. Deschanel? Para o convencer? Mas isso não nos interessa absolutamente. Dir-se-á que seria um adepto a mais. Mas, que é o que nos importa a pessoa do Sr. Deschanel, a mais ou a menos? Que peso pode ter na balança, quando as adesões chegam aos milhares, desde o alto da escala social? – Mas é um jornalista e se, em lugar de uma diatribe tivesse feito um elogio, não teria sido muito melhor para a doutrina? É um problema mais sério. Examinemo-lo.

Para começar, é certo que o Sr. Deschanel, novo converso, teria publicado vinte e quatro colunas em favor do Espiritismo, como as publicou contra? Não o cremos, por duas razões: a primeira, porque teria temido ser levado a ridículo por seus confrades; a segunda, porque o diretor do jornal provavelmente não as teria aceitado, com medo de afugentar certos leitores menos apavorados com o diabo do que com os Espíritos. Conhecemos bom número de literatos e jornalistas que estão no caso e nem por isso não são menos bons e sinceros Espíritas. Sabe-se que a Sra. Émile de Girardin, que geralmente passa por ter tido alguma inteligência em vida, não só era muito crente, mas ainda muito boa médium e obteve inúmeras comunicações; mas as reservava para o círculo íntimo de seus amigos, que partilhavam suas convicções. Aos outros ela não falava disto. Para nós, pois, um jornalista que ousa bem falar contra, mas não ousaria falar pró, se estivesse convencido, para nós é um simples indivíduo. E quando vemos uma mãe desolada com a perda do filho querido encontrar inefáveis consolações na doutrina, sua adesão aos nossos princípios tem para nós cem vezes o preço da conversão de um ilustre qualquer, se este ilustre nada ousa dizer. Aliás, os homens de boa vontade não faltam; são abundantes e tantos vêm a nós,

---

[1] *Univers,* maio e julho de 1859; *O. Comettant,* dez. de 1859; *Gaz. de Lyon,* out. de 1860; *L. Figuier,* set. e dez, de 1860; *Bibli. cathol.,* jan. 1861.

que apenas podemos lhes responder. Assim, não vemos por que perder tempo com os indiferentes e correr atrás dos que não nos procuram.

Uma só palavra dará a conhecer se o Sr. Deschanel é sério. Eis o começo de seu segundo artigo, de 29 de novembro:

"A doutrina espírita refuta-se por si mesma: basta expô-la. Depois de tudo, ela não está errada por se chamar simplesmente Espírita, porque nem é espiritual nem espiritualista. Ao contrário, baseia-se no mais grosseiro materialismo e não é divertida senão porque é ridícula."

Dizer que o Espiritismo é baseado num materialismo grosseiro, quando combate este sem tréguas, quando nada seria sem a alma, sua imortalidade, as penas e recompensas futuras, das quais é demonstração patente, é o cúmulo da ignorância daquilo que se trata. Se não é ignorância, é má fé e calúnia. Vendo esta acusação e vendo-o citar os textos bíblicos, os profetas, a lei de Moisés, que proíbe interrogar os mortos, – prova de que podem ser interrogados, pois não se proíbe uma coisa impossível – poderíamos acreditá-lo de uma ortodoxia furibunda, mas lendo os faceciosos trechos seguintes de seu artigo, os leitores ficarão muito embaraçados para se pronunciarem a respeito da sua opinião:

"Como os Espíritos podem cair sobre os vossos sentidos? Como podem ser vistos, ouvidos, apalpados? E como podem escrever eles próprios e nos deixar autógrafos do outro mundo? – "Oh! mas é que esses Espíritos não são Espíritos, como podeis crer: Espíritos puramente Espíritos. "O Espírito – escutem bem – não é um ser abstrato, indefinido, que só o pensamento concebe; é um ser real, circunscrito, que, em certo caso, é apreciável pelos sentidos da visão, da audição e do tato."

P – Mas, então, esses Espíritos têm corpos? R – Não precisamente.

P – Mas, então?... R – Há no homem três coisas:

1.º – o corpo, ou ser material, análogo aos animais, movido pelo mesmo princípio vital;

2.º – a alma, ou ser imaterial, Espírito encarnado no corpo;

3.º – o laço que une a alma e o corpo, princípio intermediário entre a matéria e o Espírito.

P – Intermediário? Que diabo quereis dizer? Ou se é matéria ou não se é. R – Isto depende.

P – Como! Isto depende! R – Eis a coisa: O laço ou *perispírito,* que une o corpo e o Espírito é uma espécie de envoltório semimaterial...

P – Semi!... semi! R – A morte é a destruição do invólucro mais grosseiro; o Espírito conserva o segundo, que constitui para ele um corpo etéreo, invisível para nós no estado normal, mas que acidentalmente pode torná-lo visível e mesmo tangível, como acontece no fenômeno das aparições.

P – *Etéreo* tanto o queirais: um corpo é um corpo. Isto quer dizer dois. E a matéria é a matéria. Subtilizai-a tanto quanto o queirais, lá dentro não há *semi* algum. A própria eletricidade não passa de matéria, e não semi-matéria. E quanto ao vosso... Como chamais isto? R – O perispírito?

P – Sim, vosso perispírito... eu acho que ele nada explica e que ele mesmo necessita de explicação. R – O perispírito serve de primeiro envoltório ao Espírito e une a alma ao corpo. Tais são, num fruto, o germe, o perisperma e a casca... O perispírito é tirado do meio ambiente, num fluido universal; participa, ao mesmo tempo, da eletricidade, do fluido magnético e, até certo ponto, da matéria inerte... Compreendeis?

P – Não muito. R – Poder-se-ia dizer que é a quintessência da matéria.

P – Por mais que quintessencieis, daí não tirareis espírito, nem semi-espírito. Vosso perispírito é pura matéria. R – É o princípio da vida orgânica, mas não da vida intelectual.

P – Enfim, é o que quiserdes; mas vosso perispírito é tantas coisas, que não sei bem o que ele seja; bem poderá ser nada. R – O vocábulo *perispírito* vos ofusca, ao que parece. Se tivésseis vivido ao tempo em que foi inventado o vocábulo *perisperma,* provavelmente também o tivésseis achado ridículo. Por que não criticar os que diariamente são inventados para exprimir ideias novas? Não é o vocábulo que critico, direis vós, é a coisa. Seja porque jamais o haveis visto; mas negais a alma, que também nunca vistes? Negais a Deus pelo mesmo motivo? Então! se não se pode ver a alma ou o Espírito, o que é a mesma coisa, pode-se ver o seu envoltório fluídico ou *perispírito,* quando livre, como se vê seu envoltório carnal quando ela está encarnada.

O Sr. Deschanel esforça-se por provar que o perispírito deve ser matéria. Mas é o que dizemos com todas as letras. Porventura seria isso o que o faz dizer que o Espiritismo é uma doutrina materialista? Mas a própria citação que ele faz o condena, pois o dizemos nos próprios termos, menos as espirituosas facécias, que este não passa de um envoltório independente do Espírito. Onde nos ouviu dizer que é o perispírito que pensa? Vá que ele não queira o perispírito. Mas que nos diga como explica a ação dos Espíritos sobre a matéria sem intermediário? Não falaremos das aparições contemporâneas, nas quais por certo não acredita. Mas, desde que é tão aferrado à Bíblia, da qual faz uma defesa tão cálida, é porque acredita na Bíblia e no que ela diz. Então que nos explique as aparições de anjos, dos quais há menção a cada passo. Segundo a doutrina teológica, os anjos são puros Espíritos; mas quando se tornam visíveis, dir-se-á que é o Espírito que se mostra? Isso seria, então, por esta vez, materializar o próprio Espírito, pois só a matéria pode afetar os nossos sentidos. Nós dizemos que o Espírito reveste um envoltório, que o pode tornar visível e, mesmo, tangível, à vontade. Só o envoltório é material, embora muito etéreo, o que nada tira às qualidades próprias do Espírito. Assim explicamos um fato até então inexplicado e, certamente, somos menos materialistas que os que pretendem que é o próprio Espírito que se transforma em matéria para se fazer ver e agir. Os que não acreditavam na aparição dos anjos da Bíblia podem agora acreditar, se acreditam na existência dos anjos, sem que isso repugne à razão. Por isso mesmo, podem compreender a possibilidade das manifestações atuais, visíveis, tangíveis e outras, desde que a alma ou Espírito possui um envoltório fluídico, supondo-se que acreditam na existência da alma.

Aliás, o Sr. Deschanel esqueceu uma coisa: expor a sua teoria da alma ou do Espírito. Como homem judicioso, deveria ter dito: Estais errado por esta ou aquela razão; as coisas não são tais quais dizeis; *eis o que são.* Só então teríamos algo sobre que discutir. Mas é de notar que isto é o que ainda não fez nenhum dos contraditores do Espiritismo. Negam, zombam ou injuriam. Não lhes conhecemos outra lógica, o que é muito pouco inquietante. Assim, absolutamente não nos inquietamos, porque se eles nada propõem, parece que nada melhor têm a propor. Só os francamente materialistas têm um sistema determinado: o nada após a morte. Desejamos-lhes muito prazer, se isto os satisfaz. Infelizmente os que admitem a alma estão na impossibilidade de resolver as mais vitais questões, apenas conforme sua teoria e por isso não têm outro recurso senão a fé cega, razão pouco concludente para os que gostam das razões; e o seu número é grande neste tempo de luzes. Como os espiritualistas nada explicam de modo satisfatório para os pensadores, estes concluem que não há nada, e que os materialistas talvez tenham razão. É isto que conduz tanta gente à incredulidade, ao passo que essas mesmas dificuldades encontram uma solução simples e natural pela teoria espírita. O materialismo diz: *Nada há fora da matéria.* O espiritualismo diz: *Há alguma coisa,* mas não o prova. O Espiritismo diz: *Há alguma coisa,* e o prova. E, auxiliado por sua alavanca, explica o que até agora era inexplicável. É o que faz que o Espiritismo reconduza tantos incrédulos ao espiritualismo. Só uma coisa pedimos ao Sr. Deschanel: é dar claramente a sua teoria e responder, não menos claramente, às diversas perguntas por nós dirigidas ao Sr. Figuier.

Em suma, as objeções do Sr. Deschanel são pueris. Tivesse sido ele um homem sério; se tivesse feito crítica com conhecimento de causa; se não se tivesse exposto ao pesado erro de taxar o Espiritismo de doutrina materialista, teria procurado aprofundar; teria vindo nos encontrar, como tantos outros, pedir esclarecimentos que com prazer lhe daríamos. Mas ele preferiu falar conforme suas próprias ideias, que sem dúvida olha como o supremo regulador, como a unidade métrica da razão humana. Ora, como sua opinião pessoal nos é indiferente, não nos preocupamos em o fazer mudá-la. Não demos um único passo para tanto, não o convidamos a nenhuma reunião, a nenhuma demonstração. Se ele quisesse saber, teria vindo. Como não veio é porque não o queria e não nos interessamos mais que ele.

Outro ponto a examinar é este: Uma crítica tão virulenta e tão longa, fundamentada ou não, num jornal tão importante quanto o *Débats,* pode prejudicar a propagação das ideias novas? Vejamos.

De início é necessário observar que não se trata de uma doutrina filosófica como de uma mercadoria. Se um jornal afirmasse, apoiado em provas, que tal comerciante vende mercadorias avariadas ou falsificadas, ninguém seria tentado a ir experimentar se aquilo era verdade. Mas toda teoria metafísica é uma opinião que, fosse ela do próprio Deus, encontraria contraditores. Não vimos as melhores coisas, as mais incontestáveis verdades de hoje serem postas em ridículo no seu aparecimento pelos homens mais capazes? Isso as impediu de ser verdadeiras e se propagarem? Todo mundo o sabe. Eis por que a opinião de um jornalista sobre questões desse gênero é apenas e sempre uma opinião pessoal; e porque se diz que se tantos sábios se equivocaram sobre coisas positivas, o Sr. Deschanel pode bem enganar-se sobre uma coisa abstrata. E, por menos que ele tenha uma ideia, mesmo vaga, do Espiritismo, sua acusação de materialismo é a sua própria condenação. Disso resulta que se quer ver e julgar por si próprio: é tudo quanto pedimos. A tal respeito, sem o querer, o Sr. Deschanel prestou um verdadeiro serviço à nossa causa; e nós lhe agradecemos, porque ele nos poupa despesas de publicidade, pois não somos bastante ricos para pagar um folhetim de 24 colunas. Por mais espalhado que esteja, o Espiritismo ainda não penetrou em toda parte; há muita gente que dele ainda não ouviu falar. Um artigo de tal importância atrai a atenção, penetra mesmo no campo inimigo, onde causa deserções porque se diz naturalmente que não se ataca assim uma coisa sem valor. Com efeito, a gente não se diverte dirigindo baterias formidáveis contra uma praça que se pode tomar a fuzil. Julga-se a resistência pelo desdobramento das forças de ataque, e é o que desperta a atenção sobre coisas que talvez pudessem passar inapercebidas.

Isto é apenas raciocínio. Vejamos se os fatos vêm contradizê-lo. Julga-se do crédito de um jornal pelas simpatias que encontra na opinião pública, pelo número de seus leitores. O mesmo deve se dar com o Espiritismo, representado por algumas obras especiais; só falaremos das nossas, porque lhes conhecemos o número exato. Então! *O Livro dos Espíritos,* que passa por ser a mais completa exposição da doutrina, foi publicado em 1857; a 2.ª edição em abril de 1860; a 3.ª em agosto de 1860, isto é, quatro meses mais tarde, e em fevereiro de 1861, a 4.ª estava à venda. Assim, três edições em menos de um ano provam que todo mundo não é da opinião do Sr. Deschanel. Nossa nova obra, *O Livro dos Médiuns,* apareceu a 15 de janeiro de 1861 e já é preciso pensar em nova edição. Foi pedido da Rússia, da Alemanha, da Itália, da Inglaterra, da Espanha, dos Estados Unidos, do México, do Brasil, etc.

Os artigos do *Journal des Débats* apareceram em novembro último. Se tivessem exercido a menor influência sobre a opinião pública teria sido sobre a *Revista Espírita,* que publicamos, que tal influência teria feito sentir-se. Ora, a 1.º de janeiro de 1861, data da renovação de assinaturas anuais, havia um terço a mais de assinantes em relação à mesma época do ano anterior, e diariamente recebe novos que – coisa digna de registro – pedem todas as coleções dos anos anteriores; tanto que foi necessário reimprimi-las. Isto prova que ela não parece assim tão ridícula. De todos os lados, em Paris, na província, no estrangeiro, formam-se reuniões espíritas. Conhecemos mais de cem delas nos departamentos e estamos longe de as conhecer totalmente, sem contar todas as pessoas que disso se ocupam isoladamente ou no seio da família. Que dirão a isso os Srs. Deschanel, Figuier e consortes? Que o número de loucos aumenta. Sim: aumenta de tal modo que em pouco os loucos serão mais numerosos que a gente sensata. Mas o que tais senhores, tão cheios de solicitude pelo bom-senso humano, devem deplorar, é ver que tudo quanto fizeram para parar o movimento produz resultado completamente contrário. Querem saber a causa? É muito simples. Eles pretendem falar em nome da razão, e nada oferecem de melhor: uns dão como perspectiva o nada; outros, as chamas eternas; duas alternativas que agradam a muito pouca gente. Entre as duas escolhe-se aquilo que é mais tranquilizador. Depois disso, é de admirar que os homens se lancem nos braços do Espiritismo! Aqueles senhores acreditam matá-lo e nós tivemos que lhes provar que o homenzinho vive ainda, e viverá por muito tempo.

Tendo demonstrado a experiência que os artigos do Sr. Deschanel, longe de prejudicar à causa do Espiritismo, a serviram, excitando nos que dele ainda não haviam ouvido falar, o desejo de o conhecer, julgamos supérfluo discutir uma por uma de suas asserções. Todas as armas têm sido empregadas contra esta doutrina: atacaram-na em nome da religião, a que ela serve ao invés de prejudicar; em nome da Ciência, em nome do materialismo; prodigalizaram-lhe, seguidamente, a injúria, a ameaça, a calúnia e ela resistiu a tudo, mesmo ao ridículo; sob a nuvem de dardos que lhe atiram, ela faz pacificamente a volta ao mundo e se implanta por toda parte, às barbas de seus inimigos mais encarniçados. Não está nisso matéria para reflexão séria e não é a prova de que ela encontra eco no coração do homem, ao mesmo tempo que está sob a salvaguarda de uma força, contra a qual vêm quebrar-se os esforços humanos?

É notável que no momento em que apareceram os artigos do *Journal des Débats,* comunicações espontâneas ocorreram em vários lugares, em Paris como nos departamentos. Todas exprimem o mesmo pensamento. A seguinte foi dada na Sociedade, a 30 de novembro último:

"Não vos inquieteis com o que o mundo pode escrever contra o Espiritismo. Não é a vós que atacam os incrédulos, é ao próprio Deus. Mas Deus é mais poderoso do que eles. É uma era nova, entendei bem, que se abre ante vós; e os que buscam opor-se aos desígnios da Providência em breve serão derrubados. Como foi dito perfeitamente, longe de prejudicar o Espiritismo, o ceticismo fere as próprias mãos e ele mesmo se matará. Desde que o mundo quer tornar a morte onipotente pelo nada, deixai-o falar; oponde apenas a indiferença ao seu amargo pedantismo. Para vós a morte não será mais essa deusa atroz que os poetas sonharam: a morte se vos apresentará como a aurora dos dedos de rosa de Homero."

André Chénier

Sobre o assunto, São Luís tinha dito antes:

"Semelhantes artigos não fazem mal senão aos que os escrevem; não fazem mal nenhum ao Espiritismo, que ajudam a espalhar mesmo entre os seus inimigos."

Um outro Espírito respondeu a um médico de Nimes, que lhe perguntou o que pensava dos artigos:

"Deveis ficar satisfeitos com isso. Se vossos inimigos se ocupam tanto convosco, é porque vos reconhecem algum valor e vos temem. Deixai, então, que digam e façam o que quiserem; não vem longe o tempo em que serão forçados a calar-se. Sua cólera prova a sua fraqueza. Só a verdadeira força sabe dominar-se: tem a calma da confiança. A fraqueza procura atordoar-se fazendo muito barulho."

Querem agora uma prova do emprego que certos sábios fazem da Ciência em proveito do Espiritismo? Citemos um exemplo.

Um dos nossos colegas da Sociedade Parisiense de Estudos Espíritas, o Sr. Indermuhle, de Berna, escreve-nos o seguinte:

"O Sr. Schiff, professor de Anatomia (não sei se é o mesmo que tão engenhosamente descobriu o músculo que range, do qual o Sr. Jobert de Lamballe se tornou o editor responsável), há algumas semanas deu aqui um curso público sobre digestão. Certamente o curso não deixava de ter interesse. Mas, depois de haver falado muito sobre a cozinha e a Química, a propósito dos alimentos, provou que nenhuma matéria se aniquila; que pode dividir-se e transformar-se, mas que é encontrada na composição do ar, da água e dos tecidos orgânicos, e chegou à seguinte solução: 'Assim, pois, diz ele, a *alma,* tal como o vulgo a entende, é justamente nesse sentido de que aquilo que chamamos alma se dissolve após a morte do corpo. Ela se decompõe para que se juntem novamente as matérias nela contidas, seja ao ar, seja aos outros corpos. *É somente nesse sentido que o vocábulo imortalidade se justifica. Do contrário, não'.*

É assim que em 1861 os sábios encarregados de instruir e esclarecer os homens lhes oferecem pedra ao invés de pão. É preciso dizer, em louvor da Humanidade, que o auditório estava, na maioria, muito pouco edificado e satisfeito com essa conclusão tirada tão bruscamente; que muitos se escandalizaram. Eu tive piedade desse homem. Se ele tivesse atacado o governo, tê-lo-iam interrompido e mesmo punido. Como se pode tolerar o ensino público do materialismo, esse dissolvente da sociedade?"[1]

A essas judiciosas reflexões do nosso colega, ajuntaremos que uma sociedade materialista, tal qual certos homens se esforçam em transformar a sociedade atual, não tendo qualquer freio moral, é a mais perigosa para qualquer espécie de governo. Talvez o materialismo jamais tenha sido professado com tanto cinismo. Aqueles que são retidos por um pouco de pudor se compensam arrastando na lama o que o pode destruir. Mas, por mais que façam, são as convulsões de sua agonia. E, diga o que disser o Sr. Deschanel, é o Espiritismo que lhe dará o golpe de graça.

Limitamo-nos a enviar a seguinte carta ao Sr. Deschanel:

"Senhor,

Publicastes dois artigos no *Journal des Débats* de 15 e 29 de novembro último, nos quais apreciais o Espiritismo, do vosso ponto de vista. O ridículo que lançais sobre essa doutrina, sobre mim, de

---

[1] Vide a *Revista Espírita*, junho de 1859.

contragolpe, e sobre todos os que a professam, me autorizava a dirigir uma refutação, que eu pediria fosse inserta. Não o fiz porque, pela maior extensão que lhe desse, sempre teria sido insuficiente para as pessoas estranhas a essa ciência e teria sido inútil aos que a conhecem. A convicção só é adquirida por estudos sérios, feitos sem prevenção, sem ideias preconcebidas e por numerosas observações, feitas com *a paciência e a perseverança de quem quer que realmente queira saber e compreender.* Eu teria tido necessidade de fazer aos vossos leitores um verdadeiro curso que ultrapassaria os limites de um artigo. Mas como vos creio um homem de honra para atacar sem admitir defesa, limitar-me-ei a lhes dizer, nesta simples carta, que vos rogo publiqueis no mesmo jornal, que eles encontrarão em *O Livro dos Espíritos* ou em *O Livro dos Médiuns,* que acabo de publicar pelos Srs. Didier & Cia., uma resposta suficiente, em minha opinião. Deixo ao julgamento deles o cuidado de fazer um paralelo entre os vossos argumentos e os meus. Os que quiserem, previamente, formar uma ideia sucinta e com pouca despesa, poderão ler a pequena brochura intitulada: *O que é o Espiritismo?* e que custa apenas 60 cêntimos, bem como a C*arta de um católico sobre o Espiritismo,* do Sr. Dr. Grand, antigo vice-cônsul da França. Encontrarão ainda algumas reflexões sobre o vosso artigo no número de março da *Revista Espírita,* que publico.

Contudo, há um ponto que eu não deveria deixar em silêncio: é a passagem do vosso artigo onde dizeis que o *Espiritismo é fundado sobre o mais grosseiro materialismo.* Ponho de lado as expressões ofensivas e pouco parlamentares, às quais, por hábito, não presto atenção, e me limito a dizer que essa passagem contém erro, não direi grosseiro, pois o termo seria incivil, mas capital, e que me importa destacar, para esclarecimento dos vossos leitores. Com efeito, o Espiritismo tem por base essencial, e sem a qual não teria qualquer razão de ser, a existência de *Deus, a* da *alma, sua imortalidade, as penas e as recompensas futuras.* Ora, esses pontos são a mais absoluta negação do materialismo, que não admite nenhum deles. A Doutrina Espírita não se limita a afirmá-los; não os admite *a priori:* é a sua demonstração patente. Eis por que já reconduziu um tão grande número de incrédulos, que haviam abjurado qualquer sentimento religioso.

Ela pode não ser espiritual[1], mas não há dúvida que é essencialmente espiritualista, isto é, contrária ao materialismo, pois não se compreenderia uma doutrina da alma imortal, fundada na não-existência da alma. O que conduz tanta gente à absoluta incredulidade é a maneira por que são apresentadas a alma e o seu futuro. Vejo diariamente gente que diz: "Se desde a infância me tivessem ensinado essas coisas, como o fazeis, eu jamais teria sido incrédulo; porque agora compreendo o que antes não compreendia. Assim, todos os dias tenho a prova de que basta expor esta doutrina para lhe conquistar inúmeros partidários.

Aceitai, etc."

A CABEÇA DE GARIBALDI

Le Siècle de 4 de fevereiro estampa uma carta do Dr. Riboli, que foi a Caprera examinar a cabeça de Garibaldi, do ponto de vista frenológico. Não entra no nosso quadro apreciar a opinião do doutor e, menos ainda, o personagem político. Mas a leitura da carta nos forneceu algumas reflexões que, naturalmente, aqui têm seu lugar.

O Dr. Riboli acha que a organização cerebral de Garibaldi corresponde perfeitamente a todas as eminentes faculdades morais e intelectuais que o distinguem e aduz:

"Podeis sorrir de meu fanatismo, mas posso assegurar-vos que esse momento que passei examinando essa cabeça notável foi o mais feliz de minha vida. Meu caro amigo, vi esse grande homem prestar-se como uma criança a tudo quanto lhe pedia; essa cabeça, que contém um mundo, eu a tive entre as mãos durante mais de vinte minutos, sentindo a cada instante ressaltar sob os meus dedos as desigualdades e os contrastes de seu gênio...

"Garibaldi tem 1 metro e 64 centímetros de altura. Medi todas as proporções, a largura das espáduas, o comprimento dos braços e das pernas, a grossura do tronco. Numa palavra, é um homem bem proporcionado, forte e de temperamento nervoso sanguíneo.

---

[1] Espiritual, em francês, significa também espirituoso, mas parece que Kardec não o aplicou nesse sentido. Ele diz que a doutrina *pode não ser espiritual* no sentido místico da palavra, mas é espiritualista no sentido filosófico. (N. Eq. Rev.)

"O volume da cabeça é notável. A principal fenomenalidade é a altura do crânio, medido da orelha ao alto da cabeça, que é de 20 centímetros. Essa predominância particular de toda a parte superior da cabeça denota, à primeira vista, e sem exame prévio, uma organização excepcional; o desenvolvimento do crânio na parte superior, sede dos sentimentos, indica a preponderância de todas as faculdades nobres sobre os instintos. A craneologia da cabeça de Garibaldi logo apresenta, após o exame, uma fenomenalidade original das mais raras, pode-se dizer sem precedentes. A harmonia de todos os órgãos é perfeita; e a resultante matemática de seu conjunto apresenta, antes de mais nada: a abnegação antes de tudo e em tudo; a prudência e o sangue frio; a natural austeridade dos costumes; a meditação quase contínua; a eloquência grave e exata; a lealdade dominante; a deferência incrível com os amigos a ponto de sofrer com isso; a perceptibilidade a respeito dos homens que o cercam é, sobretudo, dominante.

"Numa palavra, meu caro, sem vos aborrecer com todas as comparações, todos os contrastes da causalidade, da habitatividade, da construtividade, da destrutividade[1], é uma cabeça maravilhosa, orgânica, sem desfalecimentos, que a Ciência estudará e tomará por modelo, etc."

Toda a carta é escrita com um entusiasmo que denota a mais profunda e a mais sincera admiração pelo herói italiano. Contudo, queremos crer que as observações do autor não tenham sido influenciadas por nenhuma ideia preconcebida. Mas não é disso que se trata: aceitamos seus dados frenológicos como exatos e, se não o fossem, Garibaldi não seria nem mais nem menos do que é. Sabe-se que os discípulos de Gall formam duas escolas: a dos materialistas e a dos espiritualistas. Os primeiros atribuem as faculdades aos órgãos. Para eles os órgãos são a causa; as faculdades, o produto. De onde se segue que fora dos órgãos não há faculdade, ou, por outras palavras, quando o homem morre, tudo está morto. Os segundos admitem a independência das faculdades. Estas são a causa; o desenvolvimento dos órgãos é o efeito. De onde se segue que a destruição dos órgãos arrasta o aniquilamento das faculdades. Não sabemos a qual das duas escolas pertence o autor da carta,

[1] Lá se vão os neologismos, que entretanto não são mais barbarismos do que *espiritismo* e *perispírito*.

pois sua opinião não se revela por nenhuma palavra. Mas, por um momento, suponhamos que as observações acima tenham sido feitas por um frenologista materialista: e perguntamos que impressão deveria ele sentir à ideia de que *essa cabeça, que leva todo um mundo,* só deve o seu gênio ao acaso, ou ao capricho da Natureza, que lhe teria dado maior massa cerebral num ponto que em outro. Ora, como o acaso é cego, não tem desígnio premeditado, poderia também ter aumentado o volume de uma outra circunvolução do cérebro e dar, assim, sem o querer, todo um outro curso às suas inclinações. Tal raciocínio aplica-se, necessariamente, a todos os homens transcendentes, seja a que título for. Onde estaria o seu mérito se o devesse apenas ao deslocamento de um pedacinho de substância cerebral? Se um simples capricho da Natureza pode, ao invés de um grande homem, produzir um homem vulgar? Ao invés de um homem de bem, um celerado?

Isso não é tudo. Considerando hoje essa cabeça poderosa, não existe algo de terrível ao pensar que talvez amanhã, desse gênio nada mais reste, absolutamente nada além de matéria inerte, que será pasto dos vermes? Sem falar das funestas consequências de semelhante sistema, caso fosse acreditado, diríamos que formiga de contradições inexplicáveis, e que os fatos o demonstram a cada passo. Ao contrário, tudo se explica pelo sistema espiritualista: as faculdades não são produto dos órgãos, mas atributos da alma, cujos órgãos não passam de instrumentos ao serviço de sua manifestação. Sendo a faculdade independente, sua atividade estimula o desenvolvimento do órgão, como o exercício de um músculo lhe aumenta o volume. O ser pensante é o ser principal, cujo corpo não passa de acessório destrutível. Então o talento é um mérito real, porque é fruto do trabalho e não o resultado de uma matéria mais ou menos abundante. Com o sistema materialista, o trabalho, com o auxílio do qual se adquire o talento, é inteiramente perdido na morte, que muitas vezes não deixa tempo de o aproveitar. Com a alma, o trabalho tem sua razão de ser, porque tudo o que a alma adquire serve ao seu desenvolvimento; trabalha-se para um ser mortal, e não para um corpo que tenha apenas algumas horas de vida.

Dir-se-á, porém, que o gênio não se adquire: é inato. É verdade. Mas, assim, por que dois homens nascidos nas mesmas condições são tão diferentes do ponto de vista intelectual? Por que teria Deus favorecido a um mais que ao outro? Por que a um teria dado os meios de progredir, recusando-os ao outro? Qual o sistema filosófico que resolveu este problema? Só a doutrina da preexistência da alma pode explicá-lo: o homem de gênio já viveu, tem aquisição, experiência e, por isso, mais direito ao nosso respeito do que se sua superioridade fosse um favor não justificado da Providência, ou um capricho da Natureza. Gostamos de crer que o Dr. Riboli tenha visto na cabeça daquele em que, por assim dizer, não tocava, senão com um medo respeitoso, algo mais digno de sua veneração do que uma massa de carne e que não a tenha rebaixado ao papel de um mecanismo organizado. A gente se lembra daquele trapeiro filósofo que, olhando um cão morto num canto de rua, dizia de si para si: *Eis o que será de nós!* Então! Vós todos que negais a existência futura, eis a que reduzis os maiores gênios!

Para mais detalhes sobre a frenologia e a fisiognomia, recomendamos o artigo da *Revista Espírita* de julho de 1860.

ASSASSINATO DO SR. POINSOT

O mistério que ainda cerca esse deplorável acontecimento fez muita gente pensar que, evocando o Espírito da vítima, poder-se-ia conhecer a verdade. Numerosas cartas nos foram mandadas a respeito; e como a questão é sobre um princípio de certa gravidade, julgamos útil dar a conhecer a resposta a todos os nossos leitores.

Jamais fazendo do Espiritismo objeto de curiosidade, não tínhamos pensado em evocar o Sr. Poinsot. Não obstante, a pedido insistente de um dos nossos correspondentes, que havia tido uma comunicação supostamente dele, e desejava saber por nós se a mesma era autêntica, tentamos fazê-lo há poucos dias. Conforme nosso hábito, perguntamos ao nosso guia espiritual se tal evocação era possível e se tinha sido ele mesmo que se havia manifestado ao nosso correspondente. Eis as respostas obtidas:

– O Sr. Poinsot não pode responder ao vosso apelo; ainda não se comunicou com ninguém: Deus o proíbe no momento.

1. – Pode-se saber o motivo? R – Sim: porque revelações desse gênero influenciariam a consciência dos juizes, que devem agir com toda a liberdade.

2. – Contudo, essas revelações, esclarecendo os juizes, talvez pu-

dessem evitar erros lamentáveis e até irreparáveis. R – Não é por esse meio que devem ser esclarecidos. Deus lhes quer deixar a inteira responsabilidade de suas sentenças, como se deixa a cada um a responsabilidade de seus atos; também não lhes quer poupar o trabalho das pesquisas nem o mérito de as haver feito.

3. – Mas, na falta de informações suficientes, pode um culpado escapar à justiça? R – Credes que escape à justiça de Deus? Se deve ser ferido pela justiça dos homens, Deus saberá fazê-lo cair em suas mãos.

4. – Seja, quanto ao culpado; mas se um inocente fosse condenado, não seria um grande mal? R – Deus julga em última instância; e o inocente condenado injustamente pelos homens terá a sua reabilitação. Aliás, essa condenação pode ser para ele uma prova útil ao seu adiantamento. Mas, por vezes, também pode ser a justa punição de um crime da qual terá escapado em outra existência.

"Lembrai-vos de que os Espíritos têm por missão vos instruir na via do bem e não aplainar o caminho terreno, deixado à atividade de vossa inteligência. Afastando-vos do fim providencial do Espiritismo, exponde-vos a serdes enganados pela turba de Espíritos mentirosos que se agitam incessantemente em torno de vós."

Depois da primeira resposta, os assistentes discutiam sobre os motivos da interdição e, como que para justificar o princípio, um Espírito fez o médium escrever: *Vou trazê-lo... ei-lo!* Pouco depois: "Como sois amáveis em querer conversar comigo! Isto me é tanto mais agradável quanto tenho muitas coisas a vos dizer." Essa linguagem pareceu suspeita da parte de um homem como o Sr. Poinsot; e, sobretudo à vista da resposta que acabava de dar. Por isso pediram afirmasse sua identidade em nome de Deus. Então o Espírito escreveu: "Meu Deus, não posso mentir. Contudo, desejava muito conversar com tão amável sociedade; mas não me quereis; adeus." Foi então que o nosso guia espiritual acrescentou: "Eu vos disse que esse Espírito não pode responder esta noite. Deus o proíbe de manifestar-se. Se insistirdes sereis enganados."

Observação: É evidente que se os Espíritos pudessem poupar pesquisas aos homens, estes não mais se dariam ao trabalho de descobrir a verdade, pois ela lhes chegaria por si mesma. Assim, o mais preguiçoso poderia sabê-la tanto quanto o mais laborioso, o que não seria justo. Isto é um princípio geral. Aplicado ao Sr. Poinsot não é menos evidente que se o Espírito declarasse um indivíduo inocente ou culpado e os juizes não achassem provas suficientes de uma ou outra afirmação, sua consciência ficaria perturbada; que a opinião pública poderia desviar-se por prevenções injustas. Não sendo perfeito o homem, devemos concluir que Deus sabe melhor que ele o que lhe deve ser revelado, ou oculto. Se uma revelação deve ser feita por meios extra-humanos. Deus lhe sabe dar um cunho de autenticidade capaz de levantar todas as dúvidas, como testemunha o fato seguinte:

Nas vizinhanças das minas, no México, uma fazenda tinha sido incendiada. Numa reunião onde cuidavam de manifestações espíritas (há diversas naquele país, onde provavelmente ainda não chegaram os artigos do Sr. Deschanel, por isso lá se acham tão atrasados); nessa reunião um Espírito se comunicava por batidas; disse que o culpado estava entre os assistentes; a princípio duvidam, crendo numa mistificação. O Espírito insiste e designa um dos indivíduos presentes; espantam-se. Este se dissimula, mas o Espírito parece insistir, e o faz tão bem que prendem o homem que, premido por perguntas, acaba confessando o crime. Como se vê, os culpados não devem confiar na discrição dos Espíritos que, às vezes, são os instrumentos de Deus para os castigar. Como o Sr. Figuier explicaria tal fato? É intuição, hipnotismo, biologia, superexcitação do cérebro, concentração do pensamento, alucinação que ele admite sem crer na independência do Espírito e da matéria? Arranjai tudo isso, se puderdes. Sua mesma solução é um problema e deveria dar a solução de sua solução. Mas, por que um Espírito não daria a conhecer o assassino do Sr. Poinsot, como fez com aquele incendiário? Pedi, então, contas a Deus de suas ações. Perguntai ao Sr. Figuier, que julga saber mais que Ele.

PALESTRAS FAMILIARES DE ALÉM-TÚMULO

SRA. BERTRAND (ALTO SAONA)

FALECIDA A 7 DE FEVEREIRO DE 1881. EVOCADA NA SOCIEDADE A 15 DO MESMO MÊS

Nota: A Sra. Bertrand havia feito um estudo sério do Espiritismo, cuja doutrina professava, compreendendo todo o seu alcance filosófico.

1. *(Evocação)*. R – Aqui estou.

2. – Tendo vossa correspondência nos levado a apreciar-vos, e conhecendo vossa simpatia pela Sociedade, pensamos que não vos seria desagradável chamar-vos tão cedo. R – Vedes que estou aqui.

3. – Um outro motivo me determina pessoalmente a fazê-lo. Conto escrever à senhorita sua filha, a propósito do acontecimento que acaba de feri-la e estou certo de que ela se sentiria feliz ao saber do resultado de nossa palestra. R – Certamente, ela o espera, pois eu lhe havia prometido me revelar logo que me evocassem.

4.– Esclarecida como éreis sobre o Espiritismo e penetrada dos princípios desta doutrina, vossas respostas serão para nós duplamente instrutivas.

Para começar, quereis dizer-nos se demorastes muito a vos reconhecer e se já recobrastes a plenitude de vossas faculdades? R – A plenitude de minhas antigas faculdades, sim; a plenitude de minhas novas faculdades, não.

5. – É costume perguntar aos vivos como passam. Mas aos Espíritos perguntamos se são felizes. É com profundo sentimento de simpatia que fazemos esta última pergunta. R – Obrigada, meus amigos. Ainda não sou feliz, no sentido espiritualista do vocábulo. Mas sou feliz pela renovação do meu ser deslumbrado em êxtase; pela visão das coisas que nos são reveladas, mas que ainda compreendemos imperfeitamente, por melhor médium ou espírita que sejamos.

6. – Em vida tínheis feito uma ideia do mundo Espírita pelo estudo da doutrina. Podeis dizer-nos se encontrastes as coisas tais quais as tínheis imaginado? R – Mais ou menos como vemos os objetos na incerteza do lusco-fusco. Mas como são diferentes quando a luz brilhante os revela!

7. – Assim o quadro que nos é feito da vida Espírita nada tem de exagerado, nada de ilusório R – Ele é apequenado pelo vosso espírito, que não pode compreender as coisas divinas senão suavizadas e veladas. Agimos convosco como agis com as crianças, a quem apenas mostrais uma parte das coisas dispostas para o seu entendimento.

8. – Testemunhastes o instante da morte do vosso corpo? R – Esgotado por longos sofrimentos, meu corpo não teve que passar por uma grande luta. *Minh'alma destacou-se dele* como *o fruto maduro que cai da árvore.* O aniquilamento completo de meu ser impediu-me de sentir a última angústia da agonia.

9. – Poderíeis descrever vossas sensações no momento do despertar? R – Não há despertar, ou antes, pareceu-me que havia continuação.

Como após curta ausência se volta para casa, pareceu-me que apenas alguns minutos me separavam do que eu acabava de deixar. Errante em volta do meu leito, via-me estendida, transfigurada e não podia afastar-me, retida que era, ou pelo menos ao que me parecia, por um último laço àquele invólucro corporal, que tanto me havia feito sofrer.

10. – Vistes imediatamente outros Espíritos vos cercar? R – Logo vieram me receber. Então desviei o pensamento do meu *eu* terreno, e o *eu* espiritual transportado abismou-se no delicioso prazer das coisas *novas e conhecidas que reencontrava.*

11. – Estáveis entre os membros da família durante a cerimônia fúnebre? R – Vi levarem o meu corpo, mas logo afastei-me. O Espiritismo desmaterializa por antecipação e torna mais súbita a passagem do mundo terrestre ao mundo espiritual. Eu não tinha levado de minha migração na Terra nem vãos pesares nem curiosidade pueril.

12. – Tendes algo de particular a dizer à senhorita vossa filha, que partilhava de vossas crenças, e me escreveu várias vezes em vosso nome? R – Eu lhe recomendo dar aos seus estudos um caráter mais sério; transformar a dor estéril em lembrança piedosa e fecunda; que não esqueça que a vida continua ininterrupta e que os frívolos interesses do mundo empalidecem ante a grande palavra: *Eternidade!* Aliás, minha lembrança pessoal, terna e íntima, em breve lhe será transmitida.

13. – Em janeiro vos remeti um cartão-retrato. Como jamais me vistes, podeis dizer se me reconheceis? R – Mas eu não vos reconheceria: eu vos vejo.

– Não recebestes aquele cartão? R – Não me lembro.

14. – Eu teria várias perguntas importantes a vos fazer sobre os fatos extraordinários que se passaram em vossa casa e que nos comunicastes. Penso que a respeito poderíeis dar-nos interessantes explicações. Mas a hora avançada e a fadiga do médium me aconselham a adiar. Limito-me a algumas perguntas para terminar.

– Embora vossa morte seja recente, já deixastes a Terra? Percorrestes os espaços e visitastes outros mundos? R – O vocábulo visitar não corresponde ao movimento tão rápido quanto o é a palavra, que nos faz, tão rápida quanto o pensamento, descobrir sítios novos. A distância é apenas uma palavra, como o tempo não é para nós senão uma mesma hora.

15. – Preparando as perguntas que devem ser dirigidas a um Espírito, temos geralmente uma evocação antecipada. Podeis dizer se, assim sendo, estáveis prevenida de nossa intenção, e se estáveis perto de mim ontem, quando preparava as perguntas? R – Sim: sabia tudo o que me diríeis hoje e responderei com desenvolvimento às perguntas que reservastes.

16. – Em vossa vida teríamos sido muito felizes se vos tivéssemos entre nós; mas desde que tal não foi possível, somos igualmente felizes por vos ter em Espírito, e vos agradecemos a atenção em responder ao nosso apelo. R – Meus amigos, eu acompanhava os vossos estudos com interesse, e agora, como Espírito posso habitar entre vós, e vos dou o conselho de vos ligardes mais ao espírito do que à letra.

Adeus.

A carta que segue nos foi enviada a propósito desta evocação:

"Senhor,

É com um vivo sentimento de profunda gratidão que venho agradecer-vos, em nome de meu pai e no meu, vos terdes antecipado ao nosso desejo de receber, por vosso intermédio, as notícias daquela que choramos.

As numerosas provações morais e físicas que minha querida e boa mãe teve que sofrer durante sua existência, sua paciência em as suportar, seu devotamento, sua completa abnegação de si mesma, me faziam esperar que estivesse feliz. Mas a certeza que nos acabais de dar, senhor, é um grande consolo para nós que a amávamos tanto e queremos a sua felicidade antes da nossa.

Minha mãe era a alma da casa, senhor. Não preciso dizer-vos o vazio que sua ausência deixou; sofremos por não mais a ver, mais do que poderia exprimir e, contudo, experimentamos uma certa quietude por não vê-la mais nas dores atrozes que sofria. Minha pobre mãe era uma mártir. Deve ter uma bela recompensa pela paciência e doçura com que suportou todas as suas angústias; sua vida não passou de uma longa tortura de espírito e de corpo. Seus sentimentos elevados, sua fé numa outra existência a sustentaram. Tinha como que um pressentimento e uma lembrança velada do mundo dos Espíritos; muitas vezes eu a via olhando com piedade as coisas do nosso planeta e dizer-me:

Nada aqui em baixo pode bastar-me; tenho a nostalgia de um outro mundo.

Nas respostas que vos deu minha cara e adorada mãe, senhor, reconhecemos perfeitamente sua maneira de pensar e de se exprimir; ela gostava de se servir de imagens. Somente estou admirada de que ela não se lembrasse do vosso cartão-retrato, que lhe tinha dado tão grande e vivo prazer. Eu deveria ter vos agradecido de sua parte. Minhas numerosas ocupações durante os últimos tempos da moléstia de minha venerada mãe não me permitiram fazê-lo. Creio que mais tarde ela se lembrará melhor. No momento está embriagada nos esplendores da nova vida. A existência que acaba de completar não lhe aparece senão como um sonho penoso, já bem longe dela. Assim esperamos, meu pai e eu, que ela venha dizer-nos algumas palavras de afeição, de que temos muita necessidade. Seria indiscrição, senhor, vos pedir que, quando minha mãe vos falar de nós, nos comunicásseis? Fizestes tanto bem vindo falar dela, vindo dizer de sua parte que não sofre mais! Ah! Obrigada ainda, Senhor! Rogo a Deus, de alma e coração, que vos recompense. Deixando-me, minha mãe querida me priva da melhor das mães, da mais terna das amigas. Preciso da certeza de sabê-la feliz e de minha crença no Espiritismo para ter um pouco de força. Deus a sustentou; minha coragem foi maior do que eu esperava.

Recebei, etc."

Observação: Que os incrédulos riam quanto quiserem do Espiritismo; que seus adversários mais ou menos interessados o ponham em ridículo; que o anatematizem até, o que não lhe tirará essa força consoladora que faz a alegria do infeliz, e que o faz triunfar da má vontade dos indiferentes, a despeito de seus esforços para o abater. Os homens têm sede de felicidade; quando não a encontram na Terra, não é um grande alívio ter a certeza de encontrá-la na outra vida, se se fez o que é preciso para o merecer? O que então lhe oferece mais suavização aos males da Terra? É o materialismo, com a horrível expectativa do nada? É a perspectiva das chamas eternas, às quais não escapa um só em milhões? Não vos enganeis; essa perspectiva é ainda mais horrível que a do nada; é por isso que aqueles, cuja razão se recusa a admiti-la, são levados ao materialismo. Quando se apresentar aos homens o futuro de maneira racional, não haverá mais materialistas. Que não se admirem de ver as ideias espíritas acolhidas com tanto entusiasmo pelas massas, por que essas ideias dão coragem, ao invés de abatê-la. O exemplo da felicidade é contagiante. Quando todos os homens virem em torno de si gente feliz pelo Espiritismo, lançar-se-ão nos seus braços como numa tábua de salvação, porque preferirão sempre uma doutrina que sorri e fala à razão à que apavora. O exemplo que acabamos de citar não é único no gênero; eles se nos oferecem aos milhares e a maior alegria que Deus nos reservou aqui na Terra é a de testemunhar os benefícios e os progressos de uma crença que nossos esforços tendem a espalhar. As pessoas de boa vontade, que nela ainda vêm beber consolação são tão numerosas que não poderíamos roubar-lhes nosso tempo, ocupando-nos dos indiferentes, que não têm o menor desejo de se convencer. Os que vêm a nós bastam para o absorver. Por isso não vamos à frente de ninguém. Eis porque também não o perdemos a respigar, em campo estéril. A vez dos outros virá quando a Deus aprouver levantar o véu que os cega; e esse tempo virá mais cedo do que pensam, para a glória de uns e vergonha de outros.

SRTA. PAULINE M...

(ENVIADO PELO SR. PICHON, MÉDIUM DE SENS)

1. *(Evocação)*. – Aqui estou, meus bons amigos.

2. – Vossos pais nos pediram vos perguntássemos se sois mais feliz do que na existência terrena. Teríeis a bondade de no-lo dizer? R – Oh! sim; sou mais feliz do que eles.

3. – Assistis, às vezes, a vossa mãe? R – Eu quase não a deixo. Mas ela não pode compreender todo o encorajamento que lhe dou; sem isso, não estaria tão mal. Ela chora por mim e sou feliz! Deus me chamou a si; é um favor; se todas as mães estivessem compenetradas das luzes do Espiritismo, que consolação para elas! Dizei à minha pobre mãe que se resigne, pois sem isso afastar-se-á de sua filha querida. Quem não for dócil às provas que lhe envia o seu Criador falha ao objetivo de suas provas. Que ela compreenda isso bem, senão não me verá tão cedo. Ela me perdeu materialmente, mas encontrar-me-á espiritualmente. Que trate de se restabelecer para assistir às vossas sessões. Então poderei consolá-la melhor. Eu mesma serei mais feliz.

4. – Poderíeis vos manifestar a ela de modo mais particular? Poderia ela servir-vos de médium? Assim receberia mais consolação do que por nosso intermédio. R – Que ela tome um lápis, como o fazeis, e eu tentarei dizer-lhe alguma coisa. Isso nos é muito difícil, quando não encontramos as disposições para tanto necessárias.

5. – Poderíeis dizer porque Deus vos retirou tão jovem do seio da família, onde éreis alegria e consolação? R – Relede[1].

6. – Poderíeis dizer o que sentistes no instante da morte? R – Uma perturbação; julgava não estar morta. Isso me deu tanta pena de deixar minha boa mãe! Eu não me reconhecia. Mas quando o compreendi, não foi a mesma coisa.

7. – Agora estais completamente desmaterializada? R – Sim.

8. – Poderíeis dizer quanto tempo ficastes perturbada? R – Fiquei seis de vossas semanas.

9. – Em que lugar estáveis quando vos reconhecestes? R – Junto ao meu corpo. Vi o cemitério e compreendi.

Mãe! estou sempre ao teu lado. Vejo-te e compreendo muito melhor do que quando tinha o meu corpo. Cessa, então, de te entristeceres, pois só perdeste o pobre corpo que me tinhas dado. Tua filha está sempre aí; não chores mais; ao contrário, alegra-te: é o único meio de te fazer o bem, e a mim também. Nós nos compreenderemos melhor; eu te direi muitas coisas agradáveis; Deus mo permitirá; nós oraremos juntas. Virás entre estes homens que trabalham para o bem da humanidade; tomarás parte em seus trabalhos; eu te ajudarei. Isso servirá para o adiantamento de nós ambas.

Tua filha que te ama,

P. S. Dareis isto a minha mãe. Ser-vos-ei grata.

Pauline

10. – Pensais que a convalescença de vossa mãe seja ainda longa? R – Isso dependerá da consolação que receber e de sua resignação.

11. – Lembrai-vos de todas as vossas reencarnações? R – Não; não de todas.

12. – A penúltima ocorreu na Terra? R – Sim. Eu estava numa grande casa de comércio.

13. – Em que época foi? R – No reinado de Luís XIV; no começo.

14. – Lembrai-vos de algumas personagens desse tempo? R –

[1] Para reler os pontos doutrinários a respeito. (N. da Eq. Rev.)

Conheci o Sr. Duque de Orléans, que se fornecia em nossa casa. Também conheci Mazarino e parte de sua família.

15. – Vossa última existência serviu muito ao vosso adiantamento? R – Não me pôde servir muito porque não sofri nenhuma prova. Foi para meus pais, antes que para mim, um motivo de prova.

16. – E vossa penúltima existência foi mais proveitosa? R – Sim, porque nela fui muito provada. Reveses de fortuna; a morte de todos que me eram caros; fiquei só. Mas, confiante em meu Criador, suportei tudo com resignação. Dizei a minha mãe que faça como fiz. Que aquele que lhe levar minha consolação, por mim aperte a mão a todos os meus bons parentes. Adeus.

HENRI MURGER

Nota: Numa sessão espírita íntima, em casa de um colega da Sociedade, a 6 de fevereiro de 1861, o médium escreveu espontaneamente o seguinte:

"Maior é o espaço dos céus, maior a atmosfera, mais belas as flores, mais doces os frutos e as aspirações são satisfeitas além mesmo da ilusão. Salve, nova pátria! Salve, nova morada! Salve, felicidade, amor! Como nossa curta estação na Terra é pálida, e como aquele que soltou o suspiro de alívio deve sentir-se feliz por haver deixado o Tártaro pelo céu! Salve, verdadeira boemia! Salve, verdadeira despreocupação! Salve, sonhos realizados! adormeci alegre, porque sabia que ia despertar feliz. Oh! obrigado aos meus amigos, por sua suave lembrança!

H. Murger"

As perguntas e respostas seguintes foram feitas na Sociedade a 8 de fevereiro.

1. – Viestes espontaneamente, quarta-feira, comunicar-vos em casa de um de nossos colegas e ali ditastes uma página encantadora. Entretanto, lá não havia ninguém que vos conhecesse particularmente. Por favor, podeis dizer o que nos proporcionou a honra de vossa visita? R – Vim fazer *ato de vida* para ser evocado hoje.

2. – Fostes levado às ideias espíritas? R – Entre as duas: eu suspeitava; depois me deixava levar facilmente por minhas inspirações.

3. – Não parece que a vossa perturbação durou pouco, pois vos exprimis tão prontamente, com tanta facilidade e clareza! R – Morri com perfeito conhecimento de mim mesmo, consequentemente só tive que abrir os olhos do Espírito, assim que se fecharam os olhos da carne.

4. – Esse ditado pode ser considerado como um relato de vossas primeiras impressões do mundo onde estais agora. Poderíeis descrever-nos com mais precisão o que se passou em vós desde o instante em que a alma deixou o corpo? R – Inundou-me a alegria; revi rostos queridos, que supunha perdidos para sempre. Apenas desmaterializado, ainda não tive senão sensações quase terrenas.

5. – Poderíeis dar-nos uma apreciação, do vosso ponto de vista atual, de vossa principal obra: *La vie de Bohéme?* R – Como queríeis que, deslumbrado como estou, pelos esplendores desconhecidos da ressurreição, eu faça uma volta a essa pobre obra, pálido reflexo de uma juventude sofredora?

6. – Um de vossos amigos, o Sr. Théodore Pelloquet, publicou no *Le Siècle* de 6 deste mês, um artigo bibliográfico sobre vós. Poderíeis dirigir-lhe algumas palavras, bem como a outros amigos e confrades em literatura, entre os quais devem encontrar-se alguns poucos crentes na vida futura? R – Eu lhes direi que o sucesso presente é semelhante ao ouro transformado em folhas secas. O que nós cremos, o que nós esperamos, nós outros rebuscadores esfaimados do campo parisiense, é o sucesso, sempre o sucesso, e jamais nossos olhos se erguem para o céu, para pensar naquele que julga as nossas obras em última instância. Minhas palavras os mudarão? Não: arrastados pela vida causticante, que consome crença e mocidade, eles ouvirão distraídos e passarão esquecidos.

7. – Vedes aqui a Gérard de Nerval, que acaba de falar de vós? R – Eu o vejo, e a Musset, e a amável, a grande Delphine.

Eu os vejo a todos. Ajudam-me; encorajam-me; ensinam-me a falar.

Observação: Esta pergunta foi motivada pela comunicação seguinte, que um médium da Sociedade tinha escrito espontaneamente, no começo da sessão.

Um irmão chegou ao nosso meio, feliz e disposto. Ele agradece ao céu, como o ouviste há pouco, por sua libertação um pouco tardia. Ao longe, agora, a tristeza, as lágrimas e o riso amargo, porque o vemos bem, atualmente: entre vós o riso jamais é franco. O que há de lamentável e realmente penoso na Terra, é que é preciso rir; rir forçadamente e de um nada, sobretudo de um nada na França, quando se estaria disposto a sonhar solitariamente. O que há de horrível para o coração que esperou muito, é a desilusão, esse esqueleto medonho, cujos contornos em vão querem apalpar; a mão inquieta e trêmula só ossos encontra. Que horror! para aquele que creu no amor, na religião, na família, na amizade; aqueles que podem impunemente olhar de frente essa máscara horrível que petrifica, ah! esses vivem, embora petrificados; mas os que cantam como boêmios, ah! esses morrem bem depressa: viram a cabeça de Medusa. Meu irmão Murger era destes últimos[1].

Amigos, vós o vedes; de agora em diante não vivemos mais apenas em nossas obras. E ao vosso chamado logo estaremos ao vosso lado. Longe de nos orgulharmos por esse ar de felicidade que nos envolve, viremos a vós como se ainda estivéssemos na Terra, e Murger cantará ainda.

Gérard de Nerval

O ESPÍRITO E AS ROSAS

(ENVIADO PELA SRA. B... DE NOVA ORLÉANS)

Emma D..., linda menina, morta aos 7 anos, após 6 meses de sofrimentos, quase não comia mais, seis semanas antes de falecer.

1.*(Evocação)*. – Estou aqui, senhora, que quereis?

2. – Saber onde estais; se sois feliz e por que Deus infligiu à vossa encantadora mãe e às vossas irmãs tão grande mágoa, qual a de vos perder? R – Estou no meio de bons Espíritos que me amam e instruem; sou feliz, muito feliz. Minha passagem entre vós era um resto de provação física. Sofri, mas esse sofrimento nada era; ele depurava minha alma ao mesmo tempo que destruía meu pobre corpo. Agora aprendo a vida da alma; estou reencarnada, mas como Espírito conservador. Estou num mundo onde nenhum de nós demora senão durante os ensinamentos que nos são dados pelos *Grandes Espíritos.* Fora disto

[1] O olhar de Medusa transformava as criaturas em pedras. (N. da Eq. Rev.)

viajo, prevenindo desgraças, afastando tentações. Estou muitas vezes aqui. Há tantos pobres negros! Sempre os lamentei, mas agora os amo. Sim, eu os amo, pobres almas! Entre eles há muitos bons, melhores que seus amos; e mesmo os que são preguiçosos devem ser lamentados.

Vou muitas vezes até minha mãe querida. E quando ela sente o coração reanimado, fui eu quem lhe derramou o bálsamo divino. Mas é preciso que ela sofra. Ah! mais tarde tudo será esquecido. E Lúcia, minha bem amada Lúcia estará comigo antes de tudo. Mas os outros virão. Morrer não é nada para ser assim. Nada: muda-se de corpo – eis tudo. Eu já não tenho esse mal que me fazia um objeto de horror para cada um. Sou mais feliz e, à noite, me curvo sobre minha mãe e a beijo. Ela nada sente, mas sonha comigo e me vê como eu era antes de minha moléstia horrorosa. Compreendei, senhora, que eu sou feliz.

Eu queria rosas do canto do jardim onde outrora ia dormir. Sugeri a Lúcia a ideia de as levar. Gostava tanto das rosas e vou sempre lá! Tenho rosas aí; mas Lúcia dorme diariamente em meu antigo lugar e eu todos os dias venho para junto dela. Amo-a tanto!

3. – Minha cara menina, eu não a poderia ver? R – Não; ainda não. Não podeis ver-me. Mas olhai o raio de sol sobre a vossa mesa, eu vou atravessá-lo. Obrigado por me haverdes evocado. Sede indulgente para com minhas irmãs. Adeus.

O Espírito desapareceu, fazendo sombra um instante sobre o raio de sol que continuava. Tendo sido postas as rosas no querido cantinho, três dias depois, escrevendo uma carta, veio à pena do médium a palavra *obrigada,* bem como a assinatura da criança, que a fez escrever: "Recomeça tua carta; eu te aborreço tanto! Mas estou tão feliz por ter um médium! Voltarei. Obrigada pelas rosas. Adeus!"

ENSINOS E DISSERTAÇÕES ESPÍRITAS

A LEI DE MOISÉS E A LEI DO CRISTO

(COMUNICAÇÃO PELO SR. R..., DE MULHOUSE)

Um dos nossos assinantes de Mulhouse nos envia a carta e a comunicação que se segue:

... "Aproveito a ocasião que se apresenta de vos escrever, para mandar uma comunicação que recebi, como médium, de meu Espírito protetor, e que me parece interessante e instrutiva por todos os títulos. Se assim a julgardes, eu vos autorizo a fazer dela o uso que julgardes mais útil. Eis qual foi o princípio. Inicialmente devo dizer-vos que professo o culto israelita e, naturalmente, sou levado às ideias religiosas em que fui educado. Eu tinha notado que, em todas as comunicações dos Espíritos, jamais se tratava senão da moral cristã, pregada pelo Cristo e que jamais se falava da lei de Moisés. Contudo, eu me dizia que os mandamentos de Deus, revelados por Moisés, me pareciam ser o fundamento da moral cristã; que o Cristo poderia ter ampliado o quadro, desenvolver-lhe as consequências, mas que o germe estava na lei ditada do Sinai. Então me perguntei se a menção, tantas vezes repetida, da moral do Cristo, posto que a de Moisés não lhe fosse estranha, não provinha do fato que a maior parte das comunicações recebidas emanavam de Espíritos que tinham pertencido à religião dominante, e se não seriam uma lembrança das ideias terrenas. Sob o império de tais pensamentos, evoquei meu Espírito protetor, que foi um dos meus parentes próximos e se chamava Mardoqueu R... Eis as perguntas que lhe dirigi e as respostas dadas por ele, etc....

1. – Em todas as comunicações feitas à Sociedade Parisiense de Estudos Espíritas, cita-se Jesus como sendo o que ensinou a mais bela moral. Que devo pensar disto? R – Sim. O Cristo foi o iniciador da moral mais pura, a mais sublime; a moral evangélica cristã, que deve renovar o mundo, reaproximar os homens e os tornar a todos irmãos; a moral que deve fazer jorrar de todos os corações humanos a caridade, o amor do próximo; que deve criar entre todos os homens uma solidariedade comum; a moral, enfim, que deve transfigurar a Terra e dela fazer uma morada para Espíritos superiores aos que hoje a habitam. É a lei do progresso, à qual está submetida a natureza, que se realiza; e o Espiritismo é uma das forças vivas de que Deus se serve para chegar a fazer adiantar a humanidade na via do progresso moral. São chegados os tempos em que as ideias morais devem desenvolver-se para realizar o progresso que está nos desígnios de Deus. Elas devem seguir a mesma rota que as ideias de liberdade percorreram e das quais eram precursoras. Mas não se deve crer que esse desenvolvimento se faça sem lutas. Não. Para chegar à maturidade, elas necessitam de abalos e

discussões, a fim de que atraiam a atenção das massas; mas, uma vez fixada a atenção, a beleza e a santidade da moral ferirão os Espíritos, e eles aplicar-se-ão a uma ciência que lhes dá a chave da vida futura e lhes abre as portas da felicidade eterna.

Deus é só e único, e Moisés é o Espírito que Deus enviou em missão para se fazer conhecer, não só aos hebreus, mas ainda aos povos pagãos. O povo hebreu foi o instrumento de que Deus se serviu para fazer sua revelação por Moisés e pelos profetas, e as vicissitudes desse povo tão admirável eram feitas para ferir os olhos e fazer cair o véu que aos homens ocultava a Divindade.

2. – Em que, pois, a moral de Moisés é inferior à do Cristo? R – Não, que a de Moisés não era apropriada ao estado de adiantamento em que se achavam os povos que ela estava chamada a regenerar; e esses povos, meio selvagens quanto ao aperfeiçoamento de sua alma, não teriam compreendido que se pudesse adorar Deus de outra maneira senão pelos holocaustos, nem que era preciso conceder graça a um inimigo. Sua inteligência, notável do ponto de vista da matéria, e mesmo sob o das artes e das ciências, estava muito atrasada em moralidade e não se teria convertido sob o império de uma religião inteiramente espiritual: era-lhes necessária uma representação semimaterial, tal qual oferecia, então, a religião hebraica. É assim que os holocaustos lhes falavam aos sentidos, enquanto a ideia de Deus lhes falava ao Espírito.

Os mandamentos de Deus dados por Moisés trazem o germe da moral cristã mais extensa; mas os comentários da Bíblia estreitavam o sentido, porque, posta em ação em toda a sua pureza, não foi então compreendida. Mas os dez mandamentos de Deus nem por isso ficavam com o frontispício menos brilhante, como o farol que devia aclarar a humanidade na rota que tinha a percorrer. Foi Moisés quem abriu a estrada; Jesus continuou a obra; o Espiritismo a acabará.

3. – O sábado é um dia consagrado? R – Sim. O sábado é um dia consagrado ao repouso, à prece. É o emblema da felicidade eterna, a que aspiram todos os Espíritos e ao qual só chegarão depois de se haverem aperfeiçoado pelo trabalho e se despojado, pelas encarnações, de todas as impurezas do coração humano.

4. – Como é que cada seita consagrou um dia diferente? R – Cada seita, é verdade, consagrou um dia diferente, mas não é um mo-

tivo de inconformação. Deus aceita as preces e as formas de cada religião, desde que os atos correspondam aos ensinos. Seja qual for a forma pela qual seja invocado, a prece lhe é agradável, se a intenção for pura.

5. – Pode-se esperar o estabelecimento de uma religião universal? R – Não; não no nosso planeta, ou, pelo menos, antes que ele tenha feito progressos, alguns milhares de gerações não a verão mesmo.

Mardoqueu R...”

LIÇÕES FAMILIARES DE MORAL

(ENVIADAS PELA MÉDIUM SRA. CONDESSA F..., DE VARSÓVIA. TRADUZIDO DO POLONÊS)

I

Meus caros filhos, vossa maneira de compreender a vontade de Deus está errada, desde que tomais tudo o que acontece como expressão dessa vontade. Certamente Deus conhece tudo o que é, que foi e que será; sendo sempre a sua vontade a expressão de seu amor divino, traz, ao realizar-se, a graça e a bênção, enquanto que, afastando-se dessa via única, o homem atrai a si sofrimentos que são apenas advertências. Infelizmente, o homem de hoje, enceguecido pelo orgulho de seu espírito, ou afogado no lamaçal de suas paixões, não as quer compreender. Ora, meus filhos, sabei que se aproxima o tempo no qual começará a vontade de Deus na Terra. Então, infeliz daquele que ainda ousar opor-se: será quebrado como o caniço, ao passo que aqueles que se tiverem emendado verão para si abrir-se os tesouros da misericórdia infinita. Vedes por aí que se a vontade de Deus é a expressão de seu amor e, por isso mesmo, imutável e eterna, todo ato de rebeldia contra essa vontade, embora suportado pela incompreensível sabedoria, é apenas temporária e passageira, e antes uma prova da paciente misericórdia de Deus, expressão de sua vontade.

II

Vejo com prazer, meus filhos, que vossa fé não enfraquece,

malgrado os ataques dos incrédulos. Se todos os homens tivessem acolhido com o mesmo zelo, a mesma perseverança e, sobretudo, com a mesma pureza de intenção essa manifestação extraordinária da bondade divina, nova porta aberta ao vosso adiantamento, teria sido uma prova evidente de que o mundo nem é tão mau, nem tão endurecido quanto o parece e que, o que é inadmissível, a mão de Deus injustamente se tenha pesado sobre os humanos. Não fiqueis, pois, admirados da oposição que o Espiritismo encontra no mundo. Destinado a combater vitoriosamente o egoísmo e trazer a vitória da caridade, está naturalmente exposto às perseguições do egoísmo e do fanatismo, dele sempre derivado. Lembrai-vos o que foi dito há muitos séculos: "Muitos serão chamados, poucos os escolhidos." Entretanto, o bem que vem de Deus sempre acabará por triunfar do mal que vem dos homens.

III

Deus fez a fé e a caridade descerem à Terra para ajudar os homens a sacudir a dupla tirania do pecado e da arbitrariedade; e não há dúvida de que, com esses dois divinos motores, desde muito tempo teriam eles atingido uma felicidade tão perfeita quanto o comportam a natureza humana e o estado físico do vosso globo, se os homens não tivessem deixado a fé enlanguecer e os corações secarem. Por um momento, mesmo, eles acreditaram poder dispensá-la e salvar-se apenas pela caridade. Foi então que se viu nascer essa porção de sistemas sociais, bons na intenção que os ditava, mas defeituosos e impraticáveis na forma. Perguntareis por que são impraticáveis? Não se baseiam no desinteresse de cada um? Sim, sem dúvida; mas para se basear no desinteresse é necessário, de saída, que exista o desinteresse. Ora, não basta decretá-lo; é necessário inspirá-lo. Sem a fé que dá a certeza das compensações da vida futura, o desinteresse é um logro aos olhos do egoísta. Por isso os sistemas que não repousam senão nos interesses materiais são instáveis, tanto é certo que o homem nada poderia construir de harmonioso e durável sem a fé que, não só o dota de uma força moral superior a todas as forças físicas, mas lhe abre a assistência do mundo espiritual e lhe permite beber na fonte da onipotência divina.

IV

"Ainda mesmo quando cumprísseis tudo quanto vos foi ordenado, considerai-vos como servos inúteis." Estas palavras do Cristo vos ensinam a humildade como a primeira base da fé e uma das primeiras condições da caridade. Aquele que tem fé não esquece que Deus conhece todas as imperfeições; por consequência, jamais se lembra de querer parecer melhor do que é, aos olhos do próximo. O que tem humildade sempre acolhe com suavidade as censuras que lhe fazem, por mais injustas que sejam. Porque, sabei-o bem, a injustiça jamais irrita o justo; mas é pondo o dedo sobre alguma chaga envenenada de vossa alma que se faz subir ao vosso rosto o calor da vergonha, indício seguro de um orgulho mal disfarçado. O orgulho, meus filhos, é o maior obstáculo ao vosso aperfeiçoamento, porque não vos deixa aproveitar as lições que vos dão. É, pois, combatendo-o sem tréguas e sem quartel que melhor trabalhareis o vosso adiantamento.

V

Se lançardes o olhar sobre o mundo que vos cerca, vereis que tudo aí é harmonia. A harmonia do mundo material é o belo. Contudo, é ainda a parte menos nobre da Criação. A harmonia do mundo espiritual é o amor, emanação divina que enche os espaços e conduz a criatura ao seu Criador. Procurai, meus filhos, com ele encher os vossos corações. Tudo quanto pudésseis fazer de grande fora desta lei não vos seria levado em conta. Só o amor, quando tiverdes assegurado o seu triunfo na Terra, fará vir a vós o reino de Deus, prometido pelos apóstolos.

OS MISSIONÁRIOS

(ENVIADA PELO SR. SABÒ, DE BORDÉUS)

Vou dizer-vos algumas palavras para vos dar a compreender o objetivo que se propõem os Missionários, deixando pátria e família para ir evangelizar tribos ignorantes e ferozes, posto que irmãos, mas inclinados ao mal e desconhecedores do bem; ou para ir pregar a mortificação, a confiança em Deus, a prece, a fé, a resignação na dor, a caridade, a esperança de uma vida melhor depois do arrependimento. Perguntareis: isso não é Espiritismo? Sim, almas de escol, que sempre servistes a Deus e fielmente observais as suas leis; que amais e socorreis o vosso próximo, vós sois Espíritas. Mas não conheceis esta palavra de criação nova e nela vedes um perigo. Ora! já que a palavra nos apavora, não a pronunciamos mais diante de vós, até que vós mesmos venhais pedir esse nome, que resume a existência dos Espíritos e sua manifestação: Espiritismo.

Amados irmãos, que são os Missionários junto às nações na infância? Espíritos em missão, enviados por Deus, nosso Pai, para esclarecer pobres Espíritos mais ignorantes; para lhes ensinar a esperar nele, a conhecê-lo, amá-lo, a ser bons esposos, bons pais, bons para os semelhantes; para lhes dar, tanto quanto comporta sua natureza inculta, a ideia do bem e do belo. Ora, vós que sois orgulhosos de vossa inteligência, sabei que partistes de tão baixo e que ainda tendes muito a fazer para chegar ao mais alto grau. Eu vos pergunto, amigos, sem as missões e os Missionários, em que se tornaria essa pobre gente abandonada às suas paixões e à sua natureza selvagem? Perguntareis: Sois vós que, a exemplo desses homens devotados, ides pregar o evangelho a esses irmãos broncos? Não; não sereis vós: vós tendes família, amigos, uma posição que não podeis abandonar; não; não sereis vós que gostais das doçuras do lar; não; não sereis vós, que tendes fortuna, honras, todas as felicidades que satisfazem a vossa vaidade e o vosso egoísmo; não; não sereis vós. São necessários homens que deixem o teto paterno e a pátria com alegria; homens que façam pouco caso da vida, porque, às vezes, esta é cortada a ferro e fogo; são precisos homens bem convencidos que, se vão trabalhar na vinha do Senhor e regá-la com o próprio sangue, encontrarão no Alto a recompensa a tantos sacrifícios. Dizei se os materialistas seriam capazes de tal devotamento, eles que nada mais esperam desta vida? Crede-me, são Espíritos enviados por Deus. Não riais mais daquilo que chamais a sua tolice; porque eles são instruídos e, expondo a vida para esclarecer seus irmãos ignorantes, têm direito ao vosso respeito e à vossa simpatia. Sim, são Espíritos encarnados que têm a missão perigosa de ir abrir essas inteligências incultas, como outros Espíritos mais adiantados têm por missão fazer que vós mesmos progridais.

O que vimos de fazer, meus amigos, é Espiritismo. Não vos arreceeis desta palavra. Sobretudo, não riais, porque é o símbolo da lei universal, que rege os seres vivos da Criação.

Adolphe, *Bispo de Alger*

A FRANÇA

(ENVIADA PELO SR. SABÒ, DE BORDÉUS)

Tu também, Terra dos Francos, estavas mergulhada na barbárie e tuas coortes selvagens levavam o espanto e a desolação até o seio das nações civilizadas. Oferecias montanhas de sacrifícios humanos a Teutatés e tremias à voz dos Druídas, que escolhiam as suas vítimas. E os dolmens que te serviam de altares jazem em meio às landes estéreis! E o pastor que para ali conduz os seus magros rebanhos olha com admiração esses blocos de granito e se pergunta para que serviam essas lembranças de outros tempos!

Contudo, teus filhos, cheios de bravura, dominavam as nações e voltavam ao solo pátrio com o rosto triunfante, tendo nas mãos os troféus das vitórias e arrastando os vencidos em vergonhosa escravidão! Mas Deus queria que tomasses o teu lugar entre elas, e te enviou bons Espíritos, apóstolos de uma religião nova, que vinha pregar a teus filhos selvagens o amor, o perdão, a caridade. E quando Clóvis, à frente de seus exércitos, chamava em seu socorro esse Deus poderoso, ele acorreu à sua voz, deu-lhe a vitória e, como filho reconhecido, o vencedor abraçou o cristianismo! O apóstolo do Cristo, derramando-lhe a santa unção, inspirado pelo Espírito de Deus, lhe ordenou que adorasse aquilo que havia queimado, e queimar o que havia adorado.

Então começou para ti uma longa luta entre os teus filhos, que não podiam enfrentar a cólera de seus deuses e seus sacerdotes; e não foi senão depois que o sangue dos mártires regou o teu solo, para aí fazer suas pregações, que pouco a pouco sacudiste do coração o culto de teus pais, para seguir o de teus reis. Estes eram bravos e valentes e por sua vez iam combater as hordas selvagens dos bárbaros do Norte; voltando calmos aos seus palácios, aplicavam-se ao progresso e à civilização de seus povos. Durante vários séculos são vistos realizando esse progresso, lentamente, é verdade, mas, enfim, te puseram no primeiro lugar.

Entretanto, foste tantas vezes culpada que o braço de Deus levantou-se e estava prestes a te exterminar. Mas, se o solo francês é um foco de incredulidade e de ateísmo, é também o foco de lances generosos, da caridade e dos sublimes devotamentos; ao lado da impiedade florescem as virtudes pregadas pelo Evangelho. Elas desarmaram o seu braço prestes a ferir-te tantas vezes e, lançando sobre esse povo a quem ama um olhar de demência, Ele o escolheu para ser o órgão de sua vontade; e é de seu seio que devem sair os germes da Doutrina Espírita, que Deus faz ensinar pelos bons Espíritos, a fim de que seus raios benéficos pouco a pouco penetrem o coração de todas as nações, e que os povos, consolados pelos preceitos de amor, de caridade, de perdão e de justiça marchem a passos de gigantes para a grande reforma moral, que deve regenerar a Humanidade. França! tens a tua sorte em tuas mãos. Se desconhecesses a voz celeste que te chama a esses gloriosos destinos, se tua indiferença te fizesse repelir a luz que deves espalhar, Deus te repudiaria, como outrora repudiou o povo hebreu, porque seria com este que realizaria os seus desígnios. Apressa-te, pois, já que é chegado o momento! Que os povos aprendam de ti o caminho .da verdadeira felicidade. Que o teu exemplo lhes mostre os frutos consoladores que dele devem retirar e eles repetirão com o coro dos bons Espíritos: "Deus protege e abençoa a França!"

Carlos Magno

A INGRATIDÃO

(ENVIADA PELO SR. PICHON, MÉDIUM DE SENS)

É preciso sempre ajudar aos fracos e aos que desejam fazer o bem, embora saibam de antemão que não se será recompensado por aqueles a quem o fazemos, porque aquele que se recusa a vos ser grato pela assistência que lhe destes, nem sempre é tão ingrato quanto o imaginais; muitas vezes age segundo o ponto de vista determinado por Deus; mas os seus pontos de vista não são, e muitas vezes não podem ser apreciados por vós. Baste-vos saber que é necessário fazer o bem por dever e por amor de Deus, pois disse Jesus: "Aquele que faz o bem por interesse já recebeu sua recompensa". Sabei que se aquele a quem prestais serviço esquece o benefício, Deus vo-lo terá mais em conta do que se já tivésseis sido recompensado pela gratidão do vosso favorecido.

Sócrates

Allan Kardec

ANO IV
ABRIL DE 1861

MAIS UMA PALAVRA SOBRE O SR. DESCHANEL

(DO *JOURNAL DES DÉBATS*)

No número anterior da *Revista Espírita* os leitores puderam ver, ao lado de nossas reflexões sobre o artigo do Sr. Deschanel, a carta pessoal que lhe enviamos. Muito curta, essa carta, cuja inserção lhe pedíamos, tinha o objetivo de retificar um grave erro por ele cometido em sua apreciação. Apresentar a Doutrina Espírita como baseada no mais grosseiro materialismo era desnaturar completamente o seu espírito, pois que, ao contrário, ela tende a destruir as ideias materialistas. Havia em seu artigo muitos outros erros que poderíamos ter apontado, mas aquele era por demais importante para ficar sem resposta; tinha uma gravidade real porque tendia a lançar um verdadeiro desfavor sobre numerosos adeptos do Espiritismo. O Sr. Deschanel julgou não dever atender ao nosso pedido e eis a resposta que nos deu:

"Senhor,

Recebi a carta que me fizestes a honra de escrever, em data de 25 de fevereiro. Vosso editor, Sr. Didier, teve a bondade de se encarregar de vos explicar que tinha sido a seu reiterado pedido que eu havia concordado em noticiar no *Débats* o vosso *O Livro dos Espíritos,* livre de o criticar como quisesse. Era a nossa combinação. Agradeço-vos por ter compreendido que, nessas circunstâncias, usar do vosso direito de contraditar era estritamente legal, mas menos delicado certamente do que a abstenção com que concordastes, conforme o Sr. Didier me informou esta manhã.

Aceitai, etc.

E. Deschanel"

Nesta carta há falta de exatidão em diversos pontos. É verdade, que o Sr. Didier enviou ao Sr. Deschanel um exemplar de *O Livro dos Espíritos,* como se faz de editor para jornalista; mas o que não é exato é que o Sr. Didier se tivesse comprometido a nada nos explicar sobre suas supostas instâncias reiteradas para que lhe fizesse uma apreciação; e se o Sr. Deschanel julgou dever consagrar-lhe 24 colunas de zombarias, ele nos permitirá supor que nem tenha sido por condescendência nem por deferência para com o Sr. Didier. Aliás, dissemos que não é por isso que nos lamentamos: a crítica era um direito seu; e, desde que não partilha do nosso modo de ver estava livre de apreciar a obra segundo o seu ponto de vista, como acontece todos os dias. Por alguns, uma coisa é levada às nuvens, desacreditada por outros, mas nem um nem outro desses julgamentos é sem apelo. O único juiz em última instância é o público e sobretudo o público futuro, que é estranho às paixões e às intrigas do momento. Os elogios obsequiosos dos grupelhos não o impedem de enterrar para sempre o que é realmente mau, e o que é realmente bom sobrevive a despeito das diatribes da inveja e do ciúme.

Dessa verdade duas fábulas darão testemunho. Tanto os fatos abundam em provas, teria dito La Fontaine. Não citaremos duas fábulas, mas dois fatos. Ao seu aparecimento, *Phèdre,* de Racine, teve contra si a Corte e o povo de Paris, e foi escarnecida. O autor sofreu tantos desgostos que aos 38 anos renunciou a escrever para o teatro. Ao contrário, a *Phèdre* de Pradon foi elogiada além da medida. Qual é hoje a sorte das duas obras? Um outro livro, mais moderno, *Paulo e Virgínia,* foi declarado natimorto pelo ilustre Buffon, que o achava fastidioso e insípido; entretanto, sabe-se que jamais um livro foi tão popular. Com esses dois exemplos, nosso objetivo é apenas provar que a opinião de um crítico, seja qual for o seu mérito, é sempre uma opinião pessoal, nem sempre ratificada pela posteridade. Mas voltemos de Buffon ao Sr. Deschanel, sem comparação, porque Buffon enganou-se redondamente, enquanto o Sr. Deschanel crê, sem dúvida, que não se dá o mesmo com ele.

Em sua carta, o Sr. Deschanel reconhece que nosso direito de contraexposição teria sido estritamente legal, mas acha mais delicado de nossa parte não o exercitar. Ainda se engana completamente quando diz que acedemos a uma abstenção, o que daria a entender que nos rendemos a uma solicitação, e mesmo que o Sr. Didier teria sido encarregado de o informar. Ora, nada menos exato. Não julgamos dever exigir a inserção de uma contradita. Ele tem liberdade de achar nossa doutrina má, detestável, absurda, de o gritar de cima dos telhados; mas esperávamos de sua *lealdade* a publicação de nossa carta para retificar uma alegação falsa e que podia atingir a nossa consideração, no tocante a nos acusar de professar e propagar as mesmas doutrinas que combatemos, como subversivas da ordem social e da moral pública. Não lhe pedíamos uma retratação, à qual seu amor-próprio ter-se-ia recusado, mas apenas a inserção de nosso protesto; certo de que não abusávamos do direito de resposta, desde que em troca de 24 colunas só pedíamos 30 ou 40 linhas. Nossos leitores saberão apreciar sua recusa. Se ele quis ver delicadeza em nosso procedimento, não poderíamos julgar o seu da mesma maneira.

Quando o Sr. Padre Chesnei publicou no *Univers,* em 1858, seu artigo sobre o Espiritismo, deu da Sociedade Parisiense de Estudos Espíritas uma ideia igualmente falsa, apresentando-a como uma seita religiosa com seu culto e seus sacerdotes. Tal alegação desnaturava completamente seu objetivo e suas tendências e podia enganar a opinião pública. Era tanto mais errônea quanto o regulamento da Sociedade lhe interdita ocupar-se de matéria religiosa. Com efeito, não se conceberia uma Sociedade religiosa que não pudesse tratar de religião. Protestamos contra essa asserção, não por algumas linhas, mas por um artigo inteiro e longamente motivado que, à nossa simples demanda, o *Univers* achou dever publicar. Lamentamos que, em idêntica circunstância, o Sr. Deschanel, do *Journal des Dèbats,* se creia menos moralmente obrigado a restabelecer a verdade do que os senhores do *Univers*. Se não fosse uma questão de direito, seria sempre uma questão de lealdade. Reservar-se o direito de ataque sem admitir a defesa é um meio fácil de fazer aos leitores crer que ele tem razão.

O SR. LOUIS JOURDAN E *O LIVRO DOS ESPÍRITOS*

Já que estamos falando dos jornalistas a propósito do Espiritismo, não paremos no caminho. Esses senhores em geral não nos mimoseiam; e como não fazemos mistério de suas críticas, hão de nos permitir apresentar a contrapartida e opor à opinião do Sr. Deschanel e outros, a de um escritor cujo valor e influência ninguém contesta, sem que nos possam taxar de amor-próprio. Aliás, os elogios não se dirigem à nossa pessoa ou, pelo menos, não os tomamos para nós e reportamos a honra aos guias espirituais que bondosamente nos dirigem. Não poderíamos, pois, prevalecer-nos do mérito que se possa encontrar em nossos trabalhos; aceitamos os elogios, não como indício de nosso valor pessoal, mas como uma consagração da obra que empreendemos e que, com a ajuda de Deus, esperamos levar a bom termo, pois ainda não estamos no fim e o mais difícil ainda não está feito. Sob esse ponto, a opinião do Sr. Louis Jourdan tem um certo peso, porque se sabe que não fala levianamente e para falar ou encher colunas com palavras. Certamente ele pode enganar-se, como qualquer outro, mas, em todo caso, sua opinião é sempre conscienciosa.

Seria prematuro dizer que o Sr. Jourdan é um adepto confesso do Espiritismo. Ele próprio declara nada haver visto, não estar em contato com nenhum médium. Julga a coisa conforme seu sentir íntimo e como não parte da negação da alma e de qualquer força extra-humana, vê na Doutrina Espírita uma nova fase do mundo moral e um meio de explicar o que até então era inexplicável. Ora, admitindo a base, sua razão não se recusa absolutamente a lhe admitir as consequências, ao passo que o Sr. Figuier não pode admitir tais consequências, desde que repele o princípio fundamental. Não tendo estudado tudo, tudo aprofundado nessa vasta Ciência, não é de admirar que suas ideias não sejam fixas sobre todos os pontos e, por isso mesmo, certas questões ainda devam parecer-lhe hipotéticas. Mas, como homem de senso, não diz: "Não compreendo; logo, não é"; ao contrário, diz: "não sei porque não aprendi, mas não nego". Como homem sério, não faz troça com uma questão que toca os mais sérios interesses da Humanidade e, como homem prudente, cala-se sobre aquilo que ignora, temendo que os fatos não venham, como a tantos outros, desmentir as suas negações e que lhe possam opor este argumento irresistível: "Falais do que não sabeis". Assim, passando sobre as questões de detalhe, para as quais confessa sua incompetência, limita-se à apreciação do princípio; e esse princípio, apenas o raciocínio o leva a admitir-lhe a possibilidade, como acontece diariamente.

O Sr. Jourdan publicou primeiro um artigo sobre *O Livro* dos *Espíritos* em *Le Causeur* (n.º 8, abril de 1860). Um ano decorrido e nós ainda não falamos disso nesta *Revista*, prova de que não somos muito apressados em nos prevalecermos dos elogios, enquanto citamos textualmente, ou indicamos, as mais amargas críticas; prova também de que não tememos a sua influência. Esse artigo é reproduzido em sua nova obra *Un Philosophe au coin du feu*[1], da qual forma um capítulo. Dele extraímos as passagens seguintes:

"Prometi formalmente voltar a um assunto, sobre o qual apenas disse algumas palavras e que merece uma atenção muito particular. É *O Livro dos Espíritos,* contendo os princípios da doutrina e da filosofia *espíritas*. O vocábulo pode vos parecer bárbaro, mas que fazer? As coisas novas precisam de nomes novos. As mesas girantes chegaram ao Espiritismo, e nós estamos hoje de posse de uma doutrina completa, inteiramente revelada pelos Espíritos, porque esse *O Livro dos Espíritos* não é feito pela mão do homem; o Sr. Allan Kardec limitou-se a recolher e pôr em ordem as respostas dadas pelos Espíritos às inumeráveis perguntas que lhes foram feitas, respostas breves, que nem sempre satisfazem à curiosidade do interrogador, mas que, consideradas em conjunto, constituem com efeito uma doutrina, uma moral e, quem sabe? Talvez uma religião.

Julgai-o vós mesmos. Os Espíritos se explicaram claramente sobre as causas primeiras, sobre Deus e o infinito, sobre os atributos da Divindade. Deram-nos os elementos gerais do Universo, o conhecimento do princípio das coisas, as propriedades da matéria. Disseram os mistérios da Criação, a formação dos mundos e dos seres vivos, as causas da diversidade das raças humanas. Daí ao princípio vital há apenas um passo e eles nos disseram o que era o princípio vital, o que eram a vida e a morte, a inteligência e o instinto.

Depois levantaram o véu que nos oculta o mundo espírita, isto é, o mundo dos Espíritos e nos disseram qual era a sua origem e qual a sua natureza; como se encarnavam e qual o objetivo dessa encarnação; como se efetuava a volta da vida corpórea à vida espiritual. Espíritos errantes, mundos transitórios, percepções, sensações e sofrimentos dos Espíritos, relações de além-túmulo, relações simpáticas e antipáticas dos Espíritos, volta à vida corporal, emancipação da alma, intervenção dos Espíritos no mundo corpóreo, ocupações e missões dos Espíritos, nada nos foi ocultado.

---

[1] Um filósofo ao pé do fogo.

Eu disse que os Espíritos estavam, não só fundando uma doutrina e uma filosofia, mas também uma religião. Com efeito, eles elaboraram um código do mundo moral, no qual se acham formuladas as leis cuja sabedoria me parece muito grande e, para que nada lhe falte, disseram quais seriam as penas e os prazeres futuros, o que se deveria entender pelos vocábulos *paraíso, purgatório* e *inferno.* É, como se vê, um sistema completo, e não experimento nenhum embaraço em reconhecer que se o sistema não tem a coesão poderosa de uma obra filosófica, se contradições aparecem aqui e ali, é pelo menos muito notável por sua originalidade, por seu alto alcance moral, pelas soluções imprevistas que dá às delicadas questões que em todos os tempos inquietaram ou ocuparam o espírito humano.

Sou completamente estranho à escola espírita; não conheço o seu chefe, nem os seus adeptos; jamais vi funcionar a menor mesa girante; não tenho contato com nenhum médium; não testemunhei nenhum desses fatos sobrenaturais ou maravilhosos, dos quais encontro os relatos incríveis nas publicações espíritas que me enviam. Não afirmo nem repilo absolutamente as comunicações dos Espíritos; creio *a priori* que essas comunicações são possíveis e minha razão absolutamente não se alarma por isso. Para nelas crer, não necessito da explicação que ultimamente me dá um sábio amigo, o Sr. Louis Figuier, sobre esses fatos que ele atribui à influência magnética dos médiuns."

* * *

"Nada vejo de impossível em que se estabeleçam relações entre o mundo invisível e nós. Não me pergunteis como e por quê; eu nada sei a respeito. Isso é uma questão de sentimento e não de demonstração matemática. É, pois, um sentimento que exprimo, mas um sentimento que nada tem de vago e no meu espírito e no meu coração toma formas bastante precisas."

* * *

"Se pelo movimento dos pulmões podemos tirar do espaço infinito, que nos envolve, os fluidos, os princípios vitais necessários à nossa existência, é bem evidente que estamos em relação constante e necessária com o mundo invisível. Esse mundo é povoado por Espíritos errantes como almas em pena e sempre prontas a responder ao nosso chamado? Eis o que é mais difícil de admitir, mas, também, o que seria temerário negar absolutamente.

Sem dúvida não é difícil crer que todas as criaturas de Deus não se assemelhem aos tristes habitantes do nosso planeta. Somos muito imperfeitos; somos submetidos a necessidades grosseiras, para que não seja difícil imaginar que existam seres superiores que não sofram nenhuma pena corporal; seres radiosos e luminosos, espírito e matéria como nós, mas espírito mais sutil e mais puro, matéria menos densa e menos pesada; mensageiros fluídicos, que unem entre si os Universos, sustentam, encorajam os astros e as raças diversas que os povoam, para a realização de suas tarefas.

Pela aspiração e a respiração estamos em relação com toda a hierarquia dessas criaturas, desses seres cuja existência não podemos compreender, como não podemos representar as suas formas. Assim, não é absolutamente impossível que alguns desses seres acidentalmente entrem em relação com os homens; mas o que nos parece pueril é que seja necessário o concurso material de uma mesa, uma prancheta ou um médium qualquer para que tais relações se estabeleçam.

De duas, uma: ou essas comunicações são úteis, ou são ociosas. Se são úteis, os Espíritos não devem ter necessidade de ser chamados de maneira misteriosa, de serem evocados e interrogados para ensinar aos homens o que importa saber; se são ociosas, por que a elas recorrer?”

* * *

“Não tenho qualquer repugnância em admitir essas influências, essas inspirações, essas revelações, se quiserdes. O que repilo absolutamente é que, sob pretexto de revelação, venham dizer-me: Deus falou, portanto ides submeter-vos. Deus falou pela boca de Moisés, do Cristo, de Maomé, portanto sereis judeus, cristãos, ou muçulmanos, senão incorrereis nos castigos eternos e, enquanto esperamos, iremos amaldiçoar-vos e vos torturar aqui.

Não! não! Semelhantes revelações não quero a preço algum. Acima de todas as revelações, de todas as inspirações, de todos os profetas presentes, passados e futuros, há uma suprema lei: a lei da liberdade. Com essa lei por base, admitirei, salvo discussão, tudo o que vos agradar. Suprimi essa lei e só haverá trevas e violências. Eu quero ter a liberdade de crer ou não crer e dizê-lo alto e bom som; é o meu direito e quero usá-lo. É a minha liberdade e faço questão de conservá-la. Dizeis-me que não crendo no que me ensinais, perco minha alma. É possível. Quero minha liberdade até esse limite; quero perder minha alma, se isso me apraz. Assim, quem aqui será o juiz de minha salvação ou de minha perda? Quem, então, poderá dizer: Aquele foi salvo e este perdido sem remissão? Então a misericórdia de Deus não será infinita? Será que alguém no mundo pode sondar o abismo de uma consciência?"

* * *

"É porque essa doutrina também se encontra no curioso livro do Sr. Allan Kardec, que me reconcilio com os Espíritos que ele interrogou. O laconismo de suas respostas prova que os Espíritos não têm tempo a perder; e, se de alguma coisa me admiro, é que ainda o tenham bastante para responder complacentemente ao chamado de tanta gente que perde o seu a evocá-los."

* * *

"Tudo quanto dizem de maneira mais ou menos clara, mais ou menos sumária os Espíritos, cujas respostas o Sr. Allan Kardec coligiu, foi exposto e desenvolvido com notável clareza por Michel, que se me afigura, por certo, o mais adiantado e o mais completo de todos os místicos contemporâneos. Sua revelação é, ao mesmo tempo, uma doutrina e um poema, doutrina sã e fortificante, poema brilhante. A única vantagem que encontro nas perguntas e respostas que o Sr. Allan Kardec publicou é que apresentam, sob uma forma mais acessível à grande massa dos leitores, e sobretudo das leitoras, as principais ideias, sobre as quais importa chamar-lhes a atenção. Os livros de Michel não são de leitura fácil; exigem uma tensão de espírito muito continuada. O livro de que falamos, ao contrário, pode ser uma espécie de *vade mecum:* se o tomamos, deixamos aberto em qualquer página, de súbito a curiosidade nos é despertada. As perguntas dirigidas aos Espíritos são as que nos preocupam a todos; as respostas são por vezes muito fracas; outras vezes condensam em poucas palavras a solução dos problemas mais árduos e sempre oferecem um vivo interesse ou salutares indicações. Não sei de curso de moral mais atraente, mais consolador, mais encantador que esse. Todos os grandes princípios sobre os quais se fundam as civilizações modernas ali são confirmados e, notadamente, o princípio dos princípios: a liberdade! O espírito e o coração saem dali satisfeitos e fortalecidos.

São, sobretudo, os capítulos relativos à pluralidade dos sistemas, à lei do progresso coletivo e individual que têm um atrativo e um encanto poderosos. Para mim, os Espíritos do Sr. Allan Kardec nada me ensinaram a esse respeito. Há muito eu acreditava firmemente no desenvolvimento progressivo da vida através dos mundos; que a morte é o umbral de uma existência nova, cujas provas são proporcionadas aos méritos da existência anterior. Aliás, é a velha fé gaulesa, era a doutrina druídica, e os Espíritos nisso nada inventaram; mas o que acrescentaram é uma série de deduções e de regras práticas excelentes na conduta da vida. Sob esse aspecto, como sob muitos outros, a leitura desse livro, independentemente do interesse e da curiosidade excitada por sua origem, pode ter um alto caráter de utilidade para os caracteres indecisos, para as almas pouco firmes, que flutuam nos limbos da dúvida. A dúvida! É o pior dos males! é a mais horrível das prisões, das quais se deve sair a qualquer preço. Esse livro estranho ajudará homens e mulheres a consolidar a sua vida, a quebrar os ferrolhos da prisão, precisamente porque é apresentado sob forma simples e elementar, sob a forma de um catecismo popular, que todo mundo pode ler e compreender."

* * *

Após citar algumas perguntas sobre o casamento e o divórcio, que acha um pouco pueris e não são tratadas ao seu gosto, o Sr. Jourdan assim termina:

"Apresso-me a dizer, entretanto, que todas as respostas dos Espíritos não são tão superficiais quanto as de que acabo de falar. É o conjunto desse livro que é admirável, é o assunto geral que é marcado por uma certa grandeza e por uma viva originalidade. Quer emane ou não de uma fonte extranatural, a obra é empolgante sob vários títulos e, por isso só, interessou-me vivamente e sou levado a crer que possa interessar a muita gente."

RESPOSTA

O Sr. Jourdan faz uma pergunta, ou antes, uma objeção necessariamente motivada pela insuficiência de seus conhecimentos sobre a matéria.

"Assim, não é absolutamente impossível que alguns desses seres acidentalmente entrem em relação com os homens; mas o que nos parece pueril é que seja necessário o concurso material de uma mesa, uma prancheta ou um médium qualquer para que tais relações se estabeleçam.

"De duas, uma: ou essas comunicações são úteis, ou são ociosas. Se são úteis, os Espíritos não devem ter necessidade de ser chamados de maneira misteriosa, de ser evocados e interrogados para ensinar aos homens o que importa saber; se são ociosas, por que a elas recorrer?"

No seu *Filósofo ao pé do fogo,* acrescenta a respeito: "Eis um dilema do qual a escola *Espírita* terá dificuldade para sair".

Não. Certamente não terá dificuldade para sair, porque de há muito o tinha proposto e, de há muito, também, o tinha resolvido, e se não o foi pelo Sr. Jourdan é que ele não conhece tudo. Ora, cremos que se ele tivesse lido *O Livro dos Médiuns,* que trata da parte prática e experimental do Espiritismo, teria sabido o que pensar sobre o assunto.

Sim, sem dúvida seria pueril e o vocábulo empregado por conveniência pelo Sr. Jourdan seria muito fraco; dizemos que seria ridículo, absurdo e inadmissível que, para relações tão sérias quanto as do mundo visível com o invisível, os Espíritos necessitassem, para nos transmitir seus ensinos, de um utensílio tão vulgar quanto uma mesa, uma cesta ou uma prancheta, porque daí seguir-se-ia que quem estivesse privado de tais acessórios também estaria privado de suas lições. Não; não é assim. Os Espíritos são apenas as almas dos homens, despojadas do grosseiro envoltório do corpo, e há Espíritos desde que houve homens no Universo – não dizemos na Terra –. Esses Espíritos constituem o mundo invisível que enche os espaços, que nos cerca, em meio ao qual vivemos sem o suspeitar, como vivemos, sem o perceber, em meio ao mundo microscópico. Em todos os tempos esses Espíritos exerceram sua influência sobre o mundo visível; em todos os tempos os bons e os sábios ajudaram o gênio por inspirações, ao passo que outros se limitam a nos guiar nos atos ordinários da vida; mas essas inspirações, que ocorrem pela transmissão de pensamento a pensamento, são ocultas e não podem deixar qualquer traço material. Se o Espírito quiser manifestar-se ostensivamente, é preciso que aja sobre a matéria; se quer que o seu ensino, ao invés de ter o vago e incerto do pensamento, tenha precisão e estabilidade, precisa de sinais materiais e para tanto – deixem passar a expressão – serve-se de tudo quanto lhe cai às mãos, desde que nas condições apropriadas à sua natureza. Serve-se de uma pena ou um lápis, se quiser escrever, de um objeto qualquer, mesa ou caçarola, se quiser bater, sem que por isso seja humilhado. Há algo mais vulgar que uma pena de ganso? Não é com isto que os maiores gênios legam as suas obras-primas à posteridade? Tirai-lhes todo meio de escrever; que fazem? Pensam; mas seus pensamentos se perdem, se ninguém os recolher. Suponde um literato aleijado: como se arranja? Tem um secretário que apanha o seu ditado. Ora, como os Espíritos não podem sustentar a pena sem intermediário, fazem-na sustentar por alguém que se chama *um médium,* que inspiram e dirigem. Por vezes esse médium age com conhecimento de causa: é um médium propriamente dito; outras vezes age de maneira inconsciente da causa que o solicita: é o caso de todos os homens inspirados, que assim são médiuns sem o saber. Vê-se, pois, que a questão das mesas e pranchetas é inteiramente acessória e não a principal, como creem os que não estão bem informados. Elas foram o prelúdio dos grandes e poderosos meios de comunicação, como o alfabeto é o prelúdio da leitura corrente.

A segunda parte do dilema não é menos fácil de resolver. Diz o Sr. Jourdan: "Se essas comunicações são úteis, os Espíritos não devem ter necessidade de ser chamados de maneira misteriosa, de ser evocados, etc."

Digamos de início que não nos cabe regular o que se passa no mundo dos Espíritos; não podemos dizer: As coisas devem ou não devem ser desta ou daquela maneira, pois seria querer reger a obra de Deus. Os Espíritos querem mesmo nos iniciar *em parte* ao seu mundo, porque esse mundo talvez seja nosso amanhã. Cabe-nos tomá-lo tal qual é e, se não nos convier, não será nem mais nem menos, porque Deus não o mudará para nós.

Assim posto, apressemo-nos a dizer que jamais há evocação misteriosa ou cabalística: tudo se faz simplesmente, em plena luz e sem fórmula obrigatória. Os que julgarem tais coisas necessárias ignoram os primeiros elementos da Ciência Espírita.

Em segundo lugar, se as comunicações espíritas só existissem em consequência de uma evocação, seguir-se-ia que elas seriam um privilégio dos que sabem evocar, e que a imensa maioria dos que jamais disso ouviram falar ter-se-iam privado dos mesmos. Ora, isso estaria em contradição com o que dissemos há pouco das comunicações ocultas e espontâneas. Estas são para todo mundo, para o pequeno como para o grande, o rico como o pobre, o ignorante como o sábio. Os Espíritos que nos protegem, os parentes e amigos que perdemos não necessitam de ser chamados: estão juntos de nós e, embora invisíveis, nos cercam com sua solicitude; só o nosso pensamento basta para os atrair, provando-lhes a nossa afeição, porque, se não pensarmos neles, é muito natural que não pensem em nós.

Perguntareis, então, que adianta evocá-los? Ei-lo. Suponde que estejais na rua, cercado por uma multidão compacta, que fala e zumbe aos vossos ouvidos; mas nesse número percebeis ao longe um conhecido a quem quereis falar em particular. Que fazeis, se não puderdes chegar a ele? Chamais e ele vem a vós. Dá-se o mesmo com os Espíritos. Ao lado dos que estimamos e que talvez nem sempre estejam lá, existe a multidão de indiferentes. Se quiserdes falar a um determinado Espírito, como não podeis ir a ele, retido que estais pela grilheta corporal, vós o chamais, e eis todo o mistério da evocação, que não tem outro fim senão vos dirigir a quem quiserdes, ao invés de escutar qualquer que se apresente. Nas comunicações ocultas e espontâneas, de que falamos antes, os Espíritos que nos assistem nos são desconhecidos; fazem-no malgrado nosso; por meio das manifestações materiais, escritas ou outras, eles revelam a sua presença de maneira patente e podem dar-se a conhecer, caso o queiram: é um meio de saber com quem se trata e se temos em nosso redor amigos ou inimigos. Os inimigos não faltam no mundo dos Espíritos, como entre os homens. Lá, como cá, os mais perigosos são os que não conhecemos. O Espiritismo prático dá-nos os meios de conhecê-los.

Em resumo, quem não conhece o Espiritismo senão pelas mesas girantes faz dele uma ideia tão mesquinha e tão pueril quanto aquele que só conhecesse a Física por certos brinquedos infantis. Mas, quanto mais se avança, mais se alarga o horizonte e só então é que se compreende o seu verdadeiro alcance, porque ele nos desvenda uma das forças mais poderosas da Natureza, força que, ao mesmo tempo, age sobre o mundo moral e o mundo físico. Ninguém contesta a reação que sobre nós exerce o meio material, visível ou invisível, no qual estamos mergulhados; se estamos numa multidão, essa multidão de seres reage também sobre nós, moral e fisicamente. Com a morte, as nossas almas vão para algum lugar no espaço. Onde vão? Como não há para elas nenhum lugar fechado e circunscrito, o Espiritismo diz e prova pelos fatos que esse algum lugar é o espaço; elas formam em torno de nós uma população inumerável. Ora, como admitir que esse meio inteligente tenha menos ação que o meio ininteligente? Aí está a chave de um grande número de fatos incompreendidos, que o homem interpreta conforme os seus preconceitos e que explora ao sabor de suas paixões. Quando essas coisas forem compreendidas por todos, desaparecerão os preconceitos e o progresso poderá seguir sua marcha sem entraves.

O Espiritismo é uma luz que aclara os mais tenebrosos refolhos da sociedade; é, pois, muito natural que os que temem a luz, busquem extingui-la. Mas, quando a luz tiver tudo penetrado, será preciso que os que buscam a escuridão se decidam a viver em plena luz. Então veremos cair muitas máscaras. Todo homem que realmente quer o progresso não pode ficar indiferente a uma das causas que mais devem contribuir para ele e que prepara uma das maiores revoluções morais até agora sofridas pela Humanidade. Como se vê, estamos bem longe das mesas girantes: é que há também a mesma distância desse modesto começo até suas consequências, que houve da maçã de Newton para a gravitação universal.

APRECIAÇÃO DA HISTÓRIA DO MARAVILHOSO

DO SR. LOUIS FIGUIER, PELO SR. ESCANDE, REDATOR DA *MODE NOUVELLE*

Nos artigos que publicamos sobre essa obra procuramos principalmente o ponto de partida do autor, o que não nos foi difícil, pois citando as suas próprias palavras provamos que se baseia em ideias materialistas. Sendo falsa a base, pelo menos do ponto de vista da imensa maioria dos homens, as consequências que dela tirou contra os fatos que qualifica de maravilhosos, são, por isso mesmo, eivadas de erro. Isto não impediu que alguns de seus confrades da imprensa lhe exaltassem o mérito, a profundidade e a sagacidade da obra. Contudo, nem todos são dessa opinião. A respeito, encontramos na *Mode Nouvelle*[1], jornal mais sério que o seu título, um artigo tão notável pelo estilo quanto pela justeza das apreciações. Sua extensão não nos permite citá-lo por inteiro; aliás, o autor promete outros, porque nesse apenas se ocupa do primeiro volume. Os leitores serão gratos por lhes darmos alguns fragmentos.

I

"Este livro tem grandes pretensões, mas não justifica nenhuma. Ele queria passar por erudito, afeta a ciência, exibe um aparente luxo de pesquisas, e sua erudição é superficial, sua ciência incompleta, suas pesquisas prematuras e mal digeridas. O Sr. Louis Figuier deu-se à especialidade de recolher, um a um, os mil pequenos fatos que pululam, dia a dia, em torno das academias, como essas longas filas de cogumelos que nascem da noite para o dia sobre as camadas criptogamíferas e em seguida com eles organiza livros que fazem concorrência à *Cozinheira Burguesa* e aos tratados do *Bom Homem Ricardo.* Acostumadíssimo a esse trabalho de composições fáceis – inferiores ao trabalho de compilação desse bom Padre Trublet, do qual Voltaire zombou espirituosamente – e que forçosamente lhe deixa lazeres, e disse a si mesmo que não seria mais difícil explorar a paixão do sobrenatural, que, mais que nunca, torna as imaginações febris, do que utilizar as palestras quase sempre ociosas da segunda classe do Instituto. Habituado a redigir revistas científicas repetindo o que é dos outros, com os resumos de relatórios, que por sua vez resume, com as teses e memórias que analisa; hábil em reunir mais tarde em volumes, esses resumos de resumos, põe-se à obra. E, fiel ao seu passado, compulsou às pressas todos os tratados sobre a matéria, que lhe caíram às mãos, esmigalhou-os, depois reamassou essas migalhas à sua maneira, com elas compondo um livro, depois do que não duvidamos que tenha exclamado com Horácio: *Exegi monumentum.* Eu também elevei um monumento, que será mais duradouro que o bronze!"

---

[1] Escritório, rua Sainte-Anne, 63 n.º 22 de fevereiro de 1861. Preço, 1 fr.

E ele teria razão para sentir-se orgulhoso de seus trapos, se a qualidade fosse medida pela quantidade. Com efeito, eles não formam menos que quatro grossos volumes, essa história do maravilhoso e só contém a história do maravilhoso nos tempos modernos, desde 1630 até os nossos dias; apenas dois séculos, o que suporia ao menos um pouco mais do dobro que as volumosas enciclopédias, se contivesse a história do maravilhoso em todos os tempos e em todos os povos! Assim, quando se pensa que esse fragmento de monografia de tão vasta extensão não lhe custou senão alguns meses de trabalho, somos tentado a crer que um parto, ao mesmo tempo tão grande e tão apressado, é mais maravilhoso que as maravilhas que encerra. Mas essa fecundidade deixa de ser um prodígio quando se estuda de perto o processo de composição de que fez uso e, na verdade, lhe é tão familiar que não era possível esperar que empregasse outro. Ao invés de condensar os fatos, de os expor sumariamente, de negligenciar detalhes inúteis, de ater-se, sobretudo, a pôr em relevo as circunstâncias características, e em seguida discuti-los, ocupou-se apenas em escrever um folhetim mais longo que os que semanalmente escreve na *Presse.* Armado de uma tesoura, cortou das obras anteriores à sua o que favorecia as ideias preconcebidas que desejava fazer triunfar, afastando o que poderia contrariar a opinião que *a priori* havia formado sobre esse importante assunto, sobretudo o que poderia contrariar a explicação natural que se propunha dar das manifestações qualificadas como sobrenaturais pelo que os livres pensadores são unânimes em chamar de credulidade pública. Porque é ainda uma das pretensões de seu livro – e esta não é melhor justificada que as outras – dar uma solução física ou médica nova, achada por ele, solução triunfante, inatacável, dora em diante ao abrigo das objeções dos homens bastante simples para crer que Deus é mais poderoso que os nossos sábios. Ele o repete em cem passagens de sua obra, para que ninguém o ignore e com a esperança de que acabarão por crê-lo, embora se limite a repetir o que, a respeito, antes dele disseram todos aqueles, físicos ou médicos, filósofos ou químicos, que têm mais horror ao sobrenatural do que Pascal tinha ao vácuo.

Daí resulta que essa história do maravilhoso carece, ao mesmo tempo, de autoridade e de proporções. Do ponto de vista dogmático não ultrapassa as negações dos negadores anteriores; não adiciona nenhum argumento aos já desenvolvidos, e, nessa questão, como em todas as outras, não compreendemos a utilidade dos ecos. Há mais: atormentado pelo desejo de parecer fazer melhor que Calmeil, Esquiros, Montègre, Hecquet e tantos outros que o precederam e serão sempre mestres, o Sr. Louis Figuier por vezes se perde no labirinto confuso das demonstrações que lhes toma de empréstimo, querendo delas apropriar-se, e por vezes acaba rivalizando na lógica com o Sr. Babinet. Quanto aos fatos, acumulou-os em enorme quantidade, embora um pouco ao acaso, truncando uns, afastando outros, preocupado em reproduzir de preferência os que pudessem oferecer uma certa atração na leitura; prova de que visou, principalmente, o sucesso fácil, a lutar com os romancistas do dia, e somos tentados a perguntar como ele não induziu o editor a incluir a sua obra na divertida *Biblioteca das Estradas de Ferro,* a fim de que fosse mais diretamente dirigida a essa multidão que lê para se distrair e não para instruir-se.

E seu livro é divertido – não o contestamos – se basta a um livro, para ter esse mérito, parecer uma coleção de historietas visando ao pitoresco, sem muita preocupação com a verdade; o que não o impede de se gabar a todo propósito e sem propósito algum, de sua imparcialidade, de sua veracidade: – uma pretensão a mais, a acrescentar a todas as que indicamos e na qual se envolve com tanto mais afetação quanto não se dissimula se ela lhe falta. – Tal qual é, não poderíamos compará-lo melhor do que a esses restaurantes para todos pródigos de comestíveis, que não têm de sedutores senão a aparência, e que servem aos consumidores um pouco sem observância de cardápio. Mais superficial que profundo, ali o importante é sacrificado ao fútil, o principal ao acessório, o lado dogmático ao lado episódico. As lacunas, aliás, são tão abundantes quanto as coisas inúteis e, para que nada falte, está cheio de contradições, afirmando aqui o que nega adiante, tanto que seríamos tentado a crer que, nisto, diferente do célebre Pico de la Mirândola – capaz de dissertar *de omni re scibili* * – o Sr. Louis Foguier empreendeu ensinar aos outros o que ele próprio não sabia."

II

"Poderíamos limitar aqui o exame dessa história do maravilhoso

* No original lê-se *omni re simili,* visível erro tipográfico, pois a expressão significa: *sobre todas as coisas que se podem saber.* (N. do T.)

se não tivéssemos que justificar essas severas mas justas apreciações. E, para começar, é preciso acrescentar que aquele que a escreveu não acredita na possibilidade do sobrenatural? Não o cremos. Em sua qualidade de acadêmico extranumerário – um extranumerariato que provavelmente não terminará com a sua vida; – em virtude dos poderes que lhe confere o seu título de folhetinista científico, ele não podia sustentar outra tese, sem se expor a ser posto no index pelo exército de incrédulos, dos quais ele se julga susceptível de fazer parte. Ele também não crê e, a respeito, sua incredulidade está acima de suspeitas. Ele é do número 'desses espíritos sábios que, testemunhas do desbordamento imprevisto do maravilhoso contemporâneo, não podem compreender um tal engano em pleno século XIX, com uma filosofia adiantada e em meio a esse magnífico movimento científico, que dirige tudo hoje para o positivo e para o útil'. – Reconhecemos que deve ser penoso para 'esses espíritos sábios' ver que o espírito público assim se recusa a despojar-se de seus velhos preconceitos e persiste em ter crenças diversas das do positivismo filosófico que, entretanto, são as de todos os animais. Aliás, esse dissabor não data apenas dos nossos dias. O Sr. Louis Figuier o confessa, não sem despeito, quando pergunta, em termos aturdidos, como é possível que o maravilhoso tenha resistido ao século XVIII, 'o século de Voltaire e da Enciclopédia', enquanto 'os olhos se abriam para as luzes do bom-senso e da razão'. Que fazer, então? Tão vivaz é esta crença no maravilhoso, consagrada por todas as religiões, que foi a de todos os tempos, de todos os povos, sob todas as latitudes e em todos os continentes, que os livre-pensadores, satisfeitos por tê-la agitado por si e para si mesmos, fariam muito bem em abster-se, de agora em diante, de um proselitismo cujo sucesso sabem inevitável.

Mas o Sr. Louis Figuier não é desses corações pusilânimes, que se apavoram com o avanço da inutilidade de seus esforços. Cheio de confiança e de suficiência em sua força, vangloria-se de realizar o que Voltaire, Diderot, Lamétrie, Dupuis, Volney, Dulaure, Pigault-Lebrun, o que Dulaurens com o seu *Compère Mathieu,* o que os químicos com seus alambiques, os físicos com suas pilhas elétricas, os astrônomos com seus compassos, os panteístas com seus sofismas, o trocista malévolo com seu ceticismo de mau gosto, foram impotentes para realizar. Ele se propôs demonstrar de novo e triunfalmente, desta vez, que 'o sobrenatural não existe e jamais existiu' e, por consequência, que 'os prodígios antigos e contemporâneos podem todos ser atribuídos a uma causa natural'. A tarefa é árdua; até aqui os mais intrépidos nela sucumbiram. Mas 'semelhante conclusão, que necessariamente afastaria todo agente sobrenatural, seria uma vitória da Ciência sobre o espírito de superstição, para grande benefício da razão e da dignidade humanas', vitória mais fácil do que pensamos, se o Sr. Louis Figuier não se tiver equivocado quando diz, em sua introdução, que 'nosso século inquieta-se muito pouco com as matérias teológicas e disputas religiosas'. Então para que partir em guerra contra uma crença que não existe? Para que atacar as opiniões de uma Teologia com que ninguém se ocupa? Para que dar atenção a superstições religiosas que não mais nos preocupam? 'Vitória sem perigo é triunfo sem glória', diz o poeta e não convém tocar muito alto a trombeta guerreira, se não se tem que combater senão moinhos de vento. Que quereis? O Sr. Louis Figuier tinha esquecido, ao escrever isto, o que tinha escrito acima, quando confessava, com a vergonha no rosto, que o nosso século, surdo às lições da Enciclopédia e aos ensinos da imprensa irreligiosa, se tinha subitamente empolgado pelo maravilhoso e, mais que os seus antepassados, acreditava no sobrenatural, aberração incompreensível, da qual queria curá-lo. Mas essa contradição é tão pequena que talvez não valesse a pena ser destacada: veremos muitas outras e ainda seremos obrigados a desprezar muitas!

Assim, o Sr. Louis Figuier nega que se produzam em nossos dias, e que se tenham produzido em qualquer tempo, manifestações sobrenaturais. No caso de milagres, só a Ciência os pode fazer: o poder de Deus jamais foi até aí. Ainda quando digamos que Deus não tem tal poder, temos uma espécie de escrúpulo de traduzir incompletamente o seu pensamento. Reconhece ele um outro deus senão o deus Natureza, tão admirável na sua inteligência cega, e que realiza maravilhas sem o suspeitar, deus querido dos sábios, porque é bastante complacente para lhes deixar crer que usurpem diariamente uma fatia de sua soberania? É uma questão que não nos permitimos aprofundar.

Mediocremente maravilhosa, essa história do maravilhoso começa por uma introdução que o Sr. Louis Figuier chama um golpe de vista rápido ao sobrenatural na Antiguidade e na Idade Média, da qual nada diremos, teríamos que dizer demais. As mais importantes manifestações aí são desfiguradas, sob pretexto de resumo, e compreende-se que seria preciso muito tempo e espaço para restituir a verdadeira fisionomia aos milhares de fatos que ali só figuram de maneira resumida.

O edifício é digno do peristilo. Essa história do maravilhoso durante os dois últimos séculos, abre-se para o relato do assunto de Urbain Grandier e das religiosas de Loudun; vêm a seguir a varinha mágica, os Tremedores das Cévennes, os Convulsionários Jansenistas, Cagliostro, o magnetismo e as mesas girantes. Mas da possessão de Louviers nem uma palavra, e também nem uma palavra sobre os iluminados, os martinistas, o swedenborgismo, os estigmatizados do Tirol, a notável manifestação das crianças na Suécia, há menos de cinquenta anos; disse apenas uma palavra sobre os exorcismos do Padre Gassner e menos de uma página insignificante é consagrada à vidente de Prevorst.

O Sr. Louis Figuier teria feito melhor se tivesse intitulado seu livro: Episódios da História do Maravilhoso nos Tempos Modernos. Ainda os episódios que escolheu podem dar lugar a sérias objeções. Ninguém jamais atribuiu às mágicas de Cagliostro uma significação sobrenatural. Era um hábil intrigante, que possuía alguns curiosos segredos, dos quais soube servir-se para fascinar aqueles que queria explorar e que, sobretudo, possuía numerosos comparsas. Cagliostro merecia antes um lugar na galeria dos precursores revolucionários que no pandemônio dos feiticeiros. Igualmente não vemos o que o magnetismo tenha a fazer nessa história do maravilhoso, sobretudo do ponto de vista em que o Sr. Louis Figuier se colocou. O magnetismo ressalta da Academia de Medicina e da Academia das Ciências, que o desdenharam muito; mas não pode interessar o supernaturalismo senão por ocasião de algumas de suas manifestações, aliás negligenciadas pelo Sr. Louis Figuier, a fim de reservar o espaço que consagrou ao relato da vida de Mesmer, das experiências do Marquês de Puységur e do incidente relativo ao famoso relatório do Sr. Husson. Há dois anos tratamos dessa importante questão e a ela não voltaremos, pois apenas nos repetiríamos. Também deixaremos de lado a das mesas girantes, que examinamos na mesma época. Contudo, muito haveria a dizer sobre a explicação natural e física que o Sr. Louis Figuier pretende dar dessa dança das mesas e das manifestações que se lhe seguem. Mas é preciso saber limitar-se. Deixemo-lo, pois, debater-se com a *Revista Espiritualista* e a *Revista*

Espírita, duas revistas publicadas em Paris pelos adeptos da crença na manifestação dos Espíritos, que o acusam de ter escrito o seu requisitório sem haver previamente ouvido as testemunhas e consultado as peças do processo. Uma e outra pretendem que ele jamais assistiu a uma única sessão espiritualista e que, à sua chegada, teve o cuidado de declarar que sua opinião estava formada e nada o faria mudá-la.

É verdade? Não sabemos. Tudo quanto podemos afirmar é que, depois de ter repelido, com justa razão, a solução do Sr. Babinet, pelos *movimentos nascentes e inconscientes,* acabou adotando-a por conta própria, tanto é ele inconsciente do que pensa e escreve. E eis a prova. Diz ele: 'Nessas reuniões de pessoas fixamente ligadas, durante vinte minutos ou meia hora, a formar a corrente, mãos abertas sobre a mesa, sem ter liberdade de, por um instante distrair a atenção da operação em que tomam parte, o maior número não experimenta qualquer efeito particular. Mas é muito difícil que uma delas, uma só que se queira, por momentos não caia no estado hipnótico ou biológico. (O hipnotismo lhe dá resposta a tudo, como veremos mais tarde). Não é preciso que esse estado dure mais que um segundo para que se realize o fenômeno esperado. O membro da corrente, caído nesse meio-sono nervoso, *não mais tendo consciência de seus atos,* malgrado seu imprime o movimento ao móvel.' Por que não começaria a troçar de si mesmo, desde que gostava de troçar do Sr. Babinet? Teria sido lógico, sobretudo depois de haver anunciado que vinha esclarecer o mistério, e do momento que não colocava em sua lanterna uma luzinha tão ridícula senão quanto a que antes havia aceso o sábio acadêmico. Mas a lógica e o Sr. Louis Figuier divorciaram-se nessa história do maravilhoso. Ah! em vão os ecos pretenderam que eles vão falar, mas seus esforços só conseguem repetir o que ouvem.

Quanto aos longos capítulos consagrados à varinha mágica e, em particular, a Jacques Aymar, inicialmente nos permitimos lhe observar que se equivoca se pensa que o problema foi estudado suficientemente pelo Sr. Chevreul. É uma ilusão que pode deixar, se bem lhe parecer, àquele sábio. Mas fora da Academia das Ciências não encontrará ninguém que admita que a teoria do pêndulo explorador responda a todas as suas objeções. A frase atribuída a Galileu: 'E, contudo, ela gira!' não deixa de ter uma aplicação à varinha mágica. Ela girou e gira, a despeito dos céticos que negam o movimento, porque se recusam a ver; os milhares de exemplos que podemos citar – e que cita o próprio Sr. Louis Figuier – atestam a realidade do fenômeno. Gira por um impulso diabólico ou espírita, como se diria hoje, ou sob a impressão que recebe de alguns eflúvios desconhecidos? De boa vontade repelimos qualquer influência sobrenatural, embora ela possa ser admitida em certos casos. O que não nos parece provada é a não-existência de fluidos desconhecidos. Entre outros, conta o fluido magnético numerosos partidários, cujas afirmações merecem tanta autoridade quanto as negações de seus adversários. Seja como for, a varinha mágica realizou maravilhas que podem nada ter de sobrenatural, mas que a Ciência é incapaz de explicar, ela que, aliás, muito pouco explica de todas as que vemos produzir-se diariamente em redor de nós, na vida da menor folha de erva. A modéstia é uma virtude que lhe falta e que ele faria bem em adquirir.

Entre outras maravilhas, as que realizava Jacques Aymar, do qual falamos tanto, mereciam ser relatadas minuciosamente. Um dia, entre outros, ele foi chamado a Lião, no dia seguinte a um grande crime cometido naquela cidade. Armado de sua varinha explorou o porão que tinha sido o teatro do crime, declarando que os assassinos eram três; depois começou a seguir os seus traços, que o conduziram a um jardineiro, cuja casa estava situada à margem do Ródano e afirmou que ali haviam entrado e que tinham tomado uma garrafa de vinho. O jardineiro protestou, negando; mas seus filhos pequenos, interrogados, confessaram que três indivíduos tinham vindo, na ausência do pai e lhes haviam vendido vinho. Então Aymar retomou o caminho, sempre conduzido pela varinha, descobriu onde tinha embarcado no Ródano, entra numa canoa, desce em todos os lugares onde eles desceram e vai ao campo de Sablon, entre Vienne e Saint Vaílier, acha que ali demoraram alguns dias, continua a sua perseguição e, de etapa em etapa, chega até Beaucaire, em plena feira, percorre as suas ruas cheias de gente e para diante da porta da prisão, onde entra e aponta um pequeno corcunda como um dos assassinos. Suas investigações lhe indicaram a seguir que os outros dois tinham seguido para os lados de Nimes. Mas as autoridades policiais não quiseram prosseguir as pesquisas. Conduzido a Lião, o corcunda confessou supliciado na roda.

Eis a proeza de Jacques Aymar e proezas tão surpreendentes são numerosas em sua vida. O Sr. Louis Figuier o admite em todas as circunstâncias. Aliás, não podia fazer de outro modo, desde que é atestado por centenas de testemunhas, de cuja veracidade não se pode duvidar 'por três relatos e várias cartas concordantes, escritas pelas testemunhas e pelos magistrados, homens igualmente honrados e desinteressados e que ninguém, no público contemporâneo, suspeitou de uma combinação realmente impossível entre eles'. Mas como aqui não cabia uma explicação física, ele se viu obrigado a renunciar ao processo ordinário, lançou-se num labirinto de suposições mais engenhosas que verossímeis. Transforma Jacques Aymar num agente de polícia, de uma perspicácia a deixar longe a do Sr. de Sartines, por mais célebre que seja. Junto a ele nossos chefes de polícia da 'Sureté' não passariam de escolares. Ele supõe assim que esse manejador da varinha, durante três ou quatro horas passadas em Lião, antes de começar suas experiências, teve tempo de tomar informações e descobrir o que as autoridades judiciárias ignoravam. Foi à casa do jardineiro porque era de presumir que os assassinos tivessem embarcado no Ródano, a fim de se afastarem mais depressa; adivinhou que tinham bebido vinho, pois deviam ter sede; abordou a margem do rio em toda parte onde se soube que eles realmente tinham abordado, porque esses lugares de abordagem eram conhecidos; parou no campo de Sablon, pois era evidente que queriam ver o espetáculo da reunião de tropas; foi a Beaucaire pois era certo que o desejo de dar um bom golpe ali os conduziria; parou, enfim, à porta da prisão porque era provável que um entre eles tivesse tido a pouca sorte de ser preso. 'Eis por que vossa filha é muda!' diz Sganarello; e o Sr. Louis Figuier não diz melhor, nem diferente. Sobretudo crê triunfar porque Jacques Aymar, tendo sido mais tarde chamado a Paris, pelos rumores de sua fama, aí viu sua perspicácia sofrer reais fracassos, ao lado de alguns triunfos reais também. Mas por esses eclipses, que lhe valeram certo desfavor, menos que qualquer outro, o Sr. Louis Figuier lhe devia censurar; menos que qualquer outro, ele poderia disso se valer para o declarar um impostor, ele que, melhor que ninguém, ele que reconhece, a propósito do magnetismo, que certas espécies de experiências são caprichosas, e dão resultado num dia, mas falham no outro. A essa inconsequência, finalmente, ele junta outra, menos desculpável. Não contente de acusar Jacques Aymar de charlatanismo, pronuncia a mesma condenação contra quase todos os manejadores da varinha, cujos gestos e feitos repete, e na discussão diz: 'Entre os numerosos adeptos práticos, só um pequeno número era de má fé; ainda não o eram sempre; o maior número operava com inteira sinceridade. Positivamente a varinha girava em suas mãos, independente de qualquer artifício, e o fenômeno, como fato, era mesmo real.' Bem, muito bem, nada melhor; aí está a verdade. Mas como e por que girava? Impossível escapar a essa interrogação indiscreta. Ora, o Sr. Louis Figuier assim responde: 'Esse movimento da varinha era operado em virtude de um ato de seu pensamento e sem que eles tivessem a menor consciência dessa ação secreta de sua vontade.' Sempre essa inconsciência mais maravilhosa que o maravilhoso que repelem. Acredite quem quiser."

Escande

O MAR

PELO SR. MICHELET

O Sr. Michelet tem que se pôr em guarda, pois todos os deuses marinhos da Antiguidade se aprestam para lhe pregar uma partida. É o que nos ensina o Sr. Taxile Delord, num espirituoso artigo publicado pelo *Siècle* de 4 de fevereiro último. Sua linguagem é digna do *Orfeu nos Infernos* dos Bufos-Parisienses, como testemunha esta amostra: Netuno, aparecendo de repente à porta da morada de Anfitrite, onde se haviam reunido os descontentes, exclama: "Eis o Netuno chamado. Não me esperáveis agora, cara Anfitrite; é a hora de minha sesta; mas não há meio de fechar os olhos, desde o aparecimento deste diabo de livro intitulado *O Mar.* Quis percorrê-lo, mas está cheio de bagatelas; não sei de que mares nos quer falar o Sr. Michelet. Por mim, é impossível reconhecer-me nele. Todo mundo sabe muito bem que o mar termina nas colunas de Hércules. Que é o que pode haver além?.. etc."

Desnecessário dizer que o Sr. Michelet triunfa em toda a linha. Ora, após a dispersão de seus inimigos, o Sr. Taxile Delord lhe diz: "Talvez vos sintais à vontade ao saber em que se tornaram os deuses marinhos, desde que o mar os expulsou de seu império. Netuno faz a piscicultura em larga escala; Glaucus é professor de natação nos banhos de Ournier; Anfitrite é tesoureira nos banhos do Mediterrâneo em Marselha; Nereu aceitou um lugar de cozinheiro nos navios transatlânticos; vários tritões morreram e outros se exibem nas feiras."

Não garantimos a exatidão das informações dadas pelo Sr. Delord sobre a situação atual dos heróis olímpicos; mas, como princípio, sem o querer, ele disse algo de mais sério do que tencionava dizer.

Entre os Antigos o vocábulo *deus* tinha um significado muito elástico. Era uma qualificação genérica, aplicada a todo ser que lhes parecia elevar-se acima do nível da humanidade. Por isso divinizaram seus grandes homens. Não os acharíamos tão ridículos se não nos tivéssemos servido do mesmo vocábulo para designar o ser único, soberano senhor do Universo. Os Espíritos, que existiam então como hoje, lá se manifestavam igualmente, e esses seres misteriosos também deviam, conforme as ideias da época, e ainda a melhor título, pertencer à classe dos deuses. Os povos ignorantes, olhando-os como seres superiores, lhes rendiam culto; os poetas os cantaram e semearam a sua História de profundas verdades filosóficas, ocultas sob o véu de engenhosas alegorias, cujo conjunto formou a mitologia pagã. O vulgo que, em geral, só vê a superfície das coisas, tomou isto ao pé da letra sem rebuscar o fundo do pensamento, absolutamente como quem, em nossos dias, não visse nas fábulas de La Fontaine senão conversa de animais.

Tal é, em substância, o princípio da Mitologia. Os deuses não eram, pois, senão os Espíritos ou almas de simples mortais, como os dos nossos dias. Mas as paixões que a religião pagã lhes emprestava não dão uma ideia brilhante de sua elevação na hierarquia espírita, a começar por seu chefe, Júpiter, o que não os impedia de saborear o incenso que queimavam em seus altares.

O Cristianismo os despojou de seu prestígio e o Espiritismo, hoje, os reduziu ao seu justo valor. Sua própria inferioridade pôde submetêlos a várias reencarnações na Terra. Poder-se-ia, pois, entre os nossos contemporâneos encontrar alguns Espíritos que outrora receberam as honras divinas, e que, nem por isso, seriam mais adiantados. O Sr. Taxile Delord, que sem dúvida não o crê, por certo não quis senão troçar; mas, malgrado seu, não deixou de dizer uma coisa talvez mais verdadeira do que pensava ou, pelo menos, que não é materialmente impossível, como princípio. Assim, à imitação do Sr. Jourdain, muitas pessoas fazem Espiritismo sem o saber.

PALESTRAS FAMILIARES DE ALÉM-TÚMULO

ALFRED LEROY, SUICIDA

(SOCIEDADE ESPÍRITA DE PARIS, 8 DE MARÇO DE 1861)

Le Siècle de 2 de março de 1861, relata o seguinte:

"Num terreno baldio, no ângulo do caminho dito da Arcada, que conduz de Conflans a Charenton, operários em trabalho, ontem pela manhã, encontraram enforcado num pinheiro muito alto um indivíduo que se suicidara.

Avisado, o comissário de polícia de Charenton foi ao local, acompanhado pelo doutor Josias e procedeu aos exames.

Diz o *Droit* que o suicida era um homem de uns cinquenta anos, de fisionomia distinta, vestido decentemente. De um dos bolsos retiraram um bilhete a lápis, assim redigido: "Onze e três quartos da noite; subo ao suplício. Deus me perdoará os meus erros."

O bolso continha ainda uma carta sem endereço e sem assinatura, cujo conteúdo é o seguinte:

"Sim, lutei até o último extremo! Promessas, garantias tudo me............ Eu podia chegar; tinha tudo a crer, tudo a esperar; uma falta de palavra me mata; não posso mais lutar. Abandono esta existência, desde algum tempo tão dolorosa. Cheio de força e de energia, sou obrigado a recorrer ao suicídio. Tomo Deus por testemunha, eu tinha o maior desejo de me desobrigar para com os que me haviam ajudado no infortúnio; a fatalidade me esmaga: tudo se ergue contra mim. Abandonado subitamente por aqueles que representei, sofro a minha sorte. Morro sem fel, confesso-o; mas, por mais que digam, a calúnia não impedirá que nos últimos momentos eu não tenha por mim nobres simpatias. Insultar o homem que se reduziu à última das resoluções seria uma infâmia. É bastante tê-lo reduzido a isto. A vergonha não será toda minha: o egoísmo ter-me-á morto."

Conforme outros papéis, o suicida era um senhor Alfred Leroy, de cinquenta anos, originário de Vimoutiers, Orne. A profissão e o domicílio são desconhecidos e, após as formalidades de praxe, o corpo, que ninguém reclamou, foi para o necrotério.

1. *(Evocação).* R – Não venho como supliciado. Estou salvo. Alfred.

Observação: As palavras "estou salvo" admiraram a maioria dos assistentes. A explicação foi pedida a seguir, na conversa.

2. – Soubemos pelos jornais do ato de desespero pelo qual sucumbistes e, embora não vos conheçamos, vos lamentamos, porque a religião manda apiedar-nos da sorte de todos os nossos irmãos infelizes, e é para vos testemunhar simpatia que vos chamamos. R – Devo calar os motivos que me impeliram a esse ato de desespero. Agradeço o que fazeis por mim; é uma felicidade, uma esperança a mais. Obrigado!

3. – Podeis dizer, primeiro, se tendes consciência de vossa situação atual? R – Perfeita. Sou relativamente feliz. Não me suicidei por causas puramente materiais; crede que havia mais, e minhas últimas palavras o demonstraram. Foi um pulso de ferro que me pegou. Quando encarnei na Terra, vi o suicídio no meu futuro. Era a prova contra a qual tinha que lutar. Quis ser mais forte que a fatalidade e sucumbi.

Observação: Ver-se-á logo que esse Espírito não foge à sorte dos suicidas, a despeito do que acaba de dizer. Quanto à palavra *fatalidade,* é evidente que nele é uma lembrança das ideias terrenas; levam-se à conta da fatalidade todas as desgraças que não se podem evitar. Para ele o suicídio era a prova contra a qual tinha que lutar: cedeu ao arrastamento ao invés de resistir, em vista do seu livre-arbítrio, e julgou que estivesse em seu destino.

4. – Quisestes escapar a uma situação desagradável pelo suicídio. Ganhastes alguma coisa com isto? R – Aí está o meu castigo: a confissão do meu orgulho e a consciência da minha fraqueza.

5. – Segundo a carta encontrada convosco, parece que a dureza dos homens e uma falta de palavra vos conduziram à própria destruição. Que sentimento experimentais agora pelos que foram a causa dessa resolução funesta? R – Oh! não me tenteis, não me tenteis! Eu vo-lo peço.

Observação: Esta reposta é admirável: pinta a situação do Espírito lutando contra o desejo de odiar aos que lhe fizeram mal, e o sentimento do bem, que o impele a perdoar. Ele teme que esta pergunta provoque uma resposta que a sua consciência reprova.

6. – Lamentais o que fizestes? R – Eu vos disse: meu orgulho e minha fraqueza são a sua causa.

7. – Em vida críeis em Deus e na vida futura? R – Minhas últimas palavras o provam. Marcho para o suplício.

Observação: Ele começa a compreender sua posição, sobre a qual a princípio pôde ter uma ilusão, porque não podia ser salvo e marchar para o suplício.

8. – Tomando essa resolução, que pensáveis que vos aconteceria? R – Eu tinha bastante consciência da justiça para compreender o que agora me faz sofrer. Por um momento tive a ideia do nada; mas logo a repeli. Se tivesse tal ideia não me teria matado; antes me haveria vingado.

Observação: Esta resposta é, ao mesmo tempo, muito lógica e muito profunda. Se ele acreditasse no nada após a morte, ao invés de se matar, ter-se-ia vingado ou pelo menos, teria começado por se vingar. A ideia do futuro o impediu de cometer um duplo crime. Com a do nada, o que teria a temer, se quisesse tirar a própria vida? Não mais temia a justiça dos homens e teria prazer na vingança. Tal a consequência das doutrinas materialistas, que certos sábios se esforçam em propagar.

9. – Se estivésseis bem convencido de que as mais cruéis vicissitudes da vida são provas muito curtas em presença da eternidade, teríeis sucumbido? R – Muito curtas, eu o sabia, mas o desespero não pode raciocinar.

10. – Suplicamos a Deus que vos perdoe e em vosso favor lhe dirigimos esta prece, à qual todos nos associamos: "Deus todo-poderoso, sabemos a sorte reservada aos que abreviam os seus dias e não podemos entravar a vossa justiça. Mas sabemos também que vossa misericórdia é infinita. Possa ela estender-se sobre a alma de Alfred Leroy! Possam, também, nossas preces, mostrando-lhe que há na Terra seres que se interessam por sua sorte, aliviar os sofrimentos que suporta por não ter tido a coragem de suportar as vicissitudes da vida!

Bons Espíritos, cuja missão é aliviar os infelizes, tomai-o sob vossa proteção; inspirai-lhe o pesar pelo que fez e o desejo de progredir por novas provas que saberá suportar melhor. R– Esta prece me faz chorar. E desde que choro, estou feliz.

11. – Dissestes no começo: agora estou salvo. Como conciliar estas palavras com o que dissestes depois: marcho para o suplício? R –

E como considerais a bondade divina? Eu não podia viver; era impossível. Credes que Deus não veja o impossível neste caso?

Observação: Em meio a algumas respostas notavelmente sensatas, entre elas há essa, que denota nesse Espírito uma ideia imperfeita de sua situação. Isso nada tem de admirável, se se pensar que está morto há poucos dias.

12. *(A São Luís)*. – Podeis dizer qual a sorte do infeliz que acabamos de evocar? R – A expiação e o sofrimento. Não: não há contradição entre as primeiras palavras desse infortunado e as suas dores. Ele se diz feliz. Feliz pela cessação da vida; e como ainda está preso nos laços terrenos, ainda não sente senão a ausência do mal terreno; mas quando seu Espírito elevar-se, os horizontes da dor, da expiação lenta e terrível desenrolar-se-ão à sua frente e o conhecimento do infinito, ainda velado aos seus olhos, ser-lhe-á o suplício entrevisto.

13. – Que diferença estabeleceis entre este suicida e o da Samaritana? Ambos se mataram de desespero e, contudo, sua situação é bem diversa: este se reconhece perfeitamente; fala com lucidez e ainda não sofre; ao passo que o outro não se julgava morto e desde os primeiros instantes sofria um suplício cruel, o de sentir a impressão de seu corpo em decomposição. R – Imensa diferença. O suplício de cada um desses homens reveste o caráter próprio de seu progresso moral. O último, alma fraca e quebrada, suportou tanto quanto creu. Duvidou de sua força, da bondade de Deus, mas nem blasfemou nem maldisse; seu suplício interior, lento e profundo, terá a mesma intensidade de dor que a do primeiro suicida. Apenas não é uniforme a lei da expiação.

Nota: A história do suicida da Samaritana está na *Revista* de junho de 1858.

14. – Aos olhos de Deus qual o mais culpado e qual o que sofrerá o grande castigo: este que sucumbiu à sua fraqueza ou aquele que, por sua dureza, foi levado ao desespero? R – Seguramente o que sucumbiu pela tentação.

15. – A prece que por ele dirigimos a Deus lhe será útil? R – Sim. A prece é um orvalho benéfico.

JULES MICHEL

(AMIGO DO FILHO DA MÉDIUM, SRA. COSTEL, MORTO AOS 14 ANOS. EVOCADO 8 DIAS DEPOIS DE SUA MORTE)

1. *(Evocação)*. – Agradeço que me evoqueis. Lembro-me de vós e dos passeios que nos fizestes dar pelo parque Monceau.

2. – E que dizeis do vosso camarada Charles? R – Charles sente muito pesar por minha morte. Mas estou morto? Vejo, vivo, penso como antes, apenas não me posso tocar e não reconheço nada do que me cerca.

3. – Que vedes? R – Vejo uma grande claridade; meus pés não tocam o solo; deslizo; sinto-me arrastado. Vejo figuras brilhantes e outras envoltas em branco; pressionam-me e me rodeiam; uns me sorriem, outros me metem medo com seus olhares negros.

4.– Vedes a vossa mãe? R – Ah! sim. Vejo minha mãe, minha irmã e meu irmão. Ei-los todos! minha mãe chora muito. Gostaria de lhe falar como vos falo: ela veria que não estou morto. Como fazer, então, para a consolar? Peço-vos que faleis de mim. Pediria, também, que dissésseis a Charles que vou me divertir vendo-o trabalhar.

5. – Vedes o vosso corpo? R – Mas, sim: vejo-o lá, deitado, todo duro. Contudo não estou naquele buraco, desde que me acho aqui.

6. – Onde estais, então? R – Estou ali, junto de vossa mesa, à direita. Acho engraçado que não me vejais, quando vos vejo tão bem!

7. – Que sentistes quando deixastes o corpo? R – Não me lembro muito do que senti então; tinha muita dor de cabeça e via uma porção de coisas ao redor de mim. Estava entorpecido; queria mover-me e não podia; as mãos estavam molhadas de suor e sentia um grande trabalho em meu corpo; depois nada mais senti e despertei muito aliviado; não sofria mais e estava leve como uma pluma. Então me vi em meu leito e contudo não estava nele; vi todo o grande movimento que faziam e fui para outra parte.

8. – Como soubestes que eu vos chamava? R – Não me dou muita conta de tudo isto. Ouvi bem que há pouco me chamáveis e vim logo, porque, como dizia a Charles, não sois aborrecida. Adeus, senhora, até à vista. Voltarei a vos falar, não?

CORRESPONDÊNCIA

Roma, 2 de março de 1861.

Senhor,

Há cerca de quatro anos ocupo-me aqui das manifestações espíritas, e tenho a felicidade de ter na família um bom médium, que nos dá comunicações de ordem superior. Temos lido e relido o vosso *O Livro dos Espíritos,* que constitui nossa alegria e nossa consolação, dando-nos as mais sublimes e admissíveis noções da vida futura. Se desta pudesse duvidar, as provas que tenho agora são mais que suficientes para firmar a minha fé. Perdi pessoas que me eram muito queridas e tenho a inapreciável felicidade de as saber felizes e poder corresponder-me com elas. Dizer da alegria que assim experimentei é inexprimível. A primeira vez que me deram sinais manifestos de sua presença, exclamei: Então é verdade que nem tudo morre com o corpo! Eu vos devo, senhor, o ter-me dado essa confiança. Crede em minha eterna gratidão pelo bem que me fizestes porque, malgrado meu, o futuro me atormentava. A ideia do nada era horrível e, fora do nada, só encontrava uma incerteza acabrunhadora. Agora não mais duvido; parece que renasci para a vida. Todas as minhas apreensões se dissiparam, e minha confiança em Deus voltou mais forte que nunca. Espero muito que, graças a vós, meus filhos não terão os mesmos tormentos, pois são alimentados com as verdades que a razão crescente não pode neles senão fortificar-se.

Contudo, faltava-nos um guia seguro para a prática. Se não temesse importunar-vos, desde muito vos teria pedido conselhos da vossa experiência. Felizmente vosso *O Livro dos Médiuns* veio preencher essa lacuna, e agora marchamos a passo mais firme, pois estamos prevenidos contra os escolhos que se podem encontrar.

Remeto, senhor, algumas cópias das comunicações que recebemos há pouco. Foram escritas em italiano e sem dúvida perderam na tradução. Apesar disso serei muito grato se me disserdes o que pensais delas, se me favorecerdes com uma resposta. Será um encorajamento para nós.

Peço me desculpeis, senhor, esta longa carta e crede no testemunho de simpatia do vosso dedicado

Conde X...

Nota: O volume da matéria força-nos a adiar a publicação das comunicações transmitidas pelo Sr. Conde X..., em cujo número há algumas muito notáveis. Extraímos apenas algumas respostas seguintes, por um dos Espíritos que se lhe manifestaram:

P – Conheceis *O Livro dos Espíritos?* R – Como os Espíritos não conheceriam sua obra? Todos a conhecem.

P – É muito natural, quanto aos que nela trabalharam. Mas os outros? R – Há entre os Espíritos uma comunhão de pensamentos e uma solidariedade que não podeis compreender, homens que vos nutris no egoísmo e só vedes pelas estreitas janelas de vossa prisão.

P – Trabalhastes nela? R – Não, não pessoalmente; mas sabia que devia ser feita e que outros Espíritos, muito acima de mim, estavam encarregados dessa missão.

P – Que resultados produzirá ela? R – É uma árvore que lançou, já, sementes fecundas em toda a Terra. Essas sementes germinam; em breve amadurecerão e em pouco serão colhidos os frutos.

P – Não é de temer a oposição dos detratores? R – Quando se dissipam as nuvens que encobrem o sol, este tem brilho mais vivo.

P – Então as nuvens serão dissipadas? R – Basta um sopro de Deus.

P – Assim, em vossa opinião o Espiritismo tornar-se-á uma crença geral? R – Dizei universal.

P – Contudo há homens que parecem muito difíceis de convencer. R – Há os que jamais o serão nesta vida; mas diariamente a morte os recolhe.

P – Não virão outros em seu lugar, que se tornarão incrédulos como eles? R – Deus quer a vitória do bem sobre o mal, da verdade sobre o erro, como anunciou. É preciso que venha o seu reino; seus desígnios são impenetráveis; mas crede que o que ele quer, o pode.

P – O Espiritismo será para sempre aceito aqui? R – Será aceito e florescerá. (Nesse momento o Espírito leva o lápis sobre a penúltima resposta e a sublinha com força).

P – Qual pode ser a utilidade do Espiritismo para a vitória do bem sobre o mal? Para isto não basta a lei do Cristo? R – Certamente esta lei bastará, se praticada. Quantos a praticam? Quantos há que apenas têm a aparência da fé? Assim, vendo Deus que a sua lei era ignorada e incompreendida e que, malgrado essa lei, o homem vai se precipitando cada vez mais no abismo da incredulidade, quis lhe dar nova marca de sua bondade infinita, multiplicando aos seus olhos as provas do futuro pelas manifestações brilhantes de que é testemunha, fazendo advertir-se de todos os lados por esses mesmos que deixaram a Terra e lhes vêm dizer: Nós vivemos. Em presença desses testemunhos, os que resistem não têm escusa: expiarão sua cegueira e seu orgulho por novas existências mais penosas em mundos inferiores, até que, enfim, abram os olhos à luz. Crede bem que, entre os que sofrem na Terra, há muitos que expiam as existências passadas.

P – Pode o Espiritismo ser considerado como uma lei nova? R – Não, não é uma lei nova. As interpretações que os homens deram da lei do Cristo geraram lutas, contrárias ao seu espírito. Deus não quer mais que a lei de amor seja um pretexto de desordem e lutas fratricidas. Exprimindo-se sem rodeios e sem alegorias, o Espiritismo está destinado a restabelecer a unidade da crença; é, pois, a confirmação e o esclarecimento do cristianismo, que é e será sempre a lei divina, a que deve reinar em toda a Terra e cuja propagação vai tornar-se mais fácil por esse poderoso auxiliar.

ENSINOS E DISSERTAÇÕES ESPÍRITAS

VAI NASCER A VERDADE

(ENVIADO PELO SR. SABÒ, DE BORDÉUS)

Quais são os gemidos dolorosos que veem repercutir em meu coração e fazer vibrar todas as suas fibras? É a humanidade que se debate no esforço de rude e penoso trabalho, porque vai dar à luz a Verdade. Acorrei, Espíritas, ponde-vos em volta de seu leito de sofrimento; que os mais fortes entre vós tenham os membros tensos sob as convulsões da dor; que os outros esperem o nascimento dessa criança e a recebam nos braços, à entrada da vida. Chega o momento supremo; num último esforço, ele se escapa do seio que o havia concebido, deixando sua mãe por algum tempo abatida na atonia da fraqueza. Contudo nasceu sadia e robusta e no seu largo peito aspira a vida a plenos pulmões. Vós, que assististes ao seu nascimento, é preciso que a sigais passo a passo na vida. Vede! a alegria de ter gerado deu à sua mãe uma recrudescência de força e coragem e com acentos maternos chama todos os homens a grupar-se em torno dessa criança abençoada, pois ela pressente que de sua voz que retine, em alguns anos vai fazer cair os andaimes do Espírito de mentira e, verdade imutável como o próprio Deus, chamar pelo Espiritismo todos os homens à sua bandeira. Mas ele só comprará o triunfo ao preço da luta, porque tem inimigos encarniçados, que conspiram a sua perda. E esses inimigos são o orgulho, o egoísmo, a cupidez, a hipocrisia e o fanatismo, inimigos todo-poderosos, que até então reinaram *como* senhores e não se deixarão destronar sem resistência. Uns riem de sua fraqueza, mas outros se espantam de sua vinda e pressentem a própria ruína. Eis porque procuram fazê-lo perecer, como outrora Herodes buscou fazer perecer Jesus no massacre dos inocentes. Essa criança não tem pátria. Ela percorre toda a Terra, procurando o povo que há de ser o primeiro a arvorar a sua bandeira. Esse povo será o mais poderoso entre os povos, pois tal é a vontade de Deus[1].

Massillon

PROGRESSO DE UM ESPÍRITO PERVERSO

(SOCIEDADE ESPÍRITA DE PARIS. MÉDIUM: SRA. COSTEL)

Sob o título de *Castigo do Egoísta,* publicamos no número de dezembro de 1860 várias comunicações com a assinatura de *Clara,* nas quais esse Espírito revela suas más inclinações e a situação deplorável em que se encontra. Nossa colega, Sra. Costel, que a conheceu em vida, e lhe serve de médium, empreendeu a sua educação moral. Seus esforços foram coroados de sucesso. Pode-se julgá-lo pelo ditado espontâneo seguinte, dado na Sociedade a 1.º de março último.

"Eu vos falarei da diferença importante que existe entre a moral divina e a moral humana. A primeira assiste à mulher adúltera em seu abandono e diz aos pecadores: "Arrependei-vos, e o reino dos céus vos

[1] Esta mensagem parece confirmar as previsões dos Espíritos sobre o Brasil, no tocante à propagação e aceitação do Espiritismo. (N. da Eq. Rev.)

será aberto." Enfim, a moral divina aceita todos os arrependimentos e todas as faltas confessadas, enquanto a moral humana a estas sorridente, admite os pecados ocultos que, diz ela, estão meio perdoados. A uma, a graça do perdão; a outra, a hipocrisia. Escolhei, espíritos ávidos de verdade! Escolhei entre o céu aberto ao arrependimento e a tolerância que admite o mal que não lhe prejudica o egoísmo e os falsos arranjos, mas que repele a paixão e os soluços de faltas confessadas publicamente. Arrependei-vos, vós todos que pecais; renunciai ao mal, mas, sobretudo, à hipocrisia que esconde a feiura do mal sob a máscara risonha e enganadora das mútuas conveniências."

Clara

Eis um outro exemplo de palestra, obtido num caso mais ou menos semelhante. Na mesma sessão achava-se uma senhora estrangeira, médium, que escrevia na Sociedade pela primeira vez. Havia ela conhecido uma senhora, morta há nove anos e que, em vida, merecia pouca estima. Desde sua morte, seu Espírito se mostrava, ao mesmo tempo, perverso e mau, só buscando fazer o mal. Contudo, bons conselhos tinham conseguido levá-la a melhores sentimentos. Nessa sessão ela ditou espontaneamente o seguinte:

"Peço que orem por mim; necessito ser boa. Persegui e obsidiei muito tempo um ser chamado a fazer o bem. E Deus não quer mais que eu persiga. Mas temo que me falte coragem. Ajudai-me: eu fiz tanto mal! Oh! quanto sofro! quanto sofro! Eu me alegrava com o mal praticado. Contribui com todas as minhas forças; mas não mais farei o mal. Oh! orai por mim.

Adèle

DA INVEJA NOS MÉDIUNS

(ENVIADO PELO. SR. KY..., CORRESPONDENTE DA SOCIEDADE EM KARLSRUHE)

Por si mesmo e por sua própria inteligência, o homem vão é tão desprezível quanto digno de pena. Ele enxota a verdade de sua frente, para substituí-la por seus argumentos e convicções pessoais, que julga infalíveis e inapeláveis, porque são seus. O homem vão é sempre egoísta, e o egoísmo é o flagelo da humanidade. Mas, desprezando o resto do mundo, mostra bem a sua pequenez; repelindo verdades, para ele novas, também mostra a estreiteza de sua inteligência, pervertida por sua obstinação, que ainda aumenta a sua vaidade e o seu egoísmo.

Infeliz do homem que se deixa dominar por esses seus dois inimigos. Quando ele despertar nesse estado em que a verdade e a luz fundir-se-ão de todos os lados sobre ele, então só verá em si um ser miserável, que se exaltou loucamente acima da humanidade, em sua vida terrena, e que estará muito abaixo de certos seres mais modestos e mais simples, aos quais ele pensava impor-se aqui na Terra.

Sede humildes de coração, vós a quem Deus aquinhoou com seus dons espirituais. Não atribuais nenhum mérito a vós próprios, assim como não se o atribui à obra, aos utensílios, mas ao operário. Lembrai-vos bem de que não passais de instrumentos de que Deus se serve para manifestar ao mundo o seu Espírito Onipotente, e que não tendes qualquer motivo para vos glorificardes de vós mesmos. Há tantos médiuns, ah! que se tornam vãos, em vez de humildes, à medida que seus dons se desenvolvem! Isto é um atraso no progresso, pois ao invés de ser humilde e passivo, muitas vezes o médium repele, por vaidade e orgulho, comunicações importantes, que vêm à luz por outros mais merecedores. Deus não olha a posição material de uma pessoa para lhe conferir o espírito de santidade; bem ao contrário, porque muitas vezes exalça os humildes entre os humildes, para os dotar com as maiores faculdades, a fim de que o mundo veja bem que não é o homem, mas o espírito de Deus pelo homem que faz milagres. Como disse, o médium é o simples instrumento do grande Criador de todas as coisas, e a este é que se deve render glória, é a ele que se deve agradecer por sua inesgotável bondade.

Também queria dizer uma palavra sobre a inveja e o ciúme que muitas vezes reinam entre os médiuns e que, como erva daninha, é necessário arrancar, desde que começa a aparecer, temendo que abafe os bons germes vizinhos.

No médium a inveja é tão temível quanto o orgulho: prova a mesma necessidade de humildade. Direi mesmo que denota falta de senso comum. Não é mostrando-vos invejosos dos dons do vosso vizinho que recebereis dons semelhantes, porque, se Deus dá muito a uns e pouco a outros, tende certeza de que, agindo assim, há um motivo bem fundado. A inveja azeda o coração; até abafa os melhores sentimentos, é um inimigo que não se saberia evitar, apesar de todo o cuidado possível pois não dá tréguas uma vez que se apoderou de nós. Isso se aplica a todos os casos da vida terrena. Mas eu quis falar sobretudo da inveja entre os médiuns, tão ridícula quanto desprezível e infundada, e que prova quanto é fraco o homem, desde que se torne escravo de suas paixões.

Luos

Observação: Quando da leitura desta última comunicação na Sociedade, estabeleceu-se uma discussão sobre a inveja dos médiuns, comparada com a dos sonâmbulos. Um dos sócios, o Sr. D..., disse que na sua opinião a inveja é a mesma em ambos os casos, e que se aparece mais frequente nos sonâmbulos é que, neste estado, eles não a sabem dissimular.

O Sr. Allan Kardec refuta essa opinião dizendo: "A inveja parece inerente ao estado sonambúlico, por uma causa difícil de compreendermos e que os próprios sonâmbulos são podem explicar. Tal sentimento existe entre os sonâmbulos que, em vigília, não têm entre si senão benevolência. Nos médiuns está longe de ser habitual e depende, evidentemente, da natureza moral da criatura. Um médium tem inveja de outro médium porque está em sua natureza ser invejoso. Esta falha, consequente do orgulho e do egoísmo, é essencialmente prejudicial à pureza das comunicações, ao passo que o sonâmbulo mais invejoso pode ser muito lúcido, o que se compreende muito facilmente. O sonâmbulo vê por si mesmo; é o seu próprio Espírito que se desprende e age; não necessita de ninguém. Ao contrário, o médium não passa de intermediário: recebe tudo de Espíritos estranhos, e sua personalidade está muito menos em jogo que a do sonâmbulo. Os Espíritos simpatizam com ele cm razão de suas qualidades ou de seus defeitos; ora, os defeitos que são os mais antipáticos aos bons Espíritos são o orgulho, o egoísmo e o ciúme. A experiência nos ensina que a faculdade mediúnica, como faculdade, independe das qualidades morais; pode, assim como a faculdade sonambúlica, existir no mais alto grau no mais perverso indivíduo. Já é completamente diverso em relação às simpatias dos bons Espíritos, que se comunicam naturalmente, tanto mais à vontade, quanto mais o intermediário encarregado de transmitir o seu pensamento for mais puro, mais sincero e mais se afaste da natureza dos maus Espíritos. A esse respeito fazem o que nós mesmos fazemos quando tomamos alguém para confidente. Especialmente no que concerne à inveja, como esta falha existe em quase todos os sonâmbulos, e é muito mais rara nos médiuns, parece que nos primeiros é uma regra e nos últimos a exceção, de onde se seguiria que a causa não deveria ser a mesma nos dois casos."

Allan Kardec

ANO IV
MAIO DE 1861

SOCIEDADE PARISIENSE DE ESTUDOS ESPÍRITAS

DISCURSO DO SR. ALLAN KARDEC

NO NOVO ANO SOCIAL, PRONUNCIADO NA SESSÃO DE 5 DE ABRIL DE 1861

Senhores e caros colegas,

No momento em que nossa Sociedade inicia seu quarto ano, creio que devemos um agradecimento especial aos bons Espíritos que se dignaram assistir-nos e, em particular, ao nosso Presidente espiritual, cujos sábios conselhos nos preservaram de vários perigos e cuja proteção permitiu superarmos as dificuldades semeadas em nosso caminho, sem dúvida para submeter à prova a nossa dedicação e a nossa perspicácia. Sua benevolência – devemos reconhecê-lo – jamais nos faltou e, graças ao bom espírito de que agora a Sociedade está animada, triunfou sobre a má vontade de seus inimigos. Permiti-me, a propósito, algumas observações retrospectivas.

A experiência havia-nos demonstrado lacunas lamentáveis que abriam a porta a certos abusos. A Sociedade os superou e, desde então, só teve que se felicitar. Realiza o ideal da perfeição? Não seríamos Espíritas se tivéssemos o orgulho de o crer. Mas, quando a base é boa, o resto só depende da vontade; e é preciso esperar que, com o auxílio dos bons Espíritos, não paremos no caminho.

No número das mais úteis reformas deve-se colocar em primeira linha a instituição dos *Sócios livres,* que dá mais fácil acesso aos candidatos, permitindo que se conheçam e se apreciem antes de sua admissão efetiva como membros titulares. Participando nos trabalhos e nos estudos da Sociedade, aproveitam tudo quanto nela se faz; mas como não têm voz na parte administrativa, não podem, em caso algum, comprometer a responsabilidade da Sociedade. Vem a seguir a medida que objetivou restringir o número dos ouvintes e cercar de maiores dificuldades, por uma escolha mais severa, a sua admissão às sessões; depois, a que interdita a leitura de qualquer comunicação recebida fora da Sociedade, antes de seu conhecimento prévio e que a leitura tenha sido autorizada; enfim as que armam a Sociedade contra quem quer que lhe pudesse trazer perturbação ou tentasse impor-lhe a sua vontade.

Há outras ainda que seria supérfluo lembrar, cuja utilidade não é menor e cujos resultados felizes podemos apreciar diariamente. Mas, se tal estado de coisas é compreendido no seio da Sociedade, o mesmo não se dá fora, onde – desnecessário é dissimular – não temos somente amigos. Criticam-nos em vários pontos e, embora não tenhamos que nos preocupar com isso, pois que a ordem da Sociedade só a nós interessa, talvez não seja inútil lançar um golpe de vista sobre aquilo que nos censuram porque, em definitivo, se essas censuras fossem fundadas, deveríamos aproveitá-las.

Certas pessoas criticam a severa restrição à admissão dos ouvintes; dizem que se quisermos fazer prosélitos é preciso esclarecer o público e, por isso, abrir-lhe as portas de nossas sessões, autorizar quaisquer perguntas e interpelações; que se não admitirmos senão pessoas crentes, não teremos grande mérito em convencê-las. Tal raciocínio é especioso e se, abrindo nossas portas a qualquer um, fosse alcançado o resultado suposto, certamente erraríamos se não o fizéssemos. Mas como o contrário é o que aconteceria, não o fazemos.

Aliás, seria muito desagradável que a propagação da doutrina se subordinasse à publicidade de nossas sessões. Por mais numeroso que fosse o auditório, seria sempre muito restrito, imperceptível, comparado à massa da população. Por outro lado, sabemos, por experiência, que a verdadeira convicção só se adquire pelo estudo, pela reflexão e por uma observação contínua, e não assistindo a uma ou duas sessões, por mais interessantes que sejam. E isto é tão verdadeiro que o número dos que creem sem ter visto, mas porque estudaram e compreenderam, é imenso. Sem dúvida o desejo de ver é muito natural e estamos longe de o censurar, mas queremos que vejam em condições aproveitáveis. Eis por que dizemos: Estudai primeiro e vede depois, porque compreendereis melhor.

Se os incrédulos refletissem melhor sobre essa condição, para começar veriam nela a melhor garantia de nossa boa-fé e, a seguir, a força da doutrina. O que mais o charlatanismo teme é ser compreendido; ele fascina os olhos e não é tão tolo para se dirigir à inteligência, que facilmente descobriria a carta escondida. Ao contrário, o Espiritismo não admite a confiança cega; quer ser claro em tudo; quer que lhe compreendam tudo e que se deem conta de tudo. Então, quando recomendamos estudo e meditação, pedimos o concurso do raciocínio, o que prova que a Ciência Espírita não teme o exame, desde que antes de crer sentimos a necessidade de compreender.

Não sendo de demonstração as nossas sessões, sua publicidade não atingiria o objetivo e teria graves inconvenientes. Com um público não selecionado, trazendo mais curiosidade que verdadeiro desejo de instruir-se e, ainda mais, vontade de criticar e troçar, seria impossível ter o indispensável recolhimento para toda manifestação séria; uma controvérsia mais ou menos malévola e baseada, na maior parte do tempo, na ignorância dos mais elementares princípios da Ciência, determinaria eternos conflitos, nos quais a dignidade poderia ser comprometida. Ora, o que nós queremos é que, ao sair de nossa casa, os ouvintes não levem convicção, levem da Sociedade a ideia de uma reunião grave, séria, que se respeita e sabe fazer-se respeitar, que discute com calma e moderação, examina com cuidado, aprofunda tudo com olho de observador consciencioso, que procura esclarecer-se, e não com a leviandade de simples curioso. E, senhores, crede-o bem, essa opinião faz mais pela propaganda do que se saíssem com o único pensamento de haverem satisfeito sua curiosidade, porque a impressão dela resultante os leva a refletir, ao passo que, no caso contrário, estariam mais dispostos a rir do que a crer.

Disse que as nossas não são sessões de demonstração; mas se as fizéssemos desse gênero, para uso dos neófitos, onde se trataria de instruir e convencer, tudo nela se passaria com tanta seriedade e recolhimento quanto nas nossas sessões ordinárias; a controvérsia estabelecer-se-ia com ordem, de maneira a ser instrutiva e não tumultuosa e quem quer que se permitisse uma palavra fora de propósito seria excluído; então a atenção seria mantida e a própria discussão seria a todos proveitosa. É, provavelmente, o que faremos um dia. Perguntarão porque não o fizemos mais cedo, no interesse de divulgação da Ciência. A razão é simples: é que quisemos proceder com prudência e não como estouvados, mais impacientes que refletidos. Antes de instruir os outros, quisemos nós próprios nos instruir. Queremos apoiar o nosso ensino sobre imponente massa de fatos e observações, e não sobre algumas experiências isoladas, observadas leviana e superficialmente. No começo, toda Ciência encontra forçosamente fatos que, a princípio, parecem contraditórios e só um estudo minucioso e completo pode demonstrar-lhes a conexão. Foi a lei comum desses fatos que quisemos buscar, a fim de apresentar um conjunto tão completo e satisfatório quanto possível e deixando um mínimo de margem à contradição. Com esse objetivo recolhemos os fatos, examinamo-los, escrutamo-los no que eles têm de mais íntimo, comentamo-los, discutimo-los friamente, sem entusiasmo; e foi assim que chegamos a descobrir o admirável encadeamento existente em todas as partes dessa vasta Ciência, que toca os mais graves interesses da Humanidade. Tal foi, senhores, até o presente, o objetivo dos nossos trabalhos, objetivo perfeitamente caracterizado pelo simples título de *Sociedade de Estudos Espíritas,* que adotamos. Reunimo-nos com o fito de nos esclarecermos, e não de nos distrairmos. Não buscando uma diversão, não queremos divertir aos outros. Por isso não queremos senão ter ouvintes sérios, ao invés de curiosos, que julgassem aqui encontrar um espetáculo.

O Espiritismo é uma Ciência e, como qualquer outra Ciência, não se aprende brincando. Ainda mais, tomar as almas que se foram como assunto para distração seria faltar ao respeito a que fazem jus; especular sobre sua presença e sua intervenção seria impiedade e profanação.

Essas reflexões respondem à censura que algumas pessoas nos dirigiram, por voltar a fatos conhecidos e não procurar constantemente novidades. No ponto em que estamos, é difícil que, à medida que avançamos, os fatos que se produzem não girem mais ou menos no mesmo círculo; mas esquecem que fatos tão importantes quanto os que tocam o futuro do homem não podem chegar ao estado de verdade absoluta senão após grande número de observações. Seria leviandade formular uma lei baseada em alguns exemplos. O homem sério e prudente é mais circunspecto; não somente quer ver tudo, mas ver muito e muitas vezes. Eis porque não recuamos ante a monotonia das repetições, pois delas resultam confirmações e, por vezes, nuanças instrutivas, e porque se nelas descobrimos fatos contraditórios, rebuscamos as suas causas. Não temos pressa de nos pronunciarmos sobre os primeiros dados, necessariamente incompletos; antes de colher, esperamos a maturidade. Se temos avançado menos do que alguns desejariam na sua impaciência, marchamos com mais segurança, sem nos perdermos no labirinto dos sistemas; talvez saibamos menos coisas, mas sabemos melhor, o que é preferível, e podemos afirmar o que sabemos sobre o testemunho da experiência.

Aliás, senhores, não penseis que a opinião dos que criticam a organização da Sociedade seja a dos verdadeiros amigos do Espiritismo; não, é a dos seus inimigos, que estão magoados por ver a Sociedade seguir seu caminho com calma e dignidade, através das ciladas que lhe prepararam e ainda preparam. Eles lamentam que ingressar nela, seja difícil porque ficariam encantados de aqui vir semear a perturbação. É por isso também que a censuram de limitar o círculo de seus trabalhos, e pretendem que só se ocupa de coisas insignificantes e sem alcance, porque ela se abstém de tratar de questões políticas e religiosas; queriam vê-la entrar na controvérsia dogmática. Ora é isso precisamente o que os denuncia. Prudentemente a Sociedade fechou-se num círculo inatacável pela malevolência. Ferindo o seu amor-próprio, queriam arrastá-la por um caminho perigoso, mas ela não se deixará levar. Ocupando-se exclusivamente das questões de interesse científico, e que não podem prejudicar ninguém, ela se pôs ao abrigo dos ataques e assim deve ficar; por sua prudência, moderação e sabedoria, conciliou a estima dos verdadeiros espíritas e sua influência se estende até países distantes, de onde aspiram a honra de fazer parte dela. Ora, essa homenagem que lhe é prestada por pessoas que só a conhecem de nome, por seus trabalhos e pela consideração que ela conquistou, lhe é cem vezes mais preciosa que o sufrágio dos imprudentes muito apressados, ou dos malévolos que queriam arrastá-la à sua perda e ficariam encantados por vê-la comprometida. Enquanto eu tiver a honra de a dirigir, todos os meus esforços tenderão a mantê-la nesta via. Se devesse extraviar-se, eu a deixaria na mesma hora, porque a preço algum desejaria assumir essa responsabilidade.

Aliás, senhores, sabeis das vicissitudes que a Sociedade atravessou. Tudo quanto aconteceu antes e depois foi anunciado e tudo se realizou como fora previsto. Seus inimigos queriam a sua ruína; os Espíritos, que a sabiam útil, queriam a sua conservação; e ela se manteve e manter-se-á enquanto for necessária aos seus objetivos. Se tivésseis observado, como pude fazê-lo, as coisas nos seus detalhes íntimos, não desconheceríeis a intervenção de um poder superior, que para mim é manifesto, e compreenderíeis que tudo foi para o melhor e no interesse de sua própria conservação. Tempo virá em que, tal qual o é atualmente, ela não será mais indispensável. Então veremos o que se há de fazer, porque a marcha está traçada em vista de todas as eventualidades.

Os mais perigosos inimigos da Sociedade não são os de fora: podemos fechar-lhes as portas e os ouvidos. Os mais temíveis são os inimigos invisíveis, que aqui poderiam introduzir-se malgrado nosso. Cabe-nos provar-lhes, como já o temos feito, que perderiam o tempo se tentassem impor-se a nós. Sabemos que a sua tática é procurar semear a desunião, lançar o facho da discórdia, inspirar a inveja, a desconfiança e as susceptibilidades pueris, que geram a desafeição. Oponhamos-lhes a barreira da caridade, da mútua benevolência, e seremos invulneráveis, tanto contra sua maligna influência oculta quanto contra as diatribes dos nossos adversários encarnados, que mais se ocupam de nós, do que nós deles. Porque, sem amor-próprio, podemos nos fazer justiça: nem mesmo o seu nome jamais foi pronunciado, já por uma questão de decoro, já porque temos de nos ocupar de coisas mais úteis. Não obrigamos ninguém a vir a nós; acolhemos com prazer e dedicação as pessoas sinceras e de boa vontade, seriamente desejosas de esclarecimento, e estas são bastantes para não perdermos tempo correndo atrás dos que nos voltam as costas por motivos fúteis, de amor-próprio ou de inveja. Estes não podem ser considerados como verdadeiros espíritas, malgrado as aparências; são talvez espíritas crentes nos fatos, mas, sem a menor dúvida, não são espíritas crentes nas consequências morais dos fatos, pois, do contrário, mostrariam mais abnegação, indulgência, moderação e menos presunção de infalibilidade. Procurá-los seria mesmo prestar-lhes um mau serviço, porque seria fazer crer em sua importância e que deles não se pode prescindir. Quanto aos que nos denigrem, também não nos devemos preocupar: homens que valiam cem vezes mais do que nós foram denegridos e ridicularizados. Nesse particular não poderíamos ser privilegiados; cabe-nos provar por nossos atos que as suas diatribes caem no vazio e as armas de que se servem voltar-se-ão contra eles.

Depois de ter, no começo, agradecido aos Espíritos que nos assistem, não devemos esquecer os seus intérpretes, alguns dos quais nos dão o seu concurso com um zelo, uma complacência jamais desmentidos. Em troca, não lhes podemos oferecer mais que um estéril testemunho de nossa satisfação. Mas o mundo dos Espíritos os espera e lá todos os devotamentos são compensados na medida do desinteresse, da humildade e da abnegação.

Em resumo, senhores, durante o ano que passou nossos trabalhos marcharam com perfeita regularidade e nada os interrompeu; uma porção de fatos do mais alto interesse foram relatados, explicados e comentados; questões muito importantes foram resolvidas; todos os exemplos que passaram aos nossos olhos pelas evocações, todas as investigações a que nos dedicamos vieram confirmar os princípios da Ciência e fortalecer as nossas crenças; numerosas comunicações de incontestável superioridade foram obtidas por diversos médiuns; a província e o estrangeiro nos remeteram algumas excessivamente admiráveis, e que provam não só quanto o Espiritismo se espalha, mas, também, sob que ponto de vista grave e sério é agora encarado por toda parte. Sem dúvida este é um resultado pelo qual nos devemos sentir felizes, mas há outro não menos satisfatório e que é, alias, uma consequência do que, desde a origem, havia sido predito; é a unidade que se estabelece na teoria da doutrina, à medida que a estudam e melhor a compreendem. Em todas as comunicações que nos chegam de fora encontramos a confirmação dos princípios que nos são ensinados pelos Espíritos, e como as pessoas que as recebem nos são, na maioria, desconhecidas, não se pode dizer que sofram a nossa influência.

O princípio mesmo da reencarnação que, de início, tinha encontrado muitos contraditores, porque não era compreendido, é hoje aceito pela força da evidência e porque todo homem que pensa reconhece nele a única solução possível do maior número de problemas da filosofia moral e religiosa. Sem a reencarnação detem-se a cada passo, tudo é caos e confusão; com a reencarnação tudo se esclarece, tudo se explica da mais racional maneira. Se ela ainda encontra alguns adversários mais sistemáticos que lógicos, seu número é muito restrito. Ora, quem a inventou? Sem a menor dúvida não fostes vós; nem eu: ela nos foi ensinada, nós a aceitamos, eis tudo. De todos os sistemas que surgiram no princípio, poucos hoje sobrevivem, e pode-se dizer que os seus raros partidários estão, sobretudo, entre pessoas que julgam ao primeiro aspecto e, muitas vezes, conforme ideias preconcebidas e prevenções. Mas agora é evidente que quem quer que se dê ao trabalho de aprofundar todas as questões e julgue friamente, sem prevenção, sem hostilidade sistemática sobretudo, é invencivelmente arrastado, tanto pelo raciocínio quanto pelos fatos, à teoria fundamental, que hoje prevalece, pode-se dizer, em todos os países do mundo.

Certo, senhores, a Sociedade não fez tudo para esse resultado. Mas, sem vaidade, creio que ela pode reivindicar uma pequena parte. Sua influência moral é maior do que se pensa; e isto, precisamente porque jamais ela se desviou da linha de moderação que se traçou. Sabe-se que ela se ocupa exclusivamente de seus estudos, sem se deixar desviar pelas paixões mesquinhas que se agitam ao seu redor; que o faz seriamente, como deve fazer toda assembleia científica; que ela persegue o seu objetivo sem se misturar com nenhuma intriga, sem atirar pedras em ninguém, sem mesmo recolher as que lhe atiram. Sem a menor dúvida, esta a principal causa do crédito e da consideração que desfruta e dos quais pode sentir-se orgulhosa, e que dá certo peso à sua opinião. Por nossos esforços, senhores, por nossa prudência e pelo exemplo da união que deve existir entre os verdadeiros espíritas, continuemos a mostrar que os princípios que professamos não são para nós letra morta e que tanto pregamos pelo exemplo quanto pela teoria. Se nossas doutrinas encontram tanto eco é que, aparentemente, as acham mais racionais que as outras. Duvido que acontecesse o mesmo se tivéssemos professado a doutrina da intervenção exclusiva do diabo e dos demônios nas manifestações espíritas, doutrina hoje completamente ridícula, que excita mais curiosidade do que pavor, a não ser sobre algumas pessoas timoratas que, em breve, elas mesmas reconhecerão a sua futilidade.

Tal qual é hoje professada, a Doutrina Espírita tem uma amplidão que lhe permite abarcar todas as questões de ordem moral: satisfaz a todas as aspirações, e, pode-se dizer, ao mais exigente raciocínio, para quem quer que se dê ao trabalho de estudá-la e não esteja dominado pelos preconceitos. Ela não tem as mesquinhas restrições de certas filosofias; alarga ao infinito o círculo das ideias e ninguém é capaz de elevar mais alto o pensamento e tirar o homem da estreita esfera do egoísmo, na qual tentaram confiná-lo. Enfim, ela se apóia nos imutáveis princípios fundamentais da religião, dos quais é a demonstração patente. Eis, sem dúvida, o que lhe conquista tão numerosos partidários entre as pessoas esclarecidas de todos os países, e o que a fará prevalecer, em tempo mais ou menos próximo, – e isso malgrado os seus adversários, na maioria mais opostos pelo interesse do que pela convicção. Sua marcha progressiva tão rápida, desde que entrou na via filosófica séria, é-nos garantia segura do futuro que lhe é reservado e que, como sabeis, está anunciado em todo o mundo. Deixemos, pois, dizer e fazer os seus inimigos: eles nada podem contra a vontade de Deus, porque nada acontece sem sua permissão e, como dizia há pouco um eclesiástico esclarecido: "Se essas coisas acontecem, é que Deus o permite, para avivar a fé que se extingue nas trevas do materialismo".

O ANJO DA CÓLERA

Um dos nossos correspondentes de Varsóvia escreve-nos o seguinte:

"... Ouso reclamar a vossa atenção para um fato tão extraordinário que seria preciso colocá-lo na categoria do absurdo, se o caráter da pessoa que mo relatou não fosse uma garantia de sua realidade. Todos nós, que do Espiritismo conhecemos tudo quanto foi tratado por vós tão judiciosamente, o que significa que julgamos bem compreendê-lo, não encontramos explicação para este fato; assim o entrego à vossa apreciação, rogando-vos perdoar-me o tempo que vos faço perder para o ler, se não o julgardes digno de um mais sério exame. Trata-se do seguinte:

A pessoa de quem falei acima estava, em 1852, em Wilna, cidade da Lituânia, então devastada pelo cólera. Sua filha, linda menina de doze anos, era dotada de todas as qualidades que constituem as naturezas superiores. Desde a mais tenra idade, fez-se notar por uma inteligência excepcional, uma bondade de coração e uma candura verdadeiramente angélicas. Em nossa terra foi uma das primeiras a gozar da faculdade mediúnica, e sempre assistida por Espíritos de uma ordem muito elevada. Muitas vezes, sem ser sonâmbula, tinha o pressentimento do que ia acontecer, e o predizia sempre com justeza. Essas informações não me parecem inúteis para julgar de sua sinceridade. Uma noite, no momento em que as velas acabavam de ser apagadas, a menina, ainda perfeitamente acordada, viu erguer-se em frente ao seu leito, uma figura lívida e sangrenta de uma velha, que a fez estremecer à simples vista. A mulher aproximou-se do leito da menina, e lhe disse: 'Sou o cólera e venho pedir-te um beijo. Se me beijares, entrarei nos lugares que deixei e a cidade será livre de minha presença'. A heróica menina não recuou ante o sacrifício: aplicou os lábios sobre o rosto gelado e úmido da velha e a visão, se era visão, desapareceu. Espantada, a criança só se acalmou ao colo do pai que, nada compreendendo do caso, estava, entretanto, convencido de que a filha havia dito a verdade. Mas não falaram a ninguém. Pelo meio-dia receberam a visita de um médico amigo da família, que disse: 'Venho trazer-vos uma boa notícia: esta noite nenhum doente foi trazido ao hospital dos coléricos, de onde venho'. Com efeito, desde aquele dia o cólera deixou de ceifar. Cerca de três anos mais tarde, essa pessoa e sua família fizeram outra viagem à mesma cidade. Durante sua estada o cólera reapareceu e as vítimas se contavam por centenas, quando uma noite a mesma velha apareceu junto ao leito da mocinha, sempre perfeitamente desperta, e lhe fez o mesmo pedido, acrescentando que, se sua prece fosse exalçada, deixaria a cidade para não mais voltar. Como da primeira vez, a jovem não recuou. Logo viu abrir-se uma sepultura e fechar-se sobre a mulher. O cólera acalmou-se como que por milagre; e não é de meu conhecimento que, desde então, tenha reaparecido em Wilna. Era uma alucinação ou uma visão real? Ignoro. Tudo quanto posso certificar é que não duvido da sinceridade da moça e de seus pais."

Com efeito, o fato é muito singular. Os mais incrédulos não deixarão de dizer que é uma alucinação; mas, provavelmente, ser-lhes-á mais difícil explicar essa coincidência com um fato material, que nada poderia deixar prever. Uma primeira vez isso poderia ser levado à conta do acaso, essa maneira tão cômoda de passar sobre aquilo que não se compreende. Mas em duas ocorrências, em condições idênticas, é mais extraordinário. Admitindo o fato da aparição, restava saber o que era essa mulher. Seria realmente o anjo exterminador do cólera? Os flagelos estariam personificados em certos Espíritos encarregados de os provocar ou os apaziguar? Podia-se crer, vendo este desaparecer pela vontade dessa mulher. Mas, então, por que se dirigia ela àquela menina, estranha à cidade? E como um beijo desta podia ter tal influência? Embora o Espiritismo já os tenha dado a chave de muitas coisas, ainda não nos disse a última palavra e, no caso de que se trata, a última hipótese nada tinha de positivamente absurda. Confessamos que, inicialmente, nós nos inclinávamos para este lado, pois não víamos no fato o caráter da verdadeira alucinação. Mas a palavra dos Espíritos veio derrubar a nossa suposição. Eis a explicação muito simples e lógica, dada por São Luís, na sessão da Sociedade, de 19 de abril de 1861.

P – O fato que acaba de ser relatado parece bastante autêntico. A respeito desejaríamos algumas explicações. Para começar poderíeis dizer quem é essa mulher que apareceu à mocinha e disse ser o cólera? R – Não era o cólera: um flagelo material não reveste a aparência humana. Era o Espírito familiar da mocinha, experimentando sua fé e fazia coincidir essa prova com o fim do flagelo. Essa prova era salutar à menina que a sofria: idealizando-a, fortalecera as virtudes em germe nesse ser protegido e abençoado. As naturezas de escol, as que, vindo ao mundo, trazem a lembrança dos bens adquiridos, por vezes recebem tais advertências, que seriam perigosas para uma alma não depurada e não preparada, pelas migrações anteriores, para as grandes dedicações do amor e da fé.

P – O Espírito familiar dessa jovem tinha bastante poder para prever o futuro e o fim do flagelo? R – Os Espíritos são instrumentos da vontade divina e, muitas vêzes, elevados à altura de mensageiros celestes.

P – Os Espíritos não têm nenhuma ação sobre os flagelos, como agentes produtores? R – Eles nada têm com isso, do mesmo modo que as árvores com o vento e os efeitos com as causas.

Na previsão de respostas conformes ao nosso primeiro pensamento, tínhamos preparado uma série de perguntas que, em consequência, se tornaram inúteis. Uma vez mais isso prova que os médiuns não são o reflexo do pensamento de quem interroga. Aliás, devemos dizer que a respeito não tínhamos qualquer opinião prévia. Em falta de melhor, inclinávamo-nos para a que tínhamos emitido, porque não nos parecia impossível. Mas a explicação dada pelo Espírito, mais simples e racional, nós a julgamos infinitamente preferível.

Aliás, pode-se tirar do fato uma outra instrução. O que aconteceu àquela moça deve ter-se produzido em outras circunstâncias e, mesmo, na Antiguidade, pois os fenômenos espíritas são de todos os tempos. Não seria uma das causas que levaram os antigos a personificar tudo e a ver em cada coisa um gênio particular? Não pensamos que se lhe deva buscar a causa apenas no gênio poético, desde que se veem essas ideias em povos menos adiantados.

Suponhamos que um fato semelhante a esse que relatamos se tivesse produzido num povo supersticioso e bárbaro. Não era preciso mais para acreditar na ideia de uma divindade malfazeja, que não se podia apaziguar senão lhe sacrificando vítimas. Já o dissemos, todos os deuses do paganismo não têm outra origem senão as manifestações espíritas. O Cristianismo veio derrubar os seus altares; mas estava reservado ao Espiritismo dar a conhecer a sua verdadeira natureza e lançar a luz sobre os fenômenos desnaturados pela superstição ou explorados pela cupidez.

FENÔMENOS DE TRANSPORTE

Esse fenômeno é, sem contradita, um dos mais extraordinários entre os apresentados pelas manifestações espíritas e, também, um dos mais raros. Consiste no transporte espontâneo de um objeto que não existe no lugar onde nos encontramos. Nós há muito tempo o conhecíamos por ouvir dizer; mas como há pouco nos foi dado testemunhá-lo, podemos agora dele falar com conhecimento de causa. Digamos, para começar, que é um dos que mais se prestam à imitação e que, consequentemente, é necessário mantermo-nos em guarda contra a trapaça. Sabe-se até onde pode ir a arte da prestidigitação, no caso de experiências desse gênero; mas, sem se tratar de gente do ofício, poder-se-ia facilmente ser vítima de uma hábil manobra. A melhor de todas as garantias está *no caráter; na honorabilidade notória, no desinteresse absoluto da pessoa* que obtém semelhantes efeitos; em segundo lugar, no exame atento de todas as circunstâncias em que se produzem os fatos; enfim, no conhecimento esclarecido do Espiritismo, único que pode fazer descobrir o que seria suspeito.

Dissemos que o fenômeno é um dos mais raros e, talvez, menos que os outros, não se produz à vontade e à hora marcada; posto que raramente, às vezes, pode ser provocado; mas as mais das vezes é espontâneo. De onde resulta que quem quer que se gabasse de obtê-lo à vontade e em momento dado, pode ser claramente taxado de ignorância e suspeita de fraude, com mais forte razão se nele se misturasse o menor motivo de interesse material. Um médium que tirasse um proveito qualquer de sua faculdade pode realmente ser médium; mas como essa faculdade está sujeita a intermitências, e os fenômenos dependem exclusivamente da vontade dos Espíritos, que não se submetem ao nosso capricho, resulta que o médium interessado, para não estacar ou para produzir mais efeito, conforme as circunstâncias, chama a astúcia em seu auxílio, porque, para ele, é preciso que o Espírito aja de qualquer maneira, se não o ajudam, e a astúcia por vezes se oculta sob os mais simples disfarces.

Estas reflexões preliminares, tendo por fim pôr em guarda os observadores, levam-nos de volta ao nosso assunto. Mas, antes de falar do que nos concerne, julgamos dever publicar a carta seguinte, que nos foi enviada de Orléans, 14 de fevereiro último.

"Senhor

É um espírita convicto que vos escreve esta. Os fatos que ela relata são raros; devem servir ao bem de todos e já levaram a convicção a várias pessoas que nos rodeiam e que os testemunharam.

O primeiro fato passou-se a 1.º de janeiro de 1861. Uma de minhas parentes, que possui em supremo grau a faculdade mediúnica, e que o ignorava completamente antes que eu lhe tivesse falado do Espiritismo, algumas vezes via a sua mãe, mas considerava isto como uma alucinação e tratava de a evitar. A 1.º de janeiro último, pelas três horas da tarde, viu-a novamente; o sobressalto que ela e seu marido experimentaram, embora este nada visse, impediu-a de se dar conta de seus movimentos. Alguns minutos depois, entrando nessa sala, seu marido viu sobre a mesa um anel que sua mulher reconheceu perfeitamente como o anel de sua mãe, que lhe havia posto no dedo quando de sua morte. Alguns dias depois, como aquela senhora sofresse de uma sufocação, a que era sujeita, aconselhei a seu marido que a magnetizasse, o que ele fez; e, ao cabo de três minutos, ela adormeceu profundamente e a lucidez foi perfeita. Então ela disse ao marido que sua mãe lhe havia trazido o anel para lhe provar que está com eles e vela por eles. O marido perguntou se ela vê sua filha morta há 8 anos, com 2 anos de idade e se esta lhe pode trazer uma lembrança. A sonâmbula responde que ela lá estava, bem como a mãe de seu marido; que no dia seguinte trará uma rosa e que ele a encontrará sobre a secretária. O fato realizou-se; a rosa murcha estava, acompanhada de um papel, onde estavam escritas estas palavras: *A meu querido pai. Laura.* Dois dias depois, sono magnético. O marido pergunta se poderia receber cabelos de sua própria mãe. Seu desejo foi satisfeito imediatamente: os cabelos estavam sobre a lareira. Depois duas cartas foram escritas espontaneamente pelas duas mães.

Chego a fatos passados em minha casa. Após sério estudo de vossas obras sobre o Espiritismo, veio-me a fé, sem que tivesse visto um único fato. *O Livro dos Médiuns* me havia aconselhado a tentar escrever, mas sem nenhum resultado; persuadido de que nada obteria sem a presença da pessoa da qual falei acima, pedi-lhe que viesse a Orléans com o marido. Segunda-feira, 11 de fevereiro, às 10 horas da noite, sono magnético e êxtase; ela vê junto de si e de nós os Espíritos que a acompanham e tinham prometido acompanhá-la. Perguntei se eu serei médium escrevente; ela respondeu: 'Sim, em 15 dias'. E acrescentou que no dia seguinte escreveria por meio de sua mãe, para convencer a um de meus amigos que pediu fosse convidado. No dia seguinte, 12, às 8 da manhã, sono; perguntamos se lhe devíamos dar um lápis. Não, disse ela, minha mãe está perto de ti e escreve. Sua carta está sobre a lareira: *Crede e orai; estou convosco; isto é para vos convencer.* Disse-me ainda que nessa noite eu poderia tentar escrever com sua mão posta sobre a minha. Eu não ousava esperar tal resultado e, contudo, escrevi estas palavras: *Crede; vou voltar; não esqueçais o magnetismo; não demoreis muito tempo.* Minha parenta devia partir no dia seguinte. À noite escrevemos isto: *A ciência espírita não é uma brincadeira; é verdadeira; o magnetismo pode conduzir a ela. Orai e invocai aqueles que o coração vos disser. Não fiqueis mais muito tempo. Catarina.* Era o nome de sua mãe.

Por várias vezes me ordenaram que escrevesse esses fatos; fui até censurado por não havê-lo feito antes. Aliás, ela me disse que poderíeis ter a prova do que vos digo, e que sua própria mãe iria vos confirmar os fatos, se a chamásseis. Recebei, etc.".

Esta carta relata dois fenômenos notáveis: o dos transportes e o da escrita direta. A respeito, faremos uma observação essencial: é que, quando o marido e a mulher obtiveram os primeiros resultados, estavam sós, preocupados com o que lhes pudesse acontecer, e não tinham interesse em se enganarem mutuamente. Em segundo lugar o transporte do anel, que havia sido enterrado com a mãe, era um fato positivo, que não podia ser resultado de uma trapaça, pois não se brinca com essas coisas.

Vários fatos da mesma natureza nos foram relatados por pessoas de toda confiança e que se passaram em circunstâncias também autênticas. Mas eis um de que fomos duas vezes testemunha ocular, bem como vários membros da Sociedade.

A Srta. V. B..., jovem de 16 a 17 anos, é ótima médium escrevente e ao mesmo tempo sonâmbula muito clarividente. Durante o sono ela vê sobretudo o Espírito de um de seus primos, que por diversas vezes lhe havia trazido objetos diferentes, entre os quais anéis, bombons em grande quantidade e flores. É sempre necessário que ela esteja adormecida cerca de duas horas antes da produção de fenômeno. A primeira vez que assistimos a uma manifestação do gênero, houve o transporte de um anel que lhe foi colocado na mão. Para nós, que conhecemos a jovem e seus pais como pessoas muito honestas, não havia motivos de dúvida. Contudo, confessamos que, para os estranhos, a maneira por que isso se passou era pouco concludente. Já na outra sessão foi diferente. Após duas horas de sono prévio, durante as quais a jovem sonâmbula foi ocupada em coisas bem interessantes, mas estranhas ao nosso objetivo, o Espírito lhe apareceu com um ramo de flores, visível apenas para ela. Só após algum tempo, aguilhoando a sua colaboração e incessantes pedidos, o Espírito fez cair a seus pés um ramo de açafrão. A moça não ficou satisfeita: o Espírito tinha ainda algo que ela queria. Novos pedidos durante cerca de meia hora, depois do que um maço de violetas, rodeadas de musgo, apareceu no soalho. Algum tempo depois um bombom do tamanho de um punho caiu ao seu lado. Pelo gosto foi reconhecido como conserva de abacaxi, que parecia amassada nas mãos.

Tudo isso durou cerca de uma hora e durante esse tempo a sonâmbula esteve sempre isolada dos assistentes; seu próprio magnetizador manteve-se a grande distância. Nós estávamos colocados de maneira a não perder de vista um só movimento e declaramos sinceramente que não houve a menor coisa suspeita. Nessa sessão o Espírito, que se chama Léon, prometeu vir à Sociedade dar as explicações que fossem pedidas.

Evocamo-lo na sessão da Sociedade, de 1.º de março, conjuntamente com o Espírito da Sra. Catherine, que se havia manifestado em Orléans e eis a palestra que se seguiu:

1. *(Evocação da Sra. Catherine).* R – Estou presente e pronta a responder.

2. – Dissestes à vossa filha e ao parente de Orléans que viríeis confirmar aqui os fenômenos que eles testemunharam. Ficaremos encantados se recebermos vossas explicações a respeito. Para começar, eu perguntaria com que objetivo insististes tanto para que me escrevessem relatando esses fatos? R – O que eu disse: estou pronta a fazê-lo, pois a vós é que mais se deve informar. Eu tinha dito aos meus filhos que vos comunicassem essas provas visando propagar o Espiritismo.

3.– Há poucos dias fui testemunha de fatos análogos e vou pedir ao Espírito que os produziu o favor de vir. Tendo podido observar todas as fases do fenômeno, como lhe dirigir várias perguntas. Peço-vos a bondade de vos unirdes a ele para completar as respostas, caso necessário. R – Farei o que me pedis; juntos haverá mais clareza e precisão.

4. *(Evocação de Léon).* R – Eis-me pronto a cumprir a promessa que vos fiz, senhor.

Observação: Muito frequentemente os Espíritos se dispensam de nossas fórmulas de polidez. Este oferece a particularidade de servir-se da palavra senhor, toda vez que o evocamos.

5. – Por favor, por que esses fenômenos só se produzem no sono magnético do médium? R – Isso se deve à natureza do médium. Os fatos que eu produzo quando o meu está adormecido poderiam também produzir-se em estado de vigília.

6. – Por que fazeis esperar tanto tempo o transporte de objetos e por que excitais a cobiça do médium, excitando nele o desejo de obter o objeto prometido? R – Esse tempo me é necessário para preparar os fluidos que servem para o transporte. Quanto à excitação, por vezes é apenas para divertir os presentes e a sonâmbula.

7. – Eu tinha pensado, que a excitação poderia produzir mais abundante emissão de fluidos da parte do médium e facilitar a combinação necessária. R – Vós vos enganastes, senhor: os fluidos que nos são necessários não pertencem ao médium, mas ao Espírito; e pode-se

mesmo, em certos casos, dispensá-los e o transporte ocorrer imediatamente.

8. – A produção do fenômeno é devida à natureza especial do médium e poderia ser realizada por outros médiuns com mais facilidade e presteza? R – A produção se deve à natureza do médium e não pode realizar-se senão com outros de natureza correspondente. Quanto à prontidão, o hábito que adquirimos, correspondendo muitas vezes com o mesmo médium, nos é de grande auxílio.

9. – A natureza do médium deve corresponder à natureza do fato ou à do Espírito? R – É preciso que corresponda à natureza do fato, e não à do Espírito.

10. – A influência das pessoas presentes serve para alguma coisa? R – Quando há incredulidade, oposição, pode muito bem nos prejudicar. Preferimos fazer nossas provas com crentes e pessoas versadas no Espiritismo. Com isso não quero dizer que a má vontade possa paralisar-nos completamente.

11. – Aqui só há crentes e pessoas muito simpáticas. Há algum empecilho a que o fato ocorra? R – Há: pois nem estou preparado nem disposto.

12. – Estaríeis num outro dia? R – Sim.

13. – Poderíeis fixá-lo? R – Um dia em que nada me pedirdes, virei de improviso surpreender-vos com um ramo de flores.

14. – Talvez haja pessoas que preferissem bombons. R – Se há gastrônomos, também podem ser contentados. Creio que as senhoras, que não desdenham as flores, gostarão ainda mais dos bombons.

15. – A Srta. V. B... necessitará estar em sonambulismo? R – Farei o transporte com ela desperta.

16. – Onde fostes buscar as flores e os bombons transportados? R – As flores eu as colho nos jardins, onde me agradam.

17. – Mas, os bombons? O negociante não lhes nota a falta? R – Eu os tomo onde me apraz. O negociante não percebe, porque ponho outros no lugar.

18. – Mas os anéis têm um valor. Onde os buscastes? Isso não prejudica àquele de onde os tirastes? R – Tirei-os de lugares de todos desconhecidos, de modo que ninguém lhes sentiu a falta.

19. – É possível trazer flores de outro planeta? R – Não; não me é possível.

20. – Outros Espíritos o poderiam? R – Sim; há Espíritos mais elevados do que eu que podem fazê-lo; quanto a mim, não posso encarregar-me disso. Contentai-vos com o que vos trago.

21. – Poderíeis trazer flores de um outro hemisfério, como, por exemplo, dos trópicos? R – Desde que sejam da Terra, posso.

22. – Como introduzistes esses objetos em outro ambiente, desde que a sala estava fechada? R – Fi-los entrar comigo, por assim dizer envoltos em minha substância. Quanto a vos falar mais longamente, isso não é explicável.

23. *(À Sra. Catherine)*. – Desde que o anel que trouxestes à vossa filha estava enterrado convosco, como o obtivestes? R – Retirei-o da terra e o trouxe à minha filha.

24. *(A Léon)*. – Como tornastes visíveis esses objetos que, momentos antes, eram invisíveis? R – Tirei a matéria que os envolvia.

25. – Poderíeis fazer desaparecer esses objetos que transportas-tes e os retransportar? R – Assim como os trouxe, posso levá-los à vontade.

26. – Ontem... (o Espírito retifica escrevendo *quarta-feira)*. É certo, quarta-feira o médium vos viu tomar uma tesoura e cortar flores de laranjeira no ramalhete que está em seu quarto. Realmente tivestes necessidade de um instrumento cortante. R – Absolutamente, eu não tinha tesoura; mas me fiz ver assim para que tivessem bem certeza de que era eu quem as tirava.

27. – Mas o ramo estava sob um globo de vidro? R – Oh! eu bem podia tirar o globo.

28. – Tirastes o globo? R – Não.

29. – Não compreendemos como isso pode ser. Credes que um dia chegaremos a nos explicar tal fenômeno? R – Em pouco tempo mesmo; não apenas o cremos: temos certeza.

30. – Quem acaba de responder? Léon ou a Sra. Catherine? R – Nós ambos.

31. – A produção do fenômeno de transporte vos causa esforço ou um embaraço qualquer? R – Não nos causa nenhum esforço, quan-

do temos permissão; mas nos causaria e grandes, se quiséssemos produzir efeitos sem que estivéssemos autorizados.

32. – Quais as dificuldades que encontrais? R – Nenhuma outra senão as más disposições fluídicas que nos podem ser contrárias.

33. – Como trazeis o objeto: segurais com as mãos? R – Não; nós o envolvemos entre nós.

34. – Traríeis com a mesma facilidade um objeto de um peso considerável, como, por exemplo, de 50 quilos? R – O peso nada é para nós: trazemos flores porque isso talvez seja mais agradável que um peso volumoso.

35. – Por vezes há desaparecimento de objetos cuja causa é ignorada. Seria coisa dos Espíritos? R – Isso acontece muitas vezes; mais do que pensais. E a coisa poderia ser remediada pedindo ao Espírito que devolvesse o objeto desaparecido.

36. – Há efeitos que se consideram como fenômenos naturais e que sejam devidos à ação de certos Espíritos? R – Vossos dias estão cheios desses fatos que não compreendeis porque não pensastes neles, mas que um pouco de reflexão vos faria ver claramente.

37. – Entre os objetos transportados não os há fabricados pelos Espíritos? Isto é, produzidos espontaneamente pelas modificações que os Espíritos podem introduzir no fluido ou elemento universal? R – Não por mim, pois não tenho permissão. Só um Espírito elevado o pode.

38. – Um objeto assim feito poderia ter estabilidade e tornar-se um objeto de uso? Se um Espírito me fizesse uma tabaqueira, por exemplo, poderia servir-me dela? R – Poderia ser, se o Espírito o quisesse. Mas, também, poderia ser apenas para a vista e extinguir-se ao cabo de algumas horas.

Observação: Na categoria dos fenômenos de transporte podem-se colocar os que se passaram à *Rue des Noyers* e que descrevemos na *Revista* de agosto de 1860. A diferença está em que, neste último caso, são produzidos por um Espírito malévolo, que apenas deseja causar perturbação, enquanto nestes de que aqui se trata são Espíritos benevolentes que procuram ser agradáveis e demonstrar simpatia.

Nota: Sobre a teoria da formação espontânea dos objetos, ver *O Livro dos Médiuns,* capítulo intitulado *Laboratório do Mundo Invisível.*

PALESTRAS FAMILIARES DE ALÉM-TÚMULO

O DR. GLAS

Nascido em Lião, morto a 21 de fevereiro de 1861, com 35 anos e meio

(SOCIEDADE ESPÍRITA DE PARIS, 5 DE ABRIL DE 1861)

O Dr. Glas era um espírita fervoroso. Sucumbia a uma longa e dolorosa enfermidade, cujos sofrimentos só foram atenuados pela esperança que dá o Espiritismo. Sua vida laboriosa e acidentada por preocupações amargas e um acidente, inicialmente desconhecido, abreviaram-lhe a existência. Foi evocado a pedido de seu pai.

1. *(Evocação)*. R – Eis-me aqui.

2. – Teríamos prazer de nos entretermos convosco, inicialmente para condescender ao desejo do senhor vosso pai e de vossa esposa e, depois, porque, à vista do estado dos vossos conhecimentos, esperamos deles aproveitar-nos nós mesmos. R – Desejo que esta comunicação seja para os que me lamentam uma consolação, e para vós, que me evocais, um assunto de estudos instrutivos.

3. – Parece que sucumbistes a uma doença cruel. Poderíeis darnos algumas explicações sobre a sua natureza e causa? R – Minha doença – hoje o vejo bem claramente – era toda moral e terminou por me extinguir dolorosamente o corpo. Quanto a me alongar sobre os meus sofrimentos, ainda os tenho bem presentes para não os recordar. Um trabalho persistente, aliado a uma contínua agitação do cérebro, eis a verdadeira fonte do meu mal.

Observação: Esta resposta é confirmada pela seguinte passagem da carta de seu pai: "Sua vida laboriosa e acidentada de preocupações amargas e um acidente, inicialmente desconhecido, abreviaram-lhe a existência." Esta carta não tinha sido lida antes da evocação e nem o médium nem os assistentes conheciam o fato.

4. – Também parece que vossas crenças vos ajudaram a suportar o sofrimento com coragem, pelo que vos felicitamos. R – Eu tinha em mim a consciência de uma vida melhor. Isto diz tudo.

5. – Essas crenças contribuíram para apressar o vosso despren-

dimento? R – Infinitamente, porque as ideias espiritualistas que se podem ter sobre a vida são, por assim dizer, as indulgências plenárias que afastam de vós, após a morte, toda influência terrena.

6. – Pedimos a fineza de nos descrever o mais exatamente possível a natureza da perturbação que experimentastes, sua duração e as sensações quando vos reconhecestes. R – Eu tinha em mim, assim que morri, o perfeito conhecimento de mim mesmo e entrevia com calma aquilo que tantos outros temem com tanto pavor. Meu traspasse foi curto e a consciência de mim mesmo não mudou. Ignoro quanto tempo durou a perturbação. Mas quando despertei, realmente estava morto.

7. – No momento em que vos reconhecestes, achastes-vos isolado? R – Sim; aliás, pelo coração eu estava ainda todo na Terra; não vi imediatamente Espíritos em volta de mim; somente pouco a pouco.

8. – Que pensais dos vossos confrades que, pela Ciência, buscam provar aos homens que neles não há senão matéria e que somente o nada os aguarda? R – Orgulho! Quando estiverem perto da morte, talvez os farão calar-se; é o que lhes almejo. Ah! como dizia Lamennais há pouco, há duas Ciências, a do bem e a do mal; eles têm a Ciência que vem dos homens – a do mal.

Observação: O Espírito faz alusão a uma comunicação que Lamennais acabara de dar momentos antes, prova de que não tinha esperado a evocação para vir à sessão.

9.– Estais frequentemente junto de vossa esposa, do vosso filho e do vosso pai? R – Quase constantemente.

10. – O sentimento que experimentais vendo-os é diferente do de quando em vida estáveis junto deles? R – A morte dá aos sentimentos, como às ideias, uma visão larga, mas cheia de esperança, que o homem não pode apreender na Terra. Eu os amo, mas os queria junto a mim. É sobretudo em vista das esperanças futuras que o Espírito deve ter coragem e sangue-frio.

11. – Estando aqui, podeis vê-los em casa sem esforço? R – Oh! perfeitamente.

Observação: Um Espírito inferior não o poderia. Os que têm uma certa elevação são os que podem ver simultaneamente de pontos diferentes. Os outros estão ainda muito terra-a-terra.

Lendo esta resposta, sem dúvida certas pessoas dirão que era uma boa ocasião de controle; que se deveria ter perguntado ao Espírito o que faziam os seus parentes nesse momento e verificar se era exato. Com que objetivo tê-lo-íamos feito? Para nos assegurarmos de que era realmente um Espírito que nos falava? Mas se não fosse um Espírito, é que o médium nos enganava. Ora, há muitos anos esse médium dá o seu concurso à Sociedade e jamais tivemos ocasião de suspeitar de sua boa-fé.

Se o tivéssemos feito, como prova de identidade, não nos teria valido grande coisa, porque um Espírito enganador teria podido sabê-lo tanto quanto o Espírito verdadeiro. Assim, a questão teria entrado na categoria das perguntas de curiosidade e de prova, que os Espíritos sérios desprezam e às quais jamais respondem. Como fato, sabemos por experiência que isto é possível; mas sabemos, também, que quando um Espírito quer entrar em certos detalhes, fá-lo espontaneamente, se o julgar útil, e não para satisfazer um capricho.

12. – Fazeis distinção entre o vosso Espírito e o vosso perispírito? Qual a diferença que estabeleceis entre as duas coisas? R – Penso, logo sinto e tenho uma alma, como diz o filósofo. Não sei mais que ele a respeito. Quanto ao perispírito, é uma forma, como sabeis, fluídica e natural; mas buscar a alma é querer buscar o absoluto espiritual.

13. – Credes que a faculdade de pensar resida no perispírito? Numa palavra, que a alma e o perispírito sejam uma só e mesma coisa? R – É absolutamente como se perguntásseis se o pensamento reside no vosso corpo. Um se vê, o outro se sente e se concebe.

14. – Assim, não sois um ser vago e indefinido, mas um ser limitado e circunscrito? R – Limitado, sim; mas rápido como o pensamento.

15. – Teríeis a bondade de precisar o lugar onde estais aqui? R – À vossa esquerda e à direita do médium.

Nota: O Sr. Allan Kardec senta-se no mesmo lugar indicado pelo Espírito.

16. – Fostes obrigado a deixar o vosso lugar para mo ceder? R – Absolutamente: nós passamos através de tudo, como tudo passa através de nós; é o corpo espiritual.

17. – Assim, estou mergulhado em vós? R – Sim.

18. – Por que não vos sinto? R – Porque os fluidos que compõem o perispírito são muito etéreos, não suficientemente materiais para vós. Mas pela prece, pela vontade, numa palavra, pela fé, os fluidos podem tornar-se mais ponderáveis e materiais, e mesmo afetar o tato, o que acontece nas manifestações físicas e é a conclusão desse mistério.

Observação: Suponhamos um raio luminoso penetrando num quarto escuro: pode-se atravessá-lo, nele mergulhar, sem lhe alterar a forma nem a natureza; embora esse raio seja uma espécie de matéria, é tão sutil que não constitui obstáculo à passagem da matéria mais compacta. Dá-se o mesmo com uma coluna de fumaça ou de vapor que, igualmente, pode atravessar-se sem dificuldade. Apenas, como o vapor tem mais densidade, produzirá no corpo uma impressão que não produz a luz.

19. – Suponhamos que neste momento vos pudésseis tornar visível aos olhos da assembleia. Que - efeito produziriam nossos dois corpos, assim, um dentro do outro? R – O efeito que vós mesmos imaginais, naturalmente: todo o vosso lado esquerdo seria menos visível que o lado direito; estaria num nevoeiro, no vapor do perispírito; o mesmo se daria do lado direito do médium.

20. – Suponhamos agora que vos pudésseis tornar, não só visível, mas tangível, como acontece por vezes. Isto poderia ser, conservando a situação em que estamos? R – Forçosamente eu mudaria um pouco de lugar; eu me construiria ao vosso lado.

21. – Há pouco, quando falei da visibilidade só, dissestes que estaríeis entre mim e o médium, o que indica teríeis mudado de lugar. Agora, para a tangibilidade, parece que vos afastaríeis ainda mais. Não seria possível tomardes as duas aparências conservando nossa primeira posição, eu ficando mergulhado em vós? R – Não, absolutamente, pois respondo à pergunta. Eu me reconstruiria ao lado; não me posso solidificar naquela posição; não posso aí ficar a não ser que fique fluídico.

Observação: Da explicação ressalta grave ensinamento. No estado normal, isto é, fluídico e invisível, o perispírito é perfeitamente penetrável à matéria sólida; no estado de visibilidade, já há um começo de condensação que o torna menos penetrável; no estado de tangibilidade, a condensação é completa e a penetrabilidade desaparece.

22. – Credes que um dia a Ciência chegue a submeter o perispírito à apreciação dos instrumentos, como o faz com os outros fluidos? R – Perfeitamente. Não conheceis ainda senão a superfície da matéria; mas a finura, a essência da matéria só conhecereis pouco a pouco. A eletricidade e o magnetismo são caminhos certos.

23. – Com que outro fluido conhecido tem analogia o perispírito? R – A luz, a eletricidade e o oxigênio.

24. – Há aqui uma pessoa que julga ter sido vosso camarada de colégio; não a reconheceis? R – Não a vejo; não me lembro.

25. – É o Sr. Lucien B..., de Montbrison, que esteve convosco no colégio de Lião. R – Eu jamais pensaria em vos encontrar assim. Fiz sérios estudos na Terra; mas vos asseguro que meus estudos, como Espírito, são ainda mais sérios. Obrigado, mil vezes, por vossa boa lembrança.

QUESTÕES E PROBLEMAS DIVERSOS

O Sr. Jobard, de Bruxelas, nos envia a carta que segue, bem como as respostas por ele obtidas às diversas perguntas.

"Meu caro Presidente

Estando Bruxelas tão longe de Paris quanto a Lua do Sol, os raios do Espiritismo ainda não a aqueceram. Entretanto o Sr. Nicolas B..., tendo me consagrado dois dias, nos indicou um médium intuitivo escrevente de primeira qualidade, que nos encanta diariamente, tanto mais quanto o mesmo está admirado dos magníficos ditados que lhe são feitos pelo Espírito de Tertuliano, o qual deseja que ele escreva um livro explicativo do quadro da Criação dos mundos, a partir do caos até Deus. Eu o li ontem ao grande pintor Wiertz, que o compreendeu e lhe quer consagrar uma página de 100 pés. Não ouso enviar-vos esses sublimes ditados antes que vos tenhais assegurado da identidade do personagem. Junto apenas duas ou três passagens que acabo de extrair dos rascunhos mediúnicos que conservo preciosamente.

Nós chamamos *Cabanis,* o materialista, que é tão infeliz quanto o vosso ateu e todos os outros quebradores de lápis. Chamai, então, a Henri Mondeux, para saber a longa fieira de matemáticos que ele deve ter habitado. Todo mundo quer que seja descoberto Jud, o assassino do Sr. Poinsot. A reedição de Gaëte nos foi anunciada com oito dias de antecedência. Eu também tenho ordem de escrever um livro, mas não sei por onde começar, não sendo nem podendo me tornar um médium escrevente, sob o pretexto de que não é mais necessário. Vosso discurso de Lião é admirável; eu o fiz ler aos *humanimais* mais adiantados de nossa Lua. Não há muitos aqui, que pena! Quando poderei ir aquecer-me ao vosso Sol? Adeus, caro Mestre.

Jobard"

P – Os magos, os sábios, os grandes filósofos e os profetas antigos não eram médiuns? R – Evidentemente, sim. O laço que os unia às inteligências superiores agia sobre eles e lhes inspirava nobres pensamentos, sem falar de sua própria superioridade, que lhes permitia emitissem apreciações mais exatas. Eles comunicavam aos Espíritos encarnados ideias que pareciam profecias, porque as profecias não passam de comunicações vindas dos grandes Espíritos. E como estes possuem uma parte dos atributos divinos, as ideias enunciadas tinham um caráter de adivinhação e forçosamente se realizaram nos tempos e datas indicados.

P – A mediunidade é, pois, um favor aos que a possuem? R – O verdadeiro médium, que não faz profissão desse dom sublime, evidentemente deve tornar-se melhor. Como não poderia sê-lo, quando a cada instante pode receber impressões tão favoráveis ao seu progresso no caminho do bem? As ideias filosóficas que emite, não só por seu próprio Espírito, mas ainda, e sobretudo, por nós, são retificadas naquilo que a sua inteligência, muito fraca, pudesse compreender mal e mal enunciar.

Observação do Sr. Jobard: Destas respostas cheias de justeza segue-se que os bons médiuns se multiplicam, melhorando a raça humana que, num dado tempo, acabará trazendo o Reino de Deus para a Terra.

P – Nas estatísticas da criminalidade nota-se que os operários que trabalham o ferro figuram raramente. Teria o ferro alguma influência sobre eles? R – Sim. Porque nesse trabalho manual de transformação da matéria existe algo que deve elevar o espírito, ainda o menos dotado. Uma influência magnética age sobre ele. O ferro é o pai de todos os minerais: é mais útil ao homem e para este representa a vida de todos os dias, ao passo que os metais que chamais *ricos* representam para os espíritos em baixo estágio a fonte da satisfação de toda as paixões humanas. São os instrumentos do Espírito do mal.

P – Os metais podem transformar-se, todos, uns nos outros, como pretendem certos sábios? R – Sim. Mas tal transformação só se fará com o tempo.

P – E o diamante? R – É carbono desprendido da fonte que o produziu em estado gasoso e que se cristalizou sob pressões que não podeis apreciar. Mas chega de perguntas. Não as posso responder.

Tertuliano

Observação do Sr. Jobard: Geralmente os Espíritos se recusam a responder às perguntas que poderiam fazer a fortuna de um homem sem trabalho. A este cabe buscar, porque as pesquisas fazem parte das provas que deve sofrer na *penitenciária* que devemos atravessar. É provável que os Espíritos não saibam mais que nós quanto às descobertas a fazer; podem, entretanto, pressenti-las, como nós; podem guiar-nos em nossas pesquisas, mas não nos podem evitar o prazer ou o trabalho de pesquisar. Nem por isso é menos agradável, quando julgamos ter uma solução, obter a sua aprovação, que podemos considerar como uma confirmação.

Nota: Sobre o assunto da observação acima, vide *O Livro dos Espíritos,* nº. 532 e seguintes; *O Livro dos Médiuns,* cap. das *Evocações; Perguntas que podem ser feitas aos Espíritos,* nº. 78 e seguintes.

Observação do Sr. Allan Kardec: A carta do nosso honrado confrade é anterior à publicação do número de março da *Revista*, no qual inserimos um artigo sobre o Sr. Poinsot. Quanto a Henri Mondeux, várias explicações foram dadas na Sociedade; mas as circunstâncias não permitiram ainda completar sua evocação, motivo pelo qual ainda não nos manifestamos. Quanto ao pedido do Sr. Jobard de nos assegurarmos da identidade do Espírito que se comunicou sob o nome de Tertuliano, já lhe respondemos em tempo o que a respeito dissemos em nosso *O Livro dos Médiuns.* Não poderia haver provas materiais de identidade do Espírito de personagens antigos. Sobretudo quando se trata de um ensinamento superior, o mais das vezes o nome é apenas um meio de fixar as ideias, visto como entre os Espíritos que nos vêm instruir, o número dos desconhecidos na Terra é incontestavelmente o maior. O nome é, antes, um sinal de analogia que de identidade. Só se deve ligar-lhe uma importância secundária. O que há a considerar antes de tudo é a bondade e a racionalidade do ensino. Se em nada desmentir o caráter do Espírito cujo nome toma, se estiver à sua altura, é o essencial. Se for inferior, a origem deve ser suspeita, porque um Espírito pode fazer melhor, mas não pior do que quando vivo, desde que pode ganhar, mas não perder o que adquiriu. As respostas seguintes, consideradas sob tal ponto de vista, nos parecem atribuíveis a Tertuliano, de onde concluímos que pode ser ele, sem poder afirmá-lo, ou um Espírito de seu nível, que tomou esse nome para indicar a categoria que ocupa.

* * *

As perguntas e respostas que se seguem nos foram enviadas por um de nossos correspondentes em São Petersburgo.

1. – Eu queria me dar conta de qual pode ser o destino *da beleza*

no Universo. Não será um escolho que serve às provas? R – Crê-se em tudo o que se espera; espera-se tudo o que se ama; ama-se tudo o que é belo. Assim, a beleza contribui para fortalecer a fé. Se, muitas vezes, ela se torna uma tentação, não é por causa da beleza em si, que é um atributo das obras de Deus, mas por causa das paixões que, semelhantes às Harpias, fanam tudo o que tocam.

2. – E que dirás do amor? R – É um bem de Deus, quando germina e se desenvolve num coração não corrompido, casto e puro; é uma calamidade quando as paixões a ele se misturam. Tanto eleva e depura no primeiro caso, quanto perturba e agita no segundo. É sempre a mesma admirável Lei do Eterno: beleza, amor, memória de uma outra existência, talentos que trazeis ao nascer. Todos os dons do Criador podem tornar-se venenos ao sopro contaminado das paixões que o livre-arbítrio pode conter ou desenvolver.

3.– Peço a um bom Espírito a bondade de me esclarecer quanto às perguntas que lhe vou submeter, a propósito dos fatos relatados às páginas 223 e seguintes de *O Livro dos Médiuns* sobre a transfiguração. R – Pergunta.

4. – Se, no aumento do volume e do peso da mocinha dos arredores de Saint-Étienne, o fenômeno se produzia pelo adensamento de seu perispírito, combinado com o de seu irmão, como é que os olhos dela, que deviam ter ficado no mesmo lugar, podiam ver através da espessa camada de um novo corpo, que se formava ante eles? R – Como veem os sonâmbulos com as pálpebras fechadas: pelos olhos da alma.

5. – No citado fenômeno o corpo aumentou. No fim do Capítulo VIII se diz ser provável que se a transfiguração tivesse ocorrido sob o aspecto de uma criancinha, o peso teria diminuído proporcionalmente. Não posso me dar conta, de acordo com a teoria da radiação e da transfiguração do perispírito, que este possa tornar-se menor que o corpo sólido. Parece-me que este deveria ultrapassar os dois perispíritos combinados. R – Como o corpo pode tornar-se invisível pela vontade de um Espírito superior, o da mocinha se torna, por uma força independente de sua vontade. Ao mesmo tempo, combinando-se com o do menino, seu perispírito pode formar, e com efeito forma, a imagem dessa criança. A teoria da mudança do peso específico te é conhecida.

6. – Depois de ter dissipado uma a uma as minhas dúvidas e rea-

firmado minha fé na sua base, o Espiritismo me deixa uma questão não resolvida. Ei-la. Como os Espíritos novos, que Deus cria, e que se destinam a um dia tornar-se Espíritos puros, depois de terem passado pela peneira de uma porção de existências e de provas, saem tão imperfeitos das mãos do Criador, que é a fonte de toda perfeição e não se melhoram gradativamente senão se afastando de sua origem? R – Esse mistério é um dos que o Eterno não nos permite penetrar antes que nós, Espíritos errantes, ou encarnados, tenhamos atingido a perfeição que nos é assinalada, graças à bondade divina, perfeição que nos reaproximará de nossa origem e fechará o círculo da eternidade.

Observação: Nosso correspondente não nos diz qual o Espírito que lhe respondeu; mas a sabedoria de suas respostas prova que não é um Espírito vulgar. Eis o essencial. Porque, como se sabe, o nome pouco importa. Nada temos a dizer quanto às suas primeiras respostas, que em todos os pontos concordam com o que nos foi ensinado, prova de que a teoria que demos dos fenômenos espíritas não é produto de nossa imaginação, pois que é dada por outros Espíritos, em tempos e lugares diversos e fora de nossa influência pessoal. Só a última resposta não resolve a pergunta feita. Vamos tratar de fornecê-la. Digamos para começar que a solução pode ser deduzida facilmente do que está dito, com desenvolvimento, em *O Livro dos Espíritos,* sobre a *progressão dos Espíritos,* n.º 114 e seguintes. Teremos pouco a acrescentar. Os Espíritos saem das mãos do Criador simples e ignorantes, mas nem são bons, nem maus, pois do contrário, desde a sua origem, Deus teria votado uns ao bem e à felicidade, e outros ao mal e à desgraça, o que nem concordaria com a sua bondade, nem com a sua justiça. No momento de sua criação, os Espíritos não são imperfeitos senão do ponto de vista de desenvolvimento intelectual e moral, como a criança ao nascer, como o germe contido no grão da árvore. Mas não são maus por natureza. Ao mesmo tempo que neles se desenvolve a razão, o livre-arbítrio, em virtude do qual escolhem, uns, o bom caminho, outros, o mau, faz que uns cheguem ao objetivo mais cedo que outros. Mas todos, sem exceção, devem passar pelas vicissitudes da vida corpórea, a fim de adquirir experiência e ter o mérito da luta. Ora, nessa luta uns triunfam, outros sucumbem; mas os vencidos podem sempre erguer-se e resgatar as suas derrotas.

Essa questão levanta outra, mais grave, que várias vezes nos foi apresentada. É a seguinte: Deus, que tudo sabe, o passado, o presente e o futuro, deve saber que tal Espírito tomará o mau caminho, sucumbirá e será infeliz. Nesse caso, por que o criou?

Sim. Certamente Deus sabe muito bem a linha que seguirá um Espírito, do contrário não teria a ciência soberana; se o mau caminho a que se atira o Espírito devesse fatalmente conduzi-lo a uma *eternidade absoluta* de penas e sofrimentos; se, porque tivesse falido lhe fosse para sempre vedado reabilitar-se, a objeção acima teria uma força de lógica incontestável e talvez aí estivesse o mais poderoso argumento contra o dogma dos suplícios eternos; porque, nesse caso, impossível é sair do dilema: ou Deus não conhece a sorte reservada à sua criatura e então não tem a soberana ciência; se a conhece, Ele a criou para ser eternamente infeliz e, então, não tem a soberana bondade. Com a Doutrina Espírita, tudo concorda perfeitamente, e não há contradição: Deus sabe que um Espírito tomará um mau caminho; conhece todos os perigos de que está este semeado, mas, também, sabe que dele sairá e que apenas terá um atraso; e, na sua bondade e para lhe facilitar, multiplica em sua rota as advertências salutares, das quais infelizmente nem sempre se aproveita. É a história de dois viajantes que querem chegar a uma bela região onde viverão felizes. Um sabe evitar os obstáculos, as tentações, que o fariam parar no caminho; o outro, por imprudência, choca-se nos mesmos obstáculos, leva quedas que o atrasam, mas chegará por sua vez. Se, em caminho, pessoas caridosas o previnem dos perigos que corre e se, por presunção, não as escuta, não será senão mais repreensível.

O dogma da eternidade absoluta das penas abre brecha por todos os lados, não só pelo ensino dos Espíritos, mas pela simples lógica do bom-senso. Sustentá-lo é desconhecer os atributos mais essenciais da Divindade; é contradizer-se afirmando de um lado o que se nega do outro; ele cai e as fileiras de seus partidários se esclarecem dia a dia, de tal sorte que, se é absolutamente necessário nele crer para ser católico, em breve não haverá mais verdadeiros católicos, assim como hoje não os haveria se a Igreja tivesse persistido em fazer artigo de fé o movimento do Sol e os seis dias da Criação. Persistir numa tese que a razão repele, é desfechar um golpe fatal na religião e dar armas ao materialismo; ao contrário, o Espiritismo vem reanimar o sentimento religioso, que se inclina aos golpes desferidos pela incredulidade, dando sobre as questões do futuro uma solução que o mais severo raciocínio pode admitir. Recusá-lo é rejeitar a tábua de salvação.

ENSINAMENTOS E DISSERTAÇÕES ESPÍRITAS

SRA. DE GIRARDIN

(SOCIEDADE ESPÍRITA DE PARIS, MÉDIUM: SRA. COSTEL)

Nota: Tendo sido feitas algumas críticas sobre a comunicação, ditada numa sessão anterior, pela Sra. de Girardin, esta as respondeu espontaneamente. Faz alusão às circunstâncias que acompanharam aquela comunicação.

"Venho agradecer ao associado que teve a bondade de apresentar a minha defesa e minha reabilitação moral perante vós. Com efeito, em vida eu amava e respeitava as leis do bom gosto, que são as da delicadeza, diria mais, do coração, para o sexo a que pertencia; depois de minha morte, permitiu Deus que eu fosse bastante elevada para praticar fácil e simplesmente os deveres da caridade, que nos ligam a todos, Espíritos e homens. Dada esta explicação, não insistirei sobre a comunicação assinada por meu nome, pois a crítica e a censura nem convêm a meu médium, nem a mim. Assim, crede que virei quando for evocada, mas que jamais me interporei nos incidentes fúteis. Eu vos falei das crianças. Deixai-me retomar esse assunto, que foi a chaga dolorosa de minha vida. A mulher necessita da dupla coroa do amor e da maternidade, para preencher o mandato de abnegação que Deus lhe confiou, ao lançá-la na Terra. Ah! eu jamais conheci essa doce e suave preocupação que na alma imprimem esses frágeis depósitos. Quantas vezes segui com os olhos rasos de lágrimas amargas as crianças que, brincando, vinham roçar meu vestido. E eu sentia a angústia e a humilhação de minha derrota. Eu tremia, esperava, escutava, e minha vida, cheia dos sucessos do mundo, frutos cheios de cinzas, não me deixou senão um gosto amargo e decepcionante."

Delphine de Girardin

Observação: Há neste trecho uma lição que não pode passar inapercebida. Fazendo alusão a certas passagens de sua comunicação precedente, que tinha levantado algumas objeções, disse a Sra. de Girardin que, em vida amava e respeitava as leis do bom gosto, que são as da delicadeza, e que conservou esse sentimento depois da morte, consequentemente, repudia tudo o que, nas comunicações que levam o seu nome, se afaste do bom gosto. Depois da morte, a alma reflete as qualidades e defeitos que tinha na vida corporal, salvo os progressos que possa ter feito no bem, porque pode ter-se melhorado; mas não se mostra nunca inferior ao que era. Na apreciação das comunicações de um Espírito, pois, há muitas vezes nuanças de extrema delicadeza a observar, para distinguir o que realmente é dele, ou o que poderia ser uma substituição. Os Espíritos realmente elevados não se contradizem nunca e se pode atrevidamente rejeitar tudo quanto desmentisse o seu caráter. Essa apreciação é tanto mais difícil quanto a uma comunicação perfeitamente autêntica pode misturar-se um reflexo, seja do próprio Espírito do médium, que não exprime exatamente o pensamento, seja de um Espírito estranho, que se interpõe, insinuando seu próprio pensamento no do médium. Assim, devem considerar-se como apócrifas as comunicações que, em todos os pontos, e pelo mesmo fundo das ideias, desmentissem o caráter do Espírito cujo nome levam. Mas seria injusto lhes condenar o conjunto, por algumas manchas parciais, devidas à causa que acabamos de assinalar.

A PINTURA E A MÚSICA

(SOCIEDADE ESPÍRITA DE PARIS. MÉDIUM: SR. ALFRED DIDIER)

A arte foi definida cem mil vezes: é o belo, o verdadeiro, o bem. A música, que é um dos ramos da arte, está inteiramente no domínio da sensação. Entendamo-nos e procuremos não ser obscuro. A sensação se produz no homem quando este compreende a arte de duas maneiras distintas, mas estreitamente ligadas; a sensação do pensamento que tem por conclusão a melancolia ou a filosofia e, depois, a sensação que pertence toda ao coração. A música, a meu ver, é a arte que vai mais diretamente ao coração. A sensação – compreendeis-me – está toda no coração; a pintura, a arquitetura, a escultura, a pintura antes de tudo, atingem muito mais a sensação cerebral. Numa palavra, a música vai do coração ao espírito, a pintura do pensamento ao coração. A exaltação religiosa criou o órgão. Na Terra, quando a poesia toca o órgão, os anjos do céu lhe respondem. Assim, a música séria, religiosa, eleva a alma e os pensamentos. A música leve faz vibrar os nervos, nada mais. Eu bem queria citar algumas personalidades, mas não tenho o direito: não estou mais na Terra. Amai o *Réquiem* de Mozart, que o matou. Não desejo mais que os Espíritos a vossa morte pela música, entretanto, a morte viva. Aí está o esquecimento de tudo quanto é terreno, pela elevação moral.

Lamennais

FESTAS DOS BONS ESPÍRITOS

A CHEGADA DE UM IRMÃO

(ENVIADA PELA SRA. CAZEMAJOUX, MÉDIUM, DE BORDÉUS)

Também temos nossas festas e isso acontece com frequência, porque os bons Espíritos da Terra, nossos bem-amados irmãos, despojando-se de seu invólucro material, nos estendem os braços e nós vamos, em grupo inumerável, recebê-los à entrada da estância que, daí em diante, vão habitar conosco. E nessas festas não se agitam, como nas vossas, as paixões humanas que, sob rostos graciosos e frontes coroadas de flores, se ocultam a inveja, o orgulho, o ciúme, a vaidade, o desejo de agradar e de primar sobre rivais nesses prazeres fictícios, que não o são. Aqui reinam a alegria, a paz, a concórdia; cada um está contente com a posição que lhe é designada e feliz com a felicidade de seus irmãos. Então, meus amigos! com esse acordo perfeito, que reina entre nós, nossas festas têm um encanto indescritível. Milhões de músicos cantam em liras harmoniosas as maravilhas de Deus e da Criação, com acentos mais deslumbrantes que vossas mais suaves melodias. Longas processões aéreas de Espíritos volitam como zéfiros, lançando sobre os recém-chegados nuvens de flores cujo perfume e variadas nuanças não podeis compreender. Depois, o banquete fraterno a que são convidados os que com felicidade terminaram suas provas, e vêm receber a recompensa de seus trabalhos. Oh! meu amigo, tu desejarias saber mais, mas a vossa linguagem é incapaz de descrever essas magnificências. Eu vos disse bastante, a vós que sois os meus bem-amados, para vos dar o desejo de as aspirar; e então, caro Émile, livre da missão que realizei junto a ti, na Terra, eu a continuarei para te conduzir através do espaço, e te fazer desfrutar todas as felicidades.

Felícia

(Esposa do evocador e há um ano seu guia protetor)

VINDE A NÓS

(ENVIADA PELA SRA. CAZEMAJOUX, MÉDIUM, DE BORDÉUS)

O Espiritismo é a aplicação da moral evangélica, pregada pelo Cristo, em toda a sua pureza; e os homens que o condenam sem o conhecer são pouco prudentes. Com efeito, por que qualificar de superstição, de charlatanice, de sortilégio, de demoniomania as coisas que o vulgar bom-senso faria aceitar se quisessem estudá-lo? A alma é imortal: é o Espírito. A matéria inerte é o corpo perecível a despojar-se de suas formas para se tornar, quando o Espírito a deixou, num monte de podridão sem nome. E achais lógico, vós que não acreditais no Espiritismo, que esta vida, que, para a maioria dentre vós, é de amargura, de dores, de decepções, um verdadeiro purgatório, não tenha outro objetivo senão o túmulo! Desenganai-vos; vinde a nós, pobres deserdados dos bens, das grandezas e dos prazeres terrenos; vinde a nós e sereis consolados, vendo que vossas dores, vossas privações, vossos sofrimentos devem abrir-vos as portas de mundos felizes e que Deus, justo e bom para todas as criaturas, só nos provou para nosso bem, segundo a palavra do Cristo. Bem-aventurados os que choram, porque serão consolados. – Vinde, pois, incrédulos e materialistas; colocai-vos sob a bandeira na qual, em letras de ouro, estão escritas estas palavras: Amor e caridade para os homens, que são todos irmãos; bondade e justiça, indulgência de um pai grande e generoso para os Espíritos que criou, e que eleva a si por caminhos seguros, embora vos sejam desconhecidos; a caridade, o progresso moral, o desenvolvimento intelectual vos conduzirão ao autor e senhor de todas as coisas.

Não vos instruímos senão para que, por vossa vez, trabalheis para espalhar essa instrução; mas, sobretudo, fazei-o sem azedume; sede pacientes e esperai. Lançai a semente; a reflexão e a ajuda de Deus fá-la-ão frutificar, a princípio para um pequeno número, que fará como vós e, pouco a pouco, aumentando o número dos trabalhadores, vos fará esperar, após as semeaduras, uma boa e abundante colheita.

Ferdinand,
Filho do médium.

PROGRESSO INTELECTUAL E MORAL

(ENVIADA PELO SR. SABÒ, DE BORDÉUS)

Venho dizer-vos que o progresso moral é o de mais útil aquisição, porque nos corrige as más inclinações e nos torna bons, caridosos e devotados aos nossos irmãos. Contudo, o progresso intelectual é também útil ao nosso adiantamento, porque eleva a alma, faz-nos julgar mais corretamente as nossas ações, assim facilitando o progresso moral; inicia-nos aos ensinos que Deus nos faz sejam dados desde séculos por tantos homens de méritos diversos, que vieram sob todas as formas e em todas as línguas para nos dar a conhecer a verdade e que não eram senão Espíritos já adiantados, enviados por Deus para desenvolverem o entendimento humano. Mas na época em que viveis, a luz que apenas clareia a um pequeno número, vai brilhar para todos. Trabalhai, pois, para compreenderdes a grandeza, o poder, a majestade, a justiça de Deus; para compreenderdes a sublime beleza de suas obras; para compreenderdes as magníficas recompensas concedidas aos bons e os castigos infligidos aos maus; para compreenderdes, enfim, que o único objetivo que deveis aspirar é o de vos aproximardes dele.

Georges
(Bispo de Périgueux e de Sarlat, feliz por ser um dos guias do médium)

A INUNDAÇÃO

(ENVIADA PELO SR. CASIMIR H., DE INSBRUCK TRADUZIDO DO ALEMÃO)

Numa região outrora estéril, um dia surgiu uma fonte. A princípio simples filete d'água, que correu na planície e a que não deram importância. Pouco a pouco a linfa engrossou, tornando-se ribeirão; alargou-se, cobriu as terras vizinhas, mas as que ficaram descobertas foram fertilizadas e produziram a cem por um. Contudo, um proprietário ribeirinho, descontente por ver seu terreno recuado, tentou barrar o curso para reconquistar a porção coberta pelas águas, julgando aumentar sua riqueza. Ora, aconteceu que o ribeirão desviado submergiu tudo, terreno e proprietário.

Eis a imagem do progresso: como rio impetuoso, rompe os diques que se lhe opõem e arrasta com ele os imprudentes que, ao invés de lhe seguir o curso, procuram travá-lo. Será o mesmo com o Espiritismo. Deus o envia para fertilizar o terreno moral da Humanidade. Bem-aventurados os que souberem aproveitá-lo e infelizes os que tentarem opor-se aos desígnios de Deus! Não o vedes avançar a passos de gigante pelos quatro pontos cardeais? Por toda parte sua voz se faz ouvir e em breve cobrirá de tal modo a dos inimigos, que estes serão forçados ao silêncio e constrangidos a se curvar ante a evidência. Homens! os que tentam deter a marcha irresistível do progresso vos preparam rudes provas. Deus permite que assim seja para castigo de uns e glorificação de outros. Mas vos dá no Espiritismo o piloto que deverá vos conduzir ao porto, levando nas mãos a bandeira da esperança.

Wilhelm,
avô do médium.

Allan Kardec

ANO IV
JUNHO DE 1861

CHANNING

DISCURSO SOBRE A VIDA FUTURA

PREGADO POR CHANNING, NO DOMINGO DA PÁSCOA DE 1834, APÓS A MORTE DE UM AMIGO

Temos reproduzido várias vezes, nesta *Revista*, ditados espontâneos do Espírito de Channing, que não desmentem a sua superioridade de caráter e de inteligência. Nossos leitores serão gratos por lhes darmos uma ideia das opiniões que ele professava em vida, pelo fragmento seguinte de um de seus discursos, cuja tradução devemos à gentileza de um dos nossos assinantes. Sendo seu nome pouco conhecido na França, precedemo-lo de curta notícia biográfica.

William Ellery Channing nasceu em 1780 em Newport, Rhode-Island, Estado de Nova York. Seu avô, William Ellery, assinou a famosa declaração da independência. Channing foi educado no Harward College, destinado à profissão médica. Mas seus gostos e aptidões o levaram à carreira religiosa e em 1803 tornou-se ministro da capela *unitária* de Boston. Desde então ficou sempre nessa cidade, professando a doutrina dos *Unitários,* seita protestante que conta numerosos adeptos na Inglaterra e na América, nas camadas mais altas. Tornou-se notável por seus pontos de vista amplos e liberais; por sua eloquencia admirável, suas obras numerosas e a profundidade filosófica, é contado entre os homens mais destacados nos Estados Unidos. Partidário declarado da paz e do progresso, pregou sem tréguas contra a escravidão e fez a esta instituição uma guerra tão encarniçada, que a muitos liberais tal excesso de zelo, prejudicial à sua popularidade, por vezes parecia inoportuno. Seu nome ganhou autoridade entre os antiescravagistas. Morreu em Boston em 1842, aos 62 anos de idade. Gannet o sucedeu como chefe dos Unitários.

"Para a massa dos homens, o céu é quase sempre um mundo de fantasia: falta-lhe substância; a ideia de um mundo no qual existam seres sem corpos grosseiros, Espíritos puros ou revestidos de corpos espirituais ou etéreos lhes parece pura ficção; aquilo que não se pode ver nem tocar não lhes parece real. Isso é triste mas não espanta, porque, como é que homens mergulhados na matéria e em seus interesses, não cultivando o conhecimento da alma e de suas capacidades espirituais, podem compreender uma vida espiritual mais elevada? A multidão considera como sonhador visionário aquele que fala claramente e com alegria de sua vida futura e da vitória do Espírito sobre a decomposição corpórea. Esse ceticismo sobre as coisas espirituais e celestes é tão irracional e pouco filosófico quanto aviltante.

* * *

E quanto é irracional imaginar que não haja outros mundos senão este, outro modo de existência mais elevado que o nosso! Quem é aquele que, percorrendo os olhos sobre esta Criação imensa, pode duvidar de que haja seres superiores a nós, ou ver alguma coisa de antirracional em conceber o Espírito num estado menos circunscrito, menos entravado do que na Terra, por outras palavras, que haja um mundo espiritual?

* * *

Aqueles que nos deixaram por um outro mundo devem tomar por este um interesse ainda mais profundo. Seus laços com os que aqui deixaram se depuram, mas não se dissolvem. Se o estado futuro é um melhoramento do estado presente, se a inteligência deve ser fortalecida e o amor expandido, a memória, poder fundamental da inteligência, deve agir sobre o passado com uma energia maior, e todas as afeições benévolas que aqui mantivemos devem receber uma atividade nova. Supor a vida terrena apagada do Espírito seria destruir a sua utilidade, romper a relação dos dois mundos e subverter a responsabilidade, porque como a recompensa ou o castigo atingiriam uma existência esquecida? Não. É preciso que conosco levemos o presente, seja qual for o nosso futuro, feliz ou desditoso. É verdade que os bons formarão laços novos mais santos, mais fortes; mas, sob a influência expansiva desse mundo melhor, o coração terá uma capacidade bastante grande para reter os laços antigos, enquanto forma novos; lembrar-se-á com ternura do seu lugar de nascimento, enquanto goza de uma existência mais madura e mais feliz. Se eu me pudesse figurar que aqueles que partiram morrem para os que ficam, eu os honraria e amaria menos. O homem que, deixando-os, esquece os seus, parece desprovido dos melhores sentimentos de nossa natureza; e se, em sua nova pátria, os justos devessem esquecer os seus pais na Terra, se, ao se aproximarem de Deus, devessem cessar de interceder por eles, poderíamos achar que a mudança lhes foi proveitosa?

Poder-se-ia perguntar se os que são levados ao céu não só se lembram com interesse dos que deixaram na Terra, mas, ainda, se têm um conhecimento presente e imediato. Não tenho qualquer razão para crer que tal conhecimento não exista. Estamos habituados a considerar o céu como afastado de nós, mas nada o prova. O céu é a união, a sociedade dos seres espirituais superiores. Não podem esses seres encher o Universo, assim levando o céu a toda parte? É provável que tais seres sejam circunscritos, como nós, por limites materiais? Disse Milton:

'Millions of spiritual beings walk the earth

Both when we wake and when we sleep.'

'Milhões de seres espirituais percorrem a Terra

Tão bem quando velamos, como quando dormimos.'

Um sentido novo, um novo olhar poderia mostrar-nos que o mundo espiritual nos envolve por todos os lados. Mas suponde, mesmo, que o céu esteja afastado; nem por isso seus habitantes deixam de estar presentes e nós visíveis para eles. Mas, o que entendemos por presença? Não estou presente para aqueles dentre vós que meu braço não alcança, mas não os vejo distintamente? Não está plenamente de acordo com o nosso conhecimento da Natureza supor que os que estão no céu, seja qual for o lugar de sua residência, possam ter sentidos e órgãos espirituais, por meio dos quais possam ver o que está distante, tão facilmente quanto nós distinguimos o que está perto? Nossos olhos percebem sem esforço planetas a milhões de léguas de distância, e, com a ajuda da Ciência podemos mesmo reconhecer as desigualdades de sua superfície. Podemos mesmo figurar um órgão visual bastante sensível ou um instrumento suficientemente potente para permitir, do nosso globo, distinguir os habitantes desses mundos afastados. Por que, então, os que entraram na sua fase de existência mais elevada, que estão revestidos de corpos espirituais, não poderiam contemplar nossa Terra tão facilmente quanto no tempo em que era a sua morada?

Isso pode ser certo. E se o aceitamos assim, não abusamos: poder-se-ia abusar. Não pensamos nos mortos como se nos contemplassem com um amor parcialmente terreno. Eles nos amam mais que nunca, mas com uma afeição espiritual depurada. Têm por nós apenas um desejo – o de que nos tornemos dignos de nos reunirmos em sua morada de beneficência e de piedade. Sua visão espiritual penetra as nossas almas; se pudéssemos ouvir a sua voz, não seria uma declaração de apego pessoal, mas um apelo vivificante a maiores esforços, a uma abnegação mais firme, a uma caridade mais ampla, a uma paciência mais humilde, a uma obediência mais filial à vontade de Deus. Eles respiram a atmosfera da benevolência divina e sua missão é agora mais elevada do que o era aqui.

Perguntar-me-eis: se os mortos conhecem os males que nos afligem, deve existir sofrimento nessa vida bendita? Respondo que não posso considerar o céu senão como um mundo de simpatias. Parece-me que nada pode melhor atrair o olhar de seus habitantes benfeitores do que a vista da miséria de seus irmãos. Mas essa simpatia, se faz brotar a tristeza, está longe de tornar infelizes os que a sentem. Neste mundo inferior, a compaixão desinteressada, junta ao poder de abrandar o sofrimento, é um penhor de paz, muitas vezes proporcionando os mais puros prazeres. Livres de nossas enfermidades presentes e esclarecidos pela visão mais ampla da perfeição da governança divina, essa simpatia dará mais encanto às virtudes dos seres abençoados e, como qualquer outra fonte de perfeição, não fará senão aumentar-lhes a felicidade.

* * *

Nossos amigos, que nos deixam por esse outro mundo, não se encontram no meio de desconhecidos; não têm esse sentimento desolado de haver trocado a pátria por uma terra estranha. As mais suaves palavras da amizade humana não se aproximam dos acentos de felicitações, que os esperam à chegada àquela morada. Lá o Espírito tem meios mais seguros de se revelar do que aqui: o recém-chegado sente-se e se vê cercado de virtudes e de bondade e, por essa visão íntima dos Espíritos simpáticos, que os rodeiam, e num momento podem criar-se laços mais fortes que os que são cimentados pelos anos na Terra. As mais íntimas afeições na Terra são frias, quando comparadas às dos Espíritos. De que maneira se comunicam? Em que linguagem e por meio de que órgãos? Nós o ignoramos, mas sabemos que, progredindo, deve o Espírito adquirir maior facilidade de transmitir seu pensamento.

Seria erro crer que os habitantes do céu se limitem à comunicação recíproca de suas ideias. Os que atingem esse mundo, ao contrário, entram em novo estado de atividade, de vida e de esforços. Somos levados a considerar o estado futuro, de tal modo feliz, que ninguém ali precise de ajuda, que o esforço cesse e os bons nada tenham a fazer senão gozar. A verdade, porém, é que toda ação na Terra, mesmo a mais intensa, não passa de jogo infantil, comparada à atividade, à energia desenvolvidas nessa vida mais elevada. E deve ser assim, porque não há princípio mais ativo que a inteligência, a beneficência, o amor da verdade, a sede de perfeição, a simpatia pelos sofrimentos e o devotamento à obra divina, que são os princípios expansivos da vida de além-túmulo. É então que a alma tem consciência de suas capacidades, que a verdade infinita se desdobra diante de nós, que se sente que o Universo é uma esfera sem limites para a descoberta, para a Ciência, para a benevolência e para a adoração. Esses novos objetivos da vida, que reduzem a nada os interesses atuais, se desdobram constantemente. Então não se deve imaginar que o céu seja composto de uma comunidade estacionária. Eu o imagino como um mundo de planos e de esforços prodigiosos para seu próprio melhoramento. Considero-o como uma sociedade a atravessar fases sucessivas de desenvolvimento, de virtudes, de conhecimentos, de poder, pela energia de seus próprios membros.

O gênio celeste está sempre ativo a explorar as grandes leis da Criação e os princípios eternos do espírito, a desvelar o belo na ordem do Universo, a descobrir os meios de avanço para cada alma. Lá, como aqui, há inteligências de diversos graus, e os mais evoluídos Espíritos encontram a felicidade e o progresso educando os mais atrasados. Lá o trabalho de educação, como aqui, progride sempre, e uma filosofia mais divina que a ensinada entre nós revela ao Espírito sua própria essência, estimula-o a esforços alegres para a sua própria perfeição.

O céu está em relação com outros mundos. Seus habitantes são os mensageiros de Deus em toda a Criação. Eles têm grandes missões a cumprir e, pelo progresso de sua existência sem fim, pode ser a eles confiado o cuidado de outros mundos."

* * *

Esse discurso foi pronunciado em 1834. Nessa época não se cogitava de manifestações de Espíritos na América. Assim, Channing não as conhecia; do contrário teria afirmado o que em certos pontos apenas formulou como hipóteses. Mas não é admirável esse homem pressentir com tanta justeza aquilo que deveria ser revelado alguns anos mais tarde? Porque, salvo poucas exceções, sua descrição da vida futura concorda perfeitamente. Só falta a reencarnação. E, bem examinado, vê-se que dela se aproxima, como o faz com as manifestações, sobre as quais se cala, por não as conhecer. Com efeito, admite o mundo invisível ao redor de nós, em meio a nós, cheio de solicitudes por nós, ajudando-nos a progredir. Daí às comunicações diretas há apenas um passo. No mundo celeste admite, não a contemplação perpétua, mas a atividade e o progresso; admite a pluralidade dos mundos corpóreos, mais ou menos adiantados; se tivesse dito que os Espíritos podiam realizar seu progresso passado por esses diferentes mundos, aí teríamos a reencarnação. A ideia desses mundos progressivos sem isso é mesmo inconciliável com a da criação das almas no momento do nascimento dos corpos, a menos que se admitissem almas criadas mais ou menos perfeitas e, então, fora necessário justificar essa preferência. Não há mais lógica em dizer que se as almas de um mundo são mais adiantadas que as de outro, é que já viveram em mundos inferiores? O mesmo se pode dizer dos habitantes da Terra, comparados entre si, desde o selvagem ao homem civilizado. Seja como for, perguntamos se uma tal descrição da vida de além-túmulo, por suas deduções lógicas, acessíveis às mais vulgares inteligências e aceitáveis pela mais severa razão, não é cem vezes mais própria para produzir a convicção e a confiança no futuro do que o horrível e inadmissível quadro das torturas sem fim, emprestadas do Tártaro do paganismo. Os que pregam essas crenças não suspeitam o número de incrédulos que fazem e dos recrutas que mandam para a falange dos materialistas.

Notemos que Milton, citado nesse discurso, emite sobre o mundo invisível ambiente uma opinião conforme à de Channing, que é, também, a dos Espíritas modernos. É que Milton, como Channing, como tantos outros homens eminentes, eram Espíritas por intuição. Por isso não cessamos de dizer que o Espiritismo não é uma invenção moderna: é de todos os tempos, porque houve almas em todos os tempos, e em todos os tempos a massa de homens acreditou na alma. Assim, encontram-se traços dessas ideias numa porção de escritores antigos e modernos, sagrados e profanos. Essa intuição das ideias espíritas é de tal modo geral, que todos os dias vemos uma porção de gente que, ouvindo delas falar pela primeira vez, não se admira absolutamente. Faltava apenas formular a sua crença.

CORRESPONDÊNCIA

CARTA DO SR. ROUSTAING, DE BORDÉUS

A carta seguinte nos foi enviada pelo Sr. Roustaing, advogado no Tribunal Imperial de Bordéus e antigo presidente da Ordem dos Advogados. Os princípios que aí são altamente expressos por um homem de sua posição, posto entre os mais esclarecidos, talvez levem a refletir àqueles que, julgando-se com o privilégio exclusivo da razão, colocam sem cerimônia todos os adeptos do Espiritismo entre os imbecis.

"Meu caro senhor e muito honrado chefe Espírita,

Recebi a suave influência e colhi o benefício destas palavras do Cristo a Tomé: *Felizes os que não viram e creram.* Profundas, verdadeiras e divinas palavras, que mostram o mais seguro caminho, o mais racional, que conduz à fé, segundo a máxima de São Paulo, que o Espiritismo cumpriu e realiza; *Rationabile sit obsequium vestrum.*

Quando vos escrevi em março último, pela primeira vez, dizia: *Nada vi, mas li e compreendi; e creio.* Deus me recompensou bem por ter crido sem ter visto; depois vi e vi bem; vi em condições proveitosas, e a parte experimental veio animar, se assim me posso exprimir, a fé que a parte doutrinária me havia dado e, fortalecendo-a, imprimir-lhe a vida.

Depois de ter estudado e compreendido, eu conhecia o mundo invisível como conhece Paris quem a estudou sobre o mapa. Pela experiência, trabalho e observação continuada, conheci o mundo invisível e seus habitantes como conhece Paris quem a percorreu, mas sem ter ainda penetrado em todos os recantos desta vasta capital. Não obstante, desde o começo do mês de abril, graças ao conhecimento que me proporcionastes, do excelente Sr. Sabò e de sua família patriarcal, todos bons e verdadeiros Espíritas, pude trabalhar e trabalhei constantemente todos os dias com eles ou em minha casa, em presença e com o concurso dos adeptos de nossa cidade, que estão convictos da verdade do Espiritismo, embora nem todos sejam ainda, de fato e praticamente, Espíritas.

O Sr. Sabò vos remeteu exatamente o resultado de nossos trabalhos, obtidos a título de ensinamento por evocações ou por manifestações espontâneas dos Espíritos superiores. Experimentamos tanta alegria e surpresa, quanto confusão e humildade, quando recebemos esses ensinamentos tão preciosos e verdadeiramente sublimes, de tantos Espíritos elevados, que vieram visitar-nos ou nos enviaram mensageiros para falar em seu nome.

Oh! caro senhor, como sou feliz por não mais pertencer, pelo culto material, à Terra que agora sei não ser para os nossos Espíritos senão um lugar de exílio, a título de provas ou de expiação! Como sou feliz por conhecer e ter compreendido a *reencarnação,* com todo o seu alcance e todas as suas consequências, como realidade e não como alegoria. A reencarnação, essa sublime e equitativa justiça de Deus, como ainda ontem dizia o meu guia protetor, tão bela, tão consoladora, desde que deixa a possibilidade de fazer no dia seguinte o que não pudemos fazer na véspera; que faz a criatura progredir para o Criador; 'esta justa e equitativa lei', segundo a expressão de Joseph de Maistre, na evocação de seu Espírito, que fizemos e que recebestes; a reencarnação é, segundo a divina palavra do Cristo, 'o longo e difícil caminho a percorrer para chegar à morada de Deus'.

Agora compreendo o sentido destas palavras do Cristo a Nicodemos: *Sois doutor da lei e ignorais isto?* Hoje, que Deus me permitiu compreender de maneira completa toda a verdade da lei evangélica, eu me pergunto como a ignorância dos homens, *doutores da lei,* pôde resistir a este ponto à interpretação dos textos; produzir assim o erro e a mentira que arrastaram e alimentaram o materialismo, a incredulidade, o fanatismo ou a poltronaria? Eu me pergunto como esta ignorância, este erro puderam produzir-se quando o Cristo tivera o cuidado de proclamar a necessidade de reviver, dizendo: *É preciso nascer de novo* e, por aí, a reencarnação como único meio de ver o reino de Deus, o que já era ensinado na Terra e que Nicodemos devia saber: 'Sois doutor da lei e ignorais isto!' É verdade que o Cristo acrescenta a cada passo: 'Que os que têm ouvidos, ouçam'; e, também: 'Têm olhos e não veem; têm ouvidos e não ouvem e não compreendem'; o que pode aplicar-se aos que vieram depois dele, bem como aos de seu tempo.

Eu disse que Deus, na sua bondade, me recompensou por nossos trabalhos até este dia e os ensinos que permitiu nos fossem dados por seus divinos mensageiros, 'missionários devotados e inteligentes junto aos seus irmãos, – segundo a expressão do Espírito de Fénelon – para lhes inspirar o amor e a caridade para com o próximo, o esquecimento das injúrias e o culto da adoração devido a Deus'. Compreendo agora o alcance admirável destas palavras do Espírito de Fénelon, quando fala desses divinos mensageiros: 'Viveram tantas vezes que se tornaram nossos mestres.'

Agradeço com alegria e humildade a esses divinos mensageiros por terem vindo nos ensinar que o Cristo está em missão na Terra, para a propagação e o sucesso do Espiritismo, essa terceira explosão da bondade divina, para cumprir aquela palavra final do Evangelho: *Umum ovile et unus pastor;* por nos ter vindo dizer: 'Não temais nada! O Cristo (por eles chamado Espírito de Verdade), a Verdade é o primeiro e o mais santo missionário das ideias espíritas.' Estas palavras me tinham tocado vivamente e eu me perguntava: 'Mas onde então está o Cristo em missão na Terra?' 'A Verdade comanda, conforme a expressão do Espírito de Marius, bispo dos primeiros tempos da Igreja, essa falange de Espíritos enviados por Deus em missão na Terra, para a propagação e o sucesso do Espiritismo.'

Que suaves e puras satisfações dão esses trabalhos espíritas pela caridade feita, com o auxílio da evocação, aos Espíritos sofredores! Que consolação se acha em uma comunicação com os que, na Terra, foram nossos parentes ou nossos amigos; o saber que são felizes ou aliviar-lhes o sofrimento! Que viva e brilhante luz lançam em nossas almas esses ensinos espíritas que, ensinando-nos a verdade completa da lei do Cristo, dão-nos a fé por nossa própria razão e nos fazem compreender a onipotência do Criador, sua grandeza, sua justiça, sua bondade e sua misericórdia infinita, colocando-nos, assim, na deliciosa necessidade de praticar esta lei divina do amor e da caridade! Que sublime revelação nos dão, ensinando que esses divinos mensageiros, fazendo-nos progredir, progridem eles também, indo engrossar a falange sagrada dos Espíritos perfeitos! Admirável e divina harmonia que nos mostra, ao mesmo tempo, a unidade em Deus, e a solidariedade entre todas as criaturas; que nos mostra estas sob a influência e o impulso dessa solidariedade, dessa simpatia, dessa reciprocidade, chamadas a subir e subindo, mas não sem passos falsos e sem quedas, nos seus primeiros ensaios, essa longa e alta escada espírita para, após haver percorrido todos os degraus, chegar ao estado de simplicidade e de ignorância originais, à perfeição intelectual e moral e, por essa perfeição, a Deus. Admirável e divina harmonia, que nos mostra essa grande divisão da inferioridade e da superioridade, pela distinção dos mundos que são lugares de exílio, onde tudo são provas ou expiações, e dos mundos superiores, morada dos bons Espíritos, onde estes não têm mais senão que progredir para o bem.

Bem compreendida, a reencarnação ensina aos homens que aqui se acham num lugar de passagem, onde são livres de não mais voltar, se para tanto fizerem o que é necessário; que o poder, as riquezas, as dignidades, a Ciência não lhes são dados senão a título de provas, como meio de. progredir para o bem; que não estão em suas mãos senão como um depósito e um instrumento para a prática da lei do amor e da caridade; que o mendigo que passa ao lado de um grão-senhor é seu irmão perante Deus e, talvez, o tenha sido perante os homens; que, talvez tenha sido rico e poderoso; se agora se acha numa condição obscura e miserável, é por ter falido às suas terríveis provas, lembrando assim aquela palavra célebre, do ponto de vista das condições sociais: 'Há apenas um passo do Capitólio à rocha Tarpéia', com a diferença de que, pela reencarnação, o Espírito se ergue de sua queda e pode, depois de haver remontado ao Capitólio, lançar-se de seu pico às regiões celestes, morada esplêndida dos bons Espíritos.

A reencarnação, ao ensinar aos homens, segundo a admirável expressão de Platão, que não há rei que não descenda de um pastor nem pastor que não descenda de um rei, apaga todas as vaidades terrenas, liberta do culto material, nivela *moralmente* todas as condições sociais; constitui a igualdade, a fraternidade entre os homens, como para os

Espíritos, em Deus e diante de Deus, e a liberdade que, sem a lei do amor e da caridade, não passa de mentira e de utopia, como no-lo dizia ultimamente o Espírito de Washington. Em seu conjunto, o Espiritismo vem dar aos homens a unidade e a verdade em todo progresso intelectual e moral, grande e sublime empreendimento do qual não passamos de apóstolos muito humildes.

Adeus, meu caro senhor. Após três meses de silêncio, eu vos fatigo com uma carta muito longa. Respondei quando puderdes e quiserdes. Eu me proporia a fazer uma viagem a Paris para ter o prazer de vos conhecer pessoalmente, de fraternalmente vos apertar a mão. Minha saúde a isto se opõe no momento.

Podeis fazer desta carta o uso que achardes conveniente. Eu me honro de ser altamente e publicamente Espírita.

Roustaing,
Advogado"

Como nós, todos apreciarão a justeza dos pensamentos expressos nesta carta. Vê-se que, embora iniciado recentemente, o Sr. Roustaing passou a mestre em assunto de apreciação. É que estudou séria e profundamente, o que lhe permitiu apanhar com rapidez todas as consequências dessa grave questão do Espiritismo e, ao contrário de muita gente, não parou na superfície. Nada tinha visto ainda, diz ele, e estava convencido, porque havia lido e compreendido. Tem ele isto de comum com muita gente e sempre frisamos que estes, longe de serem superficiais, são, ao contrário, os que mais refletem. Ligando-se mais ao fundo do que à forma, para eles a parte filosófica é o principal, os fenômenos propriamente ditos são acessórios e eles dizem que, ainda mesmo que os fenômenos não existissem, nem por isso deixaria de haver uma filosofia, única a resolver os problemas até hoje insolúveis; única a dar do passado e do futuro do homem a teoria mais racional. Ora, eles preferem uma doutrina que explica a uma que não explica, ou explica mal. Quem quer que reflita, compreende muito bem que se poderá fazer abstração das manifestações e nem por isso deixa de subsistir a doutrina. As manifestações vêm corroborá-la, confirmá-la, mas são a sua base essencial. O discurso de Channing, que acabamos de citar, é prova disso, porque, cerca de vinte anos antes desse grande desdobramento das manifestações na América, somente o raciocínio o havia conduzido às mesmas consequências.

Há um outro ponto, pelo qual também se reconhece o Espírita sério: pelas citações que o autor dessa carta faz dos pensamentos contidos nas comunicações que ele recebeu, prova de que não se limitou a admirá-las como belos trechos literários, bons para conservar num álbum; mas as estuda, medita e tira proveito. Infelizmente há muitos para quem esse alto ensinamento constitui letra morta; colecionam essas belas comunicações, como certas pessoas colecionam belos livros, sem os ler.

Há outra coisa pela qual devemos felicitar o Sr. Roustaing: é a declaração que termina a sua carta. Infelizmente nem todos têm, como ele, a coragem de sua opinião, o que estimula os adversários. Entretanto, é preciso reconhecer que, de algum tempo para cá, as coisas mudaram muito neste particular. Há dois anos apenas muitas pessoas só falavam do Espiritismo entre quatro paredes; só compravam livros às escondidas e tinham cuidado em não os deixar à vista. Hoje é bem diferente: já se familiarizaram com os epítetos grosseiros dos trocistas e deles se riem, ao invés de se admirar; não mais temem confessar-se Espíritas alto e bom som, como não temem dizer-se partidários de tal ou qual filosofia, do magnetismo, do sonambulismo, etc.; discutem livremente o assunto com qualquer um que surge como discutiriam os clássicos e os românticos, sem se sentirem humilhados por serem favoráveis a estes ou àqueles. É um progresso imenso, que prova duas coisas: o progresso das ideias espíritas em geral e a pouca consistência dos argumentos dos adversários. Terá como consequência opor silêncio a estes últimos, que se julgavam fortes, pois se supunham mais numerosos; mas quando, de todos os lados encontram com quem falar, não diremos que serão convertidos, mas guardarão reserva. Conhecemos uma cidadezinha provinciana, na qual, há um ano, o Espiritismo não contava senão um único adepto, que era apontado a dedo, como um animal raro e tido como tal. Quem sabe! talvez até deserdado pela família ou demitido de seu cargo. Hoje os adeptos ali são numerosos: reúnem-se abertamente, sem ligar para o que digam; e quando se viram entre eles autoridades municipais, funcionários, oficiais, engenheiros, advogados, escrivãs, etc., que não ocultam suas simpatias pela causa, os trocistas pararam as chacotas e o jornal local, dirigido por um espírito forte, que já havia lançado suas setas e preparava-se para pulverizar a nova doutrina, temendo ter pelas costas gente mais forte, guardou um prudente silêncio. É a história de muitas outras localidades, que se generaliza à medida que os partidários do Espiritismo, cujo número aumenta dia a dia, levantam a cabeça e a voz. Bem podem desejar abater uma cabeça que se mostra; mas quando há vinte, quarenta, cem, que não receiam falar alto e firme, olham duas vezes, o que dá coragem a quem não a tem.

A PRECE

Um dos nossos correspondentes de Lião nos dirige o seguinte trecho de poesia. Entra muito no espírito da Doutrina Espírita para que nos furtemos ao prazer de lhe abrir espaço em nossa *Revista*.

A PRECE

Que eu não posso, mortais, com meus
[fracos acentos
Dar-vos ao coração o mais sublime
[incenso!
Ensinar-vos aqui, no colher desta
[messe
O que é a prece em si mesma e o
[que é fazer a prece.
É um impulso de amor, de fluídico
[ardor
Que se escapa da alma e se eleva
[ao Senhor.
Sublimada expansão da humilde
[criatura
Que retorna à sua fonte e eleva a
[sua natura!
Orar não muda em nada a lei do
[Pai Eterno
Sempre imutável, mas o coração
[paterno
Derrama o seu influxo no que o
[implora

LA PRIÈRE

Que ne puis-je, mortels, par mes
[faibles accents,
Penétrer votre coeur du plus sublime
[encens!
Vous apprendre en ces vers, durant
[cette carrière,
Ce que c'est que prier et ce qu'est
[la prière.
C'est un élan d'amour, de fluide et
[de feu
Qui s'échappe de l'âme et s'éléve
[vers Dieu.
Sublime épanchement de l'humbre
[créature
Que retourne à sa source ennoblir
[sa nature!
Prier ne change en rien la lois de
[l'Eternel,
Immuable toujours; mais son coeur
[paternel
Répand son flux divin sur celui qui
[l'implore

E assim redobra o ardor do fogo
[que o devora.
É então que ele se sente crescer e
[elevar
E pelo amor do próximo o peito
[pulsar.
Mais se expande no amor, mais o
[sublime Ser
Enche-lhe o coração com os dons do
[saber.
Desde então, santo anseio de orar
[pelos mortos,
Sob o peso da dor e pungentes
[remorsos,
Nos mostra as exigências do seu
[novo estado,
De a eles dirigir seu fluido
[suavizado,
Cuja eficácia, bálsamo consolador,
Penetra-lhes no ser como um
[libertador.
Tudo neles se anima, um raio de
[esperança
Ajuda-lhes o esforço, à liberdade os
[lança.
Assim como aos mortais vencidos
[pelo mal
Que um bálsamo supremo devolve
[ao normal,
Eles se regeneram pelo impulso
[oculto
De augusta prece, ardente, e seu
[divino culto.
Redobremos o ardor; nada se perde
[enfim;
Preces, preces por eles, preces até
[o fim;

E redouble l'ardeur du feu qui le
[dévore.
C'esta abors qu'il se sent élever et
[grandir;
Pour l'amour de prochain, il sent
[son coeur bondir.
Plus il répand d'amour, plus
[l'auguste sagesse
Rempli son coeur aimant des dons
[de sa largesse.
Des lors un saint désir de prier
[pour les morts,
Sous le poids de la peine et des
[cuisants remords,
Nous Montre le besoin que leur
[etat réclame,
Pour diriger sur eux ce doux
[fluide de l'âme
Dont l'efficacité, baume consolateur,
Pénêtre tout leur être en vrai
[libérateur.
Tout se reanime en eux; un rayon
[d'espérance
Seconde leus afforts, hâte leur
[délivrance.
Semblables aux mortels accablés par
[le mal
Qu'un baume souverain rend à
[l'état normal
Lis sont régénérés par l'enfluence
[occulte
De l'auguste prière et de son divin
[culte.
Redoublons de ferveur; rien ne se
[perd enfin;
Prions, prions pour eux, prions
[jusqu'á la fin;

A prece, sempre a prece, essa [estrela divina	La prière toujours, étincelle [divine,
Faz-se foco de amor e no final [domina.	Devientfoyeur d'amour, puis á la [fin domine.
Oremos pelos mortos, sim, e [logo por	Oui, prions pour les morts, et [bientôt, à leur tour,
Sua vez nos lançarão doce raio de [amor	Ils rèpandront sur nous un doux [rayon d'amour.
Joly	Joly

Nestes versos, evidentemente inspirados por um Espírito elevado, o objetivo e os efeitos da prece são definidos com perfeita exatidão. Certamente Deus não derroga suas leis a pedido nosso, pois seria a negação de um de seus atributos, que é a imutabilidade; mas a prece age, principalmente sobre aquele que é seu objeto; é, a princípio, um testemunho de simpatia e de comiseração que se lhe dá e que, por isso mesmo, lhe faz sentir sua pena menos pesada; em segundo lugar, tem por efeito ativo excitar o Espírito ao arrependimento de suas faltas, inspirar-lhe o desejo de as reparar pela prática do bem. Deus disse: "A cada um segundo as suas obras." Lei eminentemente justa, que nos põe a sorte em nossas próprias mãos e tem como consequência subordinar a duração da pena à duração da impenitência. De onde se segue que a pena seria eterna, se eterna fosse a impenitência. Assim, se, pela ação moral da prece, provocarmos o arrependimento e a reparação voluntária, por ela mesma abreviamos o tempo de expiação. Tudo isso está perfeitamente claro nos versos acima. Esta doutrina pode não ser muito ortodoxa aos olhos dos que creem num Deus impiedoso, surdo à voz que implora, e condenando a torturas sem fim suas próprias criaturas por faltas numa vida passageira; mas convir-se-á que ela é a mais lógica e mais conforme à verdadeira justiça e à bondade de Deus. Tudo nos diz, a religião como a razão, que Deus é infinitamente bom. Com o dogma do fogo eterno, é preciso ajuntar que ele é, ao mesmo tempo, infinitamente impiedoso, dois atributos que se destroem reciprocamente, pois um é a negação do outro. Aliás, o número dos partidários da eternidade das penas diminui dia a dia: é um fato positivo, incontestável; em breve estará tão restrito que poderão ser contados; e mesmo que, desde hoje a

Igreja taxasse de heresia e, consequentemente, rejeitasse de seu seio todos quantos não creem nas penas eternas, entre os católicos haveria mais heréticos do que verdadeiros crentes e seria necessário condenar, ao mesmo tempo, todos os eclesiásticos e teólogos que, como nós, interpretam essa palavra num sentido relativo e não absoluto.[1]

PALESTRAS FAMILIARES DE ALÉM-TÚMULO

É um erro supor que não haja nada a ganhar nas palestras com os Espíritos de homens vulgares e que homens ilustres sejam os únicos que podem oferecer ensinos proveitosos. No seu número certamente há muitos insignificantes, mas por vezes também, daqueles de quem menos se espera, saem revelações de grande importância para o observador sério. Há, aliás, um ponto que nos interessa muitíssimo, porque nos toca mais de perto: a passagem, a transição da vida atual à vida futura, passagem tão temida que só o Espiritismo nos faz encará-la sem pavor e que podemos conhecer só estudando os casos atuais, ou seja, os que acabam de transpô-la, quer sejam ilustres ou não.

MARQUÊS DE SAINT-PAUL

MORTO EM 1860, EVOCADO A PEDIDO DE SUA IRMÃ, MEMBRO DA SOCIEDADE, A 16 DE MAIO DE 1861

1. *(Evocação).* R – Eis me aqui.

2. – A senhora vossa irmã me pediu para vos evocar, embora ela seja médium, pois ainda não se acha bem desenvolvida para sentir-se segura. R – Tentarei responder do melhor modo possível.

3. – Inicialmente ela deseja saber se sois feliz. R – Ainda estou errante e este estado transitório nunca traz felicidade nem castigo absolutos.

4. – Levastes muito tempo para vos reconhecerdes? R – Fiquei muito tempo em perturbação, da qual só saí para abençoar a piedade dos que não me esqueciam e oravam por mim.

---

[1] As atuais modificações na Igreja e na Teologia confirmam o acerto dessa previsão de Allan Kardec. (N. da Eq. Rev.)

5. – Podeis avaliar o tempo dessa perturbação? R – Não.

6. – Quais de vossos parentes os que logo reconhecestes? R – Reconheci minha mãe e meu pai, que me receberam ao despertar. Iniciaram-me na nova vida.

7. – Como foi que no fim de vossa doença parecíeis conversar com os que vos amavam na Terra? R – Porque, antes de morrer, tive a revelação do mundo que ia habitar. Era vidente antes de morrer e meus olhos se velaram na passagem da separação definitiva do corpo, porque os laços carnais ainda eram muito fortes.

Observação: O fenômeno do antecipado desprendimento da alma é muito frequente; antes de morrer, muitas pessoas entreveem o mundo dos Espíritos; é, sem dúvida, a fim de suavizar pela esperança o pesar do deixar a vida. Mas o Espírito acrescenta que seus olhos se velaram na passagem da separação. É um efeito que ocorre sempre. Nesse momento o Espírito perde a consciência de si mesmo, jamais testemunha o último suspiro do corpo e a separação se opera sem que a suspeite. As próprias convulsões da agonia são um efeito puramente físico, cuja sensação o Espírito quase nunca experimenta. Dizemos *quase,* porque pode acontecer que essas últimas dores lhe sejam infligidas como castigo.

8. – Como é que as lembranças da infância pareciam vir de preferência? R – Porque o começo é mais aproximado do fim do que o meio da vida.

9. – Como o compreendeis? R – Quer dizer que os agonizantes se lembram e veem, *como consoladora miragem,* os anos jovens e puros.

Observação: É provavelmente por um motivo providencial semelhante que os velhos, à medida que se aproxima o termo da vida, têm por vezes lembranças tão precisas dos menores detalhes de seus primeiros anos.

10. – Por que, falando do vosso corpo, faláveis sempre na terceira pessoa? R – Porque eu era vidente, como disse, e sentia nitidamente as diferenças que existem entre o físico e o moral. Essas diferenças, ligadas entre si pelo fluido da vida, tornam-se bem distintas aos olhos dos agonizantes videntes.

Observação: Eis uma particularidade singular apresentada pela morte desse senhor. Nos seus últimos momentos dizia sempre: Ele tem sede; é preciso dar-lhe de beber, ele tem frio; é preciso aquecê-lo; ele sofre em tal parte, etc.

E quando lhe diziam: Mas sois vós que tendes sede?, ele respondia: Não, é ele. Aqui se desenham perfeitamente as duas existências: o *eu* pensante está no Espírito e não no corpo; já em parte desprendido, o Espírito considerava seu corpo como uma outra individualidade, que, a bem dizer, não era *ele*. Era, pois, ao seu corpo que deviam dar a beber, e não a ele Espírito.

11. – Aquilo que dissestes do vosso estado errante e da duração de vossa perturbação levam a crer que não estais feliz e, contudo, vossas qualidades deveriam fazer supor o contrário. Aliás, há Espíritos errantes que são muito felizes, como os há muito infelizes. R – Eu estou num estado transitório; as virtudes humanas aqui adquirem seu verdadeiro preço. Sem dúvida, meu estado é mil vezes preferível ao da encarnação terrena, mas sempre levei comigo as aspirações do verdadeiro bem e do verdadeiro belo, e minh'alma só será saciada quando voar aos pés de seu Criador.

HENRI MONDEUX

(SOCIEDADE ESPÍRITA PARISIENSE; 26 DE ABRIL DE 1861)

Em fevereiro último os jornais anunciaram a morte súbita do pastor Henri Mondeux, o célebre calculador, que sucumbiu nos primeiros dias de fevereiro de 1861, a um ataque de apoplexia na diligência de Condom (Gers), com cerca de 34 anos. Tinha nascido em Touraine e desde os dez anos se fez notar pela prodigiosa facilidade com que resolvia de cabeça as mais complicadas questões de Aritmética, embora completamente iletrado e sem qualquer estudo especial. Logo chamou a atenção, e muitas pessoas iam vê-lo, quando pastoreava seus rebanhos. Os visitantes divertiam-se em apresentar-lhe problemas, o que lhe proporcionava pequeno lucro. Lembravam ainda o pastor napolitano Vito Mangiamele que, poucos anos antes tinha apresentado um fenômeno semelhante. Um professor de matemática do colégio de Tours pensou que um dom natural tão admirável deveria dar resultados surpreendentes se fosse ajudado. Em consequência ligou-se à tarefa de o educar; mas não tardou a perceber que tratava com uma das mais refratárias naturezas. Com efeito, aos dezesseis anos apenas sabia ler e escrever correntemente e – coisa extraordinária! – jamais o professor conseguira que ele retivesse o nome das figuras geométricas elementares; de sorte que sua faculdade era inteiramente circunscrita às combinações numéricas. Era, pois, um calculador, mas não um matemático.

Uma outra singularidade é que ele jamais pôde dobrar-se às nossas fórmulas de cálculo; nem mesmo as compreendia; tinha sua maneira própria, a qual nunca conseguiu explicar, nem aos outros, nem a si mesmo, e tinha uma memória prodigiosa dos números. Dizemos dos números e não dos algarismos, porque a visão dos números o atrapalhava mais do que ajudava: preferia que os problemas lhe fossem apresentados oralmente, ao invés de por escrito.

Tal é, em resumo, o resultado das observações que nós próprios fizemos do jovem Mondeux, e que na ocasião, nos deu assunto para uma Memória lida na Sociedade Frenológica de Paris.

Uma faculdade tão exclusiva, embora levada ao extremo limite, não podia abrir-lhe qualquer carreira, porque não poderia ser nem contador numa casa comercial, e seu professor disto se apavorava com razão; este se lamentava por havê-lo retirado de suas vacas e se perguntava o que seria dele quando, privado do interesse a ele ligado, sobretudo em razão da sua idade. Nós o perdemos de vista há dezoito anos. Parece que ele encontrou meios de subsistência dando sessões de cidade em cidade.

1. *(Evocação).* R – 4 e 3 são 7, nos outros mundos, como aqui.

2. – Desejávamos evocar-vos pouco depois de vossa morte, mas nos disseram que ainda não estáveis em condições de responder. Parece que estais agora. R – Eu esperava.

3. – Talvez não vos lembreis de mim, embora eu tenha tido ocasião de vos conhecer muito particularmente na Prússia e, mesmo, de assistir às vossas sessões. Quanto a mim, ainda me parece ver-vos, como ao professor de Matemáticas que vos acompanhava e que me deu preciosas informações sobre vós e vossas faculdades. R – Tudo isso é para que eu diga que me lembro de vós, mas somente hoje, quando minhas ideias são lúcidas.

4. – De onde vinha a estranha faculdade de que éreis dotado? R – Ah! eis a pergunta que eu sabia iríeis fazer. Começa-se dizendo: eu vos conhecia, eu vos tinha visto, éreis notável e, enfim, explicam-me o negócio. Então! eu tinha a faculdade de poder ler em meu espírito os cálculos imediatos de um problema. Diriam que um Espírito desdobrava a solução aos meus olhos; eu tinha apenas que ler; eu era médium

vidente e calculador; e, com tudo isso, é bom dizer, um livrinho de cálculo, de antemão preparado.

5. – Tanto quanto me lembro, em vida não tínheis esse espírito trocista e cáustico. Éreis até um pouco sizudo! R – Ora! porque a faculdade foi sempre empregada nisso, não restava mais nada.

6. – Como é que essa faculdade, tão desenvolvida para o cálculo, era tão incompleta para as outras partes mais elementares das Matemáticas? R – Enfim eu era uma besta, não é? Dizei a palavra mesmo e eu compreendo. Mas aqui, compreendeis, não mais tenho que desenvolver a minha faculdade para os números e ela se desenvolve mais depressa para outra coisa.

7. – Não tendes mais de desenvolvê-la para os números... (O Espírito escreve sem esperar o fim da pergunta) R – Quer dizer que Deus nos deu a todos uma missão: Tu, disse-me ele, vais espantar os sábios matemáticos, eu te farei parecer sem inteligência para que fiquem mais chocados; derrota todos os seus cálculos e faze que eles se digam: Mas que tem ele acima de nós? Que tem mais forte que o estudo? Deus queria levá-los a procurar além do corpo, porque o que é que existe de mais material que um algarismo?

8. – Que fostes em outras existências? R – Era mandado para mostrar outras coisas.

9. – Eram sempre relativas às Matemáticas? R – Sem dúvida: era minha especialidade.

10. – Eu tinha formulado alguns problemas para saber se tínheis sempre a mesma faculdade. Mas, de acordo com o que dizeis, parece desnecessário. R – Mas não tenho mais soluções a dar. Não posso mais. O instrumento é mau, pois não é matemático.

11. – Não podeis vencer essa dificuldade? R – Ah! nada é invencível. Sebastopol mesmo foi tomada. Mas que diferença!

12. – Em que vos ocupais agora? R – Quereis saber a que me entrego? Passeio e espero um pouco antes de recomeçar minha carreira como médium que deve continuar.

13. – Em que gênero pensais exercer esta faculdade mediúnica? R – Sempre a mesma, porém mais desenvolvida e admirável.

14. (Um membro faz a seguinte reflexão): – Resulta das respos-

tas do Espírito que agiu como médium na Terra, o que leva a supor tivesse sido ajudado por outro Espírito, e explicaria por que hoje não goza de tal faculdade. R – É que meu Espírito foi feito de propósito para ver esses números, que outros Espíritos me forneciam: ele os captava melhor do que o faríeis; ele tinha a bossa do cálculo, desde que é nesse gênero que eu me exercitava. Buscam-se todos os meios de convencer. Todos são bons, pequenos ou grandes, e os Espíritos captam todos.

15. – Fizestes fortuna com a vossa faculdade, correndo o mundo a dar sessões? R – Oh! perguntar se um médium faz fortuna! Errais o rumo. Claro que não!

16. – Mas não vos consideráveis como médium? Nem sabíeis o que isto fosse? R – Não. Também me admirava de que me rendesse tão pouco pecuniariamente. Isso me serviu moralmente e prefiro o meu ativo escrito no grande livro de Deus às rendas que teria obtido do Estado.

17. – Nós vos agradecemos a bondade de ter respondido ao nosso chamado. R – Mudastes de opinião a meu respeito.

18. – Não mudei porque sempre vos estimei. R – Felizmente eu resolvia as questões, sem o que não me teríeis olhado.

Observação: A identidade dos Espíritos é, como se sabe, o que há de mais difícil de constatar. Geralmente revela-se por circunstâncias e detalhes imprevistos, por nuanças delicadas, que só uma observação atenta pode fazer captar e que provam, muitas vezes, mais que os sinais materiais, sempre fáceis de imitar pelos Espíritos enganadores, ao passo que não podem simular a capacidade intelectual ou as qualidades morais que lhe faltam. Poder-se-ia, pois, duvidar da identidade nessa circunstância sem explicação muito lógica que o Espírito dá da diferença existente entre seu caráter atual e o que mostrava em vida. Porque a resposta numérica que ele dá à evocação não pode ser considerada como uma prova autêntica. Seja qual for a opinião que se possa formar a propósito da evocação acima, há que convir que ao lado de pensamentos faceciosos, ela os encerra profundos. As respostas às perguntas 7 e 16 são notáveis sobretudo a esse respeito. Delas ressalta igualmente, assim como das respostas dadas por outros Espíritos, que o Espírito de Mondeux tem uma predisposição para as matemáticas; que exerceu essa faculdade em outras existências, o que é provável, mas que não foi nenhuma das celebridades da Ciência. Dificilmente compreender-se-ia que um verdadeiro sábio fosse reduzido a fazer esforços de cálculos para divertir o público, sem alcance e sem utilidade científicas. Haveria muito mais motivo para duvidar de sua identidade se tivesse pretendido passar por Newton ou Laplace.

SRA. ANAÏS GOURDON

Jovem senhora, notável pela doçura de caráter e pelas qualidades morais mais eminentes, falecida em novembro de 1860. Evocada a pedido de seu pai e de seu marido. Pertencia a uma família de trabalhadores nas minas de carvão nas proximidades de Saint-Étienne, circunstância importante para apreciar a sua evocação.

1. *(Evocação)*. R – Eis-me aqui.

2. – Vosso pai e vosso marido me pediram que vos chamassse e sentir-se-ão felizes por ter a vossa comunicação. R – Também estou muito feliz em lhes dar a mesma.

3. – Por que fostes levada tão cedo da afeição de vossa família? R – Porque eu terminava minhas provas terrenas.

4. – Ides vê-los algumas vezes? R – Oh! estou incessantemente junto a eles.

5. – Sois feliz como Espírito? R – Sou feliz. Espero, atendo, amo. O céu não me causa terror e espero confiante e com amor que as asas brancas me cresçam.

6. – Que entendeis por estas asas? R – Entendo tornar-me puro Espírito e brilhar como os mensageiros celestes que me deslumbram.

Observação: As asas dos anjos, arcanjos e serafins, que são puros Espíritos, evidentemente não passam de atributo imaginado pelos homens para pintar a rapidez com que se transportam, pois a sua natureza etérea os dispensa de qualquer sustentáculo para percorrerem os espaços. Contudo, podem aparecer aos homens com esse acessório, para responder ao seu pensamento, como outros Espíritos tomam a aparência que tinham na Terra, para se tornarem conhecidos.

7. – Vedes vosso cunhado, morto há algum tempo e que evocamos o ano passado? R – Eu o vi quando cheguei entre os Espíritos. Agora não o vejo mais.

8. – Por que não o vedes mais? R – Nada sei a respeito.

9. – Vossos parentes podem fazer algo que vos seja agradável?

R – Podem, esses entes queridos, não mais me entristecer à vista de seus pesares, pois sabem que não estou perdida para eles. Que meu pensamento lhes seja suave, leve e perfumado em sua lembrança. Passei como uma flor e nada de triste deve subsistir de minha rápida passagem.

10. – De onde vossa linguagem tão poética e tão pouco em relação com a posição que tínheis na Terra? R – É porque minh'alma é que fala. Sim, eu tinha conhecimentos adquiridos e muitas vezes Deus permite que Espíritos delicados se encarnem entre os mais rudes homens, para lhes fazer pressentir as delicadezas que atingirão e compreenderão mais tarde.

Observação: Sem essa explicação tão lógica e tão conforme à solicitude de Deus por suas criaturas, dificilmente nos daríamos conta do que, à primeira vista, poderia parecer uma anomalia. Com efeito, que de mais gracioso e mais poético que a linguagem do Espírito dessa jovem senhora, educada em meio aos mais rudes trabalhos? A contrapartida se vê muitas vezes: são Espíritos inferiores, encarnados entre homens mais adiantados, mas com objetivo oposto. É em favor de seu próprio adiantamento que Deus os põe em contato com um mundo esclarecido, e algumas vezes, também, para servirem de prova a esse mesmo mundo. Que outra filosofia pode resolver tais problemas?

11. *(Evocação do Sr. Gourdon, filho mais velho, já evocado em 1860)*. R – Eis-me aqui.

12. – Lembrai-vos de que já fostes chamado por mim? R – Sim, perfeitamente.

13. – Como é que vossa cunhada não vos vê mais? R – Ela elevou-se.

Observação: A esta pergunta ela tinha respondido: "Nada sei a respeito"; sem dúvida por modéstia. Agora a coisa se explica: de uma natureza superior, pertence a uma ordem mais elevada, enquanto ele ainda está retido na Terra. Seguem caminhos diferentes.

14. – Quais foram as vossas ocupações desde aquela época? R – Eu progredi na via dos conhecimentos, ouvindo as instruções dos nossos guias.

15. – Por favor, peço-vos uma comunicação para vosso pai, que ficará feliz. R – Caro pai, não julgues perdidos os teus filhos e não sofras vendo vazios os seus lugares. Eu também espero e não tenho a

menor impaciência, pois sei que os dias que se escoam são outros tantos degraus subidos, que nos aproximam um do outro. Sê grave e recolhido, mas não triste, porque a tristeza é uma censura muda dirigida a Deus, que deseja ser louvado em suas obras. Aliás, por que sofrer nesta vida triste, onde tudo se apaga, salvo o bem ou o mal que realizamos? Caro pai, coragem e confiança!

Observação: A primeira evocação deste rapaz era marcada pelos mesmos sentimentos de piedade filial e de elevação. Tinha sido imensa consolação para os pais, que não podiam suportar a sua perda. Compreende-se que assim deveria ter sido, como a da jovem senhora.

EFEITOS DO DESESPERO

MORTE DO SR. LAFERRIÈRE, MEMBRO DO INSTITUTO. – SUICÍDIO DO SR. LÉON L... – A VIÚVA E O MÉDICO

Seriam necessários volumes para registrar, de todos os funestos acidentes causados pelo desespero, só aqueles que chegam ao conhecimento do público. Quantos suicídios, doenças, mortes involuntárias, casos de loucura, atos de vingança e até crimes, não produz ele todos os dias! Uma estatística muito instrutiva seria a das causas primeiras que levaram aos desarranjos do cérebro; e ver-se-ia que nela entra o desespero, pelo menos com quatro quintos. Mas não é disso que queremos nos ocupar hoje.

Eis dois fatos, relatados nos jornais, não como novelas, mas como assunto de observação.

Lê-se no *Le Siècle* de 17 de fevereiro último, noticiando as exéquias do Sr. Laferrière:

"Terça-feira conduzíamos à sua morada final, com alguns amigos contristados, uma jovem de vinte anos, arrebatada por uma doença de alguns dias. O pai dessa filha única era o Sr. Laferrière, membro do Instituto, inspetor geral das Faculdades de Direito. O excesso da dor fulminou esse pai infeliz e a resignação da fé cristã foi impotente para o consolar.

Num intervalo de trinta e seis horas a morte vibrou um segundo golpe, e a mesma semana, que havia separado pai e filha, os reuniu. Multidão numerosa e consternada hoje seguia o féretro do Sr. Laferrière."

Diz o jornal que o Sr. Laferrière tinha sentimentos religiosos e com prazer o admitimos, pois não se deve crer que todos os sábios sejam materialistas. Contudo, esses sentimentos não o impediram de sucumbir ao desespero. Estamos convictos de que se tivesse ideias menos vagas sobre o futuro, ideias mais positivas, tais as que dá o Espiritismo; se tivesse acreditado na presença da filha ao seu lado; se tivesse tido a consolação de comunicar-se com ela, teria compreendido só estarem separados materialmente e por determinado tempo; e teria tido paciência, submetendo-se à vontade de Deus quanto ao momento de sua reunião; ter-se-ia acalmado ante a ideia de que o seu próprio desespero era uma causa perturbadora para a felicidade do objeto de sua afeição.

Essas reflexões se aplicam, ainda, com mais razão, ao seguinte fato, que se lê no *Le Siècle,* de 1.º de março último:

"O Sr. Léon L..., de 25 anos, empresário de ônibus de Villemonble a Paris, havia se casado, há dois anos, com uma jovem que amava apaixonadamente. O nascimento de um filho, hoje com um ano de idade, viera aumentar a afeição dos esposos; e como seus negócios prosperavam, tudo lhes parecia pressagiar um longo futuro de felicidades.

Há alguns meses a Sra. L... foi subitamente atingida por uma febre tífica e, a apesar dos mais assíduos cuidados e de todos os recursos da Ciência, faleceu em pouco tempo. A partir desse momento, o Sr. L... foi tomado de tal melancolia que nada o distraia. Muitas vezes ouviam-no dizer que a vida lhe era odiosa e que iria unir-se àquela que tinha levado toda a sua felicidade.

Ontem, voltando de Paris com o seu carro, pelas sete horas da noite, o Sr. L... entregou o cabriolé ao palafreneiro e, sem dar uma palavra a ninguém, entrou num cômodo no rés-do-chão, contíguo à sala de jantar. Uma hora mais tarde uma criada veio avisar que o jantar estava à mesa. Ele respondeu que não precisava de mais nada; estava caído sobre a mesa, a cabeça apoiada nas mãos e parecia tomado de uma prostração completa.

A criada avisou aos pais, que vieram para junto do filho. Tinha perdido a consciência. Correram a chamar o Dr. Dubois. Ao chegar, o médico constatou que Léon estava morto. Tinha-se envenenado com forte dose de láudano, que havia comprado para seus cavalos.

A morte do jovem causou viva impressão na região, onde gozava de geral estima."

Sem dúvida o Sr. Léon L... acreditava na vida futura, pois se matou para ir unir-se à esposa. Se tivesse conhecido, pelo Espiritismo, a sorte dos suicidas, teria sabido que, longe de apressar o momento de seu encontro, este seria um meio infalível de o afastar.

A esses dois fatos opomos o seguinte, que mostra o domínio que podem ter as crenças espíritas sobre as resoluções dos que as possuem. Um dos nossos correspondentes nos transmite o que segue:

"Uma senhora do meu conhecimento perdeu o marido, cuja morte foi geralmente atribuída à imperícia do médico. A viúva tomou-se de tal ressentimento contra ele, que o perseguia incessantemente com inventivas e ameaças, dizendo-lhe, por toda parte onde o encontrava: 'Carrasco, não morrerás senão por minha mão!' Essa senhora era muito piedosa e boa católica. Mas foi em vão que, para acalmá-la, empregaram os socorros da religião. Chegou-se ao ponto em que o médico julgou dever dirigir-se à autoridade, para sua própria segurança.

O Espiritismo conta numerosos adeptos na cidade onde ela mora. Um de seus amigos, bom Espírita, disse-lhe um dia: Que pensaríeis se pudésseis ainda conversar com o vosso marido? – Oh! disse ela, se soubesse que tal era possível! Se tivesse a certeza de não o haver perdido para sempre, consolar-me-ia e esperaria. Em breve lhe deram a prova. Seu próprio marido lhe veio dar conselhos e consolo e por sua linguagem ela não teve nenhuma dúvida quanto à presença dele ao seu lado. Desde então, uma revolução completa operou-se em seu espírito: a calma sucedeu ao desespero e as ideias de vingança deram lugar à resignação. Oito dias depois ela foi à casa do médico, o qual não estava seguro quanto a essa visita; mas ao invés de o ameaçar, estendeu-lhe a mão, dizendo: 'Nada temais, senhor: venho pedir perdão para o mal que vos tenho feito, como eu vos perdoo o que me fizestes involuntariamente. Foi meu próprio marido quem me aconselhou a atitude que tomo no momento. Ele me disse que absolutamente não fostes a causa de sua morte. Aliás, agora tenho certeza de que ele está junto de mim, que me vê e vela por mim e que um dia estaremos unidos. Assim, senhor, não me queirais mal, como, por meu lado, não vo-lo quero mais'.

Inútil dizer que o médico aceitou logo a reconciliação e apressou-se em saber a causa misteriosa a que daí em diante devia a sua tranquilidade. Assim, sem o Espiritismo, essa senhora talvez houvesse cometido um crime, apesar de tão religiosa. Isso prova a inutilidade da religião? De modo algum; mas apenas a insuficiência das ideias que ela dá do futuro, apresentando-o tão vago que em muitos deixa uma espécie de incerteza, ao passo que o Espiritismo, fazendo, por assim dizer, tocá-lo com o dedo, faz nascer na alma uma confiança e uma segurança mais completas.

Ao pai que perdeu um filho; ao filho que perdeu seu pai; ao marido que perdeu a esposa adorada, que consolação dá o materialismo? Diz ele: Tudo acabou. Do ser que vos era tão caro nada resta, absolutamente nada além desse corpo que em pouco estará dissolvido. Mas de sua inteligência, de suas qualidades morais, da instrução adquirida, nada; tudo isso é o nada; vós o perdestes para sempre. Diz o Espírita: De tudo isso nada é perdido; tudo existe; só há de menos o invólucro perecível; mas o Espírito, desprendido de sua prisão é radiante; está aí, junto de vós, vendo-vos, escutando e esperando. Oh! Quanto mal fazem os materialistas, inoculando por seus sofismas o veneno da incredulidade! Jamais amaram. Do contrário poderiam ver com sangue frio os objetos de suas afeições reduzidos a um monte de pó? Assim, parece que para eles é que Deus reservou seus maiores rigores, pois nós os vemos todos reduzidos à mais deplorável posição no mundo dos Espíritos, e Deus é tanto menos indulgente para com eles quanto mais perto estiveram de se esclarecer."

DISSERTAÇÕES E ENSINOS ESPÍRITAS

POR DITADOS ESPONTÂNEOS

MUITOS CHAMADOS, POUCOS OS ESCOLHIDOS

(RECEBIDO PELO SR. D'AMBEL, MÉDIUM DA SOCIEDADE)

Esta máxima evangélica deve aplicar-se com muito mais razão aos dias atuais do que aos primeiros tempos do Cristianismo.

Com efeito, já não ouvistes o fermentar da tempestade, que deve arrastar o mundo velho e engolir no nada a soma das iniquidades terrenas? Ah! bendizei o Senhor, vós que pusestes a vossa fé em sua soberana justiça, e como novos apóstolos da crença revelada pelas vozes proféticas superiores, ide pregar o dogma novo da *reencarnação* e da elevação dos Espíritos, conforme tenham bem ou mal cumprido suas missões e suportado as provas terrestres.

Não tremais! As línguas de fogo estão sobre vossas cabeças. O adeptos do Espiritismo, sois os eleitos de Deus! Ide e pregai a palavra divina. É chegada a hora em que deveis sacrificar à sua propagação os vossos hábitos, os vossos trabalhos, as vossas ocupações fúteis. Ide e pregai: os Espíritos do Alto estão convosco. Certamente falareis a pessoas que não quererão ouvir a voz de Deus, porque essa voz incessantemente as chama à abnegação; pregareis o desinteresse aos avarentos, a abstinência aos libertinos; a mansuetude aos tiramos domésticos como aos déspotas. Palavras perdidas, bem o sei. Mas, que importa! É preciso regar com o vosso suor o terreno onde deveis semear, pois ele não frutificará e não produzirá senão com os esforços reiterados da enxada e da charrua evangélicas. Ide e pregai!

Sim, vós todos, homens de boa-fé, que acreditais em vossa inferioridade ao olhar os mundos espalhados no infinito, parti em cruzada contra a injustiça e a iniquidade. Ide e derrubai esse culto do bezerro de ouro, cada dia mais invasor. Ide, Deus vos conduz! Homens simples e ignorantes, vossas línguas serão desatadas e falareis como nenhum orador. Ide e pregai, e as populações atentas recolherão com felicidade vossas palavras de consolação, de fraternidade, de esperança e de paz.

Que importam as ciladas armadas em vosso caminho! Só os lobos caem nas armadilhas, porque o pastor saberá defender suas ovelhas contra os magarefes sacrificadores.

Ide, homens grandes aos olhos de Deus, que, mais felizes que São Tomé, credes sem ter visto e aceitais os fatos da mediunidade, ainda mesmo quando vós próprios não tenhais conseguido obtê-los. Ide, o Espírito de Deus vos conduz.

Avante, pois, falange imponente por tua fé e por teu pequeno número! Marcha! e os grandes batalhões dos incrédulos desmancharse-ão à tua frente como os nevoeiros matinais aos primeiros raios do sol nascente.

A fé é a virtude que soerguerá montanhas, disse Jesus. Contudo, mais pesadas que as mais pesadas montanhas jazem no coração dos homens a impureza e todos os vícios da impureza. Parte, pois, com coragem para soerguer essa montanha de iniquidade que as gerações futuras só devem conhecer como relatos lendários, assim como vós mesmos só muito imperfeitamente conheceis o período dos tempos anteriores à civilização pagã.

Sim, as agitações morais e filosóficas vão explodir em todos os pontos do globo; aproxima-se a hora em que a luz divina aparecerá nos dois mundos.

Ide, pois, e levai a palavra divina: aos grandes, que a desdenharão; aos sábios, que lhe pedirão as provas; aos pequenos e simples, que a aceitarão, porque é sobretudo entre os mártires do trabalho, esta expiação terrena, que encontrareis o fervor e a fé. Ide: estes receberão com cânticos de ação de graças e entoando louvores a Deus a consolação santa que lhes levais, e inclinar-se-ão agradecendo o quinhão de suas misérias terrenas.

Que vossa falange se arme, pois, de resolução e de coragem! À obra! a charrua está pronta; a terra espera; é preciso lavrar.

Ide e agradecei a Deus a tarefa gloriosa que vos confiou. Mas pensai que entre os chamados ao Espiritismo muitos se desviaram. Olhai, pois, o vosso caminho e segui a via da verdade.

P. – Se muitos dos chamados ao Espiritismo se desviaram, por que sinal conhecer os que estão no bom caminho? R – Reconhecê-los-eis pelos princípios da verdadeira caridade que professarem e praticarem; pelo número dos aflitos aos quais levarem consolo; pelo amor ao próximo, pela abnegação, pelo desinteresse pessoal; enfim reconhecê-los-eis pelo triunfo de seus princípios, pois Deus quer a vitória de sua lei. Os que seguem a sua lei são os eleitos e ele lhes dará a vitória, mas esmagará os que falseiam o espírito dessa lei e dela fazem um pedestal para satisfazer a sua vaidade e a sua ambição.

Erasto
Anjo da guarda do médium

OCUPAÇÕES DOS ESPÍRITOS

(MÉDIUM: SRA. COSTEL)

A ocupação dos Espíritos de segunda ordem consiste em se prepararem para as provas que terão de passar, por meditações sobre suas vidas passadas e por observações sobre os destinos humanos, seus vícios, suas virtudes, e o que os pode aperfeiçoar ou levar a falir. Os que, como eu, têm a felicidade de ter uma missão, dela se ocupam com tanto zelo e amor, quanto o progresso das almas que lhes são confiadas lhes é contado como mérito. Assim, esforçam-se por lhes sugerir bons pensamentos, ajudar os seus bons impulsos, afastar os Espíritos maus, opondo sua suave influência às influências nocivas. Essa ocupação interessante, sobretudo quando se é bastante feliz para dirigir um médium e ter comunicações diretas, não desvia o cuidado e o dever de aperfeiçoar-se.

Não creias que o tédio possa atingir um ser que não vive senão pelo espírito e cujas faculdades todas tendem para um objetivo, que sabe afastado, mas certo. O tédio não resulta senão do vazio da alma e da esterilidade do pensamento. O tempo, tão pesado para vós, que o medis por vossos temores pueris ou as vossas frívolas esperanças, não faz sentir sua marcha aos que não estão sujeitos nem às agitações da alma, nem às necessidades do corpo. Ele passa ainda mais depressa para os Espíritos puros e superiores, que Deus encarrega da execução de suas ordens e que percorrem as esferas num voo rápido.

Quanto aos Espíritos inferiores, sobretudo os que têm pesadas faltas a expiar, o tempo se mede por seus pesares, seus remorsos e seus sofrimentos. Os mais perversos dentre eles procuram subtrair-se fazendo o mal, isto é, sugerindo-o. Então experimentam essa áspera e fugidia satisfação do doente que coça a sua ferida e que não faz senão aumentar a sua dor. Assim, seus sofrimentos aumentam de tal modo que acabam fatalmente por lhes ministrar o remédio, que não é senão a volta ao bem.

Os pobres Espíritos, que não foram culpados senão pela fraqueza ou pela ignorância sofrem a sua inanidade, o seu isolamento. Lamentam o seu envoltório terreno, seja qual for a dor que lhes tenha causado; revoltam-se e se desesperam até o momento em que percebem que só a resignação e uma vontade firme de voltar ao bem podem aliviá-los. Acalmam-se e compreendem que Deus não abandona nenhuma de suas criaturas.

Marcillac
Espírito familiar

O DEBOCHE

(ENVIADO PELO SR. SABÒ, DE BORDÉUS)

A escolha dos bons autores é muito útil e os que exercem autoridade sobre vós, excitando-vos a imaginação por loucas paixões humanas, apenas corrompem o coração e o espírito. Com efeito, não é entre os apologistas da orgia, do deboche, da volúpia, entre os que preconizam os prazeres materiais, que se podem aproveitar lições de melhoramento moral. Pensai, pois, meus amigos, que se Deus vos deu paixões foi com o fito de vos fazer concorrer para os seus desígnios e não para as satisfazer como um animal. Sabei que se gastardes a vossa vida em loucos prazeres que não deixam senão remorsos e o vazio no coração, não agireis segundo os desígnios de Deus. Se vos é dado reproduzir a espécie humana, é que milhares de Espíritos errantes esperam no espaço a formação dos corpos de que necessitam para recomeçar suas provas e que usando as vossas forças em ignóbeis volúpias, ides contra a vontade de Deus e vosso castigo será grande. Assim, bani essas leituras, das quais não tirais nenhum fruto, nem para a inteligência, nem para o aperfeiçoamento moral. Que os escritores sérios de todos os tempos e de todos os países vos façam conhecer o belo e o bem; que elevem a vossa alma para o encanto da poesia e vos ensinem o útil emprego das faculdades com que vos dotou o Criador.

Felícia
Filha do médium

Observação: Não existe algo de profundo e de sublime nessa ideia que dá à reprodução do corpo um objetivo tão elevado? Os Espíritos errantes esperam esses corpos, de que necessitam para o seu próprio adiantamento, e que os espíritos encarnados estão encarregados de reproduzir, como o homem espera o produto da reprodução de certos animais para vestir-se e alimentar-se.

Ressalta outro ensinamento de alta significação. Se não se admite que a alma já tenha vivido, é absolutamente necessário que seja criada no momento da formação e para o uso de cada corpo; de onde se segue que a criação da alma por Deus estaria subordinada ao capricho do homem e na maioria das vezes é o resultado do deboche. Como! Todas as leis religiosas e morais condenam a depravação dos costumes, e Deus se aproveitaria disto para criar almas! Perguntamos a todo homem de bom-senso se é possível que Deus se contradiga a tal ponto? Não seria glorificar o vício, desde que serviria à realização dos mais elevados desígnios do Todo-Poderoso: a criação das almas? Que nos digam se tal não seria a consequência da formação simultânea das almas e dos corpos; e seria pior ainda se se admitisse a opinião dos que pretendem que o homem procria a alma ao mesmo tempo que o corpo. Admitam, ao contrário, a pré-existência da alma, e toda contradição cessa. O homem não procria senão a matéria do corpo; e a obra de Deus, a criação da alma imortal, que um dia dele se deve aproximar, não mais está submetida ao capricho do homem. É assim que, fora da reencarnação, surgem a cada passo dificuldades insolúveis e que se cai na contradição e no absurdo quando se quer explicá-las. Assim, o princípio da unicidade da existência corpórea, para decidir sem retorno os destinos futuros do homem, diariamente perde terreno e partidários. Então podemos dizer com segurança que, em pouco, o princípio contrário será universalmente admitido como o único lógico, o único conforme à justiça de Deus, e proclamado pelo próprio Cristo, quando disse: *Eu vos digo que é necessário nascer muitas vezes antes de entrar no reino dos céus.*

SOBRE O PERISPÍRITO

DITADO ESPONTÂNEO, PELO MÉDIUM SR. A. DIDIER, A PROPÓSITO DE UMA DISCUSSÃO QUE ACABARA DE HAVER NA SOCIEDADE, SOBRE A NATUREZA DO ESPÍRITO E DO PERISPÍRITO

Acompanhei com interesse a discussão havida agora mesmo, e que vos pós em tão grande embaraço. Sim; faltam às palavras cor e forma para exprimir o perispírito e sua verdadeira natureza. Mas há uma coisa certa: o que uns chamam perispírito não é senão o que outros chamam envoltório fluídico, material. Quando se discutem semelhantes questões não são as frases que se devem buscar, são as palavras. Para me fazer compreender de maneira mais lógica, direi que esse fluido é a perfectibilidade dos sentidos e a extensão da visão e das ideias. Falo aqui dos Espíritos elevados. Quanto aos inferiores, os fluidos terrestres são ainda completamente inerentes a eles; assim são matéria, como vedes; daí os sofrimentos da fome, do frio, etc., sofrimentos que não atingem os Espíritos superiores, visto como os fluidos terrenos são depurados em torno do pensamento, isto é, da alma. Para seu progresso, a alma sempre tem necessidade de um agente. A alma sem agente nada é para vós ou, melhor dito, não pode ser concebida por vós. Para nós outros, Espíritos errantes, o perispírito é o agente pelo qual nos comunicamos convosco, quer indiretamente, por vosso corpo ou vosso perispírito, quer diretamente por vossa alma. Daí as infinitas nuanças de médiuns e de comunicações. Agora resta o ponto de vista científico, isto é, a essência mesma do perispírito. Isto é outro assunto. Compreendei primeiro moralmente. Não resta mais senão uma discussão sobre a natureza dos fluidos, o que é inexplicável no momento. A Ciência não conhece bastante, mas lá se chegará, se a Ciência quiser marchar com o Espiritismo.

Lamennais

O ANJO GABRIEL

(EVOCAÇÃO DE UM BOM ESPÍRITO, EM SOULTZ, ALTO-RENO, PELA SRA. X.)

Sou Gabriel, o anjo do Senhor, que me encarrega de vos abençoar, não por vossos méritos, mas pelos esforços que fazeis para os adquirir.

A vida deve ser um combate. Não se deve jamais parar, jamais vacilar entre o bem e o mal. A hesitação já vem de Satã, isto é, dos maus Espíritos. Coragem, pois! e quanto mais espinhos em vosso caminho, mais esforços necessitais para o seguir. Se ele fosse semeado de rosas, que mérito teríeis diante de Deus? Cada um tem o seu calvário na Terra, mas nem todos os percorrem com a suave resignação de que Jesus vos deu o exemplo. Ele foi tão grande que os anjos se comoveram! E os homens! Quando muito vertem uma lágrima a tantas dores! Ó dureza do coração humano! Mereceríeis semelhante sacrifício? Lançai o rosto no pó e pedi misericórdia ao Deus mil vezes bom, mil vezes meigo, mil vezes misericordioso! Um olhar, ó meu Deus, sobre a vossa obra, sem o que ela perecerá! Seu coração não está à altura do vosso; não pode compreender este excesso de amor de vossa parte. Tende piedade; tende mil vezes piedade de sua fraqueza. Levantai sua coragem por pensamentos que não vêm senão de vós. Abençoai, sobretudo, para que deem frutos dignos de vossa imensa grandeza!

Hosana! no mais alto dos céus e paz aos homens de boa vontade!

É assim que terminarei as palavras que Deus me ordenou vos transmitisse.

Sede abençoados no Senhor, a fim de vos despertardes um dia em seu seio.

DESPERTAI!

(SOCIEDADE ESPÍRITA DE PARIS. MÉDIUM: SRA. COSTEL)

Falarei dos sintomas e predições que, por toda parte, anunciam a vinda de grandes acontecimentos que o nosso século encerra. Em sua tocante bondade, os Espíritos, mensageiros de Deus, advertem o Espírito do homem, como as dores advertem a mãe do seu próximo parto. Esses sinais, muitas vezes desprezados e, contudo, sempre justificados, neste momento se multiplicam ao infinito. Por que todos sentis o Espírito profético agitar-vos o coração e abalar-vos a consciência? Por que as incertezas? Por que os desfalecimentos que turvam os corações? Por que o despertar do espírito público que, por toda parte, arvora sua altiva bandeira? Por quê? É que os tempos são chegados; é que o reino do materialismo estala e vai desabar; é que os prazeres do corpo, em breve desprezados, vão dar lugar ao reino da ideia; é que o edifício social está carcomido e vai dar lugar à jovem e triunfante legião das ideias espíritas, que fecundarão as consciências estéreis e os corações mudos. Que estas palavras incessantemente repetidas não vos encontrem distraídos e indiferentes. Depois que o lavrador houver semeado, recolhei as preciosas espigas que nascerem. Não digais: a vida segue o seu curso e uma marcha normal. Nossos pais nada viram do que hoje nos anunciam; não veremos mais do que eles. Adoremos o que eles adoraram ou, melhor, substituamos a adoração por fórmulas vãs, e tudo estará bem. Falando assim, dormis. Despertai, porque não é a trombeta do juízo final que vibrará aos vossos ouvidos, mas a voz da verdade.

Não se trata da morte vencida e humilhada: trata-se da vida presente, ou antes, da vida eterna. Não a esqueçais e despertai.

Helvétius

O GÊNIO E A MISÉRIA

(SOCIEDADE ESPÍRITA DE PARIS. MÉDIUM: SR. ALFRED DIDIER)

Há uma prova muito grande na Terra, sobre a qual deve apoiar-se a moral do Espiritismo: é a provação terrível do homem de gênio, sobretudo do que é dotado de faculdades superiores, presa das exigências da miséria. Ah! sim. Essa prova moral, essa miséria da inteligência, muito mais que a do corpo, será o mérito maior para o homem que tiver cumprido a sua missão. Compenetrai-vos dessa luta incessante do talento contra a miséria, essa Harpia que se atira sobre vós durante o festim da vida, semelhante ao monstro de Virgílio e que diz a todas as suas vítimas: Sois poderosos; mas sou eu quem vos mata; eu que envio ao nada os dons de vossa inteligência. Porque eu sou a morte do gênio. Eu sei que só uns são vencidos; mas os outros, quantos são eles? Há um pintor da escola moderna que assim concebeu o assunto: um ser, o gênio, cujas asas se abrem e cujo olhar está voltado para o sol; quase que se ergue, mas cai sobre um rochedo, onde estão fixadas cadeias de ferro que o prenderão talvez para sempre. O homem que teve este sonho talvez tenha sido acorrentado, também ele, e talvez após a sua libertação lembrou-se dos que deixara para sempre sobre o rochedo.

Gérard de Nerval

TRANSFORMAÇÃO

(SOCIEDADE ESPÍRITA DE PARIS. MÉDIUM: SRA. COSTEL)

Venho falar-te daquilo que mais importa, nesta época de crise e de transformação. No momento em que as nações revestem roupagem viril, no momento em que o céu desvelado vos mostra, vagando nos espaços infinitos, os Espíritos daqueles que pensáveis diversos como moléculas ou servindo de pasto aos vermes; neste momento solene é preciso que, armado de fé, o homem não marche tateante nas trevas do personalismo e do materialismo. Como outrora os pastores, guiados por uma estrela, vinham adorar o Menino-Deus, é preciso que o homem, guiado pela brilhante aurora do Espiritismo, marche, enfim, para a Terra Prometida da liberdade e do amor; é preciso que, compreendendo o grande mistério, saiba que o fim harmonioso da Natureza, seu ritmo admirável, são os modelos da humanidade. Nessa espantosa diversidade que confunde os Espíritos, distingui a perfeita similitude das relações entre as coisas criadas e os seres criados, e que essa poderosa harmonia vos leve a todos, homens de ação, poetas, artistas, operários, à união na qual devem fundir-se os esforços comuns durante a peregrinação da vida. Caravanas assaltadas pelas tempestades e pelas adversidades, estendei-vos as mãos amigas e marchai com os olhos voltados para o Deus justo, que recompensa ao cêntuplo aquele que tiver aliviado o fraco e o oprimido.

Georges

A SEPARAÇÃO DO ESPÍRITO

(ENVIADO PELO SR. SABÒ, DE BORDÉUS)

Corpo de lama, foco de corrupção onde fermenta o lêvedo das paixões impuras: são os órgãos que muitas vezes arrastam o Espírito a tomar parte nas sensações brutais que pertencem ao campo da matéria. Quando o princípio da vida orgânica se extingue por um dos mil acidentes aos quais está sujeito o corpo, o Espírito se desprende dos laços que o retinham em sua prisão fétida, e ei-lo livre no espaço.

Entretanto acontece que, quando é ignorante, e sobretudo quando é muito culpado, um véu espesso lhe oculta as belezas da morada onde vivem os bons Espíritos, e ele se encontra só ou na companhia de Espíritos malvados e inferiores, num círculo que nem lhe permite ver onde está, nem se lembrar de onde vem. Então sente-se inquieto, sofredor, em mal-estar, até que, num tempo mais ou menos longo, seus irmãos, os Espíritos, vêm esclarecê-lo quanto à sua posição e lhe abrem os olhos para que se lembre do mundo dos Espíritos, que hesitou, e dos diversos planetas onde sofrerá suas diversas encarnações. Se a sua última encarnação foi bem conduzida, ela lhe abre as portas dos mundos superiores; e se foi inútil e cheia de iniquidades, ele é punido pelo remorso; e depois que o Espírito se curvou à cólera de Deus por seu arrependimento e pela prece de seus irmãos, recomeça a viver, o que não é uma felicidade, mas um castigo ou uma provação.

Ferdinand
Espírito familiar

Allan Kardec

ANO IV
JULHO DE 1861

ENSAIO SOBRE A TEORIA DA ALUCINAÇÃO

Os que não admitem o mundo incorpóreo e invisível creem tudo explicar pela palavra *alucinação.* A definição é conhecida: erro, ilusão da pessoa que crê ter uma percepção que realmente não tem (Academia. Do latim *hallucinari,* errar; derivado de *ad lucem).* Mas os sábios, pelo que conhecemos, ainda não deram a razão fisiológica. A ótica e a fisiologia, parece, para eles não têm mais segredos. Como é que ainda não explicaram a fonte das imagens que se oferecem ao espírito em certas circunstâncias? Real ou não, o alucinado vê alguma coisa. Dir-se-ia que ele crê estar vendo, mas que nada vê? Isso não é provável. Dizei, se quiserdes, que é uma imagem fantástica; seja; mas qual a fonte dessa imagem? Como se forma? Como se reflete em seu cérebro? Eis o que não dizem. Seguramente, quando ele crê estar vendo o diabo com seus chifres e as suas garras, as chamas do inferno, animais fabulosos que não existem, a Lua e o Sol que se batem, é evidente que não há nisso qualquer realidade. Mas se é um jogo de sua imaginação, como é que descreve tais coisas como se fossem presentes? Há, pois, diante dele um quadro, uma fantasmagoria qualquer. Qual o espelho sobre que se reflete, então, essa imagem? Qual a causa que dá a essa imagem a forma, a cor e o movimento? É aquilo cuja solução temos em vão procurado na Ciência. Desde que os sábios tudo querem explicar pelas leis da matéria, então que deem, por estas leis, uma teoria da alucinação. Boa ou má, será sempre uma explicação.

Provam os fatos que há verdadeiras aparições, as quais a teoria espírita explica perfeitamente e só podem ser negadas pelos que nada admitem além do mundo visível. Mas, ao lado das visões reais há alucinação no sentido ligado a este vocábulo? Não é duvidoso. O essencial é determinar os caracteres que as podem distinguir das aparições reais. Qual a sua fonte? São os Espíritos que nos vão colocar nessa via, porque a explicação nos parece estar completa na resposta dada à seguinte pergunta:

Podem considerar-se como aparições as figuras e outras imagens que às vezes se apresentam no primeiro sono ou simplesmente quando se fecham os olhos?

"Desde que que os sentidos se entorpecem, o Espírito se desprende e pode ver, longe ou perto, o que não poderia ver com os olhos. Por vezes essas imagens são visões, mas também podem ser um efeito das impresões deixadas pela vista de certos objetos no cérebro, que lhes conserva traços, como conserva sons. O Espírito desprendido vê no próprio cérebro essas impressões que nele ficaram como uma chapa fotográfica. Sua variedade e sua mistura formam conjuntos bizarros e fugitivos, que se apagam quase que imediatamente, malgrado os esforços que se façam para os reter. É a uma causa semelhante que se devem atribuir certas aparições fantásticas, que nada têm de real, e que muitas vezes se produzem no estado de doença."

Reconhece-se que a memória é o resultado das impressões conservadas pelo cérebro. Por que singular fenômeno essas impressões, tão variadas, tão multiplicadas, não se confundem? Eis um mistério impenetrável, mas que não é mais estranho que o das ondulações sonoras que se cruzam no ar e nem por isso ficam menos distintas. Num cérebro são e bem organizado, essas impressões são claras e precisas; em condições menos favoráveis, apagam-se ou se confundem, como as marcas de um sinete sobre uma substância muito sólida ou muito fluida. Daí a perda da memória ou a confusão das ideias. Isso parece menos extraordinário, se se admitir, como em frenologia, uma destinação especial a cada parte e, mesmo, a cada fibra do cérebro.

As imagens que chegam ao cérebro pelos olhos, nele deixam, pois, uma impressão que nos faz lembrar-nos de um quadro como se o tivéssemos à nossa frente; dá-se o mesmo com a impressão dos sons, dos odores, dos sabores, da palavras, dos números, etc. Conforme essas fibras, os órgãos destinados a conservá-las, tem-se a memória das formas, das cores, da música, dos números, das linhas, etc. Quando se representa uma cena que se viu, não é senão uma questão de memória, porque na realidade não se vê. Mas, em certo estado de emancipação, a alma vê no cérebro e nele encontra essas imagens, sobretudo as que impressionaram mais, conforme a natureza das preocupações ou disposições do espírito; ela ali encontra a impressão de cenas religiosas, diabólicas, dramáticas e outras, que viu em outra ocasião em pintura, em ação, em leitura ou em relatos, pois estes também deixam impressões. Assim, a alma realmente vê alguma coisa; é a imagem de algum modo fotografada no cérebro. No estado normal, essas imagens são fugidias e efêmeras, porque todas as partes do cérebro funcionam livremente. Mas no estado de doença, o cérebro está mais ou menos enfraquecido: não existe equilíbrio entre todos os órgãos; alguns apenas conservam sua atividade, enquanto outros estão, de certo modo, paralisados. Daí a permanência de certas imagens, que não são mais apagadas, como no estado normal, pelas preocupações da vida exterior. Aí está a verdadeira alucinação, a fonte primeira das ideias fixas. A ideia fixa é a lembrança exclusiva de uma impressão. A alucinação é a visão retrospectiva, pela alma, de uma imagem impressa no cérebro.

Como se vê, relatamos essa anomalia aparente, por uma lei inteiramente fisiológica bem conhecida, a das impressões cerebrais. Mas sempre foi preciso admitir a intervenção da alma, com suas faculdades distintas da matéria. Ora, se os materialistas ainda não puderam dar uma solução racional desse fenômeno, é que não querem admitir a alma e que, com o materialismo puro, ele é inexplicável. Assim, dirão que nossa explicação é má, porque fazemos intervir um agente contestado. Contestado por quem? Por eles; mas admitido pela imensa maioria, desde que há homens na Terra; e a negação de alguns não tem força de lei.

Nossa explicação é boa? Nós a damos pelo que ela pode valer, em falta de outras e, se quiserem, a título de hipótese, esperando outra melhor. Pelo menos ela tem a vantagem de dar à alucinação uma base, um corpo, uma razão de ser; ao passo que, quando os fisiologistas pronunciaram suas palavras sacramentais de superexcitação, de exaltação, de efeitos da imaginação, nada disseram, ou não disseram tudo, porque não observaram todas as fases do fenômeno.

A imaginação também representa um papel que é preciso distinguir da alucinação propriamente dita, embora essas duas causas por vezes estejam reunidas. Ela empresta a certos objetos formas que estes não têm, como faz ver uma figura na Lua ou animais nas nuvens. Sabe-se que na obscuridade, os objetos tomam formas bizarras, por não se distinguirem todas as suas partes e porque os contornos não são nitidamente definidos. Quantas vezes, à noite, num quarto, um vestido pendurado, um vago reflexo luminoso não apresentaram uma forma humana aos olhos de pessoas que estão com o sangue frio? Se se juntar o medo ou uma credulidade exagerada, a imaginação fará o resto. Compreende-se, assim, que a imaginação possa alterar a realidade das imagens percebidas na alucinação e lhes emprestar formas fantásticas.

As verdadeiras aparições têm um caráter que, para os observadores experimentados, não permite confundi-las com os efeitos que acabamos de citar. Como podem ocorrer em pleno dia, é preciso desconfiar das que se julga ver à noite, podendo-se ser vítima de uma ilusão de ótica. Aliás, há nas aparições, como em todos os outros fenômenos espíritas, o caráter inteligente, que é a melhor prova de sua realidade. Toda aparição que não dá qualquer sinal inteligente pode decididamente ser posta no rol das ilusões. Os senhores materialistas devem ver que lhes concedemos larga margem.

Tal como é, nossa explicação dá a razão de todos os casos de visão? Não, naturalmente. E nós desafiamos a todos os fisiologistas que deem uma só, de seu ponto de vista exclusivo, que os resolva a todos. Então, se todas as teorias da alucinação são insuficientes para explicar todos os fatos, é que existe algo diferente da alucinação propriamente dita e esse algo não tem sua solução senão na teoria espírita, que a todos abarca. Com efeito, se examinarmos cuidadosamente certos casos de visão muito frequentes, veremos que é impossível atribuir-lhes a mesma origem que a alucinação. Procurando dar a esta uma explicação provável, quisemos mostrar em que ela difere da aparição. Num caso como no outro, é sempre a alma que vê e não os olhos. No primeiro, vê uma imagem interior e no segundo uma coisa externa, se assim se pode dizer. Quando uma pessoa ausente e na qual absolutamente não pensamos, que julgamos com saúde, se apresenta espontaneamente, quando se está bem desperto e ela vem revelar particularidades de sua morte, ocorrida naquele mesmo instante e da qual, consequentemente, não se podia ter notícia, nem se pode atribuir o fato a uma lembrança, nem a preocupação de espírito. Supondo se tenham tido apreensões sobre a vida dessa pessoa, restaria a explicar a coincidência do momento da morte com a aparição e, sobretudo, as circunstâncias da morte, coisa que nem se pode conhecer nem prever. Assim, podem colocar-se entre as alucinações as visões fantásticas, que nada têm de real; mas não se dá o mesmo com as que revelam atualidades positivas, confirmadas pelos acontecimentos. Explicá-las pelas mesmas causas seria absurdo e maior absurdo ainda atribuí-las ao acaso, esta razão suprema dos que nada têm a dizer. Só o Espiritismo lhes pode dar a razão, pela dupla teoria do perispírito e da emancipação da alma. Mas como crer na ação da alma, quando não se admite a alma?

Não levando em conta o elemento espiritual, a Ciência se acha impotente para resolver uma porção de fenômenos, e cai no absurdo de querer tudo referir ao elemento material. É, sobretudo, em Medicina que o elemento espiritual representa um papel importante. Quando os médicos o levarem em consideração, enganar-se-ão menos do que agora. Aí terão uma luz que os guiará mais seguramente no diagnóstico e no tratamento das moléstias. É o que se constata presentemente na prática dos médicos *espíritas,* cujo número aumenta dia a dia. Tendo a alucinação uma causa fisiológica, estamos certos de que acharão o meio de a combater. Conhecemos um que, graças ao Espiritismo, está a caminho de descobertas do mais alto alcance, porque lhe deu a conhecer a verdadeira causa de certas afecções rebeldes à Medicina materialista.

O fenômeno da aparição pode produzir-se de duas maneiras: ou é o Espírito que vem encontrar a pessoa que vê; ou é o Espírito desta que se transporta e vai encontrar a outra. Os dois exemplos seguintes nos parecem bem caracterizar os dois casos.

Um de nossos colegas nos contava, recentemente, que um oficial seu amigo, estando na África, de repente viu à sua frente o quadro de um cortejo fúnebre: era o de um de seus tios, residente na França e que desde muito não via. Viu distintamente toda a cerimônia, desde a casa do morto até à igreja e o transporte ao cemitério. Observou mesmo várias particularidades, das quais não podia ter ideia. No momento estava desperto e, entretanto, num certo estado de absorção, do qual só saiu quando tudo desapareceu. Chocado com a circunstância, escreveu para a França, pedindo notícias de seu tio e soube que este, falecido subitamente, tinha sido sepultado no dia e hora em que ocorrera a aparição e com todas as particularidades que tinha visto. Nesse caso, é evidente que não foi o cortejo que veio encontrá-lo, mas ele que foi encontrar o cortejo, cuja percepção se deu por efeito da segunda vista.

Um médico do nosso conhecimento, o Sr. Félix Mallo, tinha tratado de uma jovem senhora. Mas, julgando que o ar de Paris lhe era prejudicial, aconselhou-a a ir passar algum tempo na província, com sua família, o que ela fez. Havia seis meses não lhe tinha notícias e nem pensava mais, quando, uma noite, por volta de dez horas, estando em seu quarto, ouviu bater à porta do consultório. Crendo viessem chamá-lo para um doente, mandou entrar; mas ficou muito surpreendido vendo à sua frente a senhora em questão, pálida, vestida como a tinha conhecido e que lhe disse com todo o sangue-frio: "Senhor Mallo, venho dizer-vos que morri". E desapareceu. Certo de que estava desperto e de que ninguém havia entrado, o médico colheu informações e soube que a senhora tinha morrido na mesma noite em que lhe aparecera. Aqui foi mesmo o Espírito da senhora que veio encontrá-lo. Os incrédulos não deixarão de dizer que o médico podia estar preocupado com a saúde de sua antiga cliente e que nada há de admirável que previsse a sua morte. Seja. Mas que expliquem a coincidência de sua aparição com o momento da morte, já que havia vários meses o médico não lhe tinha tido notícias. Supondo mesmo que ele tivesse crido na impossibilidade de sua cura, poderia prever que ela morresse num tal dia e numa tal hora? Devemos acrescentar que ele não é um homem impressionável.

Eis um outro fato não menos característico e que não poderia ser atribuído a uma previsão qualquer. Um dos nossos associados, oficial de marinha, estava no mar, quando viu seu pai e seu irmão atirados debaixo de uma carruagem: o pai morto e o irmão ileso. Quinze dias depois, tendo desembarcado na França, os amigos o procuraram, tentando prepará-lo para receber a triste notícia. – "Não são necessárias tantas precauções", disse ele, "sei o que ides dizer. Meu pai morreu há quinze dias que o sei". Com efeito, seu pai e seu irmão, estando em Paris, desciam de carro os Campos-Elísios; o cavalo espantou-se, o carro quebrou-se, o pai morreu e o irmão apenas sofreu contusões. Os fatos são positivos, atuais e não dirão sejam lendas medievais. Cada um recolha suas lembranças e ver-se-á que tais fatos são mais frequentes do que se pensa. Perguntamos se eles têm algum dos caracteres da alucinação. Perguntamos igualmente aos materialistas qual a explicação que irão dar ao fato relatado no artigo seguinte.

UMA APARIÇÃO PROVIDENCIAL

Lê-se no *Oxford Chronicle* de 1.º de junho de 1861:

"Em 1828 um navio que viajava de Liverpool a New-Brunswick tinha como imediato o Sr. Robert Bruce. Estando perto dos bancos na Terra-Nova, o capitão e o imediato calculavam um dia de sua rota, o primeiro em sua cabina e o outro na câmara ao lado. As duas peças eram dispostas de modo que eles podiam ver-se e falar-se. Absorvido em seu trabalho, Bruce não notou que o capitão havia subido para a ponte; sem olhar, lhe disse: 'Encontro tal longitude. Qual é a sua?' Não recebendo resposta., repetiu a pergunta, mas inutilmente. Avançou então para a porta da cabina e viu um homem sentado no lugar do capitão e escrevendo numa ardósia. O indivíduo voltou-se, olhou Bruce fixamente e este, apavorado, lançou-se para a ponte. – Capitão, disse ele assim que o alcançou, quem é que está à sua escrivaninha na cabina? – Mas, ninguém, penso eu. – Garanto que há um estranho. – Um estranho! Você sonha, Bruce. Quem ousaria meter-se em minha mesa sem minha ordem? Talvez você tenha visto o contramestre ou o despenseiro. – Senhor, um homem está sentado à sua mesa e escreve em sua ardósia. Ele me olhou na cara e eu o vi distintamente ou jamais vi alguém no mundo. – Ele! quem? – Só Deus o sabe, senhor! Eu vi esse estranho que, por minha vida, jamais vi em qualquer parte. – Você está louco, Bruce. Um estranho! e há seis semanas que estamos no mar. – Eu sei; contudo o vi. – Ora, vá ver quem é. – Capitão, o senhor. sabe que não sou um poltrão; não acredito em aparições; contudo, confesso que não suporto vê-lo só e de frente. Gostaria que fôssemos ambos. O capitão desceu na frente, mas não encontrou ninguém. – Veja bem, disse ele; você sonhou. – Não sei como é isso, mas juro que ele estava ali, há pouco, e escrevia em sua ardósia e leu estas palavras: *Dirija para noroeste.* Tendo feito Bruce e todos os homens da equipagem escrever aquelas palavras, verificou que nenhuma letra se parecia com aquela. Procuraram por todos os recantos do navio e não descobriram nenhum estranho. Consultado se devia seguir o conselho misterioso, o capitão resolveu mudar de direção e navegou para noroeste, depois de ter posto como vigia um homem de confiança. Pelas três horas foi assinalado um bloco de gelo, depois um navio desmastreado, sobre o qual se viam vários homens. Chegando mais perto soube-se que o navio estava quebrado, as provisões esgotadas, a equipagem e os passageiros famintos. Enviaram barcos para os recolher. Mas no momento em que chegaram a bordo, para sua grande estupefação, o Sr. Bruce reconheceu entre os náufragos o homem que tinha visto na cabina do capitão. Assim que foi acalmada a confusão e que o navio retomou sua rota, o Sr. Bruce disse ao capitão. – Parece que não foi um Espírito que vi hoje; ele é vivo; o homem que escrevia na ardósia é um dos passageiros que acabamos de salvar. Ei-lo. Eu juraria perante a justiça!

Dirigindo-se ao tal homem, o capitão o convidou à sua cabina e lhe pediu que escrevesse na ardósia, do lado oposto àquele onde estavam as palavras misteriosas: *Dirija para noroeste.* Intrigado com o pedido, não obstante o passageiro conformou-se. Tomando a ardósia, o capitão virou-a, sem nada exprimir e, mostrando ao passageiro as palavras escritas antes, perguntou: – É mesmo a vossa letra? – Sem dúvida, pois acabo de escrever diante de vós. – E esta aqui? acrescentou, mostrando o outro lado. – Também é a minha letra. Mas não sei como aconteceu isto, porque só escrevi de um lado. – Meu imediato, que aqui está, pretende vos ter visto hoje, ao meio-dia, sentado a esta mesa e escrevendo estas palavras. – É impossível, porque só agora me trouxeram para este navio.

Interrogado o capitão do navio naufragado sobre o que, pela manhã, poderia ter-se passado com esse homem, respondeu: – Só o conheço como um dos meus passageiros. Mas, pouco antes do meio-dia ele caiu num profundo sono, do qual só saiu depois de uma hora. Durante o sono ele exprimiu a confiança de que em breve iríamos ser salvos, dizendo que se via a bordo de um navio, cuja espécie e aparelhamento descreveu, em tudo conforme ao que tivemos à vista momentos depois. O passageiro acrescentou que não se lembrava de ter sonhado, nem de ter escrito fosse o que fosse, mas apenas que tinha conservado, ao despertar, um pressentimento que não sabia explicar, de que um navio lhes viria em socorro. Uma coisa estranha, disse ele, é que tudo quanto está nesse navio me parece familiar, embora esteja certo de jamais o ter visto. Depois, o Sr. Bruce lhe contou as circunstâncias da aparição que tinha tido e concluíram que o fato era providencial."

Essa história é perfeitamente autêntica. O Sr. Robert Dale Owen, antigo ministro dos Estados Unidos em Nápoles, que também a refere em sua obra, cercou-se de todos os documentos que lhe constatam a veracidade. Perguntamos se ela tem algum dos caracteres da alucinação! Que a esperança, que jamais abandona os infelizes, tenha seguido o passageiro em seu sono e lhe tenha feito sonhar que lhes vinham socorrer, compreende-se. A coincidência do sonho com o socorro ainda podia ser um efeito do acaso. Mas como explicar a descrição do navio? Quanto ao Sr. Bruce, ele está certo de que não sonhava. Se a aparição fosse uma ilusão, como explicar a semelhança com o passageiro? Se ainda fosse o acaso, a escrita na ardósia é um fato material. De onde o conselho, dado por esse meio, de navegar na direção dos náufragos, desviando a rota seguida pelo navio? Que os senhores alucionistas tenham a bondade de dizer como, com seu sistema exclusivo, poderão dar a razão de *todas* essas circunstâncias.

Nos fenômenos espíritas provocados, têm eles o recurso de dizer que há trapaça. Mas aqui não é nada provável que o passageiro tenha representado uma comédia. É nisto que os fenômenos espontâneos, quando apoiados em testemunhos irrecusáveis, são de grande importância, por não se poder suspeitar de nenhuma conivência.

Para os Espíritas, este fato nada tem de extraordinário, porque o podem explicar. Aos olhos dos ignorantes parecerá sobrenatural, maravilhoso. Para quem quer que conheça a teoria do perispírito, da emancipação da alma nos vivos, ele não sai das leis da Natureza. Um crítico divertiu-se muito com a história do homem da tabaqueira, referida na *Revista* de março de 1859, dizendo que era efeito da imaginação da senhora doente. Que tem ela de mais impossível que esta? Os dois fatos se explicam exatamente pela mesma lei que rege as relações entre o Espírito e a matéria. Além disso, perguntamos a todos os Espíritas que estudaram a teoria dos fenômenos se, lendo o fato que acabamos de relatar, sua atenção não foi imediatamente atraída para a maneira por que deve ter-se produzido; se não encontraram a explicação; se, em consequência da explicação, não concluíram pela possibilidade e se, por força dessa possibilidade, não se interessaram mais do que se tivessem tido que o aceitar apenas pela força da fé, sem acrescentar o assentimento da inteligência? Os que nos censuram por havermos dado essa teoria se esquecem de que ela é o resultado de longos e pacientes estudos, que poderiam ter feito, como nós, trabalhando tanto quanto fizemos e fazemos todos os dias; que, dando os meios de compreender os fenômenos, lhes demos uma base, uma razão de ser, que silenciaram diversos críticos e contribuíram, em grande parte, para a propagação do Espiritismo, visto que se aceita com mais boa vontade aquilo que se compreende do que aquilo que não se compreende.

PALESTRAS FAMILIARES DE ALÉM-TÚMULO

OS AMIGOS NÃO NOS ESQUECEM NO OUTRO MUNDO

Um dos nossos assinantes nos envia a palestra seguinte, que teve com um de seus amigos cuja perda lhe fora muito sentida, por intermédio de um médium estranho, desde que ele mesmo não é médium. Além da notável elevação do pensamento, ver-se-á a prova de que os laços terrenos, quando sinceros, não se rompem na morte.

PRIMEIRA PALESTRA. 28 DE DEZEMBRO DE 1860

1. *(Evocação)*. Rogativa ao Espírito de Jules P..., que me foi tão caro, para vir comunicar-se comigo. R – Caro amigo, venho ao teu apelo; venho com tanto maior solicitude quanto não esperava poder comunicar-me contigo senão em tempo ainda recuado pela vontade de Deus. Quanto me é agradável ver esse tempo abreviado por tua vontade e poder dizer-te quanto a provação que sofri na Terra serviu ao meu progresso! Embora ainda errante, sinto-me muito feliz, sem outro pensamento que o do entusiasmo pelas obras de Deus, que me permite gozar de todos os prodígios que se digna deixar à minha disposição, deixando-me esperar uma reencarnação num mundo superior, onde seguirei a gradação afortunada, que me elevará à suprema felicidade. Possas tu, caro amigo, ouvindo-me, ver em minhas palavras um presságio do que te espera! No último dia, virei tomar-te a mão para te mostrar a via que já percorro desde algum tempo com tanta alegria. Encontrar-me-ás como guia, como na vida terrena me encontraste como amigo fiel.

2. – Posso contar com o teu concurso, caro amigo, para atingir o objetivo feliz que tu me deixas entrever? R – Fica tranquilo: farei o possível para que venças nesta rota onde ambos nos encontraremos

com tanta emoção e prazer. Como outrora, virei dar-te todas as provas de bondade de coração a que sempre foste tão sensível.

3. – Devo concluir de tua linguagem que és muito mais feliz do que em tua última existência? R – Sem contradita, meu amigo, muito feliz, não o poderia repetir bastante. Que diferença! Não mais aborrecimentos, tristezas, sofrimentos físicos e morais. E, com isso, a visão de tudo o que nos foi caro! Muitas vezes estava contigo, ao teu lado. Quantas vezes te segui em tua carreira! Eu te via quando não me supunhas junto a ti, tu que me julgavas perdido para sempre. Meu caro amigo, a vida é preciosa para o Espírito; tanto mais preciosa quanto suave e pode fazê-la servir, como na Terra, ao seu adiantamento celeste. Fica bem persuadido de que tudo se harmoniza nos desígnios divinos para tornar as criaturas de Deus mais felizes e que, de sua parte, basta ter um coração para amar, e curvar a cabeça para ser humilde. Então eleva-se mais do que poderia esperar.

4. – Que desejas de mim que te possa causar prazer? R – Teu pensamento em forma de uma flor.

Nota: Tendo-se estabelecido uma discussão sobre o sentido desta resposta, o Espírito acrescentou:

Quando digo teu pensamento em forma de uma flor, digo que, colhendo flores, algumas vezes deves pensar em mim. Compreendes que quero, tanto quanto possível, me fazer sentir por um dos teus sentidos, tocando-te agradavelmente.

5. – Adeus, caro amigo. Aproveitarei com prazer a próxima ocasião que tiver de te evocar. R – Esperarei com impaciência. Até logo, caro amigo.

SEGUNDA PALESTRA. 31 DE DEZEMBRO

6. *(Evocação).* Novo pedido ao meu amigo para me dar uma comunicação no interesse de minha instrução. R – Eis-me de novo, caro amigo. Não peço mais do que para vir dizer ainda uma vez quanto me foste caro. Quero dar-te uma prova disso, elevando-me às mais altas considerações. Sim, meu amigo, a matéria nada é. Trata-a duramente; nada temas; o Espírito é tudo; só ele se perpetua e jamais deve cessar de viver, ou de percorrer os caminhos que Deus lhe traça. Por vezes para em bordas escarpadas para tomar fôlego; mas

quando volta os olhos para o Criador, retoma coragem e rapidamente supera as dificuldades que encontra, eleva-se e admira a bondade de seu senhor, que lhe distribui à medida as forças de que necessita. Então avança. O empíreo se apresenta aos seus olhos, ao seu coração; marcha, logo se torna digno do destino celeste que entrevê. Caro amigo, nada mais temas; sinto em mim a coragem duplicada, as forças decuplicadas, desde que deixei a vossa Terra. Não mais duvido da felicidade predita que, comparada à que desfruto, será tão superior quanto a mais brilhante das pedras preciosas o é ao simples anel. Assim, vês quanto há de grandeza nas vontades celestes, e que será muito difícil para os humanos lhes apreciar e pesar os resultados! Assim, vossa linguagem nos serve dificilmente, quando queremos exprimir o que vos deve parecer incompreensível.

7. – Nada tens a acrescentar aos belos pensamentos que acabas de expressar? R – Sem dúvida não terminei: mas quis dar-te uma prova de minha identidade. Quando quiseres, eu te darei outros.

Observação: Essas provas de identidade são aqui todas morais e não provêm de nenhum sinal material, nem qualquer das questões pueris que frequentemente algumas pessoas fazem com esse propósito. As provas morais são as melhores e as mais seguras, visto que os sinais materiais sempre podem ser imitados por Espíritos enganadores. Aqui o Espírito se faz reconhecer por seus pensamentos, seu caráter, a elevação e a nobreza do estilo. Certamente um Espírito enganador poderia tentar a falsificação em certos pontos, mas não passaria de grosseira imitação; e como faltaria o fundo, só poderia imitar a forma; aliás não poderia por muito tempo representar o papel.

8. – Desde que estás nessa disposição benevolente, eu seria feliz de a aproveitar agora e te peço a bondade de continuar. R – Eu te direi: Abre o livro dos teus destinos; o Evangelho, meu amigo, dar-te-á a compreender muitas coisas que não te poderia exprimir. Deixa a letra; toma o espírito desse livro sagrado e nele encontrarás todas as consolações necessárias ao teu coração. Não te inquietem os termos obscuros: procura o pensamento e teu coração o interpretará como deve interpretar. Agora estou mais ao corrente e confesso o erro que nós, Espíritos, cometíamos ao considerá-lo tão friamente quando vivos. Hoje reconheço que, de bom coração, teria podido, entendendo naquele tempo os preciosos ensinamentos que o divino Mestre nos deixou, encontrar neles o socorro que me faltava.

9. – Obrigado e adeus, caro amigo; aproveitarei com prazer a primeira ocasião que tiver para te evocar. R – Então eu virei como venho hoje, não duvides. Farei o melhor que puder.

CORRESPONDÊNCIA

CARTA DO PRESIDENTE DA SOCIEDADE ESPÍRITA DO MÉXICO

MÉXICO, 18 DE ABRIL DE 1861

Ao Sr. Allan Kardec, em Paris.

Senhor,

Meu amigo Sr. Viseur, em sua penúltima carta, manifesta-me o desejo que tendes de conhecer o objetivo e as tendências da Sociedade Espírita que presido no México. É com o maior prazer e a mais viva simpatia por vossas profundas luzes no tocante a essa matéria que vos dirijo esta curta exposição do histórico do Espiritismo neste país, rogando-vos levar em consideração nossa fraca experiência, mas, também, contar-nos entre vós como fervorosos adeptos.

Muito tempo depois de vós, senhor, tivemos a felicidade de conhecer esta suave verdade de que os Espíritos ou almas das pessoas mortas podem comunicar-se com os vivos. Malgrado algumas publicações vindas do Norte, nossa atenção e nossa curiosidade não haviam despertado e não nos havíamos dado ao trabalho de procurar o que entendiam por manifestações espirituais. Foi o vosso *O Livro dos Espíritos,* felizmente chegado entre nós, que nos abriu os olhos e nos convenceu da realidade dos fatos que se propagam com tanta rapidez em todas as partes do mundo, fazendo-nos compreendê-las. Começamos então a fazer pesquisas e experiências, aceitando a tarefa de, por um trabalho constante, nos prepararmos para receber as manifestações. Os conselhos obtidos em vosso excelente livro nos deram a conhecer a grande verdade de que depois da morte a alma existe e que podemos comunicar-nos com os que nos foram queridos na Terra.

Eu não renderia homenagem à verdade se dissesse que fomos aqui os primeiros a ter conhecimento dessas manifestações. Várias pessoas de nossa cidade já se ocupavam do assunto, o que só soubemos mais tarde. O princípio da reencarnação foi o que mais nos causou admiração, no primeiro momento; mas as nossas comunicações com os Espíritos de uma ordem que, por sua linguagem, reconhecemos como superior, não nos permitiram duvidar de uma crença que tudo prova estar na ordem das coisas e conforme a onipotente justiça de Deus. Um fato que prova a bondade e a superioridade dos Espíritos que nos assistem é que curam os que sofrem corporalmente e dão calma e resignação às aflições espirituais. Diz-nos a simples lógica que o bem não pode vir senão de boa fonte. Mas seríamos presunçosos se nos apresentássemos como campeões capacitados desta sublime doutrina. A vós, senhor, cabe o direito de nos esclarecer, como provam os trabalhos oriundos de vossa Sociedade.

Formamos uma sociedade composta de membros experimentados na crença espírita e recebemos em seu seio todo aquele que quer ser esclarecido. As leis fundamentais que nos regem são a unidade de princípios, a fraternidade entre os membros e a caridade para com todos os que sofrem. Eis, senhor, como as ideias espíritas se espalharam nesta região e, podemos dizer com satisfação, se propagaram além das nossas esperanças. Se julgardes conveniente guiar-nos com os vossos bons conselhos, sempre os receberemos com vivo reconhecimento e como um testemunho de simpatia de vossa parte.

Recebei, etc.

Ch. Gourgues

No mesmo dia em que nos chegou esta carta do México, recebemos a seguinte de Constantinopla:

Constantinopla, 28 de maio de 1861

Ao Sr. Allan Kardec, diretor da Revista Espírita

Senhor,

Permiti-me vir, em meu nome pessoal e no de meus amigos e irmãos espiritualistas desta cidade, oferecer-vos dois pequenos presentes, como lembrança, não de pessoas que ainda não conheceis e que só têm a honra de vos conhecer por vossas obras, mas que aceitareis como testemunho dos sentimentos de confraternização, que devem unir os Espiritualistas de todos os países. Aceitá-los-eis, também, por serem uma prova dos fenômenos tão sublimes quão extraordinários do Espiritismo. Aceitareis e lhes dareis a honra de um quadro à nossa boa Sofia, pois é em seu nome e no de sua irmã Angélica que o Espiritismo se desenvolve e se propaga em Constantinopla, essa capital do Oriente, tão comovedora por suas recordações históricas. Verdadeira Torre de Babel, é a cidade que reúne todas as seitas religiosas, todas as nações, e na qual se falam todas as línguas. Imaginai o Espiritismo se propagando de repente em meio a tudo isso... Que imenso ponto de partida! Ainda somos um pequeno número; mas este número aumenta dia a dia como bola de neve. Espero que em pouco nos contaremos às centenas.

As manifestações por nós obtidas até hoje são o soerguimento das mesas, das quais uma, de mais de 100 quilos, ergue-se como uma pluma acima de nossas cabeças; golpes diretos, batidos por Espíritos; transporte de objetos, etc. Tentamos as aparições dos Espíritos, visíveis para todos. Conseguiremos? Eles nos prometeram e nós esperamos. Já temos um grande número de médiuns escreventes; outros fazem desenhos; outros ainda compõem trechos de música, mesmo quando ignoram essas artes. Vimos, seguimos e estudamos diversos Espíritos de todos os gêneros e qualidades. Alguns de nossos médiuns têm visões e êxtases; outros, mediunizados, executam árias ao piano, inspirados pelos Espíritos. Duas senhoritas que nada viram ou leram sobre o magnetismo, magnetizam toda espécie de males, pela ação dos Espíritos, que as fazem agir da mais científica das maneiras.

Eis, senhor, um resumo do que temos feito no Espiritismo até agora. Para que possais julgar melhor os nossos trabalhos espíritas, eis o resultado de algumas sessões por intermédio da mesa.

(Seguem-se diversas comunicações morais de ordem muito elevada, cuja leitura a Sociedade ouviu com vivo interesse).

Se virdes que essas revelações podem interessar à propagação da nova Ciência Espiritualista ou Espírita, porque para mim, como para meus amigos, o título em nada influi, pois nem muda a forma nem o fundo, terei prazer de vos enviar algumas mensagens instrutivas e concludentes, do ponto de vista da prova das manifestações espirituais.

Em breve todos os Espiritualistas do mundo formarão um só feixe, uma só e mesma família. Não somos todos irmãos e filhos do mesmo pai, que é Deus? Eis os primeiros princípios que os Espiritualistas devem pregar ao gênero humano, sem distinção de classe, país, língua, seita ou fortuna.

Recebei, etc.

Repos
Advogado

Esta carta acompanhava um desenho representando uma cabeça de tamanho natural, muito corretamente executado, embora o médium não soubesse desenhar; e um trecho de música, palavras, canto e acompanhamento de piano, intitulado *Espiritualismo.* O todo com esta dedicatória: "Oferta em nome dos Espiritualistas de Constantinopla ao Sr. Allan Kardec, diretor da *Revista Espírita,* de Paris.

No trecho de música, só o canto e a letra foram obtidos por via mediúnica. O acompanhamento foi feito por um artista.

Se publicássemos todas as cartas de adesão que recebemos, teríamos que a isto consagrar alguns volumes. Ver-se-ia repetida milhares de vezes uma tocante expressão de reconhecimento à Doutrina Espírita. Aliás, muitas dessas cartas são bastante íntimas para serem publicadas. As duas que reproduzimos acima têm um interesse geral, como prova da extensão que, por todos os lados, toma o Espiritismo, e do ponto de vista sério sob o qual é agora encarado, muito longe, como se vê, do divertimento das mesas girantes. Por toda parte compreendem-lhe as consequências morais e a consideram como a base providencial das reformas prometidas à humanidade. Sentimo-nos feliz por dar assim um testemunho de simpatia e um encorajamento aos nossos confrades distantes. Esse laço, que existe já entre os Espíritas dos diversos pontos do globo e que não se conhecem senão pela conformidade de crença, não é um sintoma do que será mais tarde? Esse laço é uma consequência natural dos princípios decorrentes do Espiritismo: não pode ser rompido senão pelos que lhe desconhecem a lei fundamental: a caridade para com todos.

DESENHOS MISTERIOSOS

NOVO GÊNERO DE MEDIUNIDADE

Sob este título, o *Herald of Progress,* de Nova Iorque, jornal consagrado a assuntos espiritualistas e dirigido por Andrew Jackson Davies, conta o seguinte:

"A 22 de novembro último, o Dr. Hallock foi convidado, com outras pessoas, à casa da Sra. French, 4.ª Avenida, n.º 8, para testemunhar diversas manifestações espíritas e ver as evoluções de um lápis. Pelas oito horas, a Sra. French deixou a sala onde o grupo estava reunido e sentou-se num canapé no gabinete ao lado. Não deixou esse lugar durante toda a reunião. Pouco depois de sentar-se, parece ter entrado numa espécie de êxtase, com os olhos fixos e desvairados. Pediu ao Dr. Hallock e ao Prof. Britton que examinassem o quarto. Sobre o leito, defronte do lugar onde ela estava sentada, eles encontraram uma pasta amarrada com uma fita de seda e um garrafa de vinho para a experiência. O papel que devia servir para experiências de desenhos estava na pasta. Fomos convidados, disse o Dr. Hallock, a não tocar na pasta nem na garrafa. Vários lápis e dois pedaços de goma elástica também estavam sobre a cama, mas em nenhum outro lugar havia desenhos nem papel. Após essa busca a Sra. French pediu ao Sr. Cuberton que tomasse a pasta e a levasse para a sala onde estavam os convidados, abrisse-a e tirasse o conteúdo. Havia papel comum, do qual seis folhas de diversos tamanhos foram tomadas pela Sra. French, das mãos do Sr. Cuberton, e postas sobre uma mesa à frente dela. Pediu alguns alfinetes e, tomando uma tira de papel de 5 ou 6 polegadas de comprimento, que colocou na borda inferior do papel, prendeu as duas bordas deste à tira. Feito isso, alguém foi solicitado a tomar o papel e fazer que os assistentes o examinassem, segurar a tira e os alfinetes e lhe devolver a folha. A mesma coisa foi feita com as outras folhas; e cada vez os alfinetes eram postos em número e em lugares diferentes e cada folha entregue a uma outra pessoa, com o objetivo de reconhecer o papel por meio dos traços, que deviam corresponder aos das tiras. Examinadas todas as folhas e devolvidas à Sra. French, o Sr. Cuberton tomou o vinho e lho entregou. Ela pôs as folhas sobre a mesa, sobre cada uma delas derramou uma porção de vinho suficiente para a molhar inteiramente, espalhando-o com a palma da mão. Em seguida tratou de as enxugar, pressionando uma por uma das folhas, enrolando-as, soprando e as agitando no ar. Isso durou alguns minutos; depois abaixou a torcida do lampião e fez aproximar os convidados. É preciso dizer que o trabalho de molhar as folhas de papel, uma tinha ficado muito seca e foi preciso recomeçar a operação. (O vinho era uma simples mistura de suco de uvas e açúcar, autorizado pelo Estado e produzido em New-England). Então a Sra. French fez regularizar a luz e pediu às pessoas que viessem sentar-se junto à porta onde ela estava: o Sr. Gurney, o Prof. Britton, o Dr. Warner e o Dr. Hallock estavam a seis pés dela e os outros em plena vista.

Pondo uma das folhas sobre a mesa à sua frente, ela colocou vários lápis entre os dedos; o Dr. Hallock não a perdeu de vista, como havia prometido. Tudo pronto, a Sra. French, para advertir que a experiência ia começar, exclamou: *Time* (tempo). Então foi visto um movimento rápido da mão e durante um momento, das duas mãos; ouviu-se um ruído vivamente repetido sobre o papel; os lápis e o papel foram lançados a alguma distância no chão, por um movimento nervoso; isso durou vinte e um segundos. O desenho representa um ramo de flores, composto de jacintos, lírios, tulipas, etc.

Operaram sucessivamente em outras folhas. O número 2 é também um grupo de flores. O número 3 é um belo cacho de uvas com seu talo, folhas, etc.; foi feito em vinte e um segundos. O número 4 é uma haste e folhas com cinco grupos de frutas semelhantes a damasco; as folhas são uma espécie de musgo. Quando se preparou para esta folha, a Sra. French perguntou quanto tempo lhe davam para a execução; uns disseram dez segundos, outros, menos. Bem, disse a Sra. French, quando eu disser um, olhai os vossos relógios; à palavra quatro o desenho foi feito, isto é, em quatro segundos. O número 5 representa um ramo de groselheira, do qual partem doze cachos de groselhas verdes, com flores e folhas, cercadas de folhas de uma outra espécie. O desenho foi apresentado pela Sra. French, em êxtase, ao Sr. Bruckmaster, de Pittsbourg, como vindo do Espírito de sua irmã, em cumprimento da promessa que esta lhe havia feito. O tempo gasto foi de dois segundos. O número 6 pode ser considerado a obra prima da série, é um desenho de nove polegadas por quatro. Consiste de flores e folhagens brancas sobre fundo escuro, isto é, o desenho é da cor natural do papel e os contornos e os interiores coloridos a lápis. Salvo dois outros desenhos produzidos da mesma maneira em outra ocasião, são sempre a lápis sobre fundo branco. No centro desse grupo de flores e ao pé da página está uma mão com um livro aberto, de uma polegada e um quarto por três quartos; os cantos não são exatamente em ângulo reto; mas o que é muito curioso, os furos dos alfinetes, feitos primitivamente para reconhecer o papel, marcam os quatro cantos do livro. No alto da página esquerda está escrito: Galatians vi e a seguir os seis primeiros versículos e uma décima sexta parte desse capítulo, cobrindo quase que as duas páginas, em caracteres muito legíveis, com boa luz, a olho nu ou com uma lente. Contam-se mais de cem palavras bem escritas. O tempo gasto foi de treze segundos. Quando se constatou a coincidência dos buracos do papel com os da tira, a Sra. French, ainda em êxtase, pediu às pessoas presentes que certificassem por escrito o que acabavam de ver. Então escreveu-se à margem do desenho: Executado em treze segundos, em nossa presença, pela Sra. French. Certificado pelos abaixo-assinados, 22 de novembro de 1860, 4.ª Avenida, n.º 8. Seguem-se dezenove assinaturas."

Não temos qualquer motivo para duvidar da autenticidade do fato, nem suspeitar da boa-fé da Sra. French, que não conhecemos. Mas é de convir que tal maneira de proceder teria algo de pouco convincente para os nossos incrédulos, aos quais não faltariam objeções e diriam que todos os preparativos teriam um ar de familaridade com a prestidigitação, que faz as mesmas coisas sem tantos embaraços aparentes. Confessamos concordar um pouco com eles. Que os desenhos tenham sido feitos, é incontestável. Somente a origem não nos parece provada de maneira autêntica. Seja como for, admitindo que não tenha havido nenhum truque, incontestavelmente é um fato dos mais curiosos de *escrita e desenhos diretos,* cuja possibilidade a teoria nos explica. Sem essa teoria fatos como esses seriam desde logo relegados como fábulas ou passes de mágica. Mas, pelo fato mesmo de nos dar a conhecer as condições nas quais os fenômenos podem produzir-se, ela deve tornar-nos tanto mais circunpectos para não os aceitar senão com boas provas.

Decididamente os médiuns americanos têm uma especialidade para a produção dos fenômenos extraordinários, pois os jornais daquele país estão cheios de fatos do gênero, dos quais estão longe de se aproximarem os médiuns europeus. Assim, do outro lado do Atlântico dizem que ainda estamos muito atrasados em Espiritismo. Quando perguntamos aos Espíritos a razão de tal diferença, eles responderam: "A cada um o seu papel. O vosso não é o mesmo; e Deus não vos deu a menor parte na obra de regeneração". Considerando o mérito dos médiuns pela rapidez da execução, pela energia e pelo poder dos efeitos, os nossos são fracos ao lado daqueles; contudo, conhecemos muitos que não trocariam as simples e consoladoras comunicações que recebem, pelos prodígios dos médiuns americanos. Elas bastam para lhes dar fé, e eles preferem o que toca a alma ao que lhes fere os olhos; a moral que consola e torna melhor aos fenômenos que causam admiração. Por um instante, na Europa, preocuparam-se com os fatos materiais; mas logo os deixaram de lado pela Filosofia, que abre um campo mais vasto ao pensamento e tende para o objetivo final e providencial do Espiritismo: a regeneração social. Cada povo tem seu gênio particular e suas tendências especiais, e cada um, nos limites que lhe são traçados, concorre para os planos da Providência. O mais adiantado será o que marchar mais rapidamente na via do progresso moral, porque é este que mais se aproximará dos desígnios de Deus.

EXPLORAÇÃO DO ESPIRITISMO

A América do Norte reivindica, a justo título, a honra de ter sido a primeira nos últimos tempos, a revelar as manifestações de além-túmulo. Por que deveria ser ela a primeira a dar o exemplo do tráfico e por quê, nesse povo tão adiantado sob vários aspectos, e tão merecedor de nossas simpatias, o instinto mercantil não estacou no sólio da vida eterna? Lendo-se os seus jornais, a cada passo encontram-se anúncios como estes:

"Senhorita S. E. Royers, sonâmbula, médium-médico, cura psicologicamente por simpatia. Tratamento comum, se necessário. – Descrição da fisionomia, da moralidade e do Espírito das pessoas. Das 10 ao meio-dia; das 2 às 5; das 7 às 10 da noite, exceto às sextas, sábados e domingos, a não ser por ajuste prévio. Preço: 1 dollar por hora (5 fr. 42 c.)."

Pensamos que a simpatia do médium pelos doentes está na razão direta do número de dólares pagos. Parece supérfluo dar os endereços.

"Sra. E. C. Morris, médium escrevente; das 10 às 12 horas; das 2 às 4 e das 7 às 9, à noite."

"J. B. Conkin, médium. Recebe visitas em seus salões todos os dias e todas as noites. Atende a domicílio."

"A. C. Styles, médium lúcido, garante diagnóstico exato da doença da pessoa presente, sob perda dos honorários. Regras estritamente observadas: Para um exame lúcido e prescrições, com a pessoa presente, 2 dólares; para descrições psicométricas dos caracteres, 3 dólares. Não esquecer que as consultas são pagas adiantadamente."

"Aos amadores do Espiritualismo. Sra. Beck, médium crisíaco, falando, soletrando, batendo e raspando. Os verdadeiros observadores podem consultá-la das 9 da manhã às 10 da noite em sua casa. Um médium batedor muito poderoso está associado à Sra. Beck."

Pensam que tal comércio seja feito apenas por especuladores obscuros e ignorantes? Eis a prova em contrário:

"O Dr. G. A. Redman, médium experimentado, está de volta à cidade de Nova Iorque. É encontrado em seu domicílio, onde recebe como antes."

O tráfico do Espiritualismo estendeu-se até os objetos comuns. Assim, lemos no *Spiritual Telegraph,* de Nova Iorque, o anúncio dos *"Fósforos Espirituais,* nova invenção sem fricção e sem cheiro".

O que é mais notável para o país que faz esses anúncios, é o artigo seguinte, que encontramos no *Weekly American,* de Baltimore, de 5 de fevereiro de 1859:

"Estatística do Espiritualismo. O *Spiritual Register,* de 1859, avalia o número dos espiritualistas nos Estados Unidos em 1284000. Em Maryland há 8000. O número total no mundo é avaliado em 1 900 000. O *Register* conta 1 000 oradores espiritualistas; 40 000 médiuns públicos e privados; 500 livros e brochuras; 6 jornais semanais, 4 mensais e 3 quinzenais, consagrados a essa causa.

Os médiuns especuladores ganharam a Inglaterra. Em Londres contam-se diversos que não cobram menos que um guinéu (£. 1,25) por sessão. Esperamos que se tentassem introduzir-se na França, o bom-senso dos verdadeiros Espíritas lhes faria justiça.

A produção dos efeitos materiais excita mais a curiosidade do que toca o coração. Daí, nos médiuns com aptidão especial para tais efeitos, uma propensão para explorar essa curiosidade. Os que apenas recebem comunicações morais de uma ordem elevada têm uma instintiva repugnância por tudo quanto cheira a especulação desse gênero. Para isso há nos primeiros um duplo motivo: inicialmente, é que a exploração da curiosidade é mais lucrativa, porque são abundantes os curiosos em todos os países; em segundo lugar os fenômenos físicos, agindo menos sobre o moral, neles há menos escrúpulos; a seus olhos, sua faculdade é um dom que deve fazê-los viver, como uma bela voz para um cantor. A questão moral é secundária ou nula. Assim, uma vez nesse caminho, o interesse do ganho desenvolve o gênio da astúcia; como é preciso ganhar dinheiro, não se quer falhar na reputação de habilidade, ficando para trás. Aliás, quem sabe se o cliente que vem hoje voltará amanhã? Então é preciso satisfazê-lo a qualquer preço; e se o Espírito não dá, vem em seu auxílio, o que de certo modo é mais fácil para os coisas materiais do que para as comunicações inteligentes, de alto alcance moral e filosófico. Para os primeiros, a prestidigitação tem recursos que minguam absolutamente aos últimos. Eis porque dizemos que, antes de tudo, é preciso considerar a moralidade do médium; que a melhor garantia contra a trapaça está em seu caráter, sua honorabilidade, seu desinteresse absoluto. Em qualquer parte onde resvala a sombra do interesse, por menor que seja, tem-se o direito de suspeitar. A fraude é sempre culposa; mas quando se liga às coisas de ordem moral, ela é sacrílega. Aquele que, conhecendo o Espiritismo apenas de nome, procura imitar-lhe os efeitos, não é mais repreensível que o saltimbanco que imita as experiências do sábio físico. Mais valeria que tal não acontecesse; mas, na verdade ele não engana a ninguém, pois não faz mistério de sua condição: é hipocrisia, pois se dá por aquilo que não é; é ainda mais culpado se, realmente possuindo algumas faculdades, delas se serve para melhor abusar da confiança que lhe têm. Mas Deus sabe o que lhe é reservado, talvez mesmo aqui na Terra. Se os falsos médiuns só fizessem mal a si próprios, haveria um meio-mal; o pior são as armas que fornecem aos incrédulos e o descrédito que lançam sobre a causa no espírito dos indecisos, desde que reconhecida a fraude. Não contestamos as faculdades, mesmo poderosas, de certos médiuns mercenários, mas dizemos que o interesse do ganho é uma tentação de fraude, que deve inspirar desconfiança, tanto mais legítima quanto não se pode ver nessa exploração um excesso de zelo apenas pelo bem da causa. Ainda que não houvesse fraude, nem por isso a censura deveria deixar de atingir aquele que especula com uma coisa tão sagrada quanto as almas dos mortos.

VARIEDADES

AS VISÕES DO SR. O.

O relato seguinte é extraído do *Spiritual Magazine,* de Londres, número de abril de 1861.

"O Sr. O..., gentil-homem de Glocestershire, jamais tinha tido visões até quando veio para P..., a 3 de outubro de 1859. Cerca de quinze dias após sua chegada, começou a ver à noite. A princípio eram raios de luz, que vinham iluminar o seu quarto, passando pela janela. Prestava atenção, atribuindo-os à lanterna do guarda ou a um longo relâmpago. Contudo, uma noite em que fixava os olhos na parede viu formar-se uma rosa e depois estrelas de várias formas. Outra noite viu na misteriosa luz dois anjos magníficos com uma trombeta. Nessa noite o Sr. O... se havia recolhido mais cedo que de costume, por força de ligeiro incômodo que sentia. A presença dos dois anjos, que durou um ou dois segundos, lhe fez experimentar suave sensação, que durou até depois de sua partida.

Na semana seguinte a mesma luz lhe apareceu com a figura de um menino, que abraçava um gato. Várias outras figuras também apareceram, mas muito obscuras para serem distinguidas. Em março viu o perfil de uma senhora, rodeada de um círculo luminoso. Reconheceu sua mãe e exclamou alegre: 'Minha mãe! minha mãe!' mas a visão logo se extinguiu. Na mesma noite viu uma bela senhora com vestido de passeio e chapéu.

Uma ou duas noites depois viu um cachorrinho e um meninote. A seguir apareceu-lhe uma luz, semelhante à de uma janela cujo contorno não estivesse bem delineado, o que se renovou quatro vezes e, nas três primeiras, durante cerca de meio minuto. O Sr. O... recolheu-se e procurou decifrar o sentido dessa visão e pensou que ela significasse que ele não tinha mais que três anos ou três meses de vida. A luz voltou ainda uma vez. O Sr. O... levantou-se e a luz desapareceu ao cabo de um minuto.

A 3 de abril viu uma luz produzindo o efeito de uma fenda luminosa e, no interior do quarto, uma parte do rosto de um homem: só a fronte, os olhos e o nariz eram visíveis; os olhos muito grandes e salientes, o fitavam fixamente. Logo desapareceu. Nas datas que seguem ainda teve estas visões:

4 de abril. – Rosto e busto de uma senhora, risonha para duas crianças que se abraçavam. Pouco depois era o alto da cabeça de um homem que o Sr. O... reconheceu pelo cabelo e pela fronte como um de seus amigos, morto recentemente –27 de julho. – Uma mão dirigida para baixo. A princípio ela apareceu sobre a parede como uma luz fosforescente e gradualmente tomou forma de mão. Então ele viu uma cabeça de homem idoso, pertencente à mão e um passarinho cinzento de penas claras. O rosto o olhava com ar solene, mas desapareceu; isso lhe causou um certo medo e tremor, mas ao mesmo tempo agradável sensação de calor. Viu também um rolo de papel no qual havia hieróglifos. – 12 de dezembro. – Duas cabeças de leopardos. – 15 de dezembro. – Forte pancada foi ouvida pela Srta. S... em seu quarto, e que despertou o Sr. O..., profundamente adormecido. – 16 de dezembro. – Toque de sinos, ouvido também pela Srta. S... – Um anjo e uma criança brilhante, que se transformam em flores. – Uma cabeça de cervo, com grandes chifres. – 18 de dezembro. – Alguns rostos e dois pombos. – 20 de dezembro. – Vários rostos de homens, mulheres e crianças. – 1.º de janeiro. – Um grande navio, atrás do qual se ergue gradualmente uma cabeça de criança, que voa para a frente. – 3 de janeiro. – Um querubim e uma criança.

Uma noite ele viu um quadro representando soberba paisagem. Era como uma clareira na obscuridade; via prados, campos, árvores, etc., um homem passeando e uma vaca. A mais bela claridade do sol iluminava a paisagem. O que há de particular nessas visões luminosas é que muitas vezes a luz clareia todo o quarto, de modo a deixar ver os móveis como em pleno dia. Quando ela desaparece tudo entra na obscuridade.

O Sr. O... teve muitas outras visões que deixou de anotar."

Parece-nos que há o suficiente para nos permitir uma apreciação e não pensamos que ninguém esclarecido sobre a causa e a natureza dos fenômenos espíritas possa considerá-las como verdadeiras aparições. Se se reportarem ao primeiro artigo deste número, no qual tentamos determinar o caráter da alucinação, compreenderão a analogia que ela tem com as figuras que se apresentam, muitas vezes em meio-sono, e que devem ter as mesmas causas. Disto estaríamos convencidos pelo simples fato da multiplicidade de animais vistos. Sabe-se que não há Espíritos de animais errantes no mundo invisível e que, consequentemente, não pode haver aparições de animais, salvo o caso em que um Espírito fizesse surgir uma aparência desse gênero, com um objetivo determinado, o que não passaria, sempre, de uma aparência, e não o Espírito real de tal ou qual animal. O fato das aparições é incontestável, mas é preciso guardar-se de as ver em toda parte e de tomar como tais o jogo de certas imaginações facilmente exaltáveis, ou a visão retrospectiva das imagens estampadas no cérebro. A própria minúcia com que o Sr. O... revela certas particularidades insignificantes é um índice da natureza das preocupações de seu espírito.

Em resumo, nada encontramos nas visões do Sr. O... que tenha o caráter das aparições propriamente ditas e cremos muito inconveniente dar semelhantes fatos sem comentários e sem as prudentes reservas, porque, sem o querer, fornecem-se armas à crítica.

OS ESPÍRITOS E A GRAMÁTICA

Grave erro de gramática foi descoberto em *O Livro dos Espíritos* por um profundo crítico, que nos dirigiu a seguinte nota:

"Leio à página 384, § 911, linha 23, em vosso *O Livro dos Espíritos*: "Há muitas pessoas que dizem: Quero, mas a vontade apenas está nos lábios; eles querem e estão bem certos de que assim não seja". Se tivésseis escrito: "Elas querem e estão bem certas de que assim não seja", não credes que o francês teria lucrado? Eu seria levado a pensar que o vosso Espírito protetor escrevente seja um farsista, que vos leva a cometer erros de linguagem. Apressai-vos em puni-lo e, sobretudo, em corrigi-lo."

Lamentamos não poder enviar os nossos agradecimentos ao autor da observação. Mas, sem dúvida, é por modéstia e para se furtar ao testemunho de nosso reconhecimento que ele esqueceu de dar nome e endereço, e limitou-se a assinar: *Um Espírito protetor da língua francesa.* Dado parecer que esse senhor, ou esse Espírito se dê ao trabalho de ler nossas obras, pedimos aos bons Espíritos que ponham nossa resposta sob os seus olhos.

É evidente que esse senhor sabe que o substantivo *personne* (pessoa) é do feminino e que os adjetivos e os pronomes concordam em gênero e número com o substantivo a que se referem. Infelizmente nem tudo se aprende na escola, sobretudo em questões da língua francesa. Se esse senhor, que se declara protetor de nossa língua, tivesse transposto os limites da gramática de Lhomond, saberia que se encontra em *Regnard* a seguinte frase: "Embora essas três pessoas tivessem interesses muito diferentes, *eles* estavam, não obstante, *atormentados* pela mesma paixão." E esta outra em Vaugelas: "As pessoas consumidas na virtude em todas as coisas têm uma retidão de espírito e uma atenção judiciosa que as impede de ser *murmuradores*". Daí a regra que se encontra na *Grammaire normale des Examens* pelos Srs. *Lévi Alvarès* e *Rivail,* na de *Boniface,* etc.

"Às vezes emprega-se, *por silepse,* o pronome *il* (ele) para substituir o substantivo *personne* (pessoa), embora este último seja feminino. Tal concordância pode se dar quando, no pensamento, o vocábulo *personne* não representa exclusivamente mulheres e, além disso, quando *il* está bastante afastado para que o ouvido não seja ferido."

A respeito do pronome *personne* (ninguém), que é masculino, encontra-se a seguinte observação: "Contudo, quando o pronome *personne* designa especialmente uma mulher, o adjetivo que a ele se refere pode ser posto no feminino. Pode-se dizer: *Porsonne n'est plus jolie que Rosine* (ninguém é mais *bonita* que Rosina Boniface)."

Os Espíritos que ditaram a frase em questão não são tão ignorantes quanto o pretende aquele senhor. Estaríamos mesmo tentado a crer que sabem bem mais que ele, embora em geral não se preocupem muito com a correção gramatical, a exemplo de muitos dos nossos sábios, que não são todos grandes autoridades em ortografia. *Moralidade:* É bom saber antes de criticar.

Seja como for, para acalmar os escrúpulos dos que não sabem muito, e julgassem a doutrina em perigo por um erro de linguagem, real ou suposto, nós alteramos a redação na quinta edição de *O Livro dos Espíritos,* que acaba de ser lançada, porque:

... Sem perigo, aos rimadores audaciosos o uso ainda permite, creio, a escolha entre os dois.

... Sans peine, aux rimeurs hasardeux L'usage encor, jecrois, laisse le choix des deux.

É realmente um prazer ver o trabalho que se dão os adversários do Espiritismo para atacá-lo com todas as armas que lhes vêm às mãos. Mas o que há de singular é que, apesar da porção de dardos que lhe atiram, apesar das pedras semeadas em seu caminho, *apesar das armadilhas que lhe armam para o desviar de seu objetivo,* ninguém encontrou o meio de deter a sua marcha e ele ganha um terreno desesperador para os que julgam abatê-lo com piparotes. Depois dos piparotes os atletas de folhetim experimentaram as cacetadas: mas ele não se abateu; pelo contrário, avançou mais rápido.

DISSERTAÇÕES E ENSINOS ESPÍRITAS EM DITADOS ESPONTÂNEOS

PAPEL DOS MÉDIUNS NAS COMUNICAÇÕES

(OBTIDO PELO SR. D'AMBEL, MÉDIUM DA SOCIEDADE)

Seja qual for a natureza dos médiuns escreventes, sejam mecânicos, semi-mecânicos, ou simplesmente intuitivos, nossos processos de comunicação com eles não variam essencialmente. Com efeito, comunicamo-nos com os Espíritos encarnados, como com os Espíritos propriamente ditos, pela simples radiação de nosso pensamento.

Nossos pensamentos não necessitam da vestimenta da palavra para serem compreendidos pelos Espíritos e todos eles percebem o pensamento que lhes desejamos comunicar, simplesmente por lhes dirigirmos esse pensamento e em razão de suas faculdades intelectuais; isto é, tal pensamento pode ser compreendido por tais ou quais, conforme o seu adiantamento, ao passo que em outros, tal pensamento, não despertando nenhuma lembrança, nenhum conhecimento no fundo de seu coração ou de seu cérebro, jamais é por eles percebido. Nesse caso, o Espírito encarnado, que nos serve de médium, é mais adequado a transmitir o nosso pensamento aos outros encarnados, embora não o compreenda, do que um Espírito desencarnado e pouco adiantado poderia fazê-lo, se fôssemos forçados a recorrer à sua intervenção. Porque o ser terreno põe seu corpo, como instrumento, à nossa disposição, o Espírito errante não o pode fazer.

Assim, quando encontramos num médium o cérebro aparelhado de conhecimentos adquiridos na vida atual e o Espírito rico de conhecimentos anteriores latentes, adequados a facilitar as nossas comunicações, dele nos servimos de preferência, porque com ele o fenômeno da comunicação nos é muito mais fácil do que com um médium cuja inteligência fosse limitada, e cujos conhecimentos anteriores tivessem ficado insuficientes. Vamos nos fazer compreender por algumas explicações claras e precisas.

Com um médium cuja inteligência atual ou anterior se ache desenvolvida, nosso pensamento se comunica instantaneamente de Espírito a Espírito por uma faculdade própria à essência mesma do Espírito. Nesse caso, encontramos no cérebro do médium os elementos próprios para revestir nosso pensamento com a vestimenta da palavra que a ele corresponde, e isso quer seja o médium intuitivo, semi-mecânico ou mecânico puro. Eis por quê, seja qual for a diversidade dos Espíritos que se comunicam a um médium, os ditados por ele obtidos, embora de Espíritos diversos, têm na forma e no tom o cunho pessoal do médium. Sim, embora o pensamento lhe seja inteiramente estranho, o assunto surja do seu próprio meio habitual, e o que lhe desejamos dizer não provenha dele de maneira alguma, ele entretanto influencia a forma pelas qualidades e as propriedades inerentes à sua individualidade. É precisamente como se olhássemos diferentes lugares com lunetas multicores, verdes, brancas ou azuis. Embora esses lugares ou objetos olhados sejam inteiramente opostos e independentes uns dos outros, nem por isso deixam de ter um tom que provém da cor das lunetas. Ou melhor, comparemos os médiuns a esses vidros cheios de líquidos coloridos e transparentes, que se veem nas farmácias. Ora, nós somos como as luzes que esclarecem certos pontos de vista morais, filosóficos e íntimos, através dos médiuns azuis, verdes ou vermelhos, de tal modo que nossos raios luminosos, obrigados a passar através dos vidros mais ou menos bem lapidados, mais ou menos transparentes, isto é, por médiuns mais ou menos inteligentes, não chegam aos objetos que queremos iluminar senão tomando a coloração ou a forma própria e particular desses médiuns. Enfim, para terminar por uma última comparação, nós, Espíritos, somos como compositores de música que temos composto ou queremos improvisar uma ária e não temos à mão senão um piano, um violino, uma flauta, um contrabaixo ou um apito barato. É incontestável que com o piano, a flauta ou o violino executamos nosso trecho de maneira mais compreensível para os ouvintes. Embora os sons do piano, do contrabaixo ou da clarineta sejam essencialmente diferentes uns dos outros, nossa composição não deixará de ser a mesma, salvo as nuanças do som. Mas se dispusermos apenas de um apito barato ou de uma gaitinha, aí está a nossa dificuldade.

Com efeito, quando obrigados a usar um médium pouco adiantado, nosso trabalho é muito maior, mais penoso, pois somos obrigados a recorrer a formas incompletas, o que nos é uma complicação. Porque, dessa forma, somos forçados a decompor o nosso pensamento e a proceder palavra por palavra, letra por letra, o que nos é um aborrecimento e uma fadiga e um verdadeiro entrave à presteza e ao desenvolvimento de nossas manifestações.

Eis por que nos sentimos felizes ao encontrar médiuns bem apropriados, bem munidos de material próprios para funcionar, numa palavra, bons instrumentos, porque, então, nosso perispírito, agindo sobre o perispírito daquele que mediunizamos, só tem que dar o impulso à mão que nos serve de caneta ou de porta-lápis; ao passo que com os médiuns insuficientes somos obrigados a fazer um trabalho análogo ao que faríamos quando nos comunicássemos por batidas, isto é, designando letra por letra, palavra por palavra, cada uma das frases que traduzem os pensamentos que queremos comunicar.

É por estas razões que nos dirigimos de preferência às classes esclarecidas e instruídas, para a divulgação do Espiritismo e o desenvolvimento das faculdades mediúnicas escreventes, embora nestas classes se encontrem indivíduos mais incrédulos, os mais rebeldes e os mais imorais. Assim como hoje deixamos aos Espíritos pelotiqueiros e pouco adiantados o exercício das comunicações tangíveis de batidas e transportes, também os homens pouco sérios entre vós preferem ver fenômenos que ferem a vista e os ouvidos ao invés dos fenômenos puramente espirituais, puramente psicológicos.

Quando queremos proceder por ditados espontâneos, agimos sobre o cérebro, sobre as reservas do médium e reunimos os nossos materiais com os elementos que ele nos fornece e tudo isso malgrado seu. É como se tirássemos de seu bolso o dinheiro que nele pode ter e arranjássemos as moedas segundo a ordem que nos parece mais útil.

Mas quando o próprio médium nos quer interrogar desta ou daquela maneira, é bom que reflita seriamente, a fim de nos interrogar de modo metódico, assim nos facilitando o trabalho das respostas. Porque, como te disse Erasto em instrução precedente, vosso cérebro muitas vezes está numa desordem inextricável e nos é tão penoso quanto difícil mover-nos no dédalo de vossos pensamentos. Quando as perguntas devem ser feitas por terceiros, é bom e útil que a série de perguntas seja lida previamente ao médium, para que este se identifique com o Espírito do evocador e, por assim dizer, delas se impregne. Assim, nós mesmos temos muito mais facilidade para responder, pela afinidade existente entre o nosso perispírito e o do médium que nos serve de intérprete.

Certamente podemos falar de matemáticas através de um médium que a elas parece totalmente estranho. Mas, muitas vezes, esse médium possui tal conhecimento em estado latente, isto é, peculiar ao ser fluídico e não ao ser encarnado, porque seu corpo atual é um instrumento rebelde a tal conhecimento. Dá-se o mesmo com a Astronomia, a poesia, a Medicina e as diversas línguas, bem como com todos os outros conhecimentos particulares da espécie humana. Enfim, ainda temos o meio da elaboração penosa em uso com médiuns completamente estranhos ao assunto tratado, reunindo letras e palavras como em tipografia.

Como dissemos, os Espíritos não necessitam de revestir seu pensamento: percebem e comunicam o pensamento pelo simples fato de o possuírem. Ao contrário, os seres corpóreos só o percebem quando revestido. Ao passo que a letra, a palavra, o substantivo, o verbo, a frase, enfim, vos são necessários para o perceber, mesmo mentalmente, nenhuma forma visível ou tangível nos é necessária.

Erasto e Timóteo
Espíritos protetores dos médiuns

O HOSPITAL

(RECEBIDO PELO SR. A. DIDIER. MÉDIUM DA SOCIEDADE)

Uma noite de inverno eu seguia os cais sombrios próximos de Notre-Dame. É o bairro do desespero e da morte. Um poeta bem o compreendeu. Esse bairro foi sempre, desde o Pátio dos Milagres até o Necrotério, o receptáculo de todas as misérias humanas. Hoje que tudo cai, esses imensos monumentos da agonia, que o homem chama Hospitais, talvez vão cair também. Eu olhava essas luzes baças que atravessam paredes sombrias e me dizia: Quantas mortes desesperadas! que fossa comum do pensamento, que traga diariamente tantos corações mudados, tantas inocências gangrenadas! Foi ai mesmo que morreram tantos sonhadores, poetas, artistas ou sábios! Há um pequeno corredor em ponte sobre o riacho que corre pesadamente; é por ali que passam os que não vivem mais. Os mortos entram, então, em outro edifício, em cuja fachada deveriam escrever como na porta do Inferno: Deixai toda a esperança. Com efeito, é aí que o corpo é cortado para servir à Ciência; mas é aí, também, que a Ciência rouba à fé o último resquício de esperança.

Presa de tais pensamentos eu havia dado alguns passos, mas o pensamento vai mais rápido que nós. Fui alcançado por um jovem amarelo e trêmulo, que sem cerimônia pediu fogo para o cachimbo. Era um calouro de medicina. Dito e feito. Eu também fumava e entrei em conversa com o desconhecido. Pálido, magro, enfraquecido pelas vigílias, fronte vasta e olhos tristes, tal era, à primeira vista, o seu aspecto. Parecia pensativo e eu lhe comuniquei meus pensamentos. – "Acabo de dissecar, disse ele, e só encontrei matéria. Ah! meu Deus, acrescentou com um sangue frio glacial, se quiserdes vos desembaraçar dessa estranha doença que se chama crença na imortalidade da alma, ide ver diariamente, como eu, dissolver-se com tanta uniformidade essa matéria que chamamos corpo; ide ver como se apagam esses cérebros entusiastas, esses corações generosos ou degradados; ide ver se o nada que os apanha não é o mesmo em todos. Que loucura acreditar!" Perguntei a sua idade. "Tenho 24 anos, – disse ele, – e agora vos deixo, porque faz muito frio."

É isto, – perguntei-me a mim mesmo, vendo-o afastar-se, – o resultado da Ciência?

Continuarei.

Gérard de Nerval

Nota: Poucos dias depois a Sra. Costel recebeu, em particular, a comunicação seguinte, cuja analogia com a precedente oferece especial significação.

"Uma noite eu seguia pelo cais deserto; o tempo estava bonito e quente. As estrelas de ouro se destacavam no azul sombrio; a lua arredondava seu círculo elegante e seu raio branco aclarava como um sorriso a água profunda. Os álamos, guardas mudos da ribanceira, alteavam suas formas esbeltas e eu passava lentamente, olhando o reflexo dos astros nas águas e o reflexo de Deus na abóbada azulada. À minha frente marchava uma mulher e, com uma curiosidade pueril, eu seguia seus passos, que pareciam regular os meus. Muito tempo marchamos assim. Chegando em frente ao Hospital, cuja fachada aqui e ali era cavada de furos luminosos, ela parou e, voltando-se para mim, de súbito dirigiu-me a palavra, como se eu fosse seu companheiro. – "Amigo, perguntou ela, crês que os que sofrem aqui sofrem mais da alma que do corpo? ou crês que a dor física extingue a centelha divina?" – Creio, respondi eu, profundamente surpreendido, que, para a maior parte dos infelizes que, a esta hora, sofrem e agonizam, a dor física é o repouso e o esquecimento de suas misérias habituais. – "Enganas-te, amigo, retomou ela, com um grave sorriso; a doença é uma suprema angústia para os deserdados da Terra, para os pobres, os ignorantes, os abandonados; ela não derrama o esquecimento senão nos que, semelhantes a ti, sofrem somente a nostalgia dos bens sonhados e não conhecem senão as dores ideais, coroadas de violetas." Quis falar e ela me fez sinal de me calar e, levantando a branca mão para o hospital, disse: "Ali se agitam infelizes que calculam o número de horas roubadas pela doença ao seu salário; ali mulheres em angústia pensam no cabaré que atordoa a mágoa e faz os maridos esquecerem o pão dos filhos; ali, além, em toda parte, as preocupações terrenas apertam e abafam o pálido clarão da esperança que não pode deslizar nessas almas desoladas. Deus é ainda mais esquecido por esses infelizes, vencidos pelo sofrimento, do que no seu paciente labor. É que Deus está muito alto, muito longe, ao passo que a miséria está perto. Então, que fazer para dar a esses homens, a essas mulheres, o impulso moral necessário para que se despojem de seu invólucro carnal, não como insetos rastejantes, mas como criaturas inteligentes ou para que entrem menos sombrios e desesperados na batalha da vida? Tu, sonhador; tu, poeta que rimas sonetos à lua; jamais pensaste nesse formidável problema que só duas palavras podem resolver: caridade e amor?"

A mulher parecia crescer e o frêmito das coisas divinas corria em mim. Continuou ela: "Escuta ainda! e sua grande voz parecia encher a cidade com a sua harmonia: Ide todos, vós os poderosos, os ricos, os inteligentes; ide espalhar uma nova maravilha; dizei aos que sofrem e que estão abandonados, que Deus, seu pai, não mais está refugiado no céu inacessível e que lhes envia, para os consolar e os assistir, os Espíritos daqueles que eles perderam; que seus pais, suas mães, seus filhos, curvados à sua cabeceira e lhes falando a língua conhecida, ensinar-lhes-ão que além do túmulo brilha uma nova aurora, que dissipa, como uma nuvem, os males terrenos. O anjo abre os olhos de Tobias; que o anjo do amor, por sua vez, abra as almas fechadas dos que sofrem sem esperança." E, dizendo isto, a mulher tocou levemente as minhas pálpebras e eu vi, através das paredes do Hospital, os Espíritos, puras chamas, que faziam resplender as salas desoladas. Consumava-se a sua união com a humanidade, e as feridas da alma e do corpo eram pensadas e aliviadas pelo bálsamo da esperança. Legiões de Espíritos, mais inumeráveis e mais brilhantes que as estrelas, expulsavam de sua frente, como vapores impuros, o desespero e a dúvida, e do ar, da terra e do rio ouvia-se uma só palavra: amor.

Fiquei muito tempo imóvel e transportado para fora de mim; depois as trevas invadiram novamente a Terra; o espaço tornou-se deserto. Olhei em redor de mim; a mulher não mais estava; um grande tremor agitou-me e eu fiquei estranho ao que me rodeava. Depois dessa noite chamaram-me sonhador e louco. Oh! que suave e sublime loucura a de crer no despertar do túmulo! Mas como é deprimente e estúpida a loucura que mostra o nada como única compensação de nossas misérias, como única recompensa às virtudes obscuras e modestas! Qual é, aqui, o verdadeiro louco: o que espera, ou o que desespera?

Alfred de Musset

Após a leitura desta comunicação, Gérard de Nerval dita espontaneamente o que segue, por outro médium, o Sr. Didier:

"Meu nobre amigo Musset terminou por mim. Nós nos havíamos entendido. Apenas era necessário, desde que a continuação dava precisamente a resposta à primeira parte que ditei, era preciso, digo eu, um estilo diferente e imagens mais consoladoras."

A PRECE

(ENVIADO PELO SR. SABÒ, DE BORDÉUS)

Tempestade de paixões humanas que asfixiais os bons sentimentos de que todos os bons Espíritos encarnados trazem uma vaga intuição no fundo da consciência, quem acalmará a vossa fúria? É a prece que deve proteger os homens contra o fluxo desse oceano cujo seio encerra os monstros horríveis do orgulho, da inveja, do ódio, da hipocrisia, da mentira, da impureza, do materialismo e das blasfêmias. O dique que lhe opondes pela prece é construído com a pedra e o cimento mais duros, e, impotentes para o transpor, esses monstros esgotam em vão os esforços contra ele e se lançam, sangrentos e abatidos no fundo do abismo. Ó prece do coração, incessante invocação da criatura ao Criador, se conhecessem a tua força, quantos corações arrastados pela fraqueza teriam recorrido a ti no momento da queda! Tu és o precioso antídoto que cura as feridas, quase sempre mortais, que a matéria abre no Espírito, fazendo correr em suas veias o veneno das sensações brutais. Mas como é restrito o número dos que oram bem! Credes que depois de haver consagrado grande parte do vosso tempo recitando fórmulas que aprendestes ou lendo os vossos livros, tereis merecido bastante de Deus? Desiludi-vos. A boa prece é a que parte do coração; não é palavrosa; apenas, de vez em quando, deixa escapar seu grito a Deus em aspirações, em angústias ou pedido de perdão, como implorando venha em nosso socorro, e os bons Espíritos a levam aos pés do Pai justo e terno, e esse incenso lhe é perfume agradável. Então Ele os envia em bandos numerosos para fortalecer os que oram bem contra o Espírito do mal e torná-los fortes como rochedos inabaláveis. Veem quebrar-se contra eles as vagas das paixões humanas e, como se comprazem nessa luta que deve cumulá-los de méritos, constroem como a alcione os seus ninhos em meio às tempestades.

Fénelon

Allan Kardec

ANO IV
AGOSTO DE 1861

AVISO

A Sociedade Parisiense de Estudos Espíritas, na sessão de 19 de julho, resolveu este ano tomar férias de 15 de agosto a 1.º de outubro. Em consequência, as sessões serão suspensas nesse intervalo.

FENÔMENOS PSICO-FISIOLÓGICOS

DAS PESSOAS QUE FALAM DE SI MESMAS NA TERCEIRA PESSOA

O jornal *Le Siècle*, de 4 de julho de 1861, cita o seguinte fato, segundo o jornal do Havre:

"Acaba de morrer no hospício um homem que era vítima de uma aberração mental das mais singulares. Era um soldado, chamado Pierre Valin, que tinha sido ferido na cabeça na batalha de Solferino. A ferida estava completamente cicatrizada, mas desde então julgava-se morto.

Quando lhe perguntavam pela saúde, respondia: 'Quereis saber como vai Pierre Valin? Pobre rapaz! foi morto com um tiro na cabeça em Solferino. O que vedes aqui não é Valin: é uma máquina que fizeram à sua semelhança, mas é muito mal feita. Deveríeis pedir que fizessem outra'.

Jamais, falando de si mesmo, ele dizia eu ou a mim, mas este. Muitas vezes caia em completa imobilidade e insensibilidade, que durava vários dias. Contra isso aplicavam sinapismos e vesicatórios, que jamais produziram o menor sinal de dor. Muitas vezes exploraram a sensibilidade da pele, beliscando os braços e as pernas, sem que manifestasse o menor sofrimento.

Para ter mais certeza de que não dissimulava, o médico fazia picá-lo nas costas enquanto lhe falavam; o doente de nada se apercebia.

Muitas vezes, Pierre Valin recusava alimentar-se, dizendo que *isto* não tinha necessidade; que, aliás *isto* não tinha ventre, etc.

O fato, porém, não é único no gênero. Um outro soldado. igualmente ferido na cabeça, falava sempre na terceira pessoa e no feminino. Exclamava: 'Como ela sofre! Ela está com muita sede! etc.' De começo lhe fizeram ver o erro e ele concordou com muita surpresa, mas voltava continuamente ao mesmo erro e, nos últimos tempos de sua vida, só se exprimia dessa maneira.

Também em consequência de uma ferida na cabeça, posto que perfeitamente curado, um zuavo tinha perdido a memória dos substantivos. Sargento instrutor, embora soubesse muito bem o nome dos soldados de seu esquadrão, só os designava por expressões como estas: 'O morenão, o castanhozinho, etc.' Para comandar usava de perífrases, para designar o fuzil, o sabre, etc. Foram obrigados a mandá-lo para casa.

Os últimos anos do célebre médico Baudeloque ofereceram exemplo de lesão análoga, porém menos característica. Lembrava-se muito bem do que havia feito quando gozava saúde; embora atingido pela cegueira, reconhecia pela voz os que vinham vê-lo; mas não tinha a menor consciência de sua existência. Se lhe perguntassem, por exemplo, 'Como vai a cabeça?', respondia: 'Eu não tenho cabeça.' Se lhe pedissem o braço para tomar o pulso, respondia não saber onde ele estava. Um dia quis, ele próprio, sentir o pulso e puseram-lhe a mão direita no punho esquerdo. Ele perguntou se era mesmo a sua mão que sentia; não obstante contou exatamente a pulsação."

A cada passo oferece-nos a Fisiologia fenômenos que parecem anomalias e ante os quais ela fica muda. Por que isto? Já o dissemos e nunca seria demais repetir: é que ela quer referir tudo ao elemento material, sem levar na menor conta o espiritual. Enquanto se obstinar nessa via restritiva, será ela impotente para resolver os mil problemas que surgem a cada instante sob o seu escalpelo, como para lhe dizer: "Bem vês que existe algo além da matéria, desde que apenas por esta não podes tudo explicar." E aqui não falamos apenas de alguns fenômenos bizarros, que poderiam pegá-la desprevenida, mas dos mais vulgares efeitos. Pelo menos dos sonhos ela se deu conta? Não falamos dos sonhos reais, desses que são percepções reais de coisas ausentes, presentes ou futuras, mas simplesmente dos sonhos fantásticos, ou de lembranças. Ela explica como se produzem essas imagens tão claras e precisas, que por vezes nos aparecem? Qual é esse espelho mágico que, assim, conserva a imagem das coisas? No *sonambulismo natural,* que ninguém contesta, explica de onde vem essa estranha faculdade de ver sem auxílio dos olhos? De ver, não vagamente, mas os mais minuciosos detalhes, a ponto de se poder fazer com precisão e regularidade trabalhos que, em estado normal, exigiriam uma visão penetrante? Há, pois, em nós, algo que vê independentemente dos olhos. Nesse estado, o sensitivo não apenas age, mas pensa, calcula, combina, prevê e entrega-se a trabalhos de inteligência, de que é incapaz em vigília e dos quais não conserva a menor lembrança. Há, pois, algo que pensa independentemente da matéria. O que é isso? Aí ela para. Contudo, tais fatos não são raros. Mas um sábio vai aos antípodas para ver e calcular um eclipse, ao passo que não irá à casa do vizinho para observar um fenômeno da alma. Os fatos naturais e espontâneos, que provam a ação independente de um princípio inteligente, são muito numerosos; mas esta ação ressalta ainda com mais evidência nos fenômenos magnéticos e espíritas, nos quais o isolamento desse princípio se produz, por assim dizer, à vontade.

Voltemos ao nosso assunto. Registramos um fato semelhante na *Revista* de junho de 1861, a propósito da evocação do Marquês de Saint-Paul. Em seus últimos momentos ele dizia sempre: "Ele tem sede; é preciso dar-lhe de beber. Ele tem frio; é preciso aquecê-lo. Ele tem dor em tal parte, etc." E quando lhe diziam: "Mas sois vós que tendes sede", ele respondia: "Não; é ele." É que o *eu* pensante está no Espírito e não no corpo. Já em parte desprendido, o Espírito considerava o seu corpo como uma outra individualidade, que, a bem dizer, não era *ele;* era, pois, ao seu corpo, a esse outro indivíduo que era preciso dar de beber, e não a *ele* Espírito. Assim, quando na evocação lhe fizeram esta pergunta: "Por que faláveis sempre na terceira pessoa?" ele respondeu: "Porque, como vos disse, estava vendo e sentia claramente as diferenças que existem entre o físico e o espiritual. Essas diferenças, *ligadas entre si pelo fluido de vida,* tornam-se muito distintas aos olhos dos agonizantes clarividentes."

Uma causa semelhante deve ter produzido o efeito notado nos militares dos quais se falou. Talvez digam que a ferida tinha determinado uma espécie de loucura. Mas o Marquês de Saint-Paul não tinha sido ferido; estava em toda a sua razão, do que temos certeza, pois estamos informados por sua irmã, membro da Sociedade. O que nele se produziu espontaneamente pode perfeitamente ter sido determinado nos outros por uma causa acidental. Aliás, todos os magnetizadores sabem que é muito comum aos sonâmbulos falarem na terceira pessoa, assim fazendo distinção entre a personalidade de sua alma ou Espírito, e a do corpo.

Em estado normal as duas individualidades se confundem, e sua perfeita assimilação é necessária à harmonia dos atos da vida; mas o princípio inteligente é como esses gases que não se prendem a certos corpos sólidos senão por uma coesão efêmera e que escapam ao primeiro sopro. Há sempre uma tendência a se desembaraçar de seu fardo corpóreo, desde que a força que mantém o equilíbrio cesse de agir por uma causa qualquer. Só a atividade *harmônica* dos órgãos mantém a união íntima e completa entre alma e corpo. Mas, à menor suspensão dessa atividade a alma retoma o voo; é o que acontece no sono, no meio-sono, no simples entorpecimento dos sentidos, na catalepsia, na letargia, no sonambulismo natural ou magnético, no êxtase, no que se chama sonho *desperto* ou segunda vista, nas inspirações do gênio, em todas as grandes tensões do Espírito, que por vezes tornam o corpo insensível. É, enfim, o que pode ter lugar como consequência de certos estados patológicos. Uma porção de fenômenos espirituais não têm outra causa senão a emancipação da alma. A Medicina bem que admite a influência das causas morais, mas não admite o elemento moral como princípio ativo. Eis porque ela confunde esses fenômenos com a loucura orgânica e, também, porque lhes aplica um tratamento puramente físico que, muitas vezes, determina uma loucura real, onde desta só havia a aparência.

Entre os fatos citados, um há que parece muito bizarro: é o do militar que falava na terceira pessoa do feminino. O elemento primitivo do fenômeno é, como dissemos, a distinção das duas personalidades em consequência do desprendimento do Espírito. Há, porém, uma outra causa, revelada pelo Espiritismo, e que deve ser levada em conta, desde que pode dar às ideias um caráter especial: é a vaga lembrança de existências anteriores que, no estado de emancipação da alma, pode despertar e permitir um olhar retrospectivo sobre alguns pontos do passado. Em tais condições, o desprendimento da alma jamais é completo, as ideias se ressentem do enfraquecimento dos órgãos e não podem ser muito lúcidas, pois não o ficam inteiramente nem mesmo nos primeiros momentos seguintes à morte. Suponhamos que o homem de que falamos tenha sido mulher na encarnação precedente: a ideia que pode ter conservado poderia confundir-se com a de seu estado atual.

Não poderia encontrar-se nesse fato a causa primeira da ideia fixa de certos alienados que se julgam reis? Se o tiverem sido em existência pretérita, pode ficar-lhes uma lembrança que lhes dê a ilusão. Isso é apenas uma suposição, mas que, para os iniciados no Espiritismo não é desprovida de verossimilhança. Se a causa for possível neste caso, dirão que não poderia aplicar-se aos que se julgam lobos ou porcos, desde que se saiba que o homem jamais foi animal. É certo, mas um homem pode ter estado numa condição abjeta, que o obrigasse a viver entre animais imundos e selvagens. Aí talvez esteja a fonte dessa ilusão que, em alguns, bem poderia lhes ter sido imposta como punição dos atos de sua vida atual. Quando fatos da natureza desses de que temos falado se apresentam, se, em vez de os assimilar sistematicamente às moléstias puramente corporais, seguíssemos atentamente todas as fases, com o auxílio dos dados fornecidos pelas observações espíritas, sem esforço reconheceríamos a dupla causa que lhes assinamos e compreenderíamos que não é com duchas, cautérios e sangrias que podem ser remediados.

O caso do Dr. Baudelocque tem ainda sua explicação em causas análogas. Diz o artigo que ele não tinha a menor consciência de sua existência. É um erro, pois não se julgava morto; apenas não tinha consciência de sua existência corpórea; achava-se num estado mais ou menos semelhante ao de certos Espíritos que, nos primeiros tempos após a morte, não julgam estar mortos e tomam o seu corpo pelo de um outro, uma vez que a perturbação em que se encontram não lhes permite se deem conta da situação. O que se passa com certos desencarnados pode ocorrer com certos encarnados. É assim que o Dr. Baudelocque podia fazer abstração de seu corpo e dizer que não mais tinha cabeça, pois seu Espírito não mais tinha cabeça carnal. As observações espíritas fornecem numerosos exemplos do gênero e, assim, lançam uma luz nova sobre uma imensa variedade de fenômenos até hoje inexplicados e inexplicáveis sem as bases fornecidas pelo Espiritismo.

Restaria a examinar o caso do zuavo que havia perdido a memória dos substantivos. Mas este não pode ser explicado senão por considerações de outra ordem, que entram no domínio da fisiologia orgânica. Os desenvolvimentos que ele comporta nos levam a consagrar-lhe um artigo especial, que publicaremos proximamente.

MANIFESTAÇÕES AMERICANAS

No *Banner of Light,* jornal de Nova York, de 18 de maio de 1861, lê-se:

Pensando que os fatos seguintes são dignos de atenção, reunimo-los a fim de serem publicados pelo *Banner,* seguidos das assinaturas com que os nossos assinantes atestam a sua sinceridade.

Na manhã de quarta-feira, 1.º de maio, pedimos ao médium Sr. Say, que nos encontrasse em casa do Sr. Hallock, em Nova York. O médium sentou-se perto de uma mesa sobre a qual tinham sido colocados uma corneta de estanho, um violino e três pedaços de corda. Os convidados sentaram-se em semicírculo, em frente ao médium, a seis ou sete polegadas da mesa; suas mãos se tocavam, para dar a cada um a certeza de que ninguém saía do lugar durante as experiências que vamos descrever. A luz foi retirada e pediram aos convidados que cantassem. Após alguns minutos, tendo sido trazida a luz, o médium foi encontrado em sua cadeira, com os braços cruzados. os punhos amarrados com a corda apertada, a ponto de prejudicar a circulação e inchar as mãos. A ponta da corda tinha passado para trás da cadeira e amarrado as pernas às travessas. Uma outra corda amarrava os joelhos, muito fortemente, enquanto a terceira também prendia os tornozelos. Nessas condições era claro que o médium nem podia andar, nem se levantar ou usar as mãos.

Uma pessoa do círculo colocou uma folha de papel no chão, debaixo dos pés do médium e riscou a lápis o contorno dos pés. A luz foi levada e quase imediatamente a corneta, tomada por uma força invisível, começou a bater rápida e violentamente sobre a mesa, deixando várias marcas. Da corneta saía uma voz que conversava com os presentes. A articulação das palavras era muito clara; o som era de uma voz masculina e o tom por vezes mais alto do que na conversa normal. Uma outra voz, mais fraca, um pouco gutural e menos clara, conversava também com a assistência. Trouxeram a luz e o médium foi encontrado em sua cadeira, pés e mãos atados como já descrito e os pés sobre o papel, nas linhas a lápis. Mais uma vez a luz foi levada e a corneta recomeçou como acima. Pediram aos presentes que cantassem e as manifestações cessaram. As experiências foram repetidas várias vezes e o médium foi sempre encontrado no mesmo estado. Essa foi a primeira série de manifestações.

Mais uma vez a luz foi retirada, o grupo cantou um pouco, depois do que, retirada a luz, constatou-se que o médium estava sempre amarrado à cadeira. Foi posta uma campainha sobre a mesa e, tendo sido feita a obscuridade, ela começou a bater na mesa, na corneta e no chão; foi retirada da mesa e começou a tocar muito forte e parecia percorrer um arco de cinco a seis pés a cada badalada. Durante esse tempo, o médium exclamava: *Estou aqui, estou aqui,* para mostrar que se achava sempre no mesmo lugar.

Fizeram no violino uma grande marca fosforescente. Retirada a luz, logo se viu, pelo traço fosforescente, que o violino se elevava a seis ou sete pés e voava rápido no ar. Pelo ouvido podia-se acompanhá-lo, porque as cordas vibravam no voo. Enquanto o violino flutuava, o médium exclamava: *Estou aqui, estou aqui.*

Uma pessoa do grupo pôs sobre a mesa um vaso com água pela metade e um papel entre os lábios do médium. Levada a luz, cantaram um pouco; trazida a luz, encontraram o vaso vazio, sem sinal de água, quer sobre a mesa, quer no chão; o médium sempre em seu lugar e o papel seco entre os seus lábios. Assim terminou a segunda série de experiências.

A Sra. Spence sentou-se em frente ao médium. Um senhor sentou-se entre os dois, pondo o pé direito sobre o daquela senhora, a mão direita sobre a cabeça do médium e a esquerda sobre a cabeça da senhora Spence. O médium pegou o braço direito do senhor com ambas as mãos e a senhora fez o mesmo com o outro braço. Quando a luz foi retirada, o senhor sentiu distintamente os dedos de uma mão passando sobre o seu rosto e lhe puxar o nariz; recebeu uma bofetada, ouvida pelos assistentes, e o violino veio bater-lhe na cabeça, o que igualmente foi ouvido pelo grupo. Cada um repetiu a experiência e experimentou os mesmos efeitos. Assim termina a terceira série e certificamos que nada disso podia ter sido produzido pelo Sr. Fay, nem por qualquer pessoa do grupo.

Charles Patridge, R. T. Hallock, Sra. Sarah P. Clark, Sra. Mary S. Hallock, Sra. Amanda, M. Spence, Senhorita Alla Britt, William Blondel, William P. Coles, W. B. Hallock, B. Franklin Clark, Peyton Spence.

Observação: Não contestamos a possibilidade de todas essas coisas e não temos qualquer motivo de dúvida quanto à honorabilidade dos signatários, apesar de não os conhecermos. Contudo, mantemos as reflexões feitas em nosso último número, a propósito dos dois artigos sobre os desenhos misteriosos e a *exploração do Espiritismo.*

Diz-se que na América essa exploração nada tem que choque a opinião pública e acham muito natural que os médiuns se façam pagar. Isso se compreende, de acordo com os hábitos de um país onde *time is money.* Nem por isso deixaremos de repetir o que dissemos num outro artigo: que o desinteresse absoluto é uma garantia ainda melhor que todas as precauções materiais. Se nossos escritos contribuíram, na França e em outros países, para lançar o descrédito sobre a mediunidade interesseira, cremos que isto não será um dos menores serviços que terão prestado ao Espiritismo sério. Essas reflexões gerais absolutamente não são feitas tendo em vista o Sr. Fay, cuja posição perante o público nós desconhecemos.

A. K.

PALESTRAS FAMILIARES DE ALÉM-TÚMULO

DON PEYRA, PRIOR DE AMILLY

Essa evocação foi feita o ano passado, na Sociedade, a pedido do Sr. Borreau, de Niort, o qual nos havia dirigido a seguinte notícia:

"Há cerca de trinta anos, nós tínhamos no priorato de Amilly, muito perto de Mauzé, um sacerdote chamado Don Peyra, que deixou na região a fama de feiticeiro. De fato ele se ocupava constantemente de Ciências Ocultas. Contam-se dele coisas que parecem fabulosas, mas que, segundo a Ciência Espírita, bem poderiam ter sua razão de ser. Há cerca de doze anos, fazendo com uma sonâmbula experiências muito interessantes, achei-me em relação com seu Espírito. Apresentou-se como um auxiliar, com o qual não podíamos deixar de ter êxito, mas nós fracassamos. Depois, em pesquisas da mesma natureza, fui levado a crer que esse Espírito deveria ter-se interessado. Venho pedir, se não abuso de vossa benevolência, que seja evocado e lhe seja perguntado quais foram e quais são suas relações comigo. Partindo daí, talvez um dia eu tenha coisas interessantes a vos comunicar."

PRIMEIRA PALESTRA, A 13 DE JANEIRO DE 1860

1. *(Evocação)*. R – Aqui estou.

2.– De onde vem a reputação de feiticeiro que tínheis em vida? R – Conversas de comadres; eu estudava Química.

3. – Qual o motivo que vos pôs em relação com o Sr. Borreau, de Niort? R – O desejo de me distrair um pouco, a propósito do poder que ele me emprestava.

4. – Diz ele que vos apresentastes como auxiliar em suas pesquisas. Poderíeis dizer-nos qual a natureza dessas pesquisas? R – Não sou bastante indiscreto para trair um segredo que ele não julgou dever vos revelar. Vossa pergunta me ofende.

5. – Não queremos insistir; mas vos faremos notar que poderíeis ter respondido de modo mais conveniente a pessoas que vos interrogam seriamente e com benevolência. Vossa linguagem não é de um Espírito adiantado. R – Sou o que sempre fui.

6. – De que natureza são as coisas fabulosas que contam de vós? R – Como vos disse, são histórias. Eu conhecia a opinião que formavam de mim e, longe de procurar abafá-la, fazia o que era preciso para a favorecer.

7. – Conforme a resposta precedente, parece que não progredistes após a morte. R – Na verdade não o procurei, pois não conhecia os meios. Contudo, julgo que existe algo a fazer. Há pouco pensei nisto.

8. – Vossa linguagem nos admira, vinda de um Espírito que foi sacerdote em vida e que, por isso mesmo, devia ter ideias de certa elevação. R – Acredito que eu fosse muito, e muito pouco instruído.

9. – Tende a bondade de desenvolver o vosso pensamento. R – Por demais instruído para *crer,* mas não bastante para *saber.*

10. – Então não éreis o que se chama um bom padre? R – Oh! não!

11. – Quais as vossas ocupações como Espírito? R – Sempre a Química. Creio que teria feito melhor se procurasse Deus em vez da matéria.

12. – Como pode um Espírito ocupar-se da Química? R – Permiti-me dizer que a pergunta é pueril. Terei necessidade de microscópio ou de alambique para estudar as propriedades da matéria, que sabeis tão penetrável ao Espírito?

13. – Sois feliz como Espírito? R – Palavra que não. Eu vos disse crer ter seguido um caminho errado e vou mudá-lo, sobretudo se tiver a felicidade de ser ajudado. Sobretudo eu, que tanto devia ter orado pelos outros, o que confesso não ter feito pelo dinheiro recebido. Se, digo eu, não me quiserem aplicar a pena de Talião.

14. – Agradecemos por terdes vindo e faremos por vós o que não fizestes pelos outros. R – Valeis mais do que eu.

SEGUNDA PALESTRA, 25 DE JUNHO DE 1861

Tendo o Sr. Borreau dirigido novas perguntas ao Espírito de Don Peyra, este foi evocado novamente, por intermédio de outro médium e deu as respostas seguintes, das quais se colhem lições úteis, quer como estudo das individualidades do mundo espírita, quer como ensinamento geral.

15. *(Evocação)*. R – Por que me chamais e por que me perturbais?

16. – Foi o Sr. Borreau, de Niort, quem nos pediu vos dirigíssemos algumas perguntas. R – Que quer ainda de mim? Não está contente por me perturbar em Niort? Por que é necessário que me evoquem em Paris, onde nada me chama? Gostaria que ele tivesse a ideia de me deixar em repouso. Ele me chama, evoca-me, põe-me em contato com sonâmbulos; evoca-me por terceiros. Esse senhor é muito aborrecido.

17. – Contudo deveis lembrar-vos de que já vos evocamos e que respondestes mais gentilmente do que hoje. E até vos prometemos orar por vós. R – Recordo-o muito bem; mas prometer e fazer são coisas diversas. Vós orastes, mas, os outros?

18. – Certamente os outros também oraram. Enfim, quereis res-

ponder às perguntas do Sr. Borreau? R – Garanto-vos que por ele eu não tenho a menor vontade de o fazer, porque está sempre em minhas costas. Perdoai a expressão, mas ela é verdadeira, tanto mais quanto entre mim e ele não há nenhuma afinidade. Mas para vós, que piedosamente chamastes sobre mim a misericórdia do Alto, quero responder o melhor que puder.

19. – Dizíeis há pouco que vos perturbavam. Podeis dar-nos uma explicação a respeito, para nossa instrução pessoal? R – Digo ser perturbado no sentido que chamastes a minha atenção e o meu pensamento para junto de vós, ocupando-vos de mim e vi que necessitava responder ao que perguntásseis, quando mais não fosse, por polidez. Explico-me mal. Meu pensamento estava alhures, em meus estudos, em minhas ocupações habituais. Vossa evocação forçosamente chamou-me a atenção sobre vós, sobre as coisas da Terra, consequentemente, como não estava em meus propósitos ocupar-me de vós e da Terra, perturbastes-me.

Observação: Os Espíritos são mais ou menos comunicativos e vêm com maior ou menor vontade, conforme seu caráter. Mas podemos estar certos de que, como os homens sérios, não gostam de ser importunados sem necessidade. Quanto aos Espíritos levianos, é diferente: estão sempre dispostos a meterse em tudo, mesmo quando não são chamados.

20. – Quando vos pusestes em contato com o Sr. Borreau, conhecíeis suas crenças na possibilidade de fazer triunfar suas convicções pela realização de um grande fato, ante o qual a incredulidade fosse forçada a inclinar-se? R – O Sr. Borreau queria que eu o servisse numa operação meio-magnética, meio-espírita. Mas ele não tem estatura para levar a bom termo semelhante trabalho e não julguei dever conceder-lhe o meu concurso por mais tempo. Aliás, eu o faria se o tivesse podido. Não tinha chegado, e não chegou ainda, a hora para isso.

21. – Poderíeis ver e dizer-lhe quais as causas que, durante suas pesquisas na Vendéia, vieram determinar o seu fracasso, derrubando-o e a sua sonâmbula e duas outras pessoas presentes? R – Minha resposta precedente pode aplicar-se a esta pergunta. O Sr. Borreau foi derrubado pelos Espíritos que lhe quiseram dar uma lição e ensinar-lhe a não procurar aquilo que deve ficar oculto. Fui eu quem os acotovelou com o fluido do próprio magnetizador.

Observação: Esta observação concorda perfeitamente com a teoria que foi dada, das manifestações físicas. Não foi com as mãos que os Espíritos os acotovelaram, mas com o próprio fluido animado das pessoas, combinado com o do Espírito. A dissertação que fazemos a seguir sobre os transportes de objetos contém a respeito desenvolvimentos do mais alto interesse. Uma comparação que talvez tivesse alguma analogia parece justificar a expressão do Espírito.

Quando um corpo carregado de eletricidade positiva se aproxima de uma pessoa, esta se carrega de eletricidade contrária; a tensão cresce até a distância explosiva; nesse ponto os dois fluidos se reúnem violentamente pela centelha e a pessoa recebe um choque que, conforme a massa de fluido, pode derrubá-la e, até fulminá-la. Nesse fenômeno é sempre necessário que a pessoa forneça seu contingente de fluido. Se se supusesse que o corpo eletrizado positivamente fosse um ser inteligente, agindo por vontade própria e compreendendo a operação, dir-se-ia que ela havia combinado uma parte do fluido da pessoa com o seu. No caso do Sr. Borreau, as coisas não se passaram exatamente assim; mas compreende-se que pode haver um efeito análogo, e que Dom Peyra foi lógico dizendo que a derrubou com seu próprio fluido. Compreender-se-á melhor ainda se se reportar ao que está dito em *O Livro dos Espíritos* e em *O Livro dos Médiuns,* sobre o fluido universal que é o princípio do fluido vital, do fluido elétrico e do fluido magnético animal.

22. – Durante suas longas e dramáticas experiências deve ele ter feito descobertas muito mais admiráveis para ele, do que a solução que buscava. Vós as conheceis, não? R – Sim. Mas há algo que ele não descobriu: é que os Espíritos não têm por missão ajudar aos homens em pesquisas semelhantes às que ele fazia. Se o pudessem, Deus nada poderia ocultar, e os homens negligenciariam o trabalho e o exercício de suas faculdades para correr, este em busca de um tesouro, aquele de uma invenção, pedindo aos Espíritos dessem tudo isso ainda quente, de modo que bastaria curvar-se e colher a glória e a fortuna. Na verdade teríamos muito que fazer se tivéssemos que contentar a ambição de todo mundo. Vedes, assim, que rebuliço no mundo dos Espíritos pela crença universal no Espiritismo? Ora seríamos chamados à direita, ora à esquerda; aqui para cavar a terra e enriquecer um preguiçoso; ali para poupar a um imbecil o esforço de resolver um problema; além, para aquecer o forno de um químico; em toda parte para descobrir a pedra filosofal. A mais bela descoberta que o Sr. Borreau deveria ter feito é a de saber que sempre há Espíritos que se divertem em dar miragens de minas de ouro, mesmo aos olhos do mais clarividente so-

nâmbulo, fazendo-as aparecer onde não estão e rindo-se à vossa custa, quando pensais pôr a mão em cima, e isso para vos ensinar que a sabedoria e o trabalho são os verdadeiros tesouros.

23. – O objetivo das pesquisas do Sr. Borreau era um tesouro? R – Parece-me haver dito, quando me chamastes a primeira vez, que não sou indiscreto. Se ele julgou conveniente não vos dizer, não me cabe fazê-lo.

Observação: Vê-se que o Espírito é discreto. Aliás, é uma qualidade geralmente encontrada em todos eles e, mesmo, nos Espíritos pouco adiantados, de onde se pode concluir que se um Espírito fizesse revelações indiscretas sobre alguém, muito provavelmente seria para se divertir e seria erro levá-los a sério.

24. – Poderíeis dar-lhe algumas explicações sobre a mão invisível que, por muito tempo, traçou numerosos escritos, que ele encontrava em folhas do caderno, posto de propósito para os receber? R – Quanto aos escritos, não são dos Espíritos; mais tarde ele lhes conhecerá a fonte; mas não devo declará-la agora. Os Espíritos podem tê-los provocado, com o fito a que me referi antes, mas não escreveram.

Observação: Embora estas duas palestras tenham ocorrido a dezoito meses de intervalo e por médiuns diversos, reconhece-se um encadeamento, uma sequência e uma semelhança de linguagem que não permitem duvidar que o mesmo Espírito tenha respondido. Quanto à identidade, esta ressalta da carta seguinte, que nos escreveu o Sr. Borreau, após a remessa da segunda evocação.

18 DE JULHO DE 1861

"Senhor

Venho agradecer-vos o trabalho que tomastes e o cuidado em me remeter a última evocação de Dom Peyra. Como dizeis, o Espírito do antigo prior não estava de bom humor, assim exprimindo logo a impaciência que causou essa nova iniciativa. Daí resulta, senhor, um grande ensinamento: é que os Espíritos que fazem o jogo malévolo de nos atormentar, por sua vez podem ser pagos por nós na mesma moeda.

Ah! senhores de além-túmulo – e falo apenas dos Espíritos farsistas e levianos – sem dúvida vos gabaríeis do privilégio exclusivo de nos importunar. E eis que um pobre Espírito terreno, muito pacífico, apenas pondo-se em guarda contra vossas manobras e procurando esclarecê-las, vos atormenta a ponto de o sentirdes penosamente sobre os vossos ombros fluídicos. Ora! que direi, então, meu caro prior, quando confessais ter feito parte da turba espírita que tão cruelmente me obsidiou e pregou tantas peças durante minhas excursões pela Vendéia? Se é verdade que estáveis nisto, devíeis saber que não as empreendi senão com o fito de fazer triunfar a verdade por fatos irrefutáveis. Sem dúvida é uma grande ambição, mas era honesta, segundo me parece. Apenas, como dizeis, eu não tinha porte para lutar e vós e os vossos nos derrubaram de tal modo, que nos vimos obrigados a abandonar a partida, carregando os nossos mortos, porque as vossas manobras fantásticas, que determinaram terrível luta, acabaram de rebentar a minha pobre sonâmbula que, num desmaio que não durou menos de seis horas, já não dava nenhum sinal de vida e nós a julgávamos morta. Certo, a nossa posição parecerá mais fácil de compreender do que descrever, se se pensar que era meia-noite e que estávamos em campos ensanguentados pelas guerras da Vendéia, região de aspecto selvagem e cercada de colinas nuas, cujos ecos vinham repetir os gritos lancinantes da vítima. Meu pavor estava no auge, pensando na terrível responsabilidade que caía sobre mim e à qual não sabia como escapar. Eu estava desarvorado! Só a prece poderia salvar-me; e me salvou. Se a isto chamais lições, haveis de concordar que são rudes! Era ainda, provavelmente, para me dar uma dessas lições que, um ano mais tarde, me chamáveis a Mauzé. Mas então eu estava mais instruído e já sabia o que pensar quanto à existência dos Espíritos e quanto aos atos e gestos de muitos deles. Além disso, a cena não estava mais organizada para um drama como em Châtillon. Assim, eu estava livre para uma escaramuça.

Perdão, senhor, se me deixei arrastar com o prior. Volto a vós, para vos ocupar ainda, se me permitir. Há dias fui à casa de um homem muito honrado, que o conheceu bastante na mocidade e lhe mostrei a comunicação que me remetestes. Ele reconheceu perfeitamente a linguagem, o estilo, o espírito cáustico do antigo prior e contou-me os fatos seguintes:

Tendo sido forçado pela Revolução a abandonar o priorato de Surgères, Dom Peyra comprou a pequena propriedade de Amilly, perto de Mauzé, onde se fixou. Ali tornou conhecidas suas belas curas, obtidas por meio do magnetismo e da eletricidade, que empregava com sucesso. Mas vendo que os negócios não iam tão bem quanto desejava, empregou o charlatanismo e, com o auxílio de sua máquina elétrica, praticou artes mágicas que não tardaram a fazê-lo passar por feiticeiro. Longe de combater tal opinião, a provocava e encorajava. Em Amilly tinha uma longa aléia de bordos, por onde chegavam os clientes, vindos de dez a quinze léguas. Sua máquina era posta em comunicação com a maçaneta da porta e quando os pobres camponeses queriam bater, sentiam-se como que fulminados. É fácil imaginar o que tais fatos deviam produzir em gente pouco esclarecida, sobretudo naquela época.

Temos um provérbio que diz que *na pele morre a raposa.* Ora! vejo que temos de mudar mais de uma vez antes que os nossos instintos nos abandonem. De tudo isto, senhor, não ireis tirar a conclusão de que eu deseje mal ao prior. Não; e a prova é que, seguindo o vosso exemplo, orei por ele, o que confesso, assim como ele vos disse, não ter feito até então.

Aceitai, etc.

J. B. Borreau"

Notar-se-á que esta carta é de 19 de julho de 1861, ao passo que a primeira evocação remonta a janeiro de 1860. Nessa época não conhecíamos todas as particularidades da vida de Dom Peyra, com as quais suas respostas concordam perfeitamente, pois diz que fazia o que era preciso para firmar sua reputação de feiticeiro.

O que aconteceu ao Sr. Borreau tem uma singular analogia com as travessuras que, em vida, Dom Peyra fazia aos seus visitantes. E nos inclinaríamos muito a crer que este último quis repeti-las. Ora, para tanto não necessitava de máquina elétrica, pois dispunha da grande máquina universal. Compreender-se-á a possibilidade, aproximando essa ideia da observação feita acima, na pergunta 21. O Sr. Borreau encontra uma espécie de compensação às malícias de certos Espíritos nos aborrecimentos que lhes podemos causar. Contudo, nós o aconselhamos a não se fiar muito, porque eles têm mais meios de escapar do que nós, de nos subtrairmos à sua influência. Aliás, é evidente que se, na época, o Sr. Borreau conhecesse a fundo o Espiritismo, teria sabido o que razoavelmente se lhe pode pedir e não se teria aventurado em tentativas que a Ciência lhe teria demonstrado não conduzir senão a uma mistificação. Não é ele o primeiro a fazer experiências à própria custa. Por isso não cessamos de repetir: Estudai primeiro a teoria; ela vos ensinará todas as dificuldades da prática e, assim, afastareis escolhos dos quais vos sentireis felizes em sair apenas com alguns aborrecimentos. Sua intenção, diz ele, era boa, pois queria provar por um grande feito a verdade do Espiritismo. Mas em casos semelhantes, os Espíritos dão as provas que querem e quando querem e jamais quando se lhes pedem. Conhecemos pessoas que, também elas, queriam dar provas irrecusáveis por meio da descoberta de tesouros colossais através dos Espíritos; mas o que lhes resultou de mais claro foi gastar o seu dinheiro. Acrescentaremos que provas semelhantes, se uma vez, por acaso, dessem resultado, seriam mais prejudiciais do que úteis, porque falseariam a opinião sobre o objetivo do Espiritismo, estabelecendo a crença de que ele pode servir de meio de adivinhação. Então se justificaria a resposta de Dom Peyra à pergunta 22.

CORRESPONDÊNCIA

CARTA DO SR. MATHIEU SOBRE OS MÉDIUNS TRAPACEIROS

PARIS, 21 DE JULHO DE 1861

"Senhor

Pode-se estar em desacordo sobre certos pontos e em perfeito acordo sobre outros. Acabo de ler, à página 213 do último número da *Revista*, reflexões sobre a fraude, em matéria de experiências espiritualistas (ou espíritas), às quais sou feliz por me associar com todas as forças. Aí toda dissidência em matéria de teorias e doutrinas desaparece como que por encanto.

Talvez eu não seja tão severo quanto vós a respeito dos médiuns que, de forma digna e conveniente, aceitam uma remuneração pelo tempo que consagram as experiências, por vezes longas e fatigantes, mas, o sou – e não se poderia sê-lo mais – em relação aos que, em tais casos, suprem, no momento, pelo truque e pela fraude, a ausência ou a insuficiência dos resultados prometidos ou esperados.

Misturar o falso ao verdadeiro, quando se trata de fenômenos obtidos pela intervenção dos Espíritos, é muito simplesmente uma infâmia e haveria obliteração do senso moral no médium que julgasse poder fazê-lo sem escrúpulo. Assim como fazeis notar perfeitamente, é lançar *o descrédito sobre a coisa no espírito dos indecisos, desde que reconhecida a fraude.* Acrescentarei que é comprometer da mais deplorável maneira os homens honrados, que prestam aos médiuns o apoio desinteressado de seus conhecimentos e suas luzes, que se tornam fiadores da boa-fé e, de certo modo, os patrocinam. É cometer para com eles uma verdadeira prevaricação.

Todo médium convicto de manobras fraudulentas, que fosse pilhado, para me servir de uma expressão um pouco trivial, com a mão na cumbuca, mereceria ser desterrado por todos os espiritualistas ou espíritas do mundo, para os quais seria dever rigoroso desmascará-los ou desmoralizá-los.

Se vos convier inserir estas linhas em vossa *Revista*, senhor, elas estão ao vosso serviço.

Aceitai, etc.

Mathieu"

Não esperávamos menos dos sentimentos dignos, que distinguem o Sr. Mathieu, senão essa enérgica reprovação aos médiuns de má-fé. Teríamos, pelo contrário, ficado surpreendidos se ele tivesse encarado friamente e com indiferença tais abusos de confiança. Eles podiam ser mais fáceis quando o Espiritismo era menos conhecido; mas, à medida que esta Ciência se espalha e é melhor compreendida, que melhor se conhecem as verdadeiras condições em que os fenômenos podem produzir-se, por toda parte encontram-se olhos clarividentes capazes de descobrir a fraude. Assinalá-la em qualquer parte onde ela se mostre é o melhor meio de a desencorajar.

Disseram que era melhor não desvendar essas torpezas, no interesse do Espiritismo; que a possibilidade de enganar poderia aumentar a desconfiança dos indecisos. Não somos dessa opinião e pensamos que mais vale que os indecisos sejam desconfiados do que enganados, porque, uma vez sabendo que o foram, poderiam afastar-se para sempre. Aliás, haveria ainda um inconveniente maior: o de crerem que os Espíritas se deixam iludir facilmente. Ao contrário, estarão tanto mais dispostos a crer quanto mais virem os crentes cercar-se das maiores precauções e repudiar os médiuns suscetíveis de enganar.

O Sr. Mathieu diz que não pode ser tão severo quanto nós a respeito de médiuns que, de uma forma digna e discreta, aceitam uma remuneração pelo tempo consagrado ao assunto. Estamos perfeitamente de acordo que pode e deve haver honrosas exceções; mas como o atrativo do ganho é um grande tentador e como as pessoas neófitas não têm a necessária experiência para distinguir o verdadeiro do falso, mantemos nossa opinião de que a melhor garantia de sinceridade está no desinteresse absoluto, porque onde nada há a ganhar, o charlatanismo nada tem que fazer. Aquele que paga quer algo por seu dinheiro e não se conformaria se lhe dissessem que o Espírito não quer agir. Daí a descoberta de meios de fazer o Espírito agir a todo custo, há apenas um passo, conforme o provérbio: a necessidade é a mãe da indústria. Acrescentamos que os médiuns ganhariam cem vezes mais em consideração o que deixam de ganhar em proventos materiais. Diz-se que a consideração não alimenta a vida. É certo que não basta; mas, para viver, há outras atividades mais honestas do que a exploração das almas dos mortos.

DISSERTAÇÕES E ENSINOS ESPÍRITAS

DA INFLUÊNCIA MORAL DOS MÉDIUNS NAS COMUNICAÇÕES

(SOCIEDADE ESPÍRITA DE PARIS. MÉDIUM: SR. D'AMBEL)

Já o dissemos: os médiuns, como médiuns, têm apenas uma influência secundária nas comunicações dos Espíritos; seu papel é o de máquina elétrica, que transmite os despachos telegráficos entre pontos afastados da Terra. Assim, quando queremos ditar uma comunicação, agimos sobre o médium como o funcionário do telégrafo sobre o aparelho, isto é, assim como o *tac tac* do telégrafo desenha a milhares de léguas, sobre uma fita de papel, os sinais reprodutores do telegrama, nós nos comunicamos através de distâncias incomensuráveis, que separam o mundo invisível do visível, o mundo imaterial do mundo encarnado, aquilo que vos queremos ensinar através do aparelho mediúnico. Mas, assim como as influências atmosféricas atuam, perturbando as transmissões do telégrafo elétrico, a influência moral do médium atua e, por vezes, perturba a transmissão de nossas mensagens de além-túmulo. Isto por sermos obrigados a passá-las por um meio que lhes é contrário.

Contudo, na maioria dos casos essa influência é anulada por nossa energia e nossa vontade, e nenhum ato perturbador se manifesta. Com efeito, ditados de alto alcance filosófico, comunicações de perfeita moralidade são transmitidos, às vezes, por médiuns pouco adequados a tais ensinos superiores, enquanto que, por outro lado, comunicações pouco edificantes também chegam, por vezes, através de médiuns que se envergonham de lhes haverem servido de condutor.

Em tese pode-se afirmar que Espíritos semelhantes chamam Espíritos semelhantes e que raramente Espíritos de plêiades elevadas se comunicam por aparelhos maus condutores, quando têm à mão bons instrumentos mediúnicos, numa palavra, bons médiuns.

Os médiuns levianos e pouco sérios assim atraem Espíritos da mesma natureza. Eis por que suas comunicações são marcadas por banalidades, frivolidades, ideias sem ordenação e, às vezes muito heterodoxas, do ponto de vista espírita. Certo, podem dizer, e por vezes, dizem coisas boas. Mas é sobretudo neste caso que se torna preciso um exame severo e escrupuloso porque, de permeio a coisas boas, certos Espíritos hipócritas insinuam com habilidade e com uma calculada perfídia fatos controvertidos, afirmações mentirosas, a fim de iludir a boa-fé dos ouvintes. Deve, então, ser cortada toda palavra ou toda frase equívoca e não conservar do ditado senão aquilo que é aceito pela lógica ou que já foi ensinado pela doutrina. As comunicações dessa natureza não são de temer senão pelos espíritas isolados, os grupos recentes ou pouco esclarecidos, porque nas reuniões em que os adeptos são mais adiantados e adquiriram experiência, por mais que a gralha se enfeite com as penas do pavão, será sempre impiedosamente desmascarada.

Não falarei dos médiuns que gostam de pedir e escutar comunicações sujas. Deixemo-los satisfazer-se na sociedade dos Espíritos cínicos. Aliás, as comunicações dessa ordem por si mesmas buscam a solidão e o isolamento. Em todo caso, não poderiam senão provocar o desdém e o mal-estar entre os membros dos grupos filosóficos e sérios. Mas onde a influência moral do médium se faz sentir realmente é quando este substitui suas ideias pessoais pelas que os Espíritos se esforçam por lhe sugerir. É ainda quando extrai de sua imaginação teorias fantásticas que ele próprio e de boa-fé julga provirem de comunicações intuitivas. É então de apostar-se mil contra um, que estas não passam de um reflexo do Espírito do próprio médium. E acontece até o fato curioso que a mão do médium por vezes se move quase que mecanicamente, impulsionada por um Espírito secundário e zombeteiro. É contra essa pedra de toque que se vêm quebrar as imaginações jovens e ardentes. Porque, arrastadas pelo entusiasmo de suas próprias ideias, pelas lantejoulas de seus conhecimentos literários, desconhecem o ditado modesto de um Espírito sábio e, trocando a presa por sua sombra, a substituem por uma paráfrase empolada. É contra este escolho temível que igualmente vêm chocar-se as personalidades ambiciosas que, em falta de comunicações que os bons Espíritos lhes recusam, apresentam suas próprias obras como daqueles Espíritos. Eis por que é necessário que os chefes de grupos Espíritas possuam um tato fino e uma rara sagacidade, para discernir entre as comunicações autênticas e as que não o são e para não ferir os que se enganam a si mesmos.

Na dúvida, abstém-te, diz um dos vossos antigos provérbios. Não admitais, pois, senão aquilo que vos é de evidência certa. Desde que surge uma opinião nova, por pouco que vos pareça duvidosa, passai-a pelo crivo da razão e da lógica. Aquilo que é reprovado pela razão e pelo bom-senso deve ser rejeitado firmemente. Mais vale repelir dez verdades que admitir uma só mentira, uma só teoria falsa. Com efeito, sobre essa teoria poderíeis edificar todo um sistema, que se esboroaria ao primeiro sopro da verdade, como um monumento construído sobre areia movediça; ao passo que se hoje rejeitardes certas verdades, porque não vos parecem demonstradas clara e logicamente, em breve um fato brutal ou uma demonstração irrefutável virá afirmar-vos a sua autenticidade.

Não obstante, ó Espíritas, lembrai-vos de que não há o impossível para Deus e para os bons Espíritos senão a injustiça e a iniquidade.

Agora o Espiritismo está bastante espalhado entre os homens e moralizou suficientemente os adeptos sinceros de sua doutrina sadia, para que os Espíritos não mais sejam reduzidos a utilizar maus utensílios, médiuns imperfeitos. Se, pois, agora um médium, seja quem for, por sua conduta ou por seus costumes, por seu orgulho, por falta de amor e de caridade, der motivo legítimo de suspeita, repeli, repeli suas comunicações, pois há uma serpente oculta na grama. Eis minha conclusão sobre a influência moral dos médiuns.

Erasto

TRANSPORTES DE OBJETOS E OUTROS FENÔMENOS TANGÍVEIS

(SOCIEDADE ESPÍRITA DE PARIS. MÉDIUM: SR. D'AMBEL)

Para obter fenômenos dessa ordem é necessário dispor de médiuns, que chamarei *sensitivos,* isto é, dotados no mais alto grau, das faculdades mediúnicas de expansão e de penetrabilidade, porque o sistema nervoso dos mesmos, facilmente excitável, lhes permite, por meio de certas vibrações, projetar ao seu redor com profusão, seu fluido animalizado.

As naturezas impressionáveis, as pessoas cujos nervos vibram ao menor sentimento, à menor sensação, as quais a influência moral ou física, interna ou externa sensibiliza, são muito aptas a se tornarem excelentes médiuns para efeitos físicos de tangibilidade e de transportes. Com efeito, seu sistema nervoso, quase que inteiramente desprovido de invólucro refratário, que isola esse sistema na maior parte dos outros encarnados, as torna adequadas ao desenvolvimento desses diversos fenômenos. Em consequência, com uma criatura dessa natureza e cujas faculdades outras não são hostis à *medianimização,* mais facilmente serão obtidos os fenômenos de tangibilidade, as pancadas nas paredes e nos móveis, os movimentos inteligentes e até a suspensão no espaço da matéria inerte mais pesada. *A fortiori* obter-se-ão esses resultados se, em vez de um médium, dispusermos de vários igualmente bem dotados.

Mas da produção desses fenômenos à obtenção dos de transportes de objetos há um mundo. Porque, nesse caso, não só é mais complexo o trabalho do Espírito e mais difícil, mas, ainda, não pode o Espírito operar senão através de um único aparelho mediúnico, isto é, vários médiuns não podem contribuir simultaneamente para a produção do mesmo fenômeno. Ao contrário acontece, até, que a presença de certas pessoas antipáticas ao Espírito que opera, entrava radicalmente o trabalho deste. Por esses motivos que, como vedes, não deixam de ter importância, acrescentai que os transportes de objetos sempre precisam de uma concentração maior e, ao mesmo tempo, maior difusão de certos fluidos e que, finalmente, estes não podem ser obtidos senão com os médiuns melhor dotados, aqueles, numa palavra, cujo aparelho *eletromedianímico* esteja melhor condicionado.

Em geral os casos de transporte de objetos são e continuarão muito raros. Não necessito demonstrar-vos por que são e serão menos frequentes que os outros de tangibilidade. Do que vos digo vós mesmos deduzireis. Aliás, esses fenômenos são de tal natureza que não só nem todos os médiuns são adequados, mas nem todos os Espíritos podem produzi-los. Com efeito, entre o Espírito e o médium *influenciado* deve existir uma certa afinidade, certa analogia, numa palavra, uma certa semelhança que permita à parte expansiva do fluido perispirítico* do encarnado misturar-se, unir-se, combinar-se com o do Espírito que quer fazer um transporte de objetos. Essa fusão deve ser tal, que a força resultante, por assim dizer, se torne una; assim como uma corrente elétrica, agindo sobre o carvão, produz um foco, uma claridade única.

Por que tal união? por que tal fusão? perguntareis. É que, para a produção de tais fenômenos, é necessário que as necessidades do Espírito-motor sejam aumentadas por algumas do medianimizado; é que o *fluido vital,* indispensável à produção de todos os fenômenos medianímicos, é apanágio exclusivo do encarnado e, por conseguinte, o Espírito operador é obrigado a impregnar-se dele. Só então pode ele, por meio de certas propriedades do vosso meio ambiente, desconhecidas por vós, isolar, tornar invisíveis e fazer mover certos objetos materiais e os próprios encarnados.

No momento não me é permitido desvendar-vos essas leis particulares, que regem os gases e os fluidos que vos cercam. Mas dentro de alguns anos, antes que se passe a existência de um homem, ser-vos-á revelada a explicação dessas leis e desses fenômenos e vereis surgir e produzir-se uma nova variedade de médiuns, que cairão num estado cataléptico particular, desde que medianimizados.

Vedes de quantas dificuldades está cercada a produção dos transportes de objetos. Daí podeis concluir muito logicamente que os fenômenos dessa natureza são excessivamente raros e com tanto mais razão quanto a eles os Espíritos se prestam muito pouco, porque isto exige de sua parte um trabalho quase material, o que lhes é um aborreci-

---

* Vê-se que, quando se trata de exprimir uma ideia nova, para a qual falta o termo, os Espíritos sabem perfeitamente criar neologismos. Os vocábulos *eletromedianímico, perispirítico* não são nossos. Os que nos criticaram por havermos criado *espírita, espiritismo, perispírito,* que não tinham análogos, podem também usar o mesmo processo contra os Espíritos.

mento e uma fadiga. Por outro lado, ainda acontece isto: muitas vezes, apesar da sua energia e sua vontade, o estado do próprio médium lhes opõe uma barreira intransponível.

É, pois, evidente, e o vosso raciocínio o sanciona, nem eu o duvido, que o caso das batidas, do movimento e da suspensão de objeto sejam fenômenos simples, que se operam pela concentração e a dilatação de certos fluidos e podem ser provocados e obtidos pela vontade e pelo trabalho dos médiuns aptos para tanto, quando estes são secundados por Espíritos amigos e benevolentes; ao passo que os casos de transporte de objetos são múltiplos, complexos, exigem um concurso de circunstâncias especiais, não podem operar-se senão por um só Espírito e um só médium, e, fora das condições de tangibilidade, necessitam de uma combinação muito particular para isolar e tornar invisível o objeto ou os objetos do transporte.

Vós todos, Espíritas, compreendeis minhas explicações e vos dais conta perfeitamente dessa concentração de fluidos especiais, pela locomoção e tactibilidade da matéria inerte. Acreditais nisso como acreditais nos fenômenos da eletricidade e do magnetismo, com os quais os fatos medianímicos têm muita analogia e são, por assim dizer, sua consagração e desenvolvimento. Quanto aos incrédulos, tenho mais o que fazer do que convencê-los e deles não me ocupo. Sê-lo-ão um dia, pela força da evidência, pois é preciso que se inclinem ante o testemunho unânime dos fatos espíritas, como foram forçados a fazê-lo ante tantos outros que a princípio haviam repelido.

Em resumo: se os casos de tangibilidade são frequentes, os de transporte de objetos são muito raros, porque as condições são difíceis, consequentemente nenhum médium pode dizer: A tal hora, em tal momento, obterei um transporte de objeto. Porque muitas vezes o próprio Espírito é impelido no seu trabalho. Devo acrescentar que esses fenômenos são duplamente difíceis em público, porque se encontram, quase sempre, elementos energicamente refratários, que paralisam os esforços do Espírito e, com mais forte razão, a ação do médium. Ao contrário, tende a certeza de que esses fenômenos se produzem espontaneamente; na maioria dos casos, à revelia dos médiuns e sem premeditação, quase sempre em particular e, enfim, muito raramente, quando estes estão prevenidos. Daí deveis concluir que há um legítimo motivo de suspeita, todas as vezes que um médium se gaba de os obter à vontade, isto é, de comandar os Espíritos como se estes fossem criados, o que é simplesmente absurdo. Tende ainda como regra geral que os fenômenos espíritas não são fatos para exibição em espetáculos e para divertir curiosos. Se alguns Espíritos se prestam a tais coisas, não o podem senão para fenômenos simples, e não para os que, como os transportes de objetos e outros semelhantes, exigem condições excepcionais.

Lembrai-vos, Espíritas, de que se é absurdo repelir sistematicamente todos os fenômenos de além-túmulo, também não é prudente aceitá-los a todos cegamente. Quando se manifestar espontaneamente ou de maneira instantânea um fenômeno de tangibilidade, de aparição, de visibilidade ou de transporte de objetos, aceitai-o. Mas nunca seria por demais repetido: nada aceiteis cegamente. Que cada um o submeta a um exame minucioso, severo e aprofundado. Por que – crede – tão rico em fenômenos sublimes e grandiosos, o Espiritismo nada tem a ganhar com estas pequenas manifestações que podem ser imitadas por hábeis prestidigitadores.

Bem sei o que ides dizer: é que os fenômenos são úteis para convencer os incrédulos. Mas sabei, também, que se não tivésseis tido outros meios de convicção, hoje não seríeis a centésima parte dos Espíritas que sois. Falai ao coração. É por ele que fareis mais conversões sérias. Se para certas pessoas julgais útil agir pelos fatos materiais, pelo menos apresentai-os em condições tais que não possam dar lugar a uma falsa interpretação e, sobretudo, não vos afasteis das condições normais desses fatos. Porque estes, apresentados em más condições, oferecem argumentos aos incrédulos, em vez de os convencer.

Erasto

OS ANIMAIS MÉDIUNS

(SOCIEDADE ESPÍRITA DE PARIS. MÉDIUM: SR. D'AMBEL)

Abordo hoje o problema da mediunidade dos animais, levantado e sustentado por um dos vossos mais fervorosos adeptos. Em virtude do axioma *quem pode o mais pode o menos,* pretende ele que podemos mediunizar aves e outros animais, deles nos servindo em nossas comunicações com a espécie humana. É o que, em Filosofia, ou antes, em Lógica, chamais pura e simplesmente um sofisma.

Diz ele: "Vós animais a matéria inerte, isto é, uma mesa, uma cadeira, um piano; *a fortiori* deveis animar a matéria já animada e, notadamente, as aves". Então! no estado normal do Espiritismo, assim não é; tal não pode existir.

Para começar, aceitemos bem os nossos fatos. Que é um médium? É o ser, é o indivíduo que serve de traço de união aos Espíritos, a fim de que estes facilmente possam comunicar-se com os homens, Espíritos encarnados. Por consequência, sem médium nada de comunicações tangíveis, mentais, escritas, físicas, nem de qualquer espécie.

Há um princípio – disto tenho certeza – admitido por todos os Espíritas; é que os semelhantes agem com e como os seus semelhantes. Ora, quais são os semelhantes dos Espíritos, senão os Espíritos, encarnados ou não? Será preciso repeti-lo incessantemente. Ora, eu vô-lo repetirei ainda: Vosso perispírito e o nosso são tirados do mesmo meio, são de natureza idêntica; numa palavra, são semelhantes. Possuem uma propriedade de assimilação mais ou menos desenvolvida, de imantação mais ou menos vigorosa, que nos permite a nós, Espíritos e encarnados, nos pormos em contato pronta e facilmente. Enfim, o que pertence propriamente aos médiuns, o que é mesmo da essência de sua individualidade, é afinidade especial e, ao mesmo tempo, uma força de expansão particular, que neles anulam toda refratabilidade e estabelecem entre eles e nós uma espécie de corrente, uma espécie de fusão, que facilita nossas comunicações. Aliás, é essa refratabilidade da matéria que se opõe ao desenvolvimento da mediunidade na maioria daqueles que não são médiuns. Acrescentarei que é a essa qualidade refratária que se deve atribuir a particularidade, a qual faz que certos indivíduos não-médiuns transmitam e desenvolvam a mediunidade, pelos simples contato, a médiuns neófitos ou médiuns quase passivos, isto é, desprovidos de certas qualidades mediúnicas.

Os homens estão sempre dispostos a exagerar tudo. Uns – e não falo aqui dos materialistas – recusam uma alma aos animais e outros querem lhes conceder uma, por assim dizer, semelhante à nossa. Por que querer assim confundir o perfectível com o imperfectível? Não, não, convencei-vos; o fogo que anima os animais, o sopro que os faz agir, mover-se e falar sua linguagem não tem, até o presente, nenhuma aptidão para se misturar, se unir, fundir-se com o sopro divino, a alma etérea, o Espírito, numa palavra, que anima o ser essencialmente perfectível, o homem, esse rei da Criação. Ora, o que marca a superioridade da espécie humana sobre as outras espécies terrenas não é essa condição essencial de perfectibilidade? Então! Reconhecei, pois, que não é possível assimilar ao homem, único perfectível em si e em suas obras, qualquer indivíduo das outras raças vivas na Terra.

O cão que, por sua inteligência superior entre os animais, tornou-se amigo e comensal do homem, é perfectível por si mesmo e por sua iniciativa pessoal? Ninguém ousaria sustentá-lo. Porque o cão não leva o cão a progredir. E dentre eles o que é melhor dirigido é sempre adestrado por seu dono. Desde que o mundo é mundo, a lontra sempre edifica sua toca sobre as águas, com as mesmas proporções e seguindo uma regra invariável; os rouxinóis e as andorinhas jamais construíram seus ninhos de maneira diferente da de seus pais. Um ninho de pardal de antes do dilúvio, como um ninho de pardal da época moderna é sempre um ninho de pardal, edificado nas mesmas condições e com o mesmo sistema de entrelaçamento de palhinhas de ervas e resíduos colhidos na primavera, na época dos amores. As abelhas e as formigas, essas pequenas repúblicas domésticas, jamais variaram em seus hábitos de aprovisionamento, nas atitudes, nos costumes, nas produções. Finalmente a aranha sempre tece sua teia, da mesma maneira.

Por outro lado, se buscardes as cabanas de folhagem e as tendas das primeiras idades da Terra, encontrareis em seu lugar os palácios e os castelos da civilização moderna; as vestimentas de pele bruta foram substituídas pelos tecidos de ouro e de seda. Enfim, a cada passo encontrareis a prova dessa marcha incessante da humanidade para o progresso.

Desse progresso constante, invencível, irrecusável da espécie humana, e desse estacionamento indefinido das outras espécies animadas, concluireis comigo que se existem princípios comuns ao que vive e se move na Terra: o sopro e a matéria, não é menos verdadeiro que apenas vós, Espíritos encarnados, estais submetidos a essa inevitável lei do progresso, que vos impele fatalmente sempre para a frente. Deus pôs os animais ao vosso lado como auxiliares para vos nutrir, vestir, acompanhar. Deu-lhes certa dose de inteligência porque, para vos auxiliar, necessitavam compreender; e lhes proporcionou a inteligência aos serviços que estão chamados a prestar. Mas, em sua sabedoria, não quis que fossem submetidos à mesma lei do progresso. Tais quais foram criados, assim ficaram e ficarão até a extinção de suas raças.

Foi dito: os Espíritos mediunizam e fazem mover a matéria inerte, cadeiras, mesas, pianos. Fazem mover, sim; mas não mediunizam! Porque, ainda uma vez, sem médium não se pode produzir nenhum desses fenômenos. O que há de extraordinário nisso que, auxiliados por um ou vários médiuns, façamos mover a matéria inerte, passiva, que, justamente em razão de sua passividade, de sua inércia, é própria para sofrer os movimentos e os impulsos que lhes desejamos imprimir? Por isso necessitamos de médiuns, é positivo. Mas não é necessário que o médium esteja presente ou *consciente,* porque podemos agir com os elementos que nos fornece, malgrado seu e fora de sua presença, sobretudo nos casos de tangibilidade e transporte de objetos. Nosso envoltório fluídico, mais imponderável e sutil que o mais sutil e imponderável dos vossos gases, unindo-se, casando-se, combinando-se com o envoltório fluídico, mas animalizado do médium, e cuja propriedade de expansão e de penetrabilidade é inapercebida por vossos sentidos grosseiros e quase inexplicável para vós, nos permite mover os móveis e, mesmo, os quebrar em quartos desabitados.

Certamente os Espíritos podem tornar-se visíveis e tangíveis pelos animais, muitas vezes tomados de súbito por esse pavor, que vos parece infundado, e é causado pela vista de um ou vários desses Espíritos mal intencionados para com os indivíduos presentes ou para com os donos desses animais. Muitas vezes encontrais cavalos que não querem avançar nem recuar ou que empacam ante um obstáculo é, às vezes, um Espírito, ou um grupo de Espíritos que se divertem impedindo o avanço. Lembrai-vos da jumenta de Balaão, que vendo um anjo à sua frente e, temendo a sua espada chamejante, obstinavase empacada. É que, antes de se tornar visível a Balaão, o anjo quis mostrar-se apenas ao animal. Mas, repito, não mediunizamos diretamente nem os animais, nem a matéria inerte. Sempre nos é preciso o concurso, consciente ou inconsciente, de um médium humano, porque nos é necessária a união de fluidos similares, o que não encontramos nos animais, nem na matéria bruta.

Diz o Sr. Thiry que magnetizou o seu cão. Que aconteceu? Matou-o, porque esse infeliz animal depois caiu numa espécie de atonia, de langor, em consequência da magnetização. Com efeito, inundando-o de um fluido tirado de uma essência superior à essência especial de sua natureza, esmagou-o e sobre ele agiu embora mais lentamente, à maneira de um raio. Assim, como não há assimilação possível entre o nosso perispírito e o invólucro fluídico dos animais propriamente ditos, nós os esmagaríamos instantaneamente se os mediunizássemos.

Assentado isso, reconheço perfeitamente que nos animais existem aptidões diversas; que certos sentimentos humanos neles se desenvolvem; que são sensíveis e reconhecidos, vingativos e odientos, conforme se atue bem ou mal sobre eles. É que Deus, que nada faz incompleto, deu aos animais, companheiros ou servos do homem, qualidades de sociabilidade, que faltam inteiramente aos animais selvagens que habitam as solidões.

Resumindo: os fatos mediúnicos não se podem manifestar sem o concurso consciente ou inconsciente do médium; e só entre os encarnados, Espíritos como nós, é que podemos encontrar os que nos podem servir de médiuns. Quanto a educar cães, aves ou outros animais para fazerem tais ou quais exercícios, assunto vosso e não nosso.

Erasmo

Observação: A propósito da discussão, havida na Sociedade, sobre a mediunidade dos animais, disse o Sr. Allan Kardec ter observado muito atentamente as experiências feitas nestes últimos tempos em aves, às quais se atribuía à faculdade mediúnica e acrescentou que reconheceu, da menos contestável das maneiras, os processos da prestidigitação, isto é, das cartas forçadas, mas empregadas com muita habilidade, para darem ilusão ao espectador que se contenta com a aparência, sem perscrutar o fundo. Com efeito, essas aves fazem coisas que nem o homem mais inteligente, nem mesmo o mais lúcido sonâmbulo poderiam fazer, de onde a necessidade de concluir que possuem faculdades intelectuais superiores ao homem, o que seria contrário às leis da Natureza. O que mais se deve admirar em tais experiências é a arte, a paciência que foi preciso desenvolver para educar esses animais, tornando-os dóceis e atentos. Para obter esses resultados, certamente foi necessário lidar com naturezas flexíveis, mas na verdade só com animais educados, nos quais há mais hábito que combinações. E a prova disso é que se não cessam de treiná-los durante algum tempo, logo perdem o que aprenderam. O encanto de tais experiências, como o de todas as manobras de prestidigitação, está no segredo dos processos. Uma vez conhecido o processo, perdem toda a atração. Foi o que aconteceu quando os saltimbancos quiseram imitar a lucidez sonambúlica pelo pretenso fenômeno a que chamavam dupla vista. Não podia haver ilusão para quem quer que conhecesse as condições normais do sonambulismo. Dá-se o mesmo com a suposta mediunidade das aves, de que se pode dar conta facilmente qualquer observador experimentado.

POVOS! SILÊNCIO!

(REMETIDA PELO SR. SABÒ, DE BORDÉUS.
MÉDIUM: SRA. OAZEMAJOUX)

I

Para onde correm essas crianças vestindo túnicas brancas? A alegria ilumina-lhes o coração. Seu enxame folgazão vai recrear-se nos verdes prados onde elas farão uma ampla colheita de flores e perseguirão o inseto brilhante que se alimenta em seus cálices. Despreocupadas e felizes, não veem mais além do horizonte azul que as cerca. Sua queda será terrível se vos apressardes em dispor seus corações para os ensinamentos espíritas. Porque os Espíritos do Senhor atravessaram as nuvens e vêm pregar a vós. Escutai suas vozes amigas; escutai atentamente. Povos! Silêncio!

II

Elas se tornaram grandes e fortes. A beleza máscula de uns, a graça e o abandono de outras fazem reviver no coração dos pais as suaves lembranças de uma época já distante, mas o sorriso que ia espalhar-se em seus lábios emurchecidos desaparece para dar lugar às sombrias preocupações. É que, também eles, beberam a grandes sorvos na taça encantada das ilusões da juventude, e seu veneno sutil lhes enfraqueceu o sangue, enervou-lhe as forças, envelheceu-lhes os rostos, desguarneceu as frontes e eles queriam impedir seus filhos de provar a mesma taça envenenada. Irmãos! o Espiritismo será o antídoto que deve preservar a nova geração de suas devastações mortais. Porque os Espíritos do Senhor atravessaram as nuvens e vêm pregar a vós. Escutai suas vozes amigas; escutai atentamente. Povos! Silêncio!

III

Atingiram a virilidade; tornaram-se homens; são sérios e graves, mas não são felizes; seus corações estão gastos e têm apenas uma fibra sensível: a da ambição. Empregam tudo quanto têm de força e de energia na aquisição dos bens terrenos. Para eles não há felicidade sem as dignidades, as honrarias, a fortuna. Insensatos! De um instante para outro o anjo da libertação vai bater-vos à porta: sereis forçados a abandonar todas as quimeras; sois proscritos que Deus pode chamar mãe-pátria a qualquer instante. Não edifiqueis palácios nem monumentos: uma tenda, roupa e pão – eis o necessário. Contentai-vos com isto e o vosso supérfluo dai-o aos vossos irmãos necessitados de abrigo, roupa e pão. O Espiritismo vem dizer-vos que os verdadeiros tesouros, que deveis adquirir, são o amor de Deus e do próximo. Eles vos farão ricos para a eternidade. Porque os Espíritos do Senhor atravessaram as nuvens e vêm pregar a vós. Escutai suas vozes amigas; escutai atentamente. Povos! Silêncio!

IV

Estão com a frontes inclinadas à borda do sepulcro. Têm medo e queriam erguer a cabeça; mas o tempo lhes vergou as espáduas, endureceu-lhes os nervos e os músculos e são impotentes para olhar para o alto. Ah! que angústias vêm assaltá-los! Repassam no secreto da alma sua vida inútil e, por vezes, criminosa; o remorso os rói, como um abutre esfaimado. É que, muitas vezes, no curso dessa existência, escoada na indiferença, negaram a Deus, que lhes aparece, às bordas da sepultura, como vingador inexorável. Não temais, irmãos, e orai. Se, em sua justiça, Deus vos castiga, fará graça ao vosso arrependimento, porque o Espiritismo vem dizer-vos que não existe eternidade das penas e que renasceis para vos purificardes e expiar. Assim, vós que estais fatigados do exílio na Terra, fazei todos os esforços para vos melhorardes, a fim de não mais retomardes. Porque os Espíritos do Senhor atravessaram as nuvens e vêm pregar a vós. Escutai suas vozes amigas; escutai atentamente. Povos! Silêncio!

Biron

JEAN-JACQUES ROUSSEAU

(MÉDIUM: SRA. COSTEL)

Nota: A médium estava ocupada com problemas muito estranhos ao Espiritismo: dispunha-se a escrever sobre assuntos pessoais, quando uma força invisível a constrangeu a escrever o que segue, apesar de seu desejo de continuar o trabalho começado. É o que explica o começo da comunicação.

"Eis-me aqui, embora não me chames. Venho falar-te de coisas muito estranhas às tuas preocupações. Sou o Espírito de Jean-Jacques Rousseau. Há muito que esperava a ocasião de me comunicar contigo. Escuta, pois.

Penso que o Espiritismo é um estudo puramente filosófico das causas secretas dos movimentos interiores da alma, pouco ou nada definidos até agora. Explica, mais ainda do que descobre, horizontes novos. A reencarnação e as provas sofridas antes de atingir o fim supremo, não são revelações, mas uma confirmação importante. Estou comovido pelas verdades que esse *meio* põe à luz. Digo *meio* com intenção, porque, a meu ver, o Espiritismo é uma alavanca que afasta as barreiras da cegueira. A preocupação das questões morais está inteiramente por criar. Discute-se a política que move os interesses gerais; discutem-se os interesses privados; apaixona-se pelo ataque ou pela defesa das personalidades; os sistemas têm partidários e detratores. Mas as verdades morais, as que são o pão da alma, o pão da vida, ficam no pó acumulado pelos séculos. Todos os aperfeiçoamentos são úteis aos olhos da multidão, salvo os da alma. Sua educação, sua elevação são quimeras, boas só para encher os lazeres dos sacerdotes, dos poetas, das mulheres, quer como moda, quer como ensinamento.

Se o *Espiritismo* ressuscitar o *Espiritualismo,* devolverá à sociedade o impulso que dá a uns dignidade interior, a outros, resignação, a todos a necessidade de elevar-se para o Ser Supremo, esquecido e desconhecido por suas ingratas criaturas.

Jean-Jacques Rousseau"

A CONTROVÉRSIA

(ENVIADA PELO SR. SABÒ, DE BORDÉUS)

Ó Deus! meu senhor, meu pai e meu Criador, dignai-vos dar ainda ao vosso servo um pouco daquela eloquência humana, que levava a convicção ao coração dos irmãos que vinham, em torno da cátedra sagrada, instruir-se nas verdades que lhes ensinastes.

Enviando seus Espíritos para vos ensinarem vossos verdadeiros deveres para com ele e para com os vossos irmãos, Deus quer, sobretudo, que a caridade seja o móvel de todas as vossas ações e de vossos irmãos, que querem fazer renascer esses dias de luto e estão na via do orgulho. Esse tempo está longe de vós e Deus seja para sempre bendito por ter permitido que os homens cessassem para sempre essas disputas religiosas, que jamais produziram qualquer bem e que causaram tanto mal. Por que querer discutir os textos evangélicos, que já comentastes de tantas maneiras? Esses diversos comentários foram feitos quando não tínheis o Espiritismo para vos esclarecer, e este vos diz: A moral evangélica é a melhor; segui-a. Mas se, no fundo de vossa consciência uma voz gritar: Para mim há tal ou qual ponto obscuro e não me posso permitir pensar diferentemente de meus outros irmãos! Eloim! meu irmão, ponde de lado aquilo que vos perturba; amai a Deus e a caridade, e estareis no bom caminho. Para que serviu o fruto de minhas longas vigílias, quando eu vivia em vosso mundo? Para nada. Muitos não lançaram os olhos sobre os meus escritos, que não eram ditados pela caridade e que sempre atraíram perseguições aos meus irmãos. A controvérsia é sempre animada por um sentimento de intolerância, que pode degenerar até à ofensa, e a teimosia com que cada um sustenta suas pretensões afasta a época em que a grande família humana, reconhecendo os erros passados, respeitará todas as crenças e não afiará o punhal que tinha cortado esses laços fraternos. E para vos dar um exemplo do que acabo de dizer, abri o Evangelho e aí encontrareis estas palavras: "Eu sou a verdade e a vida; aquele que crer em mim viverá". E muitos de vós condenais os que não seguem a religião que possui ensinamentos do Verbo Encarnado. Contudo, muitos estão sentados à direita do Senhor porque, na retidão de seus corações, o adoraram e amaram; porque respeitaram as crenças de seus irmãos e porque clamaram ao Senhor quando viram os povos se estraçalhando entre si nas lutas religiosas e porque não estavam aptos a encontrar o verdadeiro sentido das palavras do Cristo e porque não passavam de instrumentos cegos de seus sacerdotes e de seus ministros.

Meu Deus, eu que vivia nesses tempos em que os corações estavam cheios de tempestades contra os irmãos de uma crença oposta, se tivesse sido mais tolerante; se em meus escritos não tivesse condenado sua maneira de interpretar o Evangelho, eles estariam hoje menos irritados contra os seus irmãos católicos, e todos teriam dado um passo maior para a fraternidade universal. Mas os Protestantes, os Judeus, todas as religiões um pouco destacadas, têm seus sábios e seus doutores; e quando o Espiritismo, mais espalhado, for estudado de boa-fé pelos homens instruídos, eles virão, como fizeram os Católicos, trazer a luz aos seus irmãos e acalmar os seus escrúpulos religiosos. Deixai, pois, Deus continuar sua obra de reforma moral, que vos deve elevar para Ele, a todos no mesmo grau e não vos rebeleis contra os ensinos dos Espíritos que ele vos envia.

Bossuet

O PAUPERISMO

(ENVIADA PELO SR. SABÒ, DE BORDÉUS)

Em vão os filantropos de vossa Terra sonham coisas que jamais verão realizadas. Lembrai-vos destas palavras do Cristo: “Sempre tereis pobres entre vós”. E sabei que estas são palavras de verdade. Meu amigo, agora que conheceis o Espiritismo, não achais justa e equitativas essa desigualdade das condições, que vos alçava o coração, cheio de murmúrios contra esse Deus que não tinha feito todos os homens igualmente ricos e felizes? Então! Agora que pensais ter Deus feito bem tudo quanto fez, e que sabeis ser a pobreza um castigo ou uma prova, buscai aliviá-la, mas não useis utopias para fazer os infelizes sonharem com uma igualdade impossível. Certamente, por uma sábia organização social é possível aliviar muitos sofrimentos; é isto que se deve ter em mira. Mas pretender fazê-los todos desaparecer da face da Terra é uma ideia quimérica. Sendo a Terra um lugar de expiação, sempre haverá pobres que expiam nessa prova o abuso dos bens de que Deus os havia feito os dispensadores e que jamais conheceram a doçura de fazer o bem aos seus irmãos; que entesouraram moeda por moeda, para amontoar riquezas inúteis a si mesmos e aos outros; que se enriqueceram com os despojos da viúva e do órfão. Oh! esses são muito culpados e seu egoísmo terá um triste retorno!

Contudo, guardai-vos de ver, em todos os pobres, culpados em punição. Se a pobreza é para alguns uma severa expiação, para outros é uma provação que lhes deve abrir mais rapidamente o santuário dos eleitos. Sim, sempre haverá pobres e ricos, para que uns tenham o mérito da resignação e os outros o da caridade e do devotamento. Quer sejais ricos ou pobres, estais num terreno escorregadio, que vos pode precipitar no abismo e numa rampa na qual só as vossas virtudes vos podem reter.

Quando digo que haverá sempre pobres na Terra, quero dizer que enquanto houver vícios, que dela farão um lugar de expiação para os Espíritos perversos, Deus os enviará para nela se encarnarem, para seu próprio castigo e dos vivos. Merecei por vossas virtudes que Deus não vos envie senão bons Espíritos, e de um inferno fareis um paraíso terrestre.

Adolphe
Bispo de Alger

A CONCÓRDIA

(ENVIADA PELO SR. RODOLPHE, DE MULHOUSE)

Meus amigos, sede unidos: a união faz a força. Proscrevei de vossas reuniões todo espírito de discórdia, todo espírito de inveja. Não invejeis as comunicações que recebe este ou aquele médium. Cada um recebe conforme a disposição de seu Espírito e a perfeição de seus órgãos.

Jamais esqueçais que sois irmãos e essa fraternidade não é ilusória: é uma fraternidade real, porque aquele que foi vosso irmão numa outra existência pode achar-se entre vós, noutra família.

Sede, pois, conciliatórios nas opiniões; que estas não sejam absolutas; procurai esclarecer-vos uns aos outros. Ponde-vos à altura de vosso apostolado e dai ao mundo o exemplo da boa harmonia.

Sede o exemplo vivo da fraternidade humana e mostrai aonde podem chegar homens sinceramente devotados à propagação da moral.

Com um só objetivo não deveis ter senão um só e mesmo pensamento: o de pôr em prática o que ensinais. Que vossa divisa seja: União e Concórdia; Paz e Fraternidade!

Mardoqueu

AURORA DOS NOVOS DIAS

(SOCIEDADE ESPÍRITA DE PARIS. MÉDIUM: SRA. COSTEL)

Eis-me aqui, eu que não evocais, mas que estou desejosa de ser útil, por minha vez, à Sociedade cujo objetivo é tão sério quanto o é o vosso. Falarei de política. Não vos alarmeis: sei dentro de que limites devo encerrar-me.

A situação atual da Europa oferece o mais surpreendente aspecto para o observador. Em nenhuma época, sem excetuar o fim do último século, que fez tão grande rombo nos preconceitos e abusos que comprimiam o espírito humano; em nenhuma época, dizia, o movimento intelectual se fez sentir mais intrépido, mais franco. Digo franco, porque o espírito europeu marcha na verdade. A liberdade não é mais um fantasma sangrento, mas a bela e grande deusa da prosperidade pública. Mesmo na Alemanha, essa Alemanha que descrevi com tanto amor, o sopro ardente da época abate as últimas fortalezas dos preconceitos. Sede felizes, vós que viveis em tal momento; porém mais felizes ainda serão os vossos descendentes. Porque aproxima-se a hora, a hora anunciada pelo Precursor. Vedes clarear-se o horizonte mas, como outrora os Hebreus, ficareis no limiar da Terra Prometida e não vereis erguer-se o sol radioso dos novos dias.

Staël

Allan Kardec

ANO IV
SETEMBRO DE 1861

O ESTILO É O HOMEM

POLÊMICA ENTRE VÁRIOS ESPÍRITOS

(SOCIEDADE ESPÍRITA DE PARIS)

Na sessão da Sociedade, de 19 de julho último, o Espírito de Lamennais deu espontaneamente a dissertação que segue, sobre o aforismo de Buffon: *O estilo* é o *homem,* por intermédio do médium Sr. A. Didier. Julgando-se atacado, Buffon replicou, alguns dias depois, por intermédio do Sr. d'Ambel. Depois, sucessivamente, o Visconde Delaunay (pela Sra. Delphine de Girardin), Bernardin de Saint-Pierre e outros entraram na liça. É essa polêmica, tão curiosa quanto instrutiva, que reproduzimos na íntegra. Notar-se-á que nem foi provocada nem premeditada e que cada Espírito veio espontaneamente dela participar. Lamennais abriu a discussão e os outros o seguiram.

DISSERTAÇÃO DE LAMENNAIS

(MÉDIUM: SR. A. DIDIER)

Há no homem um fenômeno muito estranho, a que chamo o fenômeno dos contrastes: falamos, antes de tudo, das naturezas de escol. Eis o fato: Encontrareis no mundo Espíritos cujas obras poderosas contrastam estranhamente com a vida privada e os hábitos de seus autores. Disse o Sr. Buffon: *O estilo* é *o homem.* Infelizmente esse grão-senhor do estilo e da elegância viu bem todos os autores através de si mesmo. Aquilo que podia perfeitamente aplicar-se a ele está longe de ser aplicado a todos os outros escritores. Tomamos aqui o vocábulo estilo no sentido mais amplo e na sua mais larga acepção. Em nossa opinião, o estilo será a maneira elevada, a forma mais pura pela qual o homem apresentará suas ideias. Todo o gênio humano está assim, pois, diante de nós e contemplamos de um golpe de vista todas as obras da inteligência humana; poesia na arte, na literatura e na ciência. Longe de dizer como Buffon: O estilo é o homem, diremos, talvez de maneira menos concisa, menos formulada, que o homem, por sua natureza mutável, difusa, contrariante e revoltada, muitas vezes escreve contrariamente à sua natureza primeira, às suas primitivas inspirações; direi mesmo mais, às suas crenças.

Muitas vezes, lendo as obras de alguns dos grandes gênios de um ou de outro século, nós nos dizemos: Que pureza! Que sensibilidade! Que profunda crença no progresso! Que grandeza! Depois se sabe que o autor, longe de ser o *autor moral* de suas obras, é apenas o *autor material,* imbuído de prejuízos e de ideias preconcebidas. Aí está um grande fenômeno, não apenas humano, mas espírita.

Muito frequentemente, pois, o homem não se reflete em suas obras. Diremos, também, quantos poetas debilitados e embrutecidos, quantos artistas desiludidos sentem, de repente, uma centelha divina por vezes iluminar-lhes a inteligência! Ah! É que então o homem ouve outra voz que não a dele próprio; escuta aquilo que o profeta Isaías chamava o *pequeno sopro,* e que nós chamamos os Espíritos. Sim. Eles sentem em si essa voz sagrada, mas esquecem Deus e a sua luz e a atribuem a si mesmos; recebem a graça na arte como outros a recebem na fé e, algumas vezes, ela toca aqueles que pretendem renegá-la.

Lamennais

RÉPLICA DE BUFFON

(MÉDIUM: SR. D'AMBEL)

Disseram que fui um gentil-homem das letras e que meu estilo, esticado com quatro alfinetes, cheirava a pólvora e a tabaco da Espanha. Não é a consagração mais certa dessa verdade: *O estilo é o homem?* Embora tenham exagerado um pouco, representando-me com a espada ao lado e a pena à mão, confesso que gostava das belas coisas, das roupas lantejouladas, das rendas e as vestes vistosas, numa palavra, de tudo quanto era elegante e delicado. É, pois, muito natural que fosse sempre elegante; razão por que meu estilo traz um cunho de bom tom, esse perfume de boa companhia que se encontra igualmente em nossa grande Sévigné. Que quereis? Eu sempre preferi as *ruelles* e os *boudoirs*[1] os cabarés e às balbúrdias de baixa categoria. Permitir-me-eis, pois, a despeito da opinião emitida por vosso contemporâneo Lamennais, manter meu judicioso aforismo, apoiando-o com alguns exemplos tomados entre os vossos autores e filósofos modernos.

Uma das desgraças de vosso tempo é que muitos fizeram ofício da pena. Mas deixemos esses artistas da pena que, como os artistas da palavra, escrevem indiferentemente pró ou contra tal ideia, conforme são pagos e gritam, conforme o tempo: *Viva o rei! Viva a Liga!*[2] Deixemo-los. Esses, para mim, não são autores sérios.

Vejamos, padre. Não vos ofendais se tomo a vós mesmo como exemplo. Vossa vida mal assentada não se reflete sempre em vossas obras? E da *Indiferença em matéria de religião* às *Palavras de um crente,* que contraste, como dizeis! Não obstante, vosso tom doutoral é tão cortante, tão absoluto, numa como noutra dessas obras. Sois bilioso, padre, concordai, e destilais vossa bile em amargos lamentos em todas as belas páginas que deixastes. Em sobrecasaca abotoada, como sotaina, ficastes desclassificado, meu pobre Lamennais. Vejamos – não vos zangueis – mas convinde comigo que *o estilo é o homem.*

Se de Lamennais passo a Scribe, o homem feliz se reflete mas tranquilas e pacíficas comédias de costumes. Ele é alegre, feliz e sensível: semeia a sensibilidade, a alegria e a felicidade em suas obras. Nele jamais o drama, jamais o sangue: apenas alguns duelos sem perigo, para punir o traidor e o culpado.

Vede a seguir Eugène Sue, autor dos *Mistérios de* Paris. É forte como o seu príncipe Rodolfo e, como ele, aperta na luva amarela a mão calosa do operário; como ele, é o advogado das causas populares.

Vede o vosso Dumas vagabundo dissipando a vida e a inteligência; indo do polo sul ao polo norte tão facilmente quanto seus famosos

---

[1] *Ruelles* eram os serões literários nos quartos das damas ilustres, no século XVII e princípios do XVIII. Os *boudoirs* ou toucadores eram usados para o mesmo fim. (Nota da Eq. Rev.)

[2] Alusão à Santa Liga, ou simplesmente Liga, fundada no séc. XVI pelo Duque de Guise para destronar Henrique III. (Nota da Eq. Rev.)

mosqueteiros; fazendo-se conquistador com Garibaldi e indo da intimidade do Duque de Orléans às dos mendigos napolitanos; fazendo romances com a História e pondo a História em romances.

Vede as obras orgulhosas de Victor Hugo, esse tipo do orgulho encarnado. *Eu, eu,* diz Hugo poeta; *eu, eu,* diz Hugo em seu rochedo de Jersey.

Vede Murger, esse cantor dos costumes fáceis, representando conscientemente seu papel nessa boêmia que cantou. Vede Nerval, de cores estranhas, de estilo colorido e solto, fazendo *fantasia* com sua vida, como o fez com sua pena. Quantos deixo, e dos melhores, como Soulié e Balzac, cujas vidas e obras seguem vias paralelas. Mas creio que estes exemplos bastarão para não mais repelirdes de modo tão absoluto o meu aforismo:

O estilo é o homem.

Caro padre, não teríeis confundido a forma e o fundo, o estilo e o pensamento? Mesmo assim, tudo permanece ligado.

Buffon

PERGUNTAS A BUFFON A PROPÓSITO DE SUA COMUNICAÇÃO

P – Agradecemos a comunicação espiritual que tivestes a bondade de dar. Mas há algo que nos admira: é que estais muito ao corrente dos menores detalhes de nossa literatura, apreciando com notável justeza obras e autores. Então ainda vos ocupais do que se passa na Terra para isso conhecer? Ledes, pois, tudo quanto se publica? Tende a bondade de dar uma explicação, que será muito útil à nossa instrução. R – Não necessitamos de muito tempo para ler e apreciar: num golpe de vista percebemos o conjunto das obras que nos atraem a atenção. Todos, tantos que somos, ocupamo-nos com interesse do vosso caro grupinho e não acreditaríeis quanto aqueles a quem chamais homens eminentes seguem com benevolência os progressos do Espiritismo. Assim, podeis pensar quanto me senti feliz por ver meu nome pronunciado por um de vossos fiéis Espíritos, Lamennais, e com que satisfação aproveitei a ocasião de me comunicar convosco. Realmente, quando fui posto em causa em vossa última sessão, recebi, por assim dizer, o contragolpe do vosso pensamento. E não querendo que a verdade que eu havia proclamado em meus escritos fosse derrubada sem ser defendida, pedi a Erasto que me emprestasse seu médium para responder às asserções de Lamennais. Por outro lado, deveis compreender que cada um de nós fique fiél às suas preferências terrenas. Eis porque nós, escritores, estamos atentos ao progresso realizado pelos autores vivos, ou que estes pensam realizar na literatura. Assim como os Jouffroy, os Laroque, os la Romiguière se preocupam com a Filosofia, e os Lavoisier, os Berzélius, os Thénard com a Química, cada um cultiva seu passatempo e se recorda com amor de seus trabalhos, acompanhando com olhar inquieto o que fazem seus sucessores.

P – Em poucas palavras apreciastes vários escritores contemporâneos, mortos ou vivos. Seríamos muito reconhecidos se sobre alguns nos désseis uma apreciação um pouco mais desenvolvida. Seria um trabalho importante, muito útil para nós.

Para começar, pediríamos que falásseis de Bernardin de Saint-Pierre e, sobretudo, de seu *Paulo e Virgínia,* cuja leitura condenastes e que, entretanto, tornou-se uma das obras mais populares. R – Não posso aqui empreender o desenvolvimento crítico das obras de Bernardin de Saint-Pierre. Mas, quanto à minha apreciação de então, posso confessá-lo hoje: eu era como o Sr. Josse, um tanto meticuloso; numa palavra, fiel ao Espírito de confraternização literária e difamava o mais que podia um importuno e importante concorrente. Mais tarde vos darei minha apreciação verdadeira sobre esse eminente escritor, caso um Espírito realmente crítico, como Merle ou Geoffroy não se encarregue de o fazer.

Buffon

DEFESA DE LAMENNAIS PELO VISCONDE DELAUNAY

(MÉDIUM: SR. D'AMBEL)

Nota: Na conversa havida na Sociedade sobre as comunicações precedentes, o nome da Senhora de Girardin foi pronunciado, a propósito do assunto em discussão, embora não tenha sido mencionado pelos Espíritos interlocutores. É o que explica o começo de nova intervenção.

Nota: Ver a seguir *fantasia,* por Gérard de Nerval.

– Vós me pusestes ligeiramente em causa nas últimas sessões, senhores Espíritas, e creio que me destes o direito, como se diz no Palácio, de intervir nos debates. Não foi sem prazer que ouvi a profunda dissertação de Lamennais e a resposta um pouco viva do Sr. de Buffon. Mas falta uma conclusão a esse passe de armas. Assim, intervenho e me erijo em juiz de campo, por minha autoridade privada. Aliás, pedíeis um crítico. Respondo-vos: *prenez mon ours*[1]. Porque, se vos lembrais, em vida participei, de maneira considerada magistral, desse posto temido de crítico militante. Agrada-me imensamente voltar ao terreno amado. Assim, pois, era uma vez.., mas, não: deixemos lá as banalidades do gênero e entremos seriamente na matéria.

Senhor de Buffon, vós manejais lindamente o epigrama; vê-se que vindes do grande século. Mas, por mais elegante escritor que sejais, um visconde de minha raça não teme levantar vossa luva e cruzar a pena convosco. Vamos, meu gentil-homem! fostes muito duro para esse pobre Lamennais, que tratastes como desclassificado! É culpa desse gênio transviado se, depois de haver escrito com mão de mestre esse estudo esplêndido que lhe censurastes, se voltou para outras regiões, para outras crenças? Certamente as páginas da *Indiferença em matéria de religião* seriam assinadas com ambas as mãos pelos melhores prosadores da Igreja; mas se essas páginas ficaram de pé quando o padre foi desarvorado, não reconheceis a causa, vós tão rigoroso? Ah! olhai Roma e lembrai-vos de seus costumes dissolutos e tereis a chave dessa reviravolta que vos espantou. Ora! Roma está tão longe de Paris!

Os filósofos, os pesquisadores do pensamento, todos esses rudes exploradores do eu psicológico jamais devem ser confundidos com os escritores da pura forma. Estes escrevem para o prazer do público, aqueles para a Ciência profunda; estes últimos só têm preocupação com a verdade; os outros não se gabam de ser lógicos: fogem à uniformidade. Em suma, o que buscam é o que vós mesmos buscáveis, meu belo senhor, ou seja a voga, a popularidade, o sucesso, que se resumem em belos escudos bem sonantes. Aliás, salvo isso, vossa resposta espirituosa é muito verdadeira para que eu não a aplaudisse de todo o cora-

[1] Provérbio proveniente de uma peça de Scribe e Saintine, usado ironicamente para referir-se ao exagero do mérito literário de alguém. (Nota da Eq. Rev.)

ção. Apenas aquilo pelo qual tomais o indivíduo responsável, eu passo a responsabilidade ao meio social. Enfim, eu tinha que defender meu contemporâneo que, vós bem o sabeis, nem andou por *ruelles,* nem cabarés, nem toucadores, nem através da confusão de baixo nível. Do alto de sua mansarda, sua única distração era dar pedacinhos de pão aos pardais barulhentos, que o vinham visitar em sua cela da Rua de Rivoli. Mas sua suprema alegria era sentar-se à mesa cambaia e fazer a pena voar rápida sobre as folhas virgens de um caderno de papel.

Oh! certamente teve razão para se lamentar esse grande Espírito doente que, para evitar a sujeira de um século material, havia esposado a Igreja Católica e que, depois de casado com ela, encontrou a sujeira sentada nos degraus do altar. É falta sua se, lançado jovem entre as mãos dos clericais, não pôde sondar a profundeza do abismo onde o precipitavam? Sim, ele tem razão de soltar seus lamentos amargos, como dizeis. Não é a imagem viva de uma educação mal dirigida e de uma vocação imposta?

Padre renegado! Sabeis quantos burgueses ineptos, por vezes, lhe atiraram essa injúria ao rosto, porque ele obedeceu às suas convicções e ao impulso de sua consciência? Ah! crede-me, feliz naturalista: enquanto corríeis às belas e a vossa pena, célebre pela conquista do cavalo, era lisonjeada por lindas pecadoras e aplaudida por mãos perfumadas, ele penosamente subia o seu Gólgota! Porque, como o Cristo, bebeu seu cálice até o fim e carregou rudemente a sua cruz!

E vós, Senhor de Buffon, não ofereceis um pouco o flanco à crítica? Vejamos. Ora essa! vosso estilo é pimpão como vós e como vós todo vestido de ouropéis! Mas, também, que intrépido viajante não fostes! Visitastes países!.., não, bibliotecas desconhecidas! Que infatigável pioneiro! Varastes florestas!... não. Manuscritos inéditos e ineditados! Concordo que cobristes os vossos despojos opimos com um verniz brilhante, que é bem vosso. Mas de todos esses volumes empilhados que é o que há de seriamente vosso como estudo, como fundo? A história do cão, do gato ou talvez do cavalo? Ah! Lamennais escreveu menos que vós, mas tudo é bem dele, Senhor de Buffon: *a forma e o fundo.* Outro dia vos acusavam de haver desconhecido o valor das obras do bom Bernadin de Saint-Pierre. Desculpastes-vos um tanto jesuiticamente; mas não dissestes que se recusastes vitalidade a *Paulo e Virgínia* é que em obra desse gênero, ainda não estáveis na *Grande Scudéri, no* Grande Cyrus e no país do "Tendre"[1], enfim, em todos esses trastes sentimentais, que fazem tanto bem hoje aos alfarrabistas, esses negociantes de casacas da literatura. Ei! Senhor de Buffon, começais a cair bastante baixo na estima desses senhores, ao passo que o utopista Bernardin conservou uma quota elevada. A *Paz Universal,* uma utopia! *Paulo e Virgínia,* uma utopia! Vamos! vosso julgamento foi esmagado pela opinião pública. Não falemos mais nisso!

Palavra, tanto pior! Pusestes a pena em minha mão; uso-a e abuso. Isso vos ensinará, caros Espíritas, a vos inquietardes com um sabichão aposentado como eu, e a pedir notícias minhas. Esse caro Scribe nos chegou de todo estupefato com seus últimos meio-sucessos; queria que nos erigíssemos em Academia; falta-lhe a palma verde; era tão feliz na Terra que ainda hesita em sentar-se em sua nova posição. Ora, ele consolar-se-á vendo a representação de suas peças e por algumas semanas não aparecerá.

Ultimamente Gérard de Nerval vos deu uma encantadora fantasia inacabada. Terminá-la-á esse caprichoso Espírito? Quem sabe! Contudo, queria concluir que o Verdadeiro do sábio não estando no verdadeiro, o Belo do pintor não estando no belo, e a coragem da criança sendo mal recompensada, ele fez muito bem em seguir os desvios de sua cara *Fantasia.*

Visconde Delaunay (Delphine de Girardin)

Nota: Ver a seguir *Fantasia,* por Gérard de Nerval.

RESPOSTA DE BUFFON AO VISCONDE DELAUNAY

Convidais-me a voltar a um debate do qual muito rapidamente me livrei por não precisar insistir no que disse. E confesso que prefiro ficar no meio aprazível onde me encontrava a semelhante agitação. Em meu tempo a gente trocava uma galanteria mais ou menos ateniense; mas hoje, peste! Vai-se a golpes de chicote chumbado. Obrigado! eu me retiro: tenho mais do que preciso; pois ainda estou todo marcado pelos golpes do Visconde. Concordareis que, embora me tenham sido generosamente, muito generosamente administrados pela graciosa mão de

[1] Referência a "La Carte du Tendre" do início do século XVIII, do gênero bucólico, atribuído ao Grande Cyrus. (N. da Eq. Rev.)

uma mulher, não são menos cortantes. Ah! senhora vós me lembrastes a caridade de maneira muito pouco caridosa. Visconde! sois muito temível: entrego as armas e humildemente reconheço meus erros. Concordo que Bernardin de Saint-Pierre foi um grande filósofo. Que digo eu? Encontrou a pedra filosofal e eu não sou, como não fui, mais que um indigesto compilador! Agora estais contente? Vejamos, sede gentil e de agora em diante não me humilheis assim, sem o que obrigareis um gentil-homem, amigo do nosso grupo parisiense, a abandonar o lugar, o que não faria sem grande pesar, porque teima em aproveitar, também ele, os ensinamentos espíritas e conhecer o que se passa aqui.

E atentai. Hoje ouvi o relato de fenômenos tão estranhos, que em meu tempo teriam queimado vivos, como feiticeiros, os atores e até os narradores desses acontecimentos. Aqui, entre nós, serão mesmo fenômenos espíritas? A imaginação de um lado, o interesse do outro, não valem alguma coisa? Eu não juraria. Que pensa o espirituoso Visconde? Quanto a mim, lavo as mãos. Aliás, se creio no meu senso de naturalista, por mais que me chamem naturalista de gabinete, os fenômenos dessa ordem só devem ocorrer raramente. Quereis minha opinião sobre o caso de Havana? Ora! lá existe uma quadrilha de gente mal intencionada, que tem todo o interesse em desacreditar a propriedade, para que seja vendida a preço vil e proprietários medrosos e tímidos, espantados com uma fantasmagoria muito bem montada. Quanto ao lagarto: lembro-me bem de lhe haver escrito a história, mas confesso jamais os ter encontrado diplomados pela Faculdade de Medicina. Há aqui um médium de cérebro fraco, que tomou de sua imaginação fatos que, em suma, não tinham nenhuma realidade.

Buffon

Nota: Este último parágrafo alude a dois fatos contados na mesma *sessão,* cujo relato, por falta de espaço, virá em outro número. A respeito, Buffon dá sua opinião espontânea.

RESPOSTA DE BERNARDIN DE SAINT-PIERRE

(MÉDIUM: SRA. COSTEL)

Venho eu, Bernardin de Saint-Pierre, meter-me num debate onde meu nome foi citado, discutido e defendido. Não posso concordar com meu espirituoso defensor: O Sr. de Buffon tem um valor outro, que não o de um compilador eloquente. Que importam os erros literários de um julgamento sempre tão fino e delicado para as coisas da Natureza e que não foi desviado senão pela rivalidade e o ciúme profissional?

Não obstante, sou de opinião inteiramente contrária à sua e, como Lamennais, digo: Não, o estilo não é o homem. Disto sou uma prova eloquente, eu, cuja sensibilidade estava inteiramente no cérebro e que inventava o que os outros sentem. Do outro lado da vida julgam-se com frieza as coisas da vida terrena, as coisas acabadas. Não mereço toda a reputação literária de que gozei. *Paulo e Virgínia,* se aparecesse hoje seria facilmente eclipsado por uma quantidade de encantadoras produções que passam inapercebidas. É que o progresso de vossa época é grande, mais do que vós, contemporâneos, o podeis julgar. Tudo se eleva: Ciências, literatura, arte social; mas tudo se eleva como o nível do mar na maré montante, e os marinheiros que estão ao largo não o podem julgar. Estais ao largo.

Volto ao Sr. de Buffon cujo talento louvo e cuja censura esqueço, e também ao meu espirituoso defensor, que sabe descobrir todas as verdades, seus sentidos espirituais, e que lhes dá uma cor paradoxal. Depois de vos haver provado que os literatos mortos não conservam nenhum fel, dirijo-vos todos os meus agradecimentos e, também, meu vivo desejo de poder ser-vos útil.

Bernardin de Saint-Pierre

LAMENNAIS A BUFFON

(MÉDIUM: SR. A. DIDIER)

É preciso prestar muita atenção, Senhor de Buffon: eu não concluí absolutamente de maneira literária e humana; encarei a questão muito diversamente e o que deduzi foi o seguinte: "Que a inspiração humana muitas vezes é divina". Não havia aí nenhuma matéria para controvérsia. Agora não mais escrevo com essa pretensão, e podeis vê-lo mesmo em minhas reflexões com referência às influências da arte sobre o coração e o cérebro*. Evitei o mundo e as personalida-

---

* Alusão a uma série de comunicações de Lamennais, sob o título de *Meditações filosóficas e religiosas,* que publicaremos no próximo número.

des; jamais voltemos ao passado; olhemos o futuro. Aos homens compete julgar e discutir as nossas obras. A nós, lhes dar outras, todas emanando desta ideia fundamental: Espiritismo. Mas para nós: adeus ao mundo!

Lamennais

FANTASIA

(MÉDIUM: SR. A. DIDIER)

Nota: Lembramos que Buffon, falando dos autores contemporâneos, disse: "Vede *Gérard de Nerval,* de cores estranhas, de estilo colorido e solto, fazendo *fantasia* com sua vida, como o fez com sua pena." Em vez de discutir, Gérard de Nerval respondeu a esse ataque, ditando espontaneamente o trecho seguinte, ao qual ele próprio deu o título de *Fantasia.* Escreveu em duas sessões e foi no intervalo que ocorreu a resposta do Visconde Delaunay a Buffon. Eis por que disse não saber se esse Espírito caprichoso o acabaria e deu a conclusão provável.

Nós não o pusemos em ordem cronológica, para não interromper a série de ataques e réplicas, pois Gérard de Nerval não entrou nos debates senão por esta alegoria filosófica.

– "Um dia, numa de minhas *fantasias,* não sei como cheguei perto do mar, num pequeno porto pouco conhecido. Que importa! Por algumas horas eu havia abandonado meus companheiros de viagem e pude entregar-me à mais tempestuosa *fantasia,* que é o termo consagrado às minhas evoluções cerebrais. Contudo, não se deve crer que a *Fantasia* seja sempre uma mocinha louca, entregue às excentricidades do pensamento. Muitas vezes a pobrezinha ri para não chorar e sonha para não cair. Por vezes seu coração está ébrio de amor e de curiosidade, quando sua cabeça se perde nas nuvens. Talvez seja porque muito ama, essa pobre imaginação. Deixai-a, pois, vagar, pois ama e admira.

Assim, eu estava com ela um dia, contemplando o mar, cujo limite é o céu, quando, em meio à solidão a dois, avistei um velhinho condecorado, palavra! Tivera tempo de o ser, felizmente, pois estava muito alquebrado; mas seu ar era tão positivo, seus movimentos tão regulares, que essa sabedoria e essa harmonia em sua maneira de andar substituíam os nervos e os músculos fatigados. Sentou-se, examinou bem o terreno, verificou se não seria picado por alguns desses bichinhos que formigam debaixo da areia da praia; depois deixou de lado sua bengala de castão de ouro. Imaginai o meu espanto quando colocou os óculos. Óculos! para ver a imensidade! *Fantasia* deu um salto terrível e quis atirar-se sobre ele. Consegui acalmá-la com muito esforço. Aproximei-me, oculto por uma rocha e quis escutar bem: 'Eis, então, a imagem de nossa vida! o grande todo, ei-lo! Profunda verdade! Eis, assim, nossas existências, elevadas e baixas, profundas e mesquinhas, revoltadas e calmas! Ó vagas! vagas! Grande flutuação universal!' Depois o velhinho só falou para si mesmo. Até então *Fantasia* tinha ficado sossegada, ouvindo religiosamente; mas não suportou mais e soltou uma enorme gargalhada. Só tive tempo de tomá-la nos braços e abandonamos o velhinho. 'Na verdade', dizia *Fantasia,* 'ele deve ser membro de alguma sociedade científica.' Depois de ter corrido por algum tempo, percebemos uma tela de pintor, representando uma ponta de penhasco e o começo do mar. Olhei, ou antes, olhamos a tela. Provavelmente o pintor procurava um outro sítio nas proximidades. Após ter olhado a tela; olhei a Natureza e assim alternativamente. *Fantasia* quis rasgar a tela deu-me trabalho contê-la. – 'Como!' disse-me ela. 'São sete horas da manhã e vejo nesta tela um efeito que não tem nome!' Compreendi perfeitamente o que *Fantasia* me explicava. Realmente ela tem senso, essa garota maluca, dizia-me eu, querendo afastar-me. Ah! o artista escondido tinha seguido as menores nuanças de minha expressão; quando seus olhos encontraram os meus, houve um choque terrível, um choque elétrico. Ele me lançou um desses olhares soberbos, que parecem dizer: 'Vermezinho!' Dessa vez *Fantasia* ficou aterrada por tanta insolência e o viu retomar a palheta com estupefação. 'Tu não tens a palheta de Lorrain', disse-lhe ela sorrindo.

Depois, voltando-se para mim: 'Já vimos o verdadeiro e o belo', disse ela, 'procuremos agora um pouco o bem.' Tendo subido no penhasco, avistei um menino, um filho de pescador, que poderia ter uns treze ou quatorze anos; brincava com um cão, perseguindo-se um ao outro, este latindo, aquele, rindo. De súbito ouvi no ar uns gritos que pareciam vir de baixo do penhasco; imediatamente o menino atirou-se, rápido, por uma trilha que levava ao mar. A despeito de todo o seu ardor, *Fantasia* teve dificuldade em o seguir. Quando cheguei lá embaixo da falésia, vi um espetáculo horrível, o menino lutava contra as vagas e trazia para a praia um infeliz que se debatia contra o seu salvador. Eu quis me atirar, mas o menino gritou que nada fizesse; e, depois de alguns instantes, magoado, triturado e trêmulo, saía com o homem que havia salvo. Era, conforme todas as aparências, um banhista que se tinha aventurado muito ao largo e havia caído numa corrente.

Continuarei de outra vez.

Gérard de Nerval"

Nota: Foi nesse intervalo que ocorreu a comunicação do Visconde Delaunay transcrita atrás.

CONTINUAÇÃO

"Depois de alguns instantes, pouco a pouco, o afogado voltou à vida, mas apenas para dizer: 'É incrível! eu que nado tão bem!' Viu perfeitamente quem o havia salvo, mas, olhando-me, acrescentou: 'Ufa! escapei por um tris! Há certos momentos, sabeis, em que a gente perde a cabeça; não são as forças que nos traem... mas... – mas'... Vendo que não podia continuar, apressei-me em lhe dizer: 'Enfim, graças a este bravo rapaz, eis-vos salvo.' Ele olhou o menino, que o examinava com o ar mais indiferente do mundo, com as mãos na cintura. O senhor pôs-se a sorrir; e disse: 'Contudo é verdade.' Depois me saudou. *Fantasia* quis correr atrás dele. 'Ora!' disse ela contendo-se; 'de fato é muito natural.' O menino o viu afastar-se, depois voltou ao seu cão. Desta vez *Fantasia* chorou.

Gérard de Nerval"

Um membro da Sociedade, tendo feito notar que faltava a conclusão, Gérard acrescentou estas palavras:

"Estou, de todo o coração, disposto para outro ditado. Mas quanto a este, *Fantasia* me diz que pare aqui. Talvez esteja errada. Ela é tão caprichosa!"

A conclusão havia sido dada antecipadamente pelo Visconde Delaunay.

CONCLUSÃO DE ERASTO

Depois do torneio literário e filosófico ocorrido nas últimas sessões de vossa Sociedade, ao qual assistimos com verdadeira satisfação, julgo necessário, do ponto de vista puramente espírita, transmitir-vos algumas reflexões, que me foram suscitadas por esse interessante debate, no qual, aliás, de modo algum quero intervir. Mas de tudo, deixai que vos diga que se vossa reunião foi animada, esta animação não foi nada relativamente à que reinava entre os grupos numerosos de Espíritos eminentes, que essas sessões, quase acadêmicas, tinham atraído. Ah! certamente se vos tivésseis tornado videntes instantaneamente, teríeis ficado surpresos e confusos ante esse areópago superior. Mas não é minha intenção desvendar-vos hoje o que entre nós se passou: meu objetivo é unicamente vos trazer algumas palavras sobre o proveito que deveis tirar dessa discussão, do ponto de vista de vossa instrução espírita.

Conheceis bem Lamennais e, certamente, apreciastes quanto esse filósofo continuou amante da ideia abstrata. Sem dúvida notastes quanto ele acompanha com persistência e – devo dizê-lo – com talento, suas teorias filosóficas e religiosas. Logicamente daí deveis concluir que o ser pessoal pensante prossegue, mesmo no além-túmulo, seus estudos e trabalhos e que, por meio dessa lucidez, que é o apanágio particular dos Espíritos, comparando seu *pensamento espiritual* com o seu *pensamento humano,* deve suprimir tudo quanto o obscurecia materialmente. Ora! o que é verdadeiro para Lamennais, é igualmente verdadeiro para os outros; e cada um, no vasto domínio da erraticidade, conserva suas aptidões e sua originalidade.

Buffon, Gérard de Nerval, o Visconde Delaunay, Bernardin de Saint-Pierre conservam, como Lamennais, os gostos e a forma literária que notáveis neles, quando vivos. Creio útil chamar vossa atenção sobre essa condição do nosso mundo de além-túmulo, para que não venhais a crer que a gente abandona instantaneamente as suas inclinações, costumes e paixões, ao despir as vestes humanas. Na Terra, os Espíritos são como prisioneiros que a morte deve libertar. Mas assim como aquele que está nas grades tem as mesmas propensões, conserva a mesma individualidade quando em liberdade, também os Espíritos conservam suas tendências, sua originalidade, suas aptidões, ao chegar entre nós. Contudo, salvo aqueles que passaram, não por uma vida de trabalho e de provas, mas por uma vida de castigo, como os idiotas, os cretinos e os loucos. Para estes, as faculdades inteligentes, mantidas em estado latente, não despertam senão à saída da prisão terrena. Isto, como pensais, deve entender-se do mundo espírita inferior ou médio, e não dos Espíritos elevados libertos da influência corpórea.

Ides tomar as vossas férias, senhores associados. Permiti-me vos dirigir algumas palavras amigas antes de nos separarmos por algum tempo. Creio que a doutrina consoladora que viemos vos ensinar só conta entre vós com adeptos fervorosos. Eis por quê, como é essencial que cada um se submeta à lei do progresso, julgo dever aconselhar-vos a examinar perante vós, que proveito tirastes pessoalmente de nossos trabalhos espíritas, e que melhora moral disso resultou reciprocamente em vossos meios. Porque, sabeis, não basta dizer: Sou Espírita. E encerrar esta crença no seu íntimo. O que vos é indispensável saber é se vossos atos são conforme às prescrições de vossa nova fé, que é – e nunca seria demais repetir – *Amor e Caridade.* Que Deus seja convosco.

Erasto

PALESTRAS FAMILIARES DE ALÉM-TÚMULO

A PENA DE TALIÃO

(SOCIEDADE, 9 DE AGOSTO DE 1861. MÉDIUM: SR. D'AMBEL)

Um correspondente da Sociedade lhe envia a nota seguinte:

"O Sr. Antonio B..., um de meus parentes, escritor de mérito, estimado por seus concidadãos, tendo desempenhado com distinção e integridade funções públicas na Lombardia, há cerca de seis anos e em con tomado como de morte real. O erro era tanto mais fácil quanto julgaram perceber no corpo sinais de decomposição. Quinze dias após o enterro, uma circunstância fortuita levou a família a pedir a exumação: tratava-se de um medalhão, esquecido no caixão por descuido. Grande, porém, foi o estupor dos assistentes quando, ao abri-lo, reconheceu-se que o corpo tinha mudado de posição, tinha-se virado e, coisa horrível! uma das mãos, em parte, fora comida pelo defunto. Ficou, então, manifesto que o infeliz Antonio... – tinha sido enterrado vivo; devia ter sucumbido nas garras do desespero e da fome. Seja como for, esse triste acontecimento e suas consequências morais não deixam de ter importância, do ponto de vista espírita e psicológico, para um inquérito no mundo dos Espíritos?"

1. *(Evocação de Antonio B...).* R – Que quereis de mim?

2. – Um de vossos parentes pediu-nos que vos evocássemos. Fazemo-lo com prazer e sentir-nos-emos felizes se tiverdes a bondade de responder. R – Sim, quero mesmo responder.

3. – Lembrai-vos das circunstâncias de vossa morte? R – Ah! certo que sim. Lembro-me. Por que despertai essa lembrança de castigo?

4. – É certo que fostes por descuido enterrado vivo? R – Assim deveria ser, porque a morte aparente teve todas as características de morte real. Eu estava quase exangue. Não se deve atribuir a ninguém um fato previsto desde antes de meu nascimento.

5. – Se estas perguntas são de molde a vos causar sofrimento, devemos parar? R – Não, continuai.

6. – Queríamos saber-vos feliz, pois deixastes a reputação de um homem decente. R – Muito agradecido. Sei que orareis por mim. Tratarei de responder; mas se fracassar, um de vossos guias habituais as suprirá.

7. – Poderíeis descrever as sensações que experimentastes naquele terrível momento? R – Oh! que prova dolorosa! Sentir-se fechado entre quatro tábuas, de modo a não poder mover-me, sem mudar! Não poder chamar; a voz não ressoando num meio privado de ar. Oh! que tortura a de um infeliz que em vão se esforça para respirar numa atmosfera insuficiente e desprovida de elemento respirável! Ah! eu era como um condenado à garganta de um forno, exceto ao calor. Oh! a ninguém desejo semelhantes torturas! Não, a ninguém desejo um fim como o meu. Cruel punição de uma existência cruel e feroz! Não me pergunteis em que eu pensava; mas eu mergulhava no passado e vagamente entrevia o futuro.

8. – Dizeis: cruel punição de uma existência feroz. Mas vossa reputação, até então intacta, nada deixa supor de semelhante. Podeis explicar isto? R – Que é a duração de uma existência na eternidade?

Certo, tratei de agir bem na última encarnação; mas esse fim tinha sido aceito por mim antes de voltar à humanidade. Ah! porque me interrogar sobre esse passado doloroso, que só eu conhecia, como os Espíritos, ministros do Onipotente? Sabei, pois, já que é necessário dizer, que numa existência anterior eu havia emparedado uma mulher, a minha, viva num carneiro! Foi a pena de Talião que tive de aplicar a mim! olho por olho, dente por dente.

9. – Agradecemos a bondade de haver respondido às nossas perguntas e rogamos a Deus vos perdoe o passado em favor do mérito de vossa última existência. R – Voltarei mais tarde. Aliás, o Espírito Erasto terá a bondade de completar.

REFLEXÕES DE LAMENNAIS SOBRE ESTA EVOCAÇÃO

Deus é bom! mas, para chegar ao aperfeiçoamento, deve o homem sofrer as provas mais cruéis. Este infeliz viveu vários séculos durante sua desesperada agonia e, embora sua vida tenha sido honrada, essa prova deveria cumprir-se, pois a tinha escolhido.

REFLEXÕES DE ERASTO

O que deveis extrair deste ensino é que todas as vossas existências se ligam, e que nenhuma é independente das outras. As preocupações, os aborrecimentos, como as grandes dores que ferem os homens, são sempre as consequências de uma vida anterior, criminosa ou mal empregada. Contudo, devo dizer-vos que fins semelhantes ao de Antonio B... são raros; e se este homem, cuja última existência foi isenta de censura, terminou dessa maneira, é que ele próprio havia solicitado morte semelhante, a fim de abreviar o tempo de sua erraticidade e mais rapidamente atingir as esferas elevadas. Com efeito, após um período de perturbação e sofrimento moral, para expiar ainda o seu crime espantoso, será perdoado e elevar-se-á a um mundo melhor, onde encontrará sua vítima, que o espera e que de há muito o perdoou. Sabei, pois, tirar vosso proveito desse exemplo cruel, para suportar com paciência, ó meus caros Espíritas, os sofrimentos corporais, os sofrimentos morais, e todas as pequenas misérias da vida.

P – Que proveito pode tirar a humanidade de semelhantes punições? R – Os castigos não são feitos para desenvolver a humanidade, mas para castigar o indivíduo culpado. Com efeito, a humanidade não tem nenhum interesse em ver sofrer um dos seus. Aqui a punição foi apropriada à falta. Por que os loucos? por que os cretinos? por que os paralíticos? por que os que morrem no fogo? por que os que vivem anos nas torturas de uma longa agonia, sem poder viver nem morrer? Ah! crede-me! Respeitai a vontade soberana e não busqueis sondar a razão dos desígnios providenciais. Sabei: Deus é justo e faz bem o que faz.

Erasto

Observação: Não há neste fato um grande, terrível ensinamento? Assim a justiça de Deus atinge sempre o culpado e, por ser, às vezes, tardia, nem por isso segue menos o seu curso. Não é eminentemente moral saber que se grandes culpados terminam a existência pacificamente e, muitas vezes, na abundância dos bens terrenos, mais cedo ou mais tarde soará a hora da expiação? Penas de tal natureza se compreendem, não só porque, de certo modo estão sob os nossos olhos, mas porque são lógicas. A gente crê nisto porque a razão o admite. Ora, perguntamos se esse quadro que o Espiritismo desenrola a cada instante aos nossos olhos, não é mais próprio para impressionar, para reter à beira do abismo, do que o medo das chamas eternas em que não acreditamos. Releiamos apenas as evocações publicadas nesta *Revista* e veremos que não há um vício que não tenha o seu castigo e uma virtude que não tenha sua recompensa, proporcionados ao mérito ou ao grau de culpabilidade, porque Deus leva em conta todas as circunstâncias que possam atenuar o mal ou aumentar o prêmio do bem.

CORRESPONDÊNCIA

CARTA DO SR. MATHIEU SOBRE MEDIUNIDADE DAS AVES

Paris, 11 de agosto de 1861

"Senhor

Sou ainda eu quem escreve e, se o permitis, para prestar nova homenagem à verdade.

Só hoje li, no último número de vossa *Revista*, excelentes observações vossas sobre a pretensa mediunidade das aves e apresso-me em vo-lo agradecer, como um novo serviço prestado à causa que ambos defendemos.

Várias exibições de aves *maravilhosas* têm ocorrido nos últimos anos; e como eu conhecia o *truque* principal das habilidades executadas por esses interessantes voadores, ouvia com muita pena e pesar certos Espiritualistas, ou Espíritas, atribuírem essas proezas a uma ação mediúnica, o que devia fazer sorrir *in petto,* se assim me posso exprimir, os donos dessas aves. Mas o que eles não pareciam muito apressados em desmentir, venho desmentir por eles, já que me forneceis a ocasião, não para prejudicar a sua indústria, o que me pesaria, mas para impedir uma deplorável confusão entre os fatos que uma engenhosa paciência e uma certa habilidade de mãos produzem só neles e os que a intervenção dos Espíritos produz em nós.

Estais perfeitamente certo quando dizeis: 'Essas aves fazem coisas que nem o homem mais inteligente, nem mesmo o sonâmbulo mais lúcido poderiam fazer; de onde se deve concluir que possuem faculdades intelectuais superiores ao homem, o que seria contrário às leis da Natureza'. Tal consideração deveria ter chamado a atenção às pessoas muito entusiastas, que não temem recorrer à faculdade mediúnica para explicar experiências que à primeira vista não compreendem. Mas, ah! os observadores frios e judiciosos ainda são muito raros e entre os homens honestos que acompanham os nossos estudos, há os que nem sempre sabem defender-se contra os arrastamentos da imaginação e os perigos da ilusão.

Ora, quereis que vos diga o que me foi comunicado a respeito dessas aves *maravilhosas,* das quais, juntos, admiramos uma noite uma mostra, se estais lembrado? Um de meus amigos, amante de todas as curiosidades possíveis, mostrou-me um dia uma comprida estante de madeira, na qual estavam colocados, em grande número, pequenos cartões, uns ao lado dos outros. Nesses cartões estavam impressos palavras, números, figuras de baralho, etc. Disse-me havê-la comprado de um homem que exibia aves sábias e lhe vendeu, também, a maneira de a usar.

Então o meu amigo, tirando da estante diversos desses cartões, me fez notar que as bordas superiores e inferiores eram, uma maciça, outra formada por duas folhas, separadas por uma fenda quase imperceptível e, sobretudo, não visíveis à distância. Explicou-me que os cartões deviam ser colocados na estante, ora na fenda inferior, ora na superior, conforme se quisesse que a ave os tirasse da estante com o bico, ou não tocasse. A ave era previamente ensinada a atrair a si todos os cartões em que percebesse uma fenda. Parece que essa instrução preliminar lhe era dada por meio de grãos de milho miúdo, ou de qualquer outra gulodice, colocados na fenda em questão; ela acabava por adquirir o hábito de beliscar e, assim, fazer sair da estante todos os cartões fendidos que aí encontrasse, andando de costas.

Tal é, senhor, o engenhoso truque que meu amigo me deu a conhecer. Tudo me leva a crer seja isto comum a todas as pessoas que exploram a indústria das aves sábias. Resta a essas pessoas o mérito de treinar suas aves para esse manejo com muita paciência e, talvez, um pouco de jejum – para as aves, bem entendido. Resta-lhes, ainda, salvar as aparências, com a maior habilidade possível, quer pelo compadrio, quer por hábil prestidigitação no manejo dos cartões, como no dos acessórios que entram em suas experiências.

Lamento assim revelar o mais importante de seus segredos. Mas, de uma parte, o público não verá com menos prazer aves tão bem ensinadas, para que não se deixe tomar como testemunha de coisas *impossíveis;* de outra parte não me era possível deixar por mais tempo ser aceita a opinião que conduz nada menos do que à profanação de nossos estudos. Em face a um interesse tão sagrado, creio que o silêncio complacente seria um escrúpulo exagerado. Se tal for a vossa opinião, senhor, tendes a liberdade de comunicar esta notícia aos vossos leitores.

Aceitai, etc.

Mathieu"

Sem dúvida estamos de acordo com o Sr. Mathieu e feliz por nos termos concordado sobre esta questão. Agradecemos-lhe os detalhes que teve a bondade de nos enviar, e cuja leitura satisfará aos nossos leitores. O Espiritismo é bastante rico em notáveis fatos autênticos, sem lhe admitir os que toquem o maravilhoso ou o impossível. Só um estudo sério e aprofundado da Ciência pode pôr em guarda as pessoas muito crédulas. Porque tal estudo, dando a chave dos fenômenos, lhes ensina os limites nos quais eles se podem produzir.

Dissemos que se as aves operassem seus prodígios com conhecimento de causa e pelo esforço da inteligência, fariam o que não podem fazer nem o homem mais inteligente nem o sonâmbulo mais lúcido. Isso nos lembra o sucessor do célebre *Munito,* que vimos há vinte e cinco ou trinta anos, ganhar constantemente de seu parceiro no descartado e dar o total de uma soma antes que nós pudéssemos fazê-lo, operando. Ora, sem vaidade, nós nos julgamos um pouco mais forte no cálculo do que esse cão. Nisso havia, sem a menor dúvida, cartas preparadas, como no caso das aves. Quanto aos sonâmbulos, sem contradita, uns há que são bastante lúcidos para fazer coisas tão surpreendentes quanto as fazem esses interessantes animais, o que não impede que nossa proposição seja verdadeira. Sabe-se que a lucidez sonambúlica, mesmo a mais desenvolvida, é essencialmente variável e intermitente por sua natureza; que está subordinada a uma porção de circunstâncias e, sobretudo, à influência do meio ambiente; que muito raramente o sonâmbulo vê de modo instantâneo; que, por vezes, não vê num dado momento o que verá uma hora depois ou no dia seguinte; que o que vê com uma pessoa, não o verá com outra. Supondo haja nos animais uma faculdade análoga, ter-se-ia que admitir não sofram eles qualquer influência suscetível de os perturbar; que as tenham sempre, imediatamente, e vinte vezes por dia, se necessário, à sua disposição sem qualquer alteração. E é nesse ponto que dizemos fazerem eles o que o mais lúcido sonâmbulo não pode fazer. O que caracteriza as manobras de prestidigitação é a precisão, a pontualidade, a instantaneidade, a repetição facultativa, coisas todas contrárias aos fenômenos puramente morais do sonambulismo e do Espiritismo, cujos efeitos sempre devem ser esperados e só raramente podem ser provocados.

Desde que os efeitos de que acabamos de falar sejam devidos a processos artificiais, nada provariam contra a mediunidade dos animais em geral.

Assim, a questão seria saber se neles há ou não a possibilidade de servirem de intermediários entre os Espíritos e os homens. Ora, a incompatibilidade de sua natureza, a esse respeito, está demonstrada pela dissertação de Erasto, publicada em nosso número de agosto e a do mesmo Espírito sobre o *papel dos médiuns nas comunicações,* inserta no do mês de julho.

CARTA DO SR. JOBARD SOBRE OS ESPÍRITAS DE METZ

Bruxelas, 18 de agosto de 1861

"Meu caro mestre

Acabo de visitar os Espíritas de Metz, como visitastes os de Lião o ano passado. Mas, em vez de pobres operários, simples e iletrados, são condes, barões, coronéis, engenheiros militares, antigos alunos da Politécnica, sábios conhecidos por obras de grande mérito. Também eles me ofereceram um banquete, mas um banquete de pagão, que nada tinha de comum com os modestos ágapes dos primeiros cristãos. Também o Espírito de Lamennais rebateu essa arrogância nestes termos:

'Pobre humanidade! Juntais sempre os restos do meio em que viveis; materializais tudo, prova de que a lama ainda suja o vosso ser. Não vos faço censuras, mas uma simples observação. Sendo o vosso objetivo enfeitado de excelentes intenções, os caminhos que seguis não são condenáveis; se, ao lado de uma satisfação quase animal, pondes o desejo de a santificar e a enobrecer, certamente a pureza de vossos prazeres a centuplicará. Fora as boas palavras que vão estreitar vossa amizade; ao lado da lembrança dessa boa jornada, no qual o Espiritismo tem larga participação, não deixeis a mesa sem ter pensado que os bons Espíritos, que são os professores de vossas reuniões, fazem jus a uma ideia de reconhecimento'.

Que isto sirva de lição aos Lucullus, aos Trimalcions parisienses, que devoram num jantar a substância de cem famílias, pretendendo que Deus lhes deu os bens da terra para os gozar. Para gozar, seja; mas não para abusar, a ponto de alterar a saúde do corpo e do Espírito. Pergunto para que servem esses duplos, triplos e quádruplos serviços; essa crescente superfluidade dos mais delicados vinhos, aos quais parece Deus haver tirado o sabor por um milagre inverso do das bodas de Caná, e que muda em veneno para os que perdem a razão a ponto de se tornarem insensíveis às advertências de seu instinto animal? Quando o Espiritismo, espalhado nas altas classes da sociedade, só tivesse por efeito frenar a glutoneria e as orgias das mesas dos ricos, prestaria à sociedade um serviço imenso, que a Medicina oficial não pôde prestar, desde que os próprios médicos voluntariamente partilham desses excessos, que lhes fornecem mais doentes, mais estômagos a desimpedir, mais baços a desobstruir, mais gotosos a consolar, porque não sabem curá-los.

Direi, caro mestre, que encontrei em Metz casas da antiga nobreza, muito religiosas, cujas avós, mães, filhas e netos e até seus dirigentes espirituais, obtêm pela tiptologia ditados magníficos, posto que de ordem inferior à dos sábios médiuns da Sociedade de que vos falo.

Tendo perguntado a dois Espíritos o que pensavam de certo livro, um nos disse que o tinha lido e meditado e lhe fez o maior elogio. O outro confessou não o haver lido, mas que tinha ouvido falar muito bem a respeito; um outro achava-o bom, mas lhe censurava uma certa obscuridade. Exatamente como se julga entre nós.

Um outro nos expôs uma das mais sedutoras cosmogonias, que nos deu como a pura verdade; e como ia até à afirmação dos segredos de Deus sobre o futuro, perguntei-lhe se ele era o próprio Deus e se sua teoria não passava de uma bela hipótese sua. Balbuciou e reconheceu que tinha ido muito longe, mas que para ele era uma convicção. Ainda bem!

Em poucos dias recebereis a primeira publicação dos Espíritas de Metz, que tiveram a bondade de me pedir fosse o padrinho. Ficaria contente, pois está boa. Ali encontrareis dois discursos de Lamennais, sobre a prece que um padre leu no púlpito, declarando que não podia ser obra de um homem. A Sra. Girardin os visita, como a vós, e reconhecereis seu espírito, seu sentimento, seu estilo.

O centro de Metz pediu-me que o pusesse em contato com o centro belga, que conta apenas dois médiuns, dos quais um francês e outro inglês. Os belgas são infinitamente mais razoáveis; lamentam de todo o coração que um homem de inteligência tão grande quanto a minha, em todas as ciências e matérias ligadas à indústria, se dê a essa loucura de acreditar na existência e, ainda, na imortalidade da alma. Desviam-se de mim com piedade, dizendo: 'Como somos pequenos!' Foi o que me aconteceu ontem, lendo-lhes a nossa *Revista*, que julgava dever lhes interessar, e que tomam como uma coleção de petas, compostas para diverti-los.

Jobard"[1]

---

[1] Há, na conclusão desta carta, um jogo de palavras relacionado com o signatário, de vez que o substantivo *Jobard* significa "ingênuo", "crédulo". (N. da Eq. Rev.)

Observação: Há muito sabíamos que a cidade de Metz marcha a largos passos na via do progresso espírita e que os senhores oficiais não são os últimos a segui-la. Sentimo-nos feliz por ter a confirmação disto por nosso honrado colega Sr. Jobard. Assim, teremos prazer em notíciar os trabalhos desse centro, que se estabelece sobre bases realmente sérias. Não deixará de exercer uma grande influência, pela posição social de seus membros. Em breve falaremos do de Bordéus, que se funda sob os auspícios da Sociedade de Paris, já com elementos numerosos e em condições que não deixarão de o colocar entre os principais.

Conhecemos bem os princípios do Sr. Jobard para ter certeza de que, enumerando os títulos e as qualidades dos Espíritas de Metz, ao lado dos modestos operários que visitamos em Lião, o ano passado, não quis fazer qualquer comparação ofensiva: seu objetivo foi unicamente constatar que o Espiritismo conta com adeptos em todas as camadas. É um fato bem conhecido que, por um desígnio providencial, primeiro recrutou nas classes esclarecidas, a fim de provar aos adversários que não é privilégio dos tolos e ignorantes e, ainda, para não chegar às massas senão depois de ter sido depurado e isento de toda ideia supersticiosa. Só há pouco penetrou entre os trabalhadores; mas aí, também, faz rápidos progressos, pois traz as supremas consolações nos sofrimentos materiais, que ensina a suportar com resignação e coragem.

Engana-se o Sr. Jobard, se pensa que em Lião só encontramos Espíritas entre os operários: a alta indústria, o grande comércio, as artes e as ciências, lá como alhures, fornecem seu contingente. É verdade que lá os operários são maioria, por meras circunstâncias locais. Esses operários são pobres, como diz o Sr. Jobard. É uma razão para se lhes estender a mão. Mas são cheios de coragem, zelo e devotamento; se só tiverem um pedaço de pão, sabem dividi-lo com os irmãos; são simples, também é verdade, isto é, não têm orgulho nem a pretensão do saber; são iletrados, sim, relativamente; mas não no sentido absoluto. Em falta de Ciência, têm bastante raciocínio e bom-senso para apreciar o que é justo, e distinguir, naquilo que se lhes ensina, o que é racional do que é absurdo. Eis o que pudemos julgar por nós mesmos. Por isso aproveitamos a ocasião para lhes fazer justiça. A carta que segue, pela qual nos vêm convidar para ir visitá-los ainda este ano, testemunha a feliz influência exercida pelas ideias espíritas e os resultados que devem ser esperados quando se generalizarem.

Lião, 20 de agosto de1861

"Meu bom senhor Allan Kardec

Se fiquei tanto tempo sem vos escrever, não se deve crer haja indiferença de minha parte. É que, sabendo da volumosa correspondência que tendes, só vos escrevo quando algo há de importante a vos dizer. Venho, pois, dizer que contamos convosco este ano e pedir informeis a época, tão precisa quanto possível, de vossa chegada e o lugar onde descereis, porque este ano o número dos Espíritas aumentou muito, sobretudo nas classes trabalhadoras. Todos vos querem ver e ouvir. E, embora saibam que os Espíritos é que ditaram vossas obras, estão desejosos de ver o homem que Deus escolheu para esta bela missão. Querem dizer-vos quanto se sentem felizes em vos ler e vos fazer julgar do progresso moral graças às vossas instruções, pois se esforçam por se tornarem suaves, pacientes e resignados em sua miséria, que é tão grande em Lião, sobretudo na tecelagem de seda. Os que murmuram, que ainda se lamentam, são os principiantes. Os mais instruídos lhes dizem: Coragem! nossas penas e sofrimentos são provas ou a consequência de nossas vidas anteriores. Deus, que é bom e justo, nos tornará mais felizes e nos recompensará em novas reencarnações. Allan Kardec no-lo disse e o prova em seus escritos.

Escolhemos um local maior que o da última vez, porque seremos mais de cem. Nossa refeição será modesta, pois haverá muitas contribuições pequenas: será antes o prazer da reunião. Faço de modo que haja Espíritas de todas as classes e condições, a fim de lhes fazer compreenderem que são todos irmãos. O Sr. Déjou disso se ocupa com zelo; ele trará todo o seu grupo, que é numeroso.

Vosso devotado e afeiçoado,

C. Rey"

Também de Bordéus nos dirigem um honroso convite.

Bordéus, 7 de agosto de 1861.

"Meu caro Sr. Kardec

Vossa última *Revista* anuncia que a Sociedade Espírita de Paris toma suas férias de 15 de agosto a 1.º de outubro. Podemos esperar que, nesse intervalo, honreis os Espíritas desta cidade com a vossa presença? Ficaríamos todos muito felizes. Os mais fervorosos adeptos da doutrina, cujo número aumenta diariamente, desejam organizar uma sociedade dependente da de Paris, para o controle dos trabalhos. Formulamos um regulamento pelo modelo da Sociedade Parisiense e vo-lo submeteremos. Além da Sociedade principal, em diversos pontos da cidade haverá grupos de dez a doze pessoas, principalmente para os operários, onde, de vez em quando, comparecerão membros da Sociedade para dar os conselhos necessários. Todos os nossos guias espirituais estão de acordo nesse ponto que Bordéus deve ter uma Sociedade de Estudos, porque a cidade será o centro de propagação do Espiritismo em todo o Sul.

Nós vos esperamos com confiança e felicidade para o dia memorável da inauguração e cremos que ficareis contente com o nosso zelo e maneira de trabalhar. Estamos prontos a submeter-nos aos sábios conselhos de vossa experiência. Vinde, pois, ver-nos à obra. Pela obra se conhece o obreiro.

Vosso muito dedicado servo,

A. Sabò"

DISSERTAÇÕES E ENSINOS ESPÍRITAS

UM ESPÍRITO ISRAELITA A SEUS CORRELIGIONÁRIOS

Os leitores se recordam da bela comunicação publicada no número de março último, sobre a *lei de Moisés e a lei do Cristo,* assinada por *Mardoqueu* e recebida pelo Sr. R..., de Mulhouse. Esse senhor recebeu outras, igualmente notáveis, do mesmo Espírito, e que publicaremos. A que damos a seguir é de um outro parente morto há alguns meses. Foi ditada em três ocasiões diversas.

A TODOS OS QUE CONHECI

I

Meus amigos,

Sede Espíritas, eu vos conjuro a todos. O Espiritismo é a lei de Deus: é a lei de Moisés aplicada à época atual. Quando Moisés deu a lei aos filhos de Israel, fê-la tal qual Deus lha dera; e Deus a tornou própria aos homens daquele tempo. Depois os homens progrediram: melhoraram em todos os sentidos: progrediram em ciência e em moralidade; hoje cada um sabe conduzir-se; cada um sabe o que deve ao seu Criador, a seu próximo, a si mesmo. Hoje, pois, é necessário alargar as bases do ensino; o que a lei de Moisés vos ensinou já não basta para fazer avançar a humanidade e Deus não quer que fiqueis sempre no mesmo ponto, pois o que era bom há 5000 anos já não o é hoje. Quando quereis que vossos filhos progridam, e lhes dar uma educação um pouco mais forte, vós os mandais sempre à mesma escola, onde só aprenderiam as mesmas coisas? Não. Vós os mandais a uma escola superior. Então, meus amigos! São chegados os tempos em que Deus quer que alargueis o quadro de vossos conhecimentos. O próprio Cristo, embora tenha feito a lei mosaica dar um passo, não disse tudo, pois não teria sido compreendido, mas lançou sementes que deveriam ser recolhidas e postas em proveito das gerações futuras. Em sua bondade infinita, hoje Deus vos envia o Espiritismo, cujas bases estão, inteiras, na lei bíblica e na lei evangélica, para vos elevar e ensinar a vos amardes uns aos outros. Sim, meus amigos: a missão do Espiritismo é extinguir todos os ódios de homem a homem, de nação a nação. É a aurora da fraternidade universal que se levanta; só com o Espiritismo podereis chegar a uma *paz* geral e durável.

Levantai-vos, pois, ó povos! Ficai de pé; porque eis Deus, o Criador de todas as coisas, que vos envia os Espíritos de vossos parentes, para vos abrirem um novo caminho, maior e mais amplo do que o que ainda seguis. Oh! meus amigos, não sejais os últimos a vos renderdes à evidência, porque Deus fará pesar sua mão sobre os incrédulos e os endurecidos, que deverão desaparecer de sobre a Terra, para que não perturbem o reino do bem, que se prepara. Crede nas advertências daquele que foi e é sempre vosso parente e vosso amigo.

Que os israelitas tomem a dianteira! Que arvorem rapidamente e sem tardança a bandeira que Deus envia aos homens, para os unir numa só família. Armai-vos de coragem e de resolução; não hesiteis; não vos deixeis arrastar pelos retardados, que vos quisessem reter, falando-vos de sacrilégios. Não, meus amigos, não há sacrilégios; e lamentai os que ensaiassem retardar vossa marcha com semelhantes pretextos. Não vos diz a razão que neste mundo nada há de imutável? Só Deus é imutável. Mas tudo quanto Ele criou deve seguir, e segue, uma marcha progressiva, que nada poderá deter, porque está nos desígnios do Criador. Assim, tratai de impedir que a Terra não gire!

As instituições que eram magníficas há 5000 anos, hoje estão velhas. O objetivo que estavam destinadas a atingir está superado; elas não podem mais bastar à sociedade atual, assim como aquilo que na França era chamado o antigo regime não poderia servir à França atual. Novo progresso se prepara, sem o qual todos os outros melhoramentos sociais ficam sem bases sólidas. Tal progresso é a fraternidade universal, cujas sementes foram lançadas pelo Cristo e germinam no Espiritismo. Seríeis, então, os últimos a entrar nessa via? Não vedes que o mundo velho está num trabalho de parto para se renovar? Lançai os olhos sobre o mapa – não digo da Europa, mas do mundo. E vede se todas as instituições arcaicas não caem uma a uma e tende certeza de que elas jamais se erguerão. Por quê? É a aurora da liberdade que se ergue e expele os despotismos de toda espécie, como os primeiros raios do sol expulsam as trevas da noite. Os povos estão cansados de serem inimigos; compreendem que sua felicidade está na fraternidade e querem ser livres, porque não se podem melhorar e tornar-se irmãos enquanto não forem livres. Não reconheceis à frente de um grande povo um homem eminente, que desempenha uma missão traçada por Deus e prepara os caminhos? Não ouvis os estalos sombrios do velho mundo, que se esboroa, para dar lugar a uma nova era? Em breve vereis surgir na cadeira de São Pedro um pontífice que proclamará os princípios novos e esta crença, tornada a de todos os povos, reunirá todas as seitas dissidentes numa só e mesma família. Estai prontos; arvorai – digo-vos – a bandeira desse ensinamento tão grande e tão santo, para não serdes os últimos.

Israelitas de Bordéus e de Bayonne, vós que marchastes a frente do progresso, erguei-vos; aclamai o Espiritismo, porque é a lei do Senhor, e bendizei-o, por vos trazer os meios de chegar mais prontamente à felicidade eterna, que está destinada aos seus eleitos.

II

Meus amigos,

Não vos surpreendais ao lerdes esta comunicação. Ela vem de mim, Edouard Pereyre, vosso parente, vosso amigo, vosso compatriota. Fui eu mesmo quem ditou ao meu sobrinho Rodolfo, cuja mão seguro, para fazê-lo escrever com minha letra. Tomo este trabalho para melhor vos convencer, que é uma fadiga para o médium e para mim, pois o médium deve seguir um movimento contrário ao que lhe é habitual.

Sim, meus amigos: o Espiritismo é uma nova revelação: e compreendeis o alcance desta palavra em toda a sua acepção. É uma revelação, pois vos desvela uma nova força da Natureza que não suspeitáveis e, contudo, é tão antiga quanto o mundo. Era conhecida dos homens de escol de nossa História religiosa, na época de Moisés, e foi por ela que recebestes os primeiros ensinamentos sobre os deveres do homem para com o seu Criador, mas deu apenas aquilo que era compatível com os homens daquela época.

Hoje, que o progresso está realizado; que a luz se espalha nas massas; que a estupidez e a ignorância dos primeiros tempos começam a dar lugar à razão e ao senso moral; hoje, que a ideia de Deus é por todos compreendida ou, pelo menos, por grande maioria, dá-se uma nova revelação e esta se produz simultaneamente em todos os povos instruídos, embora se modificando conforme seu grau de adiantamento; e esta revelação vos diz que o homem não morre, que a alma sobrevive ao corpo, que habita o espaço, entre vós e ao vosso lado.

Sim, meus amigos. Consolai-vos quando perderdes um ser que vos é caro, pois apenas perdeis o seu corpo material: seu Espírito vive no meio de vós, para vos instruir e inspirar. Enxugai as lágrimas, sobretudo se ele foi bom, caridoso e sem orgulho, porque, então, ele é feliz nesse novo mundo onde todas as religiões se confundem numa só e mesma adoração, banindo todos os ódios e todos os ciúmes de seitas. Também somos felizes quando podemos inspirar esses mesmos sentimentos aos homens a quem estamos encarregados de instruir, e nossa maior felicidade é a de vos ver entrar no bom caminho, pois então abris a porta pela qual deveis vir juntar-vos a nós. Perguntai ao médium quais os sublimes ensinamentos que ele recebe de seu avô Mardoqueu; se segue o caminho que lhe é traçado e se prepara um futuro de felicidade. Mas, também, se ele faltasse aos seus deveres conforme um tal ensino, suportaria toda a responsabilidade e teria que recomeçar até haver cumprido razoavelmente a sua tarefa.

Sim, meus amigos: nós já vivemos corporalmente e viveremos ainda. A felicidade que desfrutamos é apenas relativa: há estados muito superiores àquele em que estamos e aos quais se chega por encarnações sucessivas e progressivas em outros mundos. Não creiais, pois, que de todos os globos do Universo seja a Terra o único habitado. Pobre orgulho do homem que pensa ter Deus criado todos os astros apenas para deliciar a sua vista! Sabei, então, que todos os mundos são habitados e, entre esses mundos, se soubésseis a posição que ocupa a Terra, não teríeis razões para vos glorificardes! Se não fosse para cumprir a missão que nos é dada, de vos inspirar e vos instruir, como gostaríamos mais de ir visitar esses mundos e nos instruirmos nós mesmos! Mas nossos deveres e nossas afeições ainda nos ligam à Terra. Mais tarde, quando cedermos o lugar aos que chegarem por último, iremos tomar outras existências nesses mundos melhores, assim nos purificando por etapas até chegarmos a Deus, nosso Criador!

Eis o Espiritismo. É isso o que ele ensina e isso é a verdade que hoje podeis compreender e que deve ajudar a vos regenerardes.

Compreendei bem que todos os homens são irmãos, sejam negros ou brancos, ricos ou pobres, muçulmanos, judeus ou cristãos. Como, para progredir, devem renascer várias vezes, conforme a revelação feita pelo Cristo, Deus permite que aqueles que foram unidos em existências anteriores, pelos laços do sangue ou da amizade, se encontrem novamente na Terra, sem se conhecerem, mas em posições relativas às expiações que devem sofrer por suas faltas passadas. De sorte que aquele que é o vosso servo pode ter sido vosso senhor em outra existência; o infeliz a quem recusais assistência talvez seja um de vossos antepassados, do qual vos orgulhais, ou um amigo que vos foi caro. Compreendeis agora o alcance do mandamento do Decálogo: "Amarás a teu próximo como a ti mesmo"? Eis, meus amigos, a revelação que vos deve conduzir à fraternidade universal, quando ela for compreendida por todos. Eis por que não deveis ficar imutáveis em vossos princípios, mas seguir a marcha do progresso traçado por Deus, sem jamais vos deterdes; eis por que vos exortei a tomar em mãos a bandeira do Espiritismo. Sim: sede Espíritas, pois esta é a lei de Deus, e lembrai-vos de que nesta via está a felicidade, porque ela é que conduz à perfeição. Eu vos sustentarei, eu e todos os que conhecestes, e que, como eu, agem no mesmo sentido.

Que em cada família se estude o Espiritismo; que em cada família se formem médiuns, a fim de se multiplicarem os intérpretes da vontade de Deus; não vos deixeis desencorajar pelos entraves das primeiras provas; elas são, muitas vezes, cercadas de dificuldades e nem sempre isentas de perigo, porque não há recompensa onde não houver um pouco de esforço. Todos podeis adquirir essa faculdade; mas antes de tentar obtê-la, estudai, a fim de vos premunirdes contra os obstáculos; purificai-vos de vossas sujeiras; emendai o coração e os pensamentos, a fim de afastar de vós os maus Espíritos; orai, sobretudo pelos que procuram obsidiar-vos, porque é a prece que os converte e deles vos liberta. Que a experiência dos vossos vanguardeiros vos seja proveitosa e vos impeça de cairdes nas mesmas faltas!

Continuarei minhas instruções.

III

A religião israelita foi a primeira que emitiu aos olhos dos homens a ideia de um *Deus espiritual.* Até então os homens adoravam: uns, o sol, outros, a lua; aqui, o fogo, ali, os animais. Mas a ideia de Deus não era representada em parte alguma em sua essência espiritual e imaterial.

Chegou Moisés. Trazia uma lei nova, que derrubava todas as ideias recebidas antes dessa época. Tinha que lutar contra os sacerdotes egípcios, que entretinham os povos na mais absoluta ignorância, na mais abjeta escravidão. E esses sacerdotes, que desse estado de coisas tiravam um poder ilimitado, não podiam ver sem pavor a propagação de uma fé nova, que vinha destruir os andaimes de seu poder e ameaçava derrubá-los. Essa fé trazia consigo a luz, a inteligência e a liberdade de pensar. Era uma revolução social e moral. Assim, os adeptos dessa fé, recrutados entre todas as classes do Egito, e não só entre os descendentes de Jacob, como erroneamente foi dito, eram perseguidos, acuados, submetidos aos mais duros vexames, e, por fim, expulsos do país, pois infestavam a população com ideias subversivas e antissociais. É sempre assim toda vez que um progresso surge no horizonte e explode sobre a humanidade. As mesmas perseguições e o mesmo tratamento acompanham os inovadores, que lançam sobre o solo da nova geração os germes fecundos do progresso e da moral. Porque toda inovação progressiva, acarretando a destruição de certos abusos, tem, necessariamente, por inimigos todos quantos estão interessados na manutenção desses abusos.

Mas Deus Todo-Poderoso, que conduz com sabedoria infinita os acontecimentos de onde deve surgir o progresso, inspirou Moisés: deu-lhe um poder que nenhum homem tinha tido e, pela radiação desse poder, cujos efeitos tocavam os olhos mais incrédulos, Moisés adquiriu uma imensa influência sobre uma população que, confiando cegamente em seu destino, realizou um desses milagres, cuja impressão deveria perpetuar-se de geração em geração, como imperecível lembrança do poder de Deus e de seu profeta.

A passagem do Mar Vermelho foi o primeiro ato da libertação desse povo. Mas faltava educá-los. Era necessário domar pela força do raciocínio e por milagres por vezes renovados; era preciso inculcar-lhes a fé e a moral; era necessário ensinar a pôr a força e a confiança em um Deus criador, ser infinito, imaterial, infinitamente bom, infinitamente justo; e os quarenta anos de provações passados no deserto, em meio de privações, de sofrimentos, de vicissitudes de toda sorte, os exemplos de insubordinação tão severamente reprimidos, por uma justiça providencial, tudo isso contribuiu para desenvolver nele a fé nesse Ser todo-poderoso, cuja mão benfeitora experimentava a cada dia, como também a mão severa que pune aquele que o desafia.

No Monte Sinai deu-se essa primeira revelação, esse brilhante mistério, que espantou o mundo, o subjugou e espalhou pela Terra os primeiros benefícios de uma moral, que libertaria o Espírito das garras da carne e de um despotismo embrutecedor; que colocou o homem acima da esfera dos animais, dele fazendo um ser superior, capaz de elevar-se, pelo progresso, à suprema inteligência.

Os primeiros passos desse povo, que havia confiado seu destino ao *homem de Deus,* foram entravados pelas guerras, cujo efeito devia ser o germe fecundo de uma renovação social entre as populações que o combatiam. O judaísmo tornava-se o foco da luz, da inteligência e da liberdade, e irradiava um brilho notável sobre todas as nações vizinhas, provocando-lhes ódio e hostilidade. Esse resultado imediato estava nos desígnios de Deus, sem o que o progresso teria sido muito lento. E, ao mesmo tempo que essas guerras fecundavam os germes do progresso, eram um ensinamento para os Judeus, cuja fé reanimavam.

Esse povo, libertado de um outro; que se havia confiado sem reflexão ao poder de um homem, que o havia espantado por um poder miraculoso; esse povo tinha uma missão; era um povo predestinado.

Não é sem razão que foi dito: cumpria uma missão de que não se davam conta, nem ele, nem os outros povos; ia às cegas, executando sem compreender os desígnios da Providência. Essa árida missão foi cheia de fel e de amargor; seus apóstolos sofreram todas as injúrias possíveis, foram perseguidos, aprisionados, lapidados e dispersos e, por toda parte, traziam consigo essa fé viva e inteligente, essa confiança em seu Deus, cujo poder haviam medido, cuja bondade haviam experimentado e cujas provas aceitavam; e estas deviam trazer à humanidade os benefícios da civilização.

Eis os vossos apóstolos obscuros, escarnecidos, desprezados; eis os primeiros pioneiros da liberdade. Sofreram bastante desde a sua saída do Egito até os nossos dias?

Não tardará a soar para eles a hora da libertação; e não está longe o dia que saudará esses primeiros soldados da civilização moderna, com reconhecimento e veneração, e será feita justiça aos descendentes dessas antigas famílias que, inquebrantáveis em sua fé, a levaram como dote a todas as nações onde Deus permitiu que fossem dispersados.

Quando Jesus Cristo apareceu, era ainda um enviado de Deus; era um novo astro que aparecia na Terra como Moisés, cuja missão retomava, para continuá-la, desenvolvê-la e adequá-la ao progresso realizado; e ele próprio estava destinado a sofrer essa morte ignominiosa, cujas vias os Judeus haviam preparado, criando as circunstâncias, e cujo crime foi cometido pelos Romanos. Deixai, porém, de considerar a História dos povos e dos homens como a haveis considerado até hoje. Em vosso orgulho, imaginais que foram eles que trouxeram os acontecimentos que transformam a face do mundo e esqueceis que há um Deus no Universo, regendo essa admirável harmonia e cujas leis suportais, julgando que vós mesmos as impondes. Olhai, pois, a História da Humanidade de um ponto mais alto; abarcai um horizonte mais vasto e notai que tudo segue um sistema único; a lei do progresso em cada século, e não em cada dia, vos leva a dar um passo.

Jesus Cristo foi, pois, a segunda fase, a segunda revelação, e seus ensinamentos levaram dezoito séculos para se espalharem, para se vulgarizarem. Julgai por aí quanto é lento o progresso e o que deveriam ser os homens, quando Moisés trouxe ao mundo admirado a ideia de um Deus Todo-Poderoso, infinito e imaterial, cujo poder se tornava visível para esse povo, para quem sua missão trouxe tantos espinhos e tantas dificuldades. O progresso não se realiza sem sofrimento; é à sua custa, é por seus sofrimentos e por suas cruéis vicissitudes que a Humanidade apreende o objetivo de seu destino e o poder daquele pelo qual deve existir.

Assim, o Cristianismo foi o resultado da segunda revelação. Mas essa doutrina, cuja sublime moral o Cristo havia trazido e desenvolvido, foi compreendida em sua admirável simplicidade? E como é praticada pela maioria dos que a professam? Jamais a desviaram de seu objetivo? Jamais dela abusaram, para que servisse de instrumento ao despotismo, à ambição, à cupidez? Numa palavra, todos os que se dizem cristãos o são conforme o fundador? Não. Por isso também eles deviam passar pelo alambique da infelicidade, que tudo purifica; a História do Cristianismo é muito moderna para contar todas as peripécias; mas, enfim, o objetivo está prestes a ser atingido e a nova aurora vai surgir e, por meios diferentes, vai fazer-nos marchar a passo mais rápido nesse caminho, onde levastes seis mil anos para chegar.

O Espiritismo é a chegada de uma era que verá realizar-se essa revolução nas ideias dos povos. Porque destruirá essas prevenções incompreensíveis, esses preconceitos sem causa, que acompanharam e seguem os Judeus em sua longa e penosa peregrinação. Compreender-se-á que eles sofreram um destino providencial, do qual eram os instrumentos, bem como que aqueles que os perseguiam com seu ódio eram impelidos pelo mesmo poder, cujos secretos desígnios deviam realizar-se por meios misteriosos e ignorados.

Sim, o Espiritismo é a terceira revelação. Revela-se a uma geração de homens mais adiantados, de mais nobres aspirações, generosas e humanitárias, que devem concorrer para a fraternidade universal. Eis o novo objetivo assinado por Deus para os vossos esforços; mas esse resultado, como os já atingidos até agora, não serão obtidos sem dores e sem sofrimentos. Que aqueles que têm coragem de ser seus apóstolos se ergam, levantem a voz, falem alto e claro, exponham sua doutrina, ataquem os abusos e mostrem o seu objetivo. Esse objetivo não é uma brilhante miragem, que procuram em vão: é real, e o atingireis no momento marcado por Deus. Talvez esteja distante, mas lá está, determinado. Não temais; ide, apóstolos do progresso; marchai com audácia, a fronte erguida e o coração resignado. Tendes por sustentáculo uma doutrina pura, isenta de qualquer mistério, fazendo apelo às mais belas virtudes da alma e oferecendo essa certeza consoladora de que a alma não morre nunca: sobrevive à morte e aos suplícios.

Eis, meus amigos, o objetivo sem véus. Perguntareis quais os apóstolos e como os reconhecer? Deus se encarrega de os revelar, por missões que lhes serão confiadas e que realizarão. Reconhecê-los-eis pelas obras, e não pelas qualidades que se atribuam. Os que recebem missões do Alto as cumprem, mas não se glorificam; porque Deus escolhe os humildes para divulgar sua palavra e não os ambiciosos e orgulhosos. Por esses sinais conhecereis os falsos profetas.

Edouard Pereyre

VARIEDADES

UMA NOTÍCIA FALSA

Um jornal, não sabemos de que país, noticiou há algum tempo, e outros o repetiram, ao que parece, que deveria realizar-se uma conferência solene sobre o Espiritismo, entre os Srs. Home, Marcillet, Squire, Delaage, Sardou, Allan Kardec, etc. Aqueles dos nossos leitores que talvez tenham ouvido falar nisso são informados que, se nem tudo quanto é impresso é palavra do Evangelho, ainda que num jornal, trata-se apenas de uma "salada" temperada com sal grosso e que, para melhor tempero, esqueceram de pôr espírito. Não nos surpreenderíamos se um dia víssemos publicadas as decisões desse congresso e até citadas palavras nele pronunciadas. Isso não custará nada e, em falta de melhor, encherá as colunas do jornal.

Allan Kardec

ANO IV
OUTUBRO DE 1861

O ESPIRITISMO EM LIÃO

Fomos novamente a Lião este ano, a convite dos Espíritas; embora conhecêssemos, pela correspondência, os progressos do Espiritismo naquela cidade, o resultado ultrapassou de muito a nossa expectativa. Certo os leitores nos agradecerão as informações que lhes damos a respeito: nelas verão um índice da marcha irresistível da doutrina e uma prova patente de suas consequências morais.

Antes, porém, de falar dos Espíritas de Lião, não devemos esquecer os de Sens e de Mâcon, que visitamos de passagem e lhes agradecer a simpática acolhida. Lá, também, pudemos constatar um notável progresso, quer no número de adeptos, quer na opinião feita do Espiritismo, em geral. Por toda parte as camadas dos trocistas se esclarecem e aqueles mesmos que ainda não creem observam uma prudente reserva, imposta pelo caráter e pela posição social dos que hoje não mais temem confessar-se publicamente partidários e propagadores das novas ideias. Em face da opinião que se pronuncia e se generaliza, os incrédulos se dizem que bem poderia haver algo e que, em resumo, cada um é livre em suas crenças. Pelo menos antes de falar querem saber do que se trata, enquanto anteriormente falavam sem saber do que. Ora, não se pode negar que para muita gente isso não seja um verdadeiro progresso. Mais tarde voltaremos a esses dois centros, ainda novos, numericamente falando, ao passo que Lião já atingiu a virilidade.

Com efeito, não é mais por centenas que ali se contam os Espíritas, como no ano passado, mas por milhares; ou, melhor dito, não mais são contados, e calcula-se que, seguindo a mesma progressão, em um ou dois anos serão mais de trinta mil. O Espiritismo os recruta em todas as classes, mas é sobretudo na classe operária que se propaga com mais rapidez, o que não é de admirar: sendo esta a classe que mais sofre, volta-se para onde encontra mais consolações. Vós, que gritais contra o Espiritismo, por que não fazeis o mesmo? Ela se voltaria para vós; mas, ao invés disso, quereis tirar-lhe aquilo que a ajuda a carregar seu fardo de misérias, e o mais seguro meio de vos alienar às suas simpatias e de engrossar as fileiras que se vos opõem. O que vimos pessoalmente é de tal modo característico e encerra tão grande ensinamento, que julgamos dever dar aos trabalhadores a maior parte do nosso relatório.

O ano passado havia um único centro de reunião: o de Brotteaux, dirigido pelo Sr. Dijoud, chefe de oficina, e sua mulher; outros se formaram depois, em diferentes pontos da cidade, em Guillotière, em Perrache, em Croix-Rousse, em Vaise, em Saint-Juste, etc., sem contar um grande número de reuniões particulares. Apenas havia, ao todo, dois ou três médiuns ainda neófitos; hoje os há em todos os grupos, e vários de primeira categoria; só num grupo vimos cinco, escrevendo simultaneamente. Vimos também uma jovem, muito boa vidente, na qual pudemos constatar a faculdade desenvolvida em alto grau.

Observamos uma coleção de desenhos extremamente notáveis, de um médium desenhista, que não sabe desenhar. Pela execução e pela complicação rivalizam com os desenhos de Júpiter, embora de um outro gênero. Não devemos esquecer um médium curador, tão recomendável por seu devotamento quanto pela potência de sua faculdade.

Sem dúvida é verdade que os adeptos se multipliquem; mas o que ainda vale mais que o número é a qualidade. Ora! nós declaramos alto e bom som que em parte alguma vimos reuniões espíritas mais edificantes que as dos operários de Lião, quanto à ordem, o recolhimento e a atenção que prestam às instruções de seus guias espirituais. Lá há homens, velhos, senhoras, moços, até crianças, cuja atitude, respeitosa e recolhida, contrasta com sua idade; jamais alguém perturbou, por um instante, o silêncio de nossas reuniões, por vezes muito longas; pareciam quase tão ávidas quanto seus pais em recolher nossas palavras. Isso não é tudo: o número das metamorfoses morais, nos operários, é quase tão grande quanto o dos adeptos: hábitos viciosos reformados, paixões acalmadas, ódios apaziguados, lares tornados pacíficos, numa palavra, desenvolvidas as virtudes mais cristãs e isto pela confiança, agora inquebrantável, que as comunicações espíritas lhes dá do futuro, em que não acreditavam; para eles é uma felicidade assistir a essas instruções, de onde saem reconfortados contra a adversidade; também se veem alguns que fazem mais de uma légua com qualquer tempo, inverno ou verão, e que tudo enfrentam para não perderem a sessão; é que neles não há uma fé vulgar, mas uma fé baseada em convicção profunda, raciocinada, e não cega.

Os Espíritos que os instruem sabem admiravelmente pôr-se à altura de seus auditórios. Os ditados não são trechos de eloquência, mas boas instruções familiares, despretensiosos, e que, por isso mesmo, vão ao coração. As palestras com os parentes e amigos mortos ali representam um grande papel, de onde saem quase sempre lições úteis. Muitas vezes uma família inteira se reúne e a noite se passa em suave expansão com os que se foram; querem ter notícias dos tios, das tias, dos primos e primas; saber se são felizes; ninguém é esquecido; cada um quer que o avô lhe diga algo; e a cada um ele dá um conselho. –E eu, avô, pergunta um dia um rapazinho, não me dizeis nada? – Tu, meu filho, sim; dir-te-ei alguma coisa: não estou contente contigo; o outro dia discutiste em caminho por uma tolice, em vez de ir direto ao trabalho; isso não é bom. – Como, avô, sabeis disso? – Sem dúvida eu sei. Será que nós Espíritos não vemos tudo o que fazeis, desde que estamos ao vosso lado? – Perdão, avô; prometo não fazer mais isso.

Não existe algo de tocante nesta comunicação dos mortos com os vivos? A vida futura aí está, palpitante aos seus olhos; não mais há morte, nem mais a separação eterna, nem o nada; o céu está mais perto da Terra e é melhor compreendido. Se nisso está uma superstição, praza a Deus que jamais tivesse havido outras!

Um fato digno de nota, e que constatamos, é a facilidade com que esses homens, na maioria iletrados e endurecidos nos mais rudes trabalhos, compreendem o alcance da doutrina; pode-se dizer que só lhe veem o lado sério. Nas instruções que lhes demos em diversos grupos, em vão procuramos despertar a curiosidade pelo relato das manifestações físicas e, contudo, nem um só viu uma mesa mover-se; ao passo que tudo quanto tocava as apreciações morais cativava seu interesse no mais alto grau.

A alocução seguinte nos foi dirigida quando de nossa visita ao grupo de Saint-Just; publicamo-la, não para satisfazer uma vaidade tola e pueril, mas como prova dos sentimentos que dominam nas fábricas, onde penetrou o Espiritismo e porque sabemos ser agradável aos que nos quiseram dar esse testemunho de simpatia. Transcrevemo-la textualmente, pois teríamos escrúpulo de lhe acrescentar uma só palavra; só a ortografia foi revista.

"Senhor Allan Kardec, discípulo de Jesus, intérprete do Espírito de Verdade, sois nosso irmão em Deus. Estamos reunidos todos com o mesmo coração, sob a proteção de São João Batista, protetor da humanidade e precursor do grande mestre Jesus, nosso Salvador.

Nós vos rogamos, nosso caro mestre, que mergulheis vosso olhar no fundo de nossos corações, a fim de que possais vos dar conta das simpatias que temos por vós. Somos pobres trabalhadores, sem artifícios; uma grossa cortina, desde a nossa infância, foi estendida sobre nós, para abafar a nossa inteligência; mas vós, caro mestre, pela vontade do Todo-Poderoso, rasgais a cortina. Essa cortina, que eles julgavam impenetrável, não pôde resistir à vossa digna coragem. Oh! sim, nosso irmão, tomastes a pesada enxada para descobrir a semente do Espiritismo, que se tinha encerrado num terreno de granito; vós a semeais aos quatro cantos do globo, e até nos pobres quarteirões de ignorantes, que começam a saborear o pão da vida.

Todos o dizemos do fundo do coração; estamos animados do mesmo fogo e repetimos todos: Glória a Allan Kardec e aos bons Espíritos que o inspiraram! e vós, bons irmãos, Sr. e Sra. Dijoud, os abençoados por Deus, Jesus e Maria, estais gravados em nossos corações, para jamais sair, porque por nós sacrificastes os vossos interesses e vossos prazeres materiais. Deus o sabe; nós lhe agradecemos por vos haver escolhido para esta missão e agradecemos também ao nosso protetor superior São João Batista.

Obrigado, Sr. Allan Kardec; mil vezes obrigado, em nome do grupo de Saint-Just, por ter vindo entre nós, simples operários e ainda muito imperfeitos em Espiritismo; vossa presença nos causa uma grande alegria em meio de nossas tribulações, que são grandes nesse momento de crise comercial; vós nos trazeis o bálsamo benfazejo, que chamam esperança, que acalma os ódios, reacende no coração do homem o amor e a caridade. Nós nos aplicaremos, caro mestre, em seguir vossos bons conselhos e os dos Espíritos superiores que tiverem a bondade de nos ajudar e nos instruir, a fim de nos tornarmos, todos, verdadeiros e bons Espíritos. Caro mestre, tende certeza de que levais convosco a simpatia de nossos corações para a eternidade; nós o prometemos;

somos e seremos sempre vossos adeptos sinceros e submissos. Permiti a mim e ao médium que vos demos o beijo de amor fraterno em nome de todos os irmãos e irmãs que aqui estão. Seríamos muito felizes também se quisésseis brindar conosco."

Nós vínhamos de longe e tínhamos subido as alturas de Saint-Just com um calor extenuante. Alguns refrescos tinham sido preparados, em meio dos instrumentos do trabalho: pão, queijo, frutas, um copo de vinho; verdadeiro ágape oferecido com a simplicidade antiga e coração sincero. Um copo de vinho! ah! em nossa intenção; porque essa boa gente não o bebe todos os dias; mas era uma festa para eles: ia-se falar de Espiritismo. Oh! foi com o coração alegre que brindamos com eles e seu modesto lanche, aos nossos olhos, tinha cem vezes mais valor que os mais esplêndidos repastos. Que aqui eles tenham a certeza.

Alguém nos dizia em Lião: "O Espiritismo penetra nos meios operários pelo raciocínio; não seria tempo de procurar que penetrasse pelo coração?" Certamente essa pessoa não conhece os operários; seria desejável que se encontrasse tanto coração em todo o mundo. Se uma tal linguagem não for inspirada pelo coração; se o coração nada significa para aquele que no Espiritismo encontra a força de vencer suas inclinações, de lutar com resignação contra a miséria, de abafar seus rancores e animosidades; para aquele que partilha seu pedaço de pão com um mais infeliz, confessamos não saber onde está o coração.

BANQUETE

OFERECIDO AO SR. ALLAN KARDEC PELOS VÁRIOS GRUPOS DE ESPÍRITAS LIONESES, A 19 DE SETEMBRO DE 1861

Mais um banquete reuniu este ano certo número de Espíritas em Lião, com a diferença de que no ano passado havia uns trinta convivas, ao passo que agora contavam-se cento e sessenta, representando os diversos grupos que se consideram como membros de uma mesma família, e entre os quais não há sombra de ciúme e de rivalidade, fato este que notamos com prazer. A maioria dos presentes era composta de operários e todos notavam a perfeita ordem que não deixou de reinar um só instante. É que os verdadeiros Espíritas têm satisfação nas alegrias do coração e não nos prazeres barulhentos. Foram pronunciados vários discursos; vamos referi-los, pois resumem a situação e o caráter de uma das fases da marcha do Espiritismo; além disso, dão a conhecer o verdadeiro espírito dessa população, outrora olhada com certo receio, porque mal julgada e, também, talvez mal dirigida moralmente. Um dos principais discursos infelizmente não será publicado e o lamentamos sinceramente; é o do Sr. Renaud, notável por suas apreciações e no qual encontramos demasiados elogios a nós dirigidos. Sua cópia, um tanto longa, não nos foi entregue antes de nossa partida, o que nos priva de sua publicação. Nem por isso somos menos reconhecidos ao autor, pelos testemunhos de simpatia que nos quis dar.

Notou-se que por coincidência, sem premeditação pois subordinada à nossa chegada, o banquete deste ano foi na mesma data daquele do ano passado – 19 de setembro.

ALOCUÇÃO DO SR. DIJOUD, CIIEFE DE OFICINA, PRESIDENTE DO GRUPO ESPÍRITA DE BROTTEAUX, AGRADECENDO AOS ESPÍRITOS

Meus bons amigos

É em nome de todos que venho agradecer aos bons Espíritos por nos haverem reunido e iniciado, por suas manifestações, nas leis divinas, às quais estamos todos submetidos; satisfação imensa para nós, pois as suaves consolações que nos dão nos fazem suportar com paciência e resignação as provas e sofrimentos desta vida passageira, agora não mais ignorando o fim de nossas encarnações de rude labor e a recompensa que espera o nosso Espírito, se as suportarmos com coragem e submissão.

Também com eles aprendemos que se ouvirmos seus conselhos e se praticarmos a sua moral sublime, nós mesmos é que traremos o reino de felicidade, que Deus nos prometeu por seu Filho; então o egoísmo, a calúnia e a malícia desaparecerão do nosso meio, pois somos todos irmãos e devemos amar-nos, ajudar-nos e nos perdoarmos como irmãos.

É, pois, ao apelo invisível dos Espíritos superiores que respondemos, aqui vindo lhes testemunhar o nosso reconhecimento com o coração unânime. Roguemos-lhes que nos conservem sua proteção e seu amor e continuem suas instruções tão suaves, consoladoras e vivificantes, que nos fizeram tanto bem, desde que tivemos a felicidade de receber suas comunicações.

Oh! meus amigos! como é belo o dia em que Deus nos convidou! Tomemos todos a resolução de ser bons e sinceros espíritas e de jamais esquecer esta doutrina, que fará a felicidade da humanidade inteira, conduzindo os homens para o bem. Obrigado aos bons Espíritos que nos assistem e nos trazem a luz, e obrigado a Deus por no-los haver enviado!

BRINDE DO SR. COURTET, NEGOCIANTE

Senhores

Membro do Grupo Espírita de Brotteaux, e em seu nome, venho vos propor um brinde em honra do Sr. e da Sra. Dijoud.

Senhora! Cumpro um dever muito agradável, servindo de intérprete de toda a nossa Sociedade, que vos agradece por tudo quanto fizestes em nosso favor! Quantas consolações fizestes brotar entre nós! Quantas lágrimas de ternura e de alegria nos fizestes derramar! Vosso coração tão bom e tão modesto não se orgulhou com os vossos sucessos e com isso vossa caridade aumentou.

Bem sabemos, senhora, que apenas sois o intérprete dos Espíritos superiores, que a vós estão ligados, mas, também, com que devotamento realizais essa tarefa! Por vosso intermédio nos iniciamos nessas altas questões de moral e de filosofia, cuja solução deve trazer o reino de Deus e, por consequência, a felicidade dos homens nesta Terra.

Também vos agradecemos, senhora, a assistência que dais aos nossos doentes. Vossa fé e vosso zelo disso recebem a recompensa pela satisfação que experimentais em fazer o bem e aliviar o sofrimento. Nós vos pedimos a continuação dos vossos bons ofícios: ficai certa de toda a nossa gratidão e de nosso eterno reconhecimento.

Sr. Dijoud, nós vos agradecemos a inteligência, a firmeza e a complacência que trazeis às nossas reuniões. Contamos convosco para continuar esta grande obra com o concurso dos bons Espíritos.

BRINDE DO SR. PROF. BOUILLANT

Tenho a honra de erguer um brinde ao Sr. Allan Kardec, um brinde todo de gratidão e reconhecimento, em nome dos seus adeptos, de seus apóstolos aqui presentes.

Ah! como somos felizes, nós os voluntários da *grande obra,* da obra fecunda e regeneradora, por vermos entre nós nosso chefe corajoso e bem amado!

Se experimentamos essa felicidade, é preciso reconhecê-lo, é que o favor especial, que hoje nos é concedido é um desses que se não esquecem, não se esquecem jamais. Ora! qual é o soldado, por exemplo, que não se recordaria com o mais vivo ardor que seu general quis a ele se unir para partir o *mesmo* pão, à *mesma* mesa?

Pois bem! Nós também, caro mestre, somos vossos soldados, vossos voluntários e, por mais alto que tenhais plantado o vosso estandarte, a nós não cabe defendê-lo, que ele não o necessita, mas a nós cabe fazê-lo triunfar, por uma prudente e fervorosa propagação. Esta causa, na verdade, é tão bela, tão justa, tão consoladora! Vós no-lo provastes tão bem em vossas obras, tão cheias de erudição, de saber, de eloquência! Ah! nós todos o reconhecemos, lá estão páginas do homem inspirado pelo Espírito puro, pois cada um de nós compreendeu, ao beber na fonte do vosso consciencioso trabalho, que todos os vossos pensamentos eram outras tantas emanações do Altíssimo! Depois, caro mestre, se acrescentarmos que vossa missão aqui é santa e sagrada, é que mais de uma vez sentimos, auxiliados por vossas luzes, a centelha fluídica que liga os mundos visíveis e invisíveis, que gravitam na imensidade! Assim, nossos corações batem em uníssono, com um mesmo amor por vós. Recebei, por isso, a sua expressão viva, sincera e profunda. A vós, de todo o coração, a vós, de todo o nosso Espírito!

DISCURSO DO SR. ALLAN KARDEC

Senhoras e Senhores, todos vós, meus caros e bons irmãos no Espiritismo.

Se há circunstâncias em que se possa lamentar a insuficiência de nossa pobre linguagem humana, é quando se trata de exprimir certos sentimentos. E tal é, no momento, a nossa posição. O que experimento é, ao mesmo tempo, uma surpresa muito agradável, quando vejo o terreno imenso que a Doutrina Espírita ganhou entre vós desde há um ano; e eu admiro a Providência; uma alegria indizível à vista do bem que ela aqui produz, consolações que espalha sobre tantas dores ostensivas ou ocultas, do que deduzo o futuro que a aguarda; é uma felicidade inexprimível encontrar-me em meio a esta família, que em pouco tempo se tornou tão numerosa, e que cresce diariamente; é, enfim e acima de tudo, uma profunda e sincera gratidão pelos tocantes testemunhos de simpatia que de vós recebo.

Esta reunião tem um caráter particular. Graças a Deus! Aqui somos todos muito bons Espíritas, penso eu, para não vermos senão o prazer de nos acharmos juntos, e não o de nos acharmos à mesa. E, diga-se de passagem, creio mesmo que um festim de Espíritas seria uma contradição. Presumo, também, que me convidando tão graciosamente e com tanta instância para vir ao vosso meio, não pensastes que um banquete fosse para mim motivo de atração. Foi o que me apressei a escrever aos meus bons amigos Rey e Dijoud, quando se desculparam pela simplicidade da recepção. Porque, ficai bem certos, o que mais me honra nesta circunstância, aquilo de que posso, com razão, estar orgulhoso, é a cordialidade e a sinceridade do acolhimento, o que se encontra muito raramente nas recepções aparatosas, pois aqui não há máscaras nos rostos.

Se uma coisa pudesse diminuir a felicidade que tenho de me achar entre vós, seria não poder ficar mais tempo; ter-me-ia sido muito agradável prolongar minha demora num dos centros mais numerosos e mais zelosos do Espiritismo; mas, desde que desejastes receber de mim algumas instruções, certamente não levareis a mal que eu utilize todos os instantes, saia um pouco das banalidades muito comuns em semelhantes circunstâncias, e que minha alocução assuma certa gravidade, pela mesma gravidade do motivo que nos reúne. Certamente se estivéssemos num jantar de bodas ou de batizado, seria inoportuno falar de almas, da morte, da vida futura. Mas, repito, aqui estamos para nos instruirmos mais do que para comer e, em todo o caso, não é para nos divertirmos.

Não julgueis, senhores, que essa espontaneidade que vos levou a vos reunirdes aqui seja um fato puramente pessoal. Esta reunião, não duvideis, tem um caráter especial e providencial: uma vontade superior a provocou; mãos invisíveis vos empurraram, malgrado vosso, e talvez um dia a marque nos fastos do Espiritismo. Possam os nossos irmãos futuros lembrar este dia memorável, em que os Espíritas lioneses, dando exemplo de união e concórdia, plantaram no primeiro ágape a primeira balisa da aliança que deve existir entre os Espíritas de todos os países do mundo; porque o Espiritismo, restituindo ao Espírito seu verdadeiro papel na Criação, constatando a superioridade da inteligência sobre a matéria, nivela naturalmente todas as distinções estabelecidas entre os homens conforme as vantagens corporais e mundanas, sobre as quais só o orgulho fundou as castas e os estúpidos preconceitos de cor. Alargando o círculo da família pela pluralidade das existências, o Espiritismo estabelece entre os homens uma fraternidade mais racional que aquela que tem por base apenas os frágeis laços da matéria, pois esses laços são perecíveis, ao passo que os do Espírito são eternos. Uma vez bem compreendidos, tais laços influirão, pela força das coisas, nas relações sociais e, mais tarde, na legislação social, que tomará por base as leis mutáveis do amor e da caridade. Ver-se-á, então, desaparecerem essas anomalias que chocam os homens de bom-senso, como as leis da Idade Média chocam os homens de hoje. Mas isso é obra do tempo. Deixemos a Deus o cuidado de fazer vir cada coisa a seu tempo; esperemos tudo de sua sabedoria e rendamos-lhe graças por nos ter permitido assistir à aurora que surge para a humanidade e por nos haver escolhido como os pioneiros da grande obra que se prepara. Que ele se digne espalhar sua bênção sobre esta assembleia, a primeira em que os adeptos do Espiritismo estão reunidos em tão grande número, com o sentimento de verdadeira confraternidade.

Digo de verdadeira confraternidade porque tenho a convicção íntima de que todos aqui presentes não trazem outra. Mas não duvideis de que não estejam entre nós numerosas coortes de Espíritos, que no momento nos ouvem, veem todas as nossas ações e sondam o pensamento de cada um, escrutam sua força, ou sua fraqueza moral. Os sentimentos que os animam são muito diversos: se uns estão felizes nessa união, outros, acreditai, estão horrivelmente invejosos. Saindo daqui, vão tentar semear a discórdia e a desunião. Cabe-vos a todos vós, bons e sinceros Espíritas, provar-lhes que perdem o tempo e que se equivocam julgando encontrar aqui corações accessíveis às suas pérfidas sugestões. Invocai, pois, com fervor, a assistência dos vossos anjos da guarda, a fim de que afastem de vós todo pensamento que não seja para o bem. Ora, como o mal não pode ter sua fonte no bem, o simples bom-senso diz que todo pensamento mau não pode vir de um bom Espírito; e um pensamento é necessariamente mau quando contrário à lei do amor e da caridade; quando tem por móvel a inveja ou o ciúme, o orgulho ferido, ou mesmo uma pueril susceptibilidade do amor-próprio ferido, irmão gêmeo do orgulho, que levaria a olhar seus irmãos com desdém. *Amor e caridade por* todos, diz o Espiritismo; *Amarás a teu próximo como a ti mesmo,* diz o Cristo. Não são sinônimos?

Meus amigos, eu vos felicitei pelos progressos que o Espiritismo fez entre vós, e não posso me sentir mais feliz ao constatá-lo. Felicitai-vos, por vosso lado, porque esse progresso se faz o mesmo em toda parte. Sim, este último ano viu o Espiritismo crescer em todos os países, numa proporção que ultrapassou todas as esperanças: está no ar, nas aspirações de todos, e por toda parte encontra ecos, bocas que repetem: Eis o que eu esperava, o que uma voz secreta me fazia pressentir. Mas o progresso se manifesta ainda sob uma nova fase: é a sua coragem, que há pouco ainda não existia. Só se falava dele em segredo, às ocultas; hoje a gente se confessa Espírita tão abertamente quanto se confessa católico, judeu ou protestante. Enfrenta-se a zombaria, e essa coragem se impõe aos trocistas, que são como os cachorrinhos que perseguem os que fogem e fogem se perseguidos. Essa zombaria dá coragem aos tímidos e em muitas localidades revela muitos Espíritas que se desconheciam mutuamente. Tal movimento pode estacionar? Poderão detê-lo? Digo alto e bom som: Não! Para isso puseram tudo em ação: sarcasmos, troça, ciência, anátemas; ele ultrapassou tudo sem diminuir a sua marcha um segundo. Cego, pois, é quem nisso não vê o dedo de Deus. Poderão entravá-lo; represá-lo, nunca, porque se não correr pela direita, correrá pela esquerda.

Vendo os benefícios morais que ele proporciona, as consolações que dá, os próprios crimes que já impediu, a gente se pergunta: quem tem interesse em o combater? Para começar, tem contra si os incrédulos, que o ridicularizam: estes não são para temer, pois viram suas setas afiadas quebrar-se contra a própria couraça; os ignorantes, que o combatem sem o conhecer: são os mais numerosos; mas, combatida pela ignorância, jamais a verdade tem algo a temer, pois os ignorantes se refutam por si mesmos, sem o querer, segundo o testemunho do Sr. Louis Figuier, na sua *Histoire du Merveilleux.* A terceira categoria de adversários é mais perigosa, por ser tenaz e pérfida; compõe-se de todos aqueles cujos interesses materiais podem ser feridos; combatem na sombra, e as flechas envenenadas da calúnia não lhes faltam. Eis os verdadeiros inimigos do Espiritismo, como em todos os tempos o têm sido de todas as ideias de progresso e que são encontrados em todas as fileiras, em todas as classes da sociedade. Vencerão? Não. Porque ao homem não é dado opor-se à marcha da Natureza e o Espiritismo está na ordem das coisas naturais. Mais cedo ou mais tarde terão que tomar o seu partido e aceitar o que for aceito por todos. Não, não o vencerão: eles é que serão vencidos.

Um novo elemento vem juntar-se à legião dos Espíritas: o das classes laboriosas. Notai nisto a sabedoria da Providência.

O Espiritismo propagou-se primeiro nas camadas esclarecidas, nas sumidades sociais. A princípio tal era necessário, para lhe dar mais crédito e, depois, para que fosse elaborado e expurgado das ideias supersticiosas que a falta de instrução nele poderiam introduzir; e com as quais ter-se-ia confundido. Apenas constituído, se assim se pode falar de uma Ciência tão nova, tocou as classes laboriosas e entre elas se propaga com rapidez. Ah! é que nele há tantas consolações a dar, tanta coragem moral a soerguer, tantas lágrimas a enxugar, tanta resignação a inspirar, que nesses meios foi acolhido como uma âncora de salvação, como uma égide contra as tentações da necessidade. Por toda parte onde o vi penetrar na morada do trabalho, o vi produzir seus efeitos moralizadores. Alegrai-vos, pois, operários lioneses que me ouvis, por terdes noutras cidades, como Sens, Lille, Bordéus, irmãos espíritas que, como vós, abjuraram as culposas esperanças na desordem e os criminosos desejos de vingança. Continuai a provar pelo exemplo os benéficos resultados desta doutrina. Aos que perguntarem para que pode ela servir, respondei: Em meu desespero eu queria me matar: o Espiritismo tolheu-me, porque sei o que custa abreviar voluntariamente as provas que a Deus aprouve mandar aos homens. Para me atordoar, embriagava-me: compreendi o quanto era desprezível por me tirar voluntariamente a razão e privando-me assim de ganhar o meu pão e o dos filhos; havia-me divorciado de todos os sentimentos religiosos: hoje rogo a Deus e deponho a minha esperança na sua misericórdia; vendo ricos e pobres, gente que tem tudo e gente que nada tem, acusava a Providência: hoje sei que Deus tudo pesa na balança de sua justiça e espero o seu julgamento; se estiver em seus desígnios que eu deva sucumbir no sofrimento, então sucumbirei mas com a consciência pura e sem levar o remorso de haver roubado um óbolo a quem me podia salvar a vida. Dizei-lhes: Eis para que serve o Espiritismo, esta loucura, esta quimera, como o chamais. Sim, meus amigos, continuai a pregar pelo exemplo;

fazei compreender o Espiritismo com suas consequências salutares; e quando ele for compreendido, não mais se amedrontarão; bem ao contrário, será acolhido como uma garantia da ordem social e os próprios incrédulos serão forçados a falar dele com respeito.

Mencionei os progressos do Espiritismo. É que, com efeito, não há exemplo de uma doutrina, seja qual for, que tenha marchado com tanta rapidez, sem excetuar o próprio Cristianismo. Quererá isto dizer que lhe seja superior? Que deva suplantá-lo? Não. Mas é aqui o lugar de fixar o seu verdadeiro caráter, a fim de destruir uma prevenção muito generalizada entre os que não o conhecem.

Em seu nascimento, teve o Cristianismo que lutar contra uma potência terrível: o Paganismo, então universalmente espalhado. Não havia entre eles qualquer aliança possível, como não há entre a luz e as trevas. Numa palavra, não poderia propagar-se senão destruindo o que havia. Assim, a luta foi longa e terrível, de que as perseguições são a prova. O Espiritismo, ao contrário, nada tem a destruir, porque assenta suas bases no próprio Cristianismo; sobre o Evangelho, do qual é simples aplicação. Concebeis a vantagem, não de sua superioridade, mas de sua posição. Não é, pois, como pretendem alguns, sempre porque não o conhecem, uma religião nova, uma seita que se forma à custa das mais antigas; é uma doutrina puramente moral, que absolutamente não se ocupa dos dogmas e deixa a cada um inteira liberdade de suas crenças, desde que nenhuma impõe. E a prova disso é que tem aderentes em todas, entre os mais fervorosos católicos como entre os protestantes, os judeus e os muçulmanos. O Espiritismo repousa sobre a possibilidade de comunicação com o mundo invisível, isto é, com as almas. Ora, como os judeus, os protestantes e os muçulmanos têm alma como nós, resulta que estas podem comunicar-se, tanto com eles quanto conosco, e que, consequentemente, eles podem ser Espíritas como nós.

Não é uma seita política, como não o é religiosa: é a constatação de um fato que não pertence mais a um partido, do que a eletricidade e as estradas de ferro; é, repito, uma doutrina moral e a moral está em todas as religiões e em todos os partidos.

A moral que ensina é boa ou má? É subversiva? Eis toda a questão. Estudem-no e saberão de que se trata. Ora, desde que é a moral do Evangelho desenvolvida e aplicada, condená-la seria condenar o Evangelho.

Tem feito o bem ou o mal? Estudai-o ainda, e vereis. Que tem feito? Tem impedido inúmeros suicídios; devolveu a paz e a concórdia a grande número de famílias; tornou mansos e pacientes homens violentos e coléricos; deu resignação aos que não a tinham, consolações aos aflitos; reconduziu a Deus os que o desconheciam, destruindo-lhes as ideias materialistas, verdadeira chaga social, que aniquila a responsabilidade moral do homem. Eis o que tem feito e faz todos os dias, o que fará cada vez mais, à medida que se espalhar. Será este o resultado de uma doutrina má? Não sei de ninguém que jamais tenha atacado a moral do Espiritismo; apenas dizem que a religião pode produzir tudo isto. Concordo perfeitamente. Mas, então, por que não produz sempre? É porque não são todos que a entendem. Ora, o Espiritismo, tornando claro e inteligível para todos aquilo que não o é e tornando evidente aquilo que é duvidoso, ele conduz à aplicação, ao passo que jamais se sente necessidade daquilo que se não compreende. Portanto, longe de ser o antagonista da Religião, é o seu auxiliar; e a prova é que conduz às ideias religiosas os que as haviam repelido. Em resumo, o Espiritismo jamais aconselhou a mudança de religião, nem o sacrifício de suas crenças, não pertence realmente a nenhuma religião ou, melhor dito, está em todas elas.

Senhores, ainda algumas palavras, por favor, sobre uma questão absolutamente prática. O crescente número dos Espíritas em Lião mostra a utilidade do conselho que vos dei o ano passado, relativamente à formação de grupos. Reunir todos os adeptos numa sociedade única seria, já hoje, uma coisa materialmente impossível, e o será mais ainda dentro de algum tempo. Além do número, as distâncias a percorrer, em vista da extensão da cidade; as diferenças de hábitos, conforme as posições sociais, aumentam essa impossibilidade. Por esses motivos e por muitos outros, que seria longo aqui desenvolver, uma sociedade única é uma quimera impraticável. Multiplicai os grupos o mais possível; que haja dez, que haja cem, se necessário e ficai certos de que chegareis mais rapidamente, mais seguramente.

Haveria aqui coisas importantes a dizer sobre a unidade de princípios; sobre a divergência que poderia existir entre eles, relativamente a alguns pontos. Mas eu me detenho, para não abusar de vossa paciência em me escutar, paciência que já pus a uma prova muito longa. Se desejardes, farei disso objeto de uma instrução especial, que enviarei proximamente.

Termino esta alocução, senhores, a que me deixei arrastar pela raridade mesma das ocasiões que tenho a felicidade de estar em vosso meio. Levarei da vossa acolhida benevolente uma lembrança que jamais se apagará, tende certeza.

Ainda uma vez, meus amigos, obrigado do fundo do coração, pelos sinais de simpatia que me testemunhais; obrigado pelas bondosas palavras que me dirigistes por vossos intérpretes e das quais só aceito o dever que elas me impõem quanto ao que me resta fazer, e não os elogios. Possa esta solenidade ser o penhor da união que deve existir entre todos os verdadeiros Espíritas!

Levanto um brinde aos Espíritas lioneses e a todos os que se distinguem por seu zelo, seu devotamento, sua abnegação e que vós mesmos indicais, sem que eu precise fazê-lo.

Aos Espíritas lioneses, sem diferença de opinião, estejam ou não presentes!

Senhores, os Espíritos também querem participar desta festa de família, e dizer a sua palavra. É de Erasto, que conheceis pelas notáveis dissertações publicadas na *Revista*, ditada espontaneamente antes da minha partida e em vossa intenção, a epístola seguinte, que me encarregou de ler em seu nome. É com prazer que desempenho esta missão. Assim tereis a prova de que os Espíritos que se comunicam não são os únicos a se ocuparem convosco e daquilo que vos concerne. Esta certeza não pode senão reforçar a vossa fé e a vossa confiança, vendo que o olhar vigilante dos Espíritos superiores estende-se sobre todos e que, sem a menor dúvida, também sois objeto de sua solicitude.

EPÍSTOLA DE ERASTO AOS ESPÍRITAS LIONESES

LIDA NO BANQUETE DE 19 DE SETEMBRO DE 1861

Não é sem a mais suave emoção que venho entreter-me convosco, caros Espíritas do grupo lionês. Num meio como o vosso, onde todas as camadas se confundem, onde todas as condições sociais se dão as mãos, sinto-me cheio de ternura e de simpatia, e feliz por vos poder anunciar que nós todos, que somos os iniciadores do Espiritismo na França, assistiremos com muito viva alegria os vossos ágapes fraternos, aos quais fomos convidados por *João* e *Irineu,* vossos eminentes guias espirituais. Ah! esses ágapes despertam em meu coração a lembrança daqueles em que todos nos reuníamos, há mil e oitocentos anos, quando combatíamos contra os costumes dissolutos do *paganismo romano,* e quando já comentávamos os ensinos e as parábolas do Filho do Homem, morto, para a propagação da ideia santa, sobre a árvore da infâmia. Meus amigos, se o *Altíssimo,* por efeito de sua infinita misericórdia, permitisse que a lembrança do passado pudesse brilhar um instante em vossa memória entorpecida, recordar-vos-íeis dessa época, ilustrada pelos santos mártires da plêiade lionesa: *Sanctus, Alexandre, Attale, Episode* a doce e corajosa *Blandine, Irineu,* o bispo audaz, dos quais muitos de entre vós então formáveis cortejo, aplaudindo seu heroísmo e cantando louvores ao Senhor; também vos lembraríeis de que vários dos que me ouvem regaram com o seu sangue a terra lionesa, esta terra fecunda que Eucher e Gregório de Tours chamaram "a pátria dos mártires". Não os nomearei; mas podeis considerar os que, em vossos grupos desempenham uma missão, um apostolado, como tendo sido mártires da propagação da ideia igualitária, ensinada do alto do Gólgota, pelo nosso Cristo bem-amado! Hoje, caros discípulos, aquele que foi sagrado por São Paulo vem dizer-vos que vossa missão é sempre a mesma, porque o *paganismo romano,* sempre de pé, sempre vivaz, ainda enlaça o mundo, como a hera enlaça o carvalho; deveis, pois, espalhar entre os vossos irmãos infelizes, escravos de suas paixões e das paixões alheias, a sã e consoladora doutrina que meus amigos e eu viemos vos revelar, por nossos médiuns de todos os países. Não obstante, constatamos que os tempos progrediram; que os costumes já não são os mesmos e que a humanidade cresceu; porque hoje, se fôsseis vítimas de perseguição, esta não emanaria mais de um poder tirânico e invejoso, como ao tempo da Igreja primitiva, mas de interesses coligados contra a ideia e contra vós, os apóstolos da ideia.

Acabo de pronunciar a palavra igualitária. Julgo útil nela deter-me um pouco, porque não vimos pregar, em nosso meio, utopias impraticáveis, pois, ao contrário, repelimos energicamente tudo quanto pareça ligar-se às prescrições de um comunismo antissocial; antes de tudo, somos essencialmente propagandistas da liberdade individual, indispensável ao desenvolvimento dos encarnados; consequentemente, inimigos declarados de tudo quanto se aproxime dessas legislações conventuais, que aniquilam brutalmente os indivíduos. Embora me dirija a um auditório em parte composto de artífices e proletários, sei que suas consciências, esclarecidas pelas radiações da verdade espírita já repeliram todo contato com as teorias antissociais dadas com apoio da palavra *igualdade.* Seja como for, creio dever restituir a ela sua significação cristã, conforme aquele que, dizendo: "Dai a César o que de César", a explicou. Então, Espíritas! a igualdade proclamada pelo Cristo, e que nós mesmos professamos nos vossos grupos amados, é a igualdade ante a justiça de Deus, isto é, nosso direito, conforme nosso dever cumprido, de subir na hierarquia dos Espíritos e um dia atingir os mundos adiantados, onde reina a perfeita felicidade. Para isso não são levados em conta nem o nascimento, nem a fortuna; o pobre e o fraco a alcançam, bem como o rico e o poderoso, porque uns não levam materialmente mais que os outros; e como lá ninguém compra seu lugar e seu perdão com dinheiro, os direitos são iguais para todos. Igualdade diante de Deus, isto é, a verdadeira igualdade. Não vos será perguntado o que possuístes, mas o uso que fizestes do que possuístes. Ora, quanto mais possuirdes, mais demoradas e mais difíceis serão as contas que tereis de prestar da vossa gestão. Assim, pois, conforme as vossas existências de missões, de provas ou de castigos nas paragens terrenas, cada um de vós, conforme as boas ou as más obras, progredirá na escala dos seres ou recomeçará, mais cedo ou mais tarde, a sua existência, caso se tenha desviado. Em consequência, repito, proclamando o dogma sagrado da igualdade, não viemos ensinar que aqui embaixo deveis ser todos iguais em riqueza, saber e felicidade; mas que chegareis, todos, à vossa hora e conforme os vossos méritos, à felicidade dos eleitos, partilha das almas de escol, que cumpriram os seus deveres. Meus caros Espíritas, eis a igualdade a que tendes direito, a que vos conduzirá o Espiritismo emancipador, a que vos convido com todas as forças. Para atingi-la, que deveis fazer? Obedecer a estas duas palavras sublimes: amor e caridade, que resumem admiravelmente a lei e os profetas. Amor e caridade! ah! aquele que, segundo a sua consciência, cumprir as prescrições desta máxima divina estará certo de subir rapidamente os degraus da escada de Jacob e de logo atingir as esferas elevadas, de onde poderá adorar, contemplar e compreender a majestade do Eterno.

Não podeis acreditar quanto nos é doce e agradável presidir ao vosso banquete, onde o rico e o artífice se acotovelam brindando à fraternidade; onde o judeu, o católico e o protestante podem sentar-se à mesma comunhão pascal. Não podeis crer quanto me sinto orgulhoso de vos distribuir, a todos e a cada um, os elogios e o encorajamento que o Espírito de Verdade, nosso bem-amado mestre, me ordenou conferir às vossas piedosas coortes: a ti, Dijoud; a ti, sua digna companheira; a vós todos, devotados missionários, que espalhais os benefícios do Espiritismo, obrigado por vosso concurso e vosso zelo. Mas, *noblesse oblige,* meus amigos, sobretudo a do coração; e seríeis muito culpados, muito criminosos se faltásseis, no futuro, às vossas santas missões. Mas não falhareis. Tenho como garantia o bem que realizastes e o que vos resta a fazer. Mas é a vós, meus bem-amados irmãos no labor cotidiano, que reservo minhas mais sinceras felicitações, porque – eu o sei – subis penosamente o vosso Gólgota, levando, como o Cristo, a vossa cruz dolorosa. Que poderia dizer de mais elogioso para vós do que lembrar a coragem e a resignação com que suportais os desastres inauditos que a luta fratricida, mas necessária das duas Américas engendra em vosso meio? Ah! ninguém pode negar que a benéfica influência do Espiritismo já se faça sentir; ela penetrou, com a esperança e a fé, no meio das oficinas; e quando nos lembramos do período do último reino, em que, desde que faltava o trabalho, os operários desciam da Croix-Rousse para os Terreaux, em grupos tumultuosos, fazendo pressagiar motins, e os motins a repressão terrível, devemos agradecer a Deus a nova revelação. Com efeito, segundo essa imagem vulgar, de que se servem em sua linguagem pitoresca, muitas vezes é preciso dansar diante do bufete[1]; então dizem, apertando o cinto: Bem! comeremos amanhã!!! Bem sei que a caridade pública e particular se preocupam e agem; mas não é nisso que está o verdadeiro remédio. A humanidade necessita de algo melhor. Por isso, se o Cristianismo preconizou a igualdade e as leis igualitárias, o Espiritismo oculta em seus flancos a fraternidade e as suas leis, obra grandiosa e durável, que os séculos futuros bendirão. Lembrai-vos, meus amigos, de que o Cristo escolheu seus apóstolos entre os últimos dos homens, e que estes, mais fortes que os Césares, conquistaram o mundo para a ideia cristã. A vós, pois, incumbe a obra santa de esclarecer vossos companheiros de fábrica, e de propagar

[1] *Danser devant le buffet,* ditado francês que quer dizer: não ter o que comer, estar na miséria. (Nota da Eq. Rev.)

nossa sublime doutrina, que faz os homens tão fortes na adversidade, para que o espírito do mal e da revolta não venha suscitar o ódio e a vingança no coração dos vossos irmãos ainda não tocados pela graça espírita. Essa obra vos pertence por inteiro, meus caros amigos; sei que a realizareis com o amor e o zelo que dá a consciência de um dever a cumprir. E um dia a História reconhecida escreverá em seus anais que os operários de Lião, esclarecidos pelo Espiritismo, muito mereceram da pátria em 1861 e 1862, pela coragem e a resignação com que suportaram as tristes consequências das lutas escravagistas entre os *Estados desunidos* da América. Que importa esses tempos de lutas e de provas, meus filhos, são abençoados por Deus, enviados para desenvolver a coragem, a paciência e a energia! para apressar a elevação e o aperfeiçoamento do orbe terrestre e dos Espíritos nele aprisionados nos laços carnais da matéria! Ide, agora. A trincheira está aberta no Velho Mundo; e sobre as suas ruínas aclamareis a era espírita da fraternidade, que vos mostra o objetivo e o fim das misérias humanas, consolando e fortificando vossos corações contra a adversidade e a luta, e confundireis os incrédulos e os ímpios, agradecendo a Deus o quinhão de vossos infortúnios e de vossas provas, porque estas vos aproximam da felicidade eterna.

Resta-me fazer-vos ouvir alguns conselhos, já dados, muitas vezes, por vossos guias habituais, mas que minha posição pessoal e a circunstância atual me aconselham a vos lembrar. Meus bons amigos, aqui me dirijo a todos os Espíritas, a todos os grupos, a fim de que nenhuma cisão, nenhuma dissidência, nenhum cisma surjam entre vós, mas, ao contrário, uma crença solidária vos anime e vos reúna a todos, pois isto é necessário ao desenvolvimento de nossa doutrina benfeitora. Sinto como que uma vontade que me força a vos pregar a concórdia e a união, pois nisto, como em tudo, a união faz a força e tendes necessidade de ser fortes e unidos, para fazer frente às tempestades que se aproximam. E não só tendes necessidade de união entre vós, mas ainda com os vossos irmãos de todas as regiões. Por isso vos exorto a seguirdes o exemplo que vos deram os Espíritas de Bordéus, cujos grupos particulares formam, todos, os satélites de um grupo central, o qual solicitou entrar em comunicação com a Sociedade iniciadora de Paris, a primeira a receber os elementos de um corpo de doutrina e lançar as bases sérias para os estudos do Espiritismo, que todos nós, Espíritas, professamos no mundo inteiro.

Sei que aquilo que vos digo aqui não ficará perdido; aliás estou me referindo inteiramente aos conselhos que já recebestes, e ainda recebereis, dos vossos excelentes guias espirituais, que vos dirigirão nessa via salutar, pois é necessário que a luz vá do centro para a periferia e desta para o centro, a fim de que todos aproveitem e se beneficiem dos trabalhos de cada um. Aliás, é incontestável que, submetendo ao cadinho da razão e da lógica todos os dados e todas as comunicações dos Espíritos, fácil será repelir o absurdo e o erro. Um médium pode ser fascinado; um grupo, enganado; mas o controle severo dos outros grupos, a ciência adquirida e a grande autoridade moral dos chefes de grupos; as comunicações dos principais médiuns, que recebem um cunho de lógica e de autenticidade de nossos melhores Espíritos, rapidamente farão justiça aos ditados mentirosos e astuciosos, emanados de uma turba de Espíritos enganadores, imperfeitos ou maus. Repeli-os impiedosamente, a todos esses Espíritos que dão conselhos exclusivos, pregando a divisão e o isolamento. Quase sempre são Espíritos vaidosos e medíocres, que tendem a impor-se aos homens fracos e crédulos, prodigalizando-lhes louvores exagerados, a fim de os fascinar e de os manter sob domínio. Geralmente são Espíritos sedentos de poder, que, déspotas públicos ou no lar, quando vivos, ainda querem ter vítimas para tiranizar após a sua morte. Meus amigos, em geral desconfiai das comunicações que têm um caráter de misticismo ou de estranheza, ou que prescrevem cerimônias e atos bizarros; então há sempre um motivo legítimo de suspeita. Por outro lado, crede bem que quando uma verdade deve ser revelada à Humanidade, é, por assim dizer, instantaneamente comunicada em todos os grupos sérios, que possuem médiuns sérios.

Enfim, creio que é bom repetir que ninguém é médium perfeito se for obsedado. A obsessão é um dos maiores escolhos, e há manifesta obsessão quando um médium não é apto a receber comunicações senão de um Espírito especial, por mais alto que este procure colocar-se. Em consequência, todo médium, todo grupo que se julgam privilegiados por comunicações que só eles podem receber e que, por outro lado, são submetidos a práticas que tocam a superstição, estão indubitavelmente sob o domínio de uma obsessão muito bem caracterizada. Digo tudo isso, meus amigos, porque existem no mundo médiuns fascinados por pérfidos Espíritos. Desmascararei impiedosamente tais Espíritos, se ousarem ainda profanar nomes venerados, dos quais se apoderam como ladrões e com os quais se enfeitam orgulhosamente, como lacaios com as roupas dos patrões. Eu os pregarei no pelourinho sem piedade, se persistirem em desviar do reto caminho a cristãos honestos, espíritas zelosos, de cuja boa-fé abusaram. Numa palavra, deixai-me repetir o que já aconselhei aos Espíritas parisienses: é melhor repelir dez verdades momentaneamente do que admitir uma só mentira, uma única teoria falsa. Porque sobre essa teoria, sobre essa mentira podereis construir todo um sistema, que desmoronaria ao primeiro sopro da verdade, como um monumento erigido sobre areia movediça. Ao passo que se hoje rejeitardes certas verdades, certos princípios, porque não vos são demonstrados logicamente, logo um fato brutal ou uma demonstração irrefutável virá afirmar-vos a sua autenticidade.

A João, a Irineu, a Blandina, bem como a todos os vossos Espíritos protetores incumbe a tarefa de vos premunir de agora em diante contra os falsos profetas da erraticidade. O grande Espírito emancipador que preside aos nossos trabalhos sob o olhar do Todo-Poderoso proverá a isso, podeis crer-me. Quanto a mim, embora esteja mais particularmente ligado aos grupos parisienses, virei algumas vezes entreter-me convosco e acompanharei sempre com interesse os vossos trabalhos particulares.

Esperamos muito da província lionesa, e sabemos que não faltareis, nem uns nem outros, às vossas respectivas missões. Lembraivos de que o Cristianismo, trazido pelas legiões cesaristas, lançou, há quase dois mil anos, as primeiras sementes da renovação cristã em Viena e Lião, de onde se propagaram rápidamente à Gália do Norte. Hoje o progresso deve realizar-se numa radiação nova, isto é, do Norte ao Sul. À obra, pois, lioneses, é preciso que a verdade triunfe, e não é sem uma legítima impaciência que esperamos a hora em que soará a trombeta de prata, que nos anunciará o vosso primeiro combate e a vossa primeira vitória.

Agora deixai-me agradecer-vos o recolhimento com que me escutastes e a simpática acolhida que me concedestes. Que Deus Todo-Poderoso, Senhor de nós todos, nos conceda sua benevolência e espalhe sobre vós e sobre o seu servo muito humilde os tesouros de sua misericórdia infinita! Adeus! Lioneses, eu vos bendigo!

Erasto

PALESTRAS FAMILIARES DE ALÉM-TÚMULO

EUGÊNE SCRIBE

(SOCIEDADE ESPÍRITA DE PARIS)

Quando da discussão entre vários Espíritos sobre o aforismo de Buffon: *O estilo é* o *homem,* relatada no número precedente, foi citado o nome do Sr. Scribe, o que lhe deu motivo para vir, embora não tivesse sido chamado. Sem participar do debate, ditou espontaneamente a dissertação seguinte, motivando a palestra que a acompanha:

"Seria desejável que o teatro, onde grandes e pequenos vão haurir ensinamentos, se preocupasse um pouco menos em lisonjear o gosto pelos costumes fáceis e a exaltação dos aspectos veniais de uma juventude ardente, mas que a melhora social fosse perseguida por peças elevadas e morais, onde a fina pilhéria substituísse o sal grosso de cozinha, de que se servem hoje os autores de revistas. Mas não: seguindo o teatro, seguindo o público, lisonjeiam-se as paixões humanas. Aqui, preconizam o macacão ao invés do fraque, transformado em bode expiatório de todas as iniquidades sociais; ali, é O macacão que é odiado e conspurcado, porque esconde sempre, ao que dizem, um malandro ou um assassino. Mentira de ambos os lados.

Alguns autores até começam a pegar o touro pelos chifres e, como Émile Augier, a pregar os manejadores do dinheiro no pelourinho da opinião pública. Ora! que importa! Nem por isso o público deixa de se precipitar para os teatros, onde uma plástica atrevida e sem pudor paga os gastos do espetáculo. Ah! é tempo das ideias espíritas serem propagadas em todas as camadas sociais, porque, então, o teatro será moralizado por si mesmo e, às exibições femininas sucederão peças conscienciosas, representadas conscienciosamente por artistas de talento. Todos ganharão com isso. Esperemos que em breve surja um autor dramático capaz de expulsar do teatro e da predileção do público todos esses artífices, proxenetas imorais das damas das camélias de toda sorte. Trabalhai, pois, em espalhar o Espiritismo, que deve produzir tão louvável resultado.

E. Scribe"

P – Numa comunicação, ditada há pouco tempo à Srta. J..., e lida na Sociedade, dissestes que o que fez a vossa reputação na Terra não a fez no céu; e que poderíeis ter empregado melhor os dons recebidos de Deus. Teríeis a bondade de desenvolver este pensamento e dizer em que vossas obras são censuráveis? Parece-me que têm um lado moral e que, de certo modo, abriram caminho ao progresso. R – Tudo é relativo. No mundo elevado onde hoje me encontro, não vejo com os olhos terrenos e penso que, com os dons que havia recebido do Todo-Poderoso deveria ter feito melhor para a humanidade. Por isso disse não haver trabalhado para o céu. Mas não posso exprimir em poucas palavras o que vos queria dizer no caso, pois sabeis que eu era pouco verboso.

P – Dissestes ainda querer compor uma obra mais útil e mais séria, alegria que vos foi recusada. É como Espírito que queríeis fazer tal obra? Neste caso como teríeis feito para que os homens a aproveitassem? R – Meu Deus! da maneira mais simples empregada pelos Espíritos, inspirando os escritores que, muitas vezes imaginam tirar de seu próprio fundo, ah! por vezes tão vazio.

P – Pode-se saber qual o assunto do qual vos proporíeis tratar? R – Eu não tinha um objetivo determinado. Mas, bem sabeis, a gente gosta um pouco de fazer o que nunca fez. Gostaria de ocupar-me de Filosofia e de Espiritualismo, desde que me ocupei um pouco do realismo. Não tomeis o vocábulo realismo como hoje o entendem: apenas quis dizer que me ocupei mais especialmente do que deleita a vista e o ouvido dos Espíritos frívolos da Terra, do que daquilo que poderia satisfazer os Espíritos sérios e filosóficos.

P – Dissestes à Srta. J... que não éreis feliz. Podeis não ter a sorte dos bem-aventurados. Mas há pouco, na comissão, contaram uma porção de boas ações que praticastes e que certamente foram levadas em conta. R – Não. Não sou feliz porque – ah! – ainda tenho ambição e, tendo sido acadêmico na Terra, queria ter feito parte, igualmente, da assembleia dos eleitos.

P – Parece que, em falta da obra que ainda não podeis fazer, poderíeis alcançar o mesmo objetivo, para vós e para os outros, aqui vindo fazer uma série de dissertações. R – Não peço mais e virei com prazer, se me permitirem, o que ignoro, pois ainda não tenho posição bem determinada no mundo espiritual. Tudo é tão novo para mim, que passei a vida a casar tenentes com herdeiras ricas, que ainda não tive tempo de conhecer e admirar este mundo etéreo, o qual havia esquecido em minha encarnação. Voltarei, pois, se os Grandes Espíritos mo permitirem.

P – No mundo em que estais, já revistes a Sra. de Girardin que, em vida muito se ocupava de Espíritos e evocações? – Ela é mais feliz do que vós? R – Mais feliz do que eu é seu Espírito, porque ela contribuiu para as obras de educação da infância, escritas por sua mãe, Sophie Gay.

Observação de Erasto: Não. Foi porque lutou, ao passo que Scribe se deixou arrastar na corrente de sua vida cômoda.

P – Ides às vezes assistir às representações de vossas obras, bem como a Sra. Girardin ou Casimir Delavigne? R – Como pensar que poderemos deixar de ver esses filhos queridos, que deixamos na Terra? Ainda é um dos nossos puros prazeres.

Observação: A morte, pois, não separa os que se conheceram na Terra: eles se reencontram, reúnem-se e se interessam pelo que era objeto de suas preocupações. Dirão sem dúvida que ao se lembrarem do que lhes dava alegria, se lembrarão também do que lhes causava sofrimento, e isso lhes deve alterar a felicidade. Essa lembrança produz um efeito absolutamente contrário, porque a satisfação de estar liberto dos males terrenos é um prazer tanto mais suave, quanto maior for o contraste. Os benefícios da saúde são melhor apreciados após uma doença, a calma após a tempestade. O guerreiro voltando ao lar não se compraz em contar os perigos que enfrentou, as fadigas que experimentou? Assim, para os Espíritos, a lembrança das lutas terrenas é uma satisfação, desde que saíram vencedores. Mas tal lembrança se perde ao longe, ou, pelo menos, diminui de importância aos seus olhos, à medida que se libertam dos fluidos materiais dos mundos inferiores e se aproximam da perfeição. Para eles, tais lembranças são sonhos remotos, como no homem feito as recordações da primeira infância.

ENSINAMENTOS E DISSERTAÇÕES ESPÍRITAS

OS CRETINOS

(SOCIEDADE ESPÍRITA DE PARIS. MÉDIUM: SRA. COSTEL)

Nossa colega, Sra. Costel, tendo feito uma excursão à parte dos

Alpes em que o cretinismo parece ter estabelecido um dos seus principais focos, ali recebeu, de um de seus Espíritos habituais, a seguinte comunicação:

"Os cretinos são seres punidos na Terra pelo mau uso feito de poderosas faculdades. Sua alma está aprisionada num corpo cujos órgãos impotentes não podem exprimir seu pensamento. Esse mutismo moral e físico é uma das mais cruéis punições terrestres. Por vezes é escolhida pelos Espíritos arrependidos que querem resgatar suas faltas. A prova não é estéril, porque o Espírito não fica estacionário na prisão da carne; os olhos embrutecidos veem; o cérebro deprimido concebe, mas nada pode ser traduzido pela palavra ou pelo olhar e, salvo o movimento, estão moralmente no estado dos letárgicos e dos catalépticos, que veem e ouvem o que se passa ao seu redor sem poderem exprimi-lo. Quando, em sonho, tendes esses terríveis pesadelos, nos quais quereis fugir de um perigo, quando soltais gritos para pedir socorro, enquanto a língua fica presa ao palatino e os pés ao solo, experimentais num instante aquilo que o cretino experimenta sempre: paralisia do corpo ligada à vida do Espírito.

Assim, quase todas as enfermidades têm sua razão de ser; nada se faz sem causa, e o que chamais injustiça da sorte é a aplicação da mais alta justiça. A loucura também é uma punição pelo abuso de altas faculdades. O louco tem duas personalidades; a que extravasa e a que tem consciência de seus atos, sem os poder dirigir. Quanto aos cretinos, a vida contemplativa e isolada de suas almas, sem as distrações do corpo, pode ser tão agitada quanto as existências mais complicadas pelos acontecimentos; alguns se revoltam contra seu suplício voluntário; lamentam tê-lo escolhido e experimentam um furioso desejo de voltar a uma outra vida, desejo que lhes faz esquecer a resignação na vida presente e o remorso da vida passada, que têm na consciência, porque os cretinos e os loucos sabem mais que vós, e na sua impossibilidade física oculta-se uma força moral da qual não fazeis a mínima ideia. Os atos de furor ou de imbecilidade a que seus corpos se entregam são julgados pelo ser interior, que sofre e se envergonha com eles. Assim, troçar, injuriá-los, e até os maltratar, como deles fazem por vezes, é aumentar-lhes o sofrimento porque os faz sentir mais duramente sua fraqueza e sua abjeção; e, se eles pudessem, acusariam os que assim fazem de covardia, pois sabem que suas vítimas não se podem defender.

O cretinismo não é uma lei de Deus e a Ciência pode fazê-lo desaparecer, pois é o resultado material da ignorância, da miséria e da sujeira. Os novos meios de higiene, que a Ciência, tornada mais prática, pôs ao alcance de todos, tendem a destruí-lo. Sendo o progresso condição expressa da humanidade, as provas impostas modificar-se-ão e seguirão a marcha dos séculos; tornar-se-ão todas morais; e quando a vossa Terra, ainda jovem, tiver realizado todas as fases de sua existência, tornar-se-á um lugar de felicidade, como outros planetas mais adiantados.

Pierre Jouty
Pai do médium"

Observação: Houve um tempo em que se havia posto em dúvida a alma dos cretinos e se perguntava se, na verdade, eles pertenciam à espécie humana. A maneira por que o Espiritismo os encara não é de uma alta moralidade e de um grande ensinamento? Não há matéria para sérias reflexões, ao pensar que esses corpos desgraçados encerram almas que talvez tenham brilhado no mundo, que são tão lúcidas e pensantes quanto as nossas, sob o espesso envoltório que lhes abafa as manifestações e que, um dia, o mesmo nos pode acontecer, se abusarmos das faculdades que nos concedeu a Providência?

De que outra forma poder-se-ia explicar o cretinismo? Como fazê-lo concordar com a justiça e a bondade de Deus, sem admitir a pluralidade das existências, isto é, a reencarnação? Se a alma ainda não viveu, é que foi criada ao mesmo tempo que o corpo. Nesta hipótese, como justificar a criação de almas tão deserdadas, quanto a dos cretinos, por parte de um Deus justo e bom? Porque aqui não se trata de um desses acidentes, como, por exemplo, a loucura, que se pode prevenir ou curar. Esses seres nascem e morrem no mesmo estado. Sem qualquer noção do bem ou do mal, qual a sua sorte na eternidade? Serão felizes como os homens trabalhadores e inteligentes? - Mas, por que esse favor, desde que nada fizeram de bom? Estarão naquilo a que chamam limbo, isto é, num estado misto, que nem é felicidade nem infelicidade? Mas, por que essa inferioridade eterna? É sua culpa se Deus os criou cretinos? Desafiamos todos os que repelem a doutrina da reencarnação a saírem do impasse. Com a reencarnação, ao contrário, aquilo que parece uma injustiça torna-se admirável justiça; o que é inexplicável explica-se da mais racional das maneiras. Aliás, não sabemos se os que repelem esta doutrina jamais a tenham combatido com argumentos mais peremptórios do que o de sua repugnância pessoal a voltar à Terra. Estão, assim, muito certos de possuir bastantes virtudes para ganhar o céu numa arrancada. Desejamos-lhes boa sorte. Mas os cretinos? E as crianças que morrem em tenra idade? Que títulos possuirão para fazer valer?

UM HOMEM DE BEM TERIA MORRIDO

(SOCIEDADE ESPÍRITA DE SENS)

Muitas vezes, falando de um homem mau, que escapa de um perigo, dizeis: *Um homem de bem teria morrido.* Ora, dizendo isto estais certos, pois realmente muitas vezes acontece que Deus dá a um Espírito, ainda novo nas vias do progresso, uma prova mais longa do que a um bom que, como recompensa ao seu mérito, terá sua prova tão curta quanto possível. Assim, pois, quando repetirdes esse axioma, não duvideis de que proferis uma blasfêmia. Se morrer um homem de bem e ao lado de sua casa mora um malvado, apressai-vos em dizer: *Melhor que tivesse sido este.* Cometeis um grande erro, porque o que parte terminou sua tarefa e o que fica, talvez não tenha ainda começado a sua. Por que quereríeis, então, que não tivesse tempo de a completar e que o primeiro ficasse ligado à gleba terrestre? Que diríeis de um prisioneiro que tivesse cumprido sua pena e continuasse na prisão, enquanto se desse liberdade ao que a ela não tem direito? Sabei, pois, que a verdadeira liberdade está na libertação dos laços do corpo e que, enquanto estiverdes na Terra, estareis em cativeiro.

Habituai-vos a não condenar aquilo que não podeis compreender e crede que Deus é justo em todas as coisas. Muitas vezes o que vos parece um mal é um bem; mas as vossas faculdades são tão limitadas, que o conjunto do grande todo vos escapa aos vossos sentidos obtusos. Esforçai-vos para sair, pelo pensamento, da vossa esfera estreita e, à medida que vos elevardes, diminuirá aos vossos olhos a importância da vida material, pois esta se vos apresentará como um incidente na duração infinita de vossa existência espiritual, a única existência verdadeira.

Fénelon

POBRES E RICOS

(SOCIEDADE ESPÍRITA DE LIÃO)

Nota: Embora os Espíritas de Lião estejam divididos em vários grupos, que se reúnem separadamente, nós os consideramos como formando uma única sociedade, que designamos sob o nome genérico de *Sociedade Espírita de Lião*. As duas comunicações que se seguem foram recebidas em nossa presença.

O ciúme é o companheiro do orgulho e da inveja. Ele vos leva a desejar tudo quanto os outros possuem, sem perceberdes que, invejando sua posição, estareis pedindo o presente de uma víbora, que aqueceríeis ao seio. Tendes inveja e ciúme, sempre, dos ricos; vossa ambição e vosso egoísmo vos levam a ter sede do ouro alheio. Dizeis: "Se eu fosse rico faria dos meus bens um uso bem diverso do que vejo fazerem fulano e sicrano". E sabeis se, tendo esse ouro, não faríeis um uso ainda pior? A isto respondeis: "Aquele que está ao abrigo das necessidades diárias da vida tem sofrimentos muito pequenos; comparados com os meus". Que sabeis de tal coisa? Aprendei que o rico é apenas um intendente de Deus: se fizer mau uso da sua fortuna, ser-lhe-ão pedidas contas severas. Essa fortuna que Deus lhe dá e da qual aproveita na Terra, é a sua punição, a sua prova, a sua expiação. Quantos tormentos se causa o rico para conservar esse ouro, a que tanto se prende! E quando chega sua última hora, quando deve prestar contas e compreende, nessa hora suprema, que lhe revela quase sempre, toda a conduta que deveria ter tido, como treme! Como tem medo! É que começa a compreender que falhou em sua missão, que foi um mandatário infiel e que suas contas vão ser baralhadas. Ao contrário, os pobres trabalhadores, que sofreram toda a vida, ligados à bigorna ou à charrua, veem chegar a morte, esta libertação de todos os males, com reconhecimento, sobretudo se suportaram a miséria com resignação e sem murmurar. Crede, meus amigos, se vos fosse dado ver o rude pelourinho ao qual a fortuna liga os ricos, vós cujo coração é bom, porque passastes por todas as peneiras da desgraça, diríeis com o Cristo, quando o vosso amor-próprio fosse ferido pelo luxo dos opulentos da Terra: "Perdoai-lhes, meu Deus, pois não sabem o que fazem". E adormeceríeis no vosso travesseiro, acrescentando: "Meu Deus, abençoai-me, e que vossa vontade seja feita!"

O Espírito protetor do médium

DIFERENTES MANEIRAS DE FAZER A CARIDADE

(SOCIEDADE ESPÍRITA DE LIÃO)

Nota: A comunicação seguinte foi recebida em nossa presença no grupo de Perrache:

"Sim, meu amigos, virei sempre ao vosso meio, sempre que for chamado. Ontem senti-me muito feliz entre vós, quando ouvi o autor dos livros que vos abriram os olhos testemunhar o desejo de vos ver reunidos, para vos dirigir palavras benevolentes. Para vós todos é, ao mesmo tempo, um grande ensinamento e poderosa lembrança. Apenas, quando vos falou do amor e da caridade, senti que diversos entre vós se perguntavam: 'Como fazer a caridade? Às vezes não tenho nem o necessário'.

A caridade, meus amigos, se faz de muitas maneiras. Podeis fazêla por pensamento, palavras e obras. Em pensamento, orando pelos pobres abandonados, que morreram sem ao menos ter visto a luz; uma prece de coração os alivia. Por palavras, dirigindo aos vossos companheiros de todos os dias alguns conselhos bons; dizei aos homens amargurados pelo desespero e pelas privações, e que blasfemam o nome do Todo-Poderoso: 'Eu era como vós; sofria, era infeliz, mas acreditei no Espiritismo e, vede, estou agora radiante'. Aos velhos que vos disserem: 'É inútil; estou no fim da carreira; morrerei como vivi'. Respondeilhes: 'Deus tem para vós todos uma justiça igual; lembrai-vos dos trabalhadores da última hora'. Às crianças já viciadas por seu ambiente, que vão vagar pelas estradas, prontas a sucumbir a todas as más tentações, dizei: 'Deus vos vê, caros meninos', e não temais repetir-lhes muitas vezes essas suaves palavras que acabarão germinando em suas jovens inteligências e, em vez de pequenos vagabundos, tereis feito homens. Aí está ainda uma caridade.

Vários de entre vós também dizem: 'Ora essa! somos tão numerosos na Terra, que Deus não pode ver a todos'. Escutai bem isto, meus amigos: quando estais no pico da montanha, vosso olhar não abarca os milhares de grãos de areia, que formam essa montanha? Então! Deus vos vê mesmo; ele vos deixa o livre-arbítrio, como deixais os grãos de areia indo ao sabor do vento que os dispersa; apenas Deus, em sua infinita misericórdia, pôs no fundo de vosso coração uma sentinela vigilante, chamada *consciência.* Escutai-a; ela só vos dará bons conselhos. Por vezes vos adormeceis, opondo-lhe o Espírito do mal; então ela se cala; tende, porém, a certeza de que a pobre abandonada faz-se ouvir desde que lhe tenhais deixado perceber a sombra do remorso. Escutai-a; interrogai-a e muitas vezes vos achareis consolados pelo conselho que tiverdes recebido.

Meus amigos, a cada regimento novo o general entrega uma bandeira. Eu vos dou esta máxima do Cristo: 'Amai-vos uns aos outros'. Praticai esta máxima; uni-vos em torno desta bandeira e dela recebereis a felicidade e a consolação.

Vosso Espírito protetor"

ROMA

(ENVIADA PELO SR. SABÒ, DE BORDÉUS)

Cidade de Rômulo, cidade dos Césares, berço do Cristianismo, túmulo dos apóstolos, tu és a cidade eterna, e Deus quer que a longa letargia em que caíste cesse por fim. Vai soar a hora de tua volta; sacode o entorpecimento de teus membros; levanta-te forte e valente para obedecer aos destinos que te esperam, pois há longos séculos não passas de uma cidade deserta. As numerosas ruínas de tuas vastas arenas, que dificilmente continham as ondas de ávidos espectadores, são apenas visitadas pelos raros estrangeiros que, de vez em quando, passam por tuas ruas solitárias. Tuas catacumbas, onde repousam os despojos de tantos valentes soldados mortos pela fé, apenas os tiram de sua indiferença. Mas a crise que sofres será a última e irás sair desse penoso e dorido trabalho, grande, forte, poderosa, transformada pela vontade de Deus; e do alto de tua velha basílica, a voz do sucessor de São Pedro estenderá sobre ti as mãos que trarão a bênção do céu, e ele chamará ao seu supremo conselho os Espíritos do Senhor; submeter-se-á às suas lições e dará o sinal do progresso, arvorando francamente a bandeira do Espiritismo. Então, submetido aos seus ensinos, o Universo católico acorrerá em massa para se colocar em redor do cajado de seu primeiro pastor e com esse impulso todos os corações voltar-se-ão para ti. Serás o farol luminoso que deve iluminar o mundo, e teus habitantes, na alegria e felicidade de te ver dar às nações o exemplo do melhoramento e do progresso, dirão, em seu canto: Sim, Roma é a cidade eterna.

Massillon

O COLISEU

(ENVIADA PELO CONDE X., DE ROMA. TRADUZIDA DO ITALIANO)

Que sentimento faz nascer em vós a visão do Coliseu? O produzido pelo aspecto de toda ruína: tristeza. Suas vastas e belas proporções lembram todo um mundo de grandeza; mas sua decrepitude involuntariamente leva o pensamento para a fragilidade das coisas humanas. Tudo passa. E os monumentos, que pareciam desafiar o tempo, esboroam-se, como para provar que só as obras de Deus são duráveis; e quando os escombros, semeados por toda parte, protestam contra a eternidade das obras humanas, ousais chamar eterna uma cidade juncada de restos do passado!

"Onde estás, Babilônia? onde estás, Nínive? Onde vossos imensos e esplêndidos palácios? Viajante, em vão os procuras sob as areias do deserto; não vês que Deus os apagou da face da Terra? Roma, esperas desafiar as leis da Natureza? Dizes que és cristã e que Babilônia era pagã. Sim, mas tu és de pedra, como ela, e um sopro de Deus pode dispersar as pedras amontoadas. O solo que treme ao redor de ti não está a te advertir que teu berço, que se acha sob os teus pés, pode tornar-se o teu túmulo? Dizeis: eu sou cristã e Deus me protege. Mas ousas comparar-te a esses primeiros cristãos, que morriam pela fé, e cujos pensamentos todos já não eram deste mundo, tu que vives de prazeres, luxo e indolência? Lança os olhos sobre essas arenas, ante as quais passas com tanta indiferença; interroga essas pedras, ainda de pé, e elas te falarão, e a sombra dos mártires te aparecerá para dizer: Que fizeste da simplicidade, de que nosso divino Mestre nos fez uma lei, da humildade e da caridade, de que nos deu exemplo? Tinham palácios, estavam vestidos de seda e ouro, esses primeiros propagadores do Evangelho? Suas mesas regurgitavam do supérfluo? Tinham coortes de servos inúteis para lhes adular o orgulho? Que há de comum entre ti e eles? Eles só buscavam os tesouros do céu, e tu buscas os tesouros da terra! Ó homens que vos dizeis cristãos, vendo o vosso apego aos bens perecíveis deste mundo, dir-se-ia que realmente não contais com os da eternidade. Roma! que te dizes imortal, possam os séculos futuros não buscar o teu lugar, como hoje é procurado o de Babilônia!

Dante

Observação: Por singular coincidência, estas duas mensagens nos chegaram no mesmo dia. Embora tratem do mesmo assunto, vê-se que os Espíritos o encaram cada um de seu ponto de vista pessoal. O primeiro vê a Roma religiosa e, em sua opinião, eterna, porque será sempre a capital do mundo cristão; o segundo vê a Roma material e diz que nada do que os homens edificam pode ser eterno. Aliás, sabe-se que os Espíritos têm suas opiniões e que podem discordar entre si na maneira de ver, quando ainda imbuídos das ideias terrenas. Só os Espíritos mais puros estão isentos de preconceitos. Mas, de lado a opinião, que pode ser controvertida, não é possível recusar a estas duas comunicações uma grande elevação de estilo e de pensamento e cremos que não seriam relegadas pelos escritores cujos nomes as subscrevem.

A TERRA PROMETIDA

(ENVIADA PELO SR. RODOLPHE, DE MULHOUSE)

O Espiritismo se ergue e em breve sua luz fecunda vai iluminar o mundo; seu brilho magnífico protestará contra os ataques dos interessados em conservar os abusos e contra a incredulidade do materialismo. Os que duvidam sentir-se-ão felizes por encontrar nesta doutrina nova, tão bela e tão pura, o bálsamo consolador, que os curará do ceticismo e os tornará aptos a melhorar e progredir, como todas as demais criaturas. Privilegiados serão aqueles que, renunciando às impurezas da matéria, se lançaram em voo rápido até o ápice das ideias mais puras e buscaram desmaterializar-se completamente.

Povos! erguei-vos para assistir a aurora desta vida nova, que vem para vos regenerar; que, enviada por Deus, vem para vos unir em santa comunhão fraterna. Oh! como serão felizes os que, ouvindo esta voz abençoada do Espiritismo, seguirem sua bandeira e cumprirem o apostolado que reconduzirá os irmãos tresmalhados pela dúvida e pela ignorância, ou embrutecidos pelo vício!

Voltai, ovelhas dispersas, voltai ao aprisco; levantai a cabeça, contemplai o vosso Criador e prestareis homenagem ao seu amor por vós. Retirai prontamente o véu que vos ocultava o Espírito da Divindade; admirai-o em toda a sua beleza; prostrai o rosto ao solo e arrependei-vos. O arrependimento vos abrirá as portas da felicidade: as de um mundo melhor, onde reinam o amor mais puro, a fraternidade mais estreita, onde cada um sente alegria na alegria do próximo.

Não sentis que se aproxima o momento em que vão surgir coisas novas? Não sentis que a Terra está em trabalho de parto? Que querem esses povos que se mexem, se agitam, se aprestam para a luta? Por que vão combater? Para quebrar as cadeias que amarram o surto de sua inteligência, absorvem a sua seiva, semeiam a desconfiança e a discórdia, armam o filho contra o pai, o irmão contra o irmão, corrompem as nobres aspirações e matam o gênio. Ó liberdade! Ó independência! nobres atributos dos filhos de Deus, que alargais o coração e elevais a alma, por vós os homens se voltam para o bem, por vós a injustiça desaparece, os ódios se extinguem e a discórdia foge envergonhada, extinguindo o seu facho tremendo que projeta clarões tão sinistros. Irmãos! escutai a voz que vos diz: Marchai para esse brilhante raio de luz que está à vossa frente, como outrora a coluna luminosa à frente do povo de Israel. Sereis conduzidos à verdadeira *Terra Prometida,* onde reina a felicidade eterna, reservada aos puros Espíritos. Armai-vos de virtudes; limpai-vos das impurezas e, então, a rota vos parecerá fácil e a encontrareis juncada de flores; percorrê-la-eis com um inefável sentimento de alegria, porque, a cada passo, compreendereis que vos aproximais da meta onde podeis conquistar as palmas eternas.

Mardoqueu

EGOÍSMO E ORGULHO

(SOCIEDADE ESPÍRITA DE SENS)

Se os homens se amassem com amor comum, a caridade seria melhor praticada. Mas seria necessário que vos esforçásseis para vos desembaraçardes dessa couraça que cobre os vossos corações a fim de serdes mais sensíveis aos corações que sofrem. A rijeza mata os bons sentimentos; o Cristo não desanimava; aquele que a ele se dirigisse, fosse quem fosse, não era repelido: a mulher adúltera e o criminoso eram por ele socorridos; jamais temia que sua própria reputação sofresse por isso. Quando, pois, o tomareis por modelo de todas as vossas ações? Se a caridade reinasse na Terra, o mau não teria domínio; fugiria envergonhado; ocultar-se-ia, porque em toda parte sentir-se-ia deslocado. Então o mal desapareceria da face da Terra: convencei-vos disto. Começai por dar exemplo, vós mesmos; sede caridosos para com todos, indistintamente; esforçai-vos por tomar o hábito de não mais notar os que vos olham com desdém; crede sempre que eles merecem vossa simpatia e deixai a Deus o cuidado de toda justiça, porque a cada dia, em seu reino, ele separa o joio do trigo. O egoísmo é a negação da caridade. Ora, sem caridade não há repouso na sociedade. Digo mais: nem segurança; com o egoísmo e o orgulho, que se dão as mãos, será sempre uma corrida ao mais ágil, uma luta de interesses, onde são calcadas aos pés as mais santas afeições, onde nem mesmo os laços sagrados da família são respeitados.

Pascal

SOCIEDADE ESPÍRITA DE METZ

De volta de nossa viagem encontramos uma carta do honrado presidente da Sociedade Espírita de Metz, bem como a primeira publicação dessa Sociedade. Nós a publicaremos no próximo número, pois este já está composto e pronto para impressão. Só nos resta espaço e tempo de enviar nossas sinceras felicitações àquela Sociedade e ao seu digno presidente.

Allan Kardec

ANO IV
NOVEMBRO DE 1861

OS RESTOS DA IDADE MÉDIA

AUTO-DE-FÉ DAS OBRAS ESPÍRITAS EM BARCELONA

Nada informamos aos leitores sobre esse fato, que já não o saibam através da imprensa. O que é de admirar é que jornais na aparência bem informados, o tenham posto em dúvida. A dúvida não nos surpreende: o fato em si parece tão estranho nos dias que vivemos; está de tal modo longe de nossos costumes que, por maior cegueira que reconheçamos no fanatismo, a gente pensa sonhar ao ouvir dizer que as fogueiras da Inquisição ainda se acendem em 1861, às portas da França. Nessas circunstâncias a dúvida é uma homenagem prestada à civilização europeia, ao próprio clero católico. Hoje, em presença de uma realidade incontestável, o que mais deve admirar é que um jornal sério, que diariamente cai com todas as forças sobre os abusos e invasões do poder sacerdotal, para assinalar esse fato não tenha senão algumas palavras de censura, acrescentando: "Em todo o caso, não seríamos nós a nos divertir neste momento em fazer girar mesas na Espanha". *(Le Siècle* de 14 de outubro de 1861). Então *Le Siècle* ainda está vendo o Espiritismo nas mesas girantes? Também ele ainda está bastante enceguecido pelo ceticismo para ignorar que toda uma doutrina filosófica, eminentemente progressiva, saiu dessas mesas, de que tanto zombaram? Não sabe que essa ideia fermenta em toda parte? Que em toda parte, nas grandes cidades como na França e no estrangeiro, essa ideia se espalha com inaudita rapidez? Que por toda parte agita as massas, que nela saúdam a aurora de um renovação social? O golpe com que julgaram feri-lo não é um indício de sua importância? Porque ninguém se atira assim contra uma infantilidade sem consequências, e D. Quixote não voltou à Espanha para se bater contra moinhos de vento.

O que não é menos exorbitante e nos admiramos de não se ver

nenhum protesto enérgico, é a estranha pretensão que se arroga o Bispo de Barcelona, de policiar a França. O pedido de reexportação das obras foi respondido com a recusa assim justificada: *A Igreja católica é universal; e sendo estes livros contra a fé católica, o governo não pode consentir que eles vão perverter a moral e a religião de outros países.* Assim, eis um bispo estrangeiro que se institui juiz do que convém ou não convém à França! Então a sentença foi mantida e executada, sem pelo menos isentar o destinatário das taxas alfandegárias, de que lhe exigiram o pagamento.

Eis o relato que nos foi dirigido pessoalmente:

"Hoje, nove de outubro de mil oitocentos e sessenta e um, às dez e meia da manhã, na esplanada da cidade de Barcelona, lugar onde são executados os criminosos condenados ao último suplício, e por ordem do bispo desta cidade, foram queimados trezentos volumes e brochuras sobre o Espiritismo, a saber:

A *Revista Espírita,* diretor Allan Kardec;

A *Revista Espiritualista,* diretor Piérard;

O Livro dos Espíritos, por Allan Kardec;

O Livro dos Médiuns, pelo mesmo;

Que é o Espiritismo, pelo mesmo;

Fragmentos de Sonata Ditada pelo Espírito de Mozart;

Carta de um Católico sobre o Espiritismo, pelo Dr. Grand;

A História de Joana d'Arc, ditada por ela mesma à Srta. Ermance Dufaux;

A Realidade dos Espíritos Demonstrada pela Escrita Direta. pelo Barão de Goldenstubbé;

Assistiram ao auto-de-fé:

Um sacerdote com os hábitos sacerdotais, com a cruz numa mão e uma tocha na outra;

Um escrivão encarregado de redigir a ata do auto-de-fé;

O secretário do escrivão;

Um empregado superior da administração das alfândegas;

Três serventes da alfândega, encarregados de alimentar o fogo;

Um agente da alfândega representando o proprietário das obras condenadas pelo bispo.

Uma inumerável multidão enchia as calçadas e cobria a imensa esplanada onde se erguia a fogueira.

Quando o fogo consumiu os trezentos volumes ou brochuras Espíritas, o sacerdote e seus ajudantes se retiraram, cobertos pelas vaias e maldições de numerosos assistentes, que gritavam: Abaixo a Inquisição!

Várias pessoas, a seguir, aproximaram-se da fogueira e recolheram as suas cinzas.

Uma inumerável multidão enchia as calçadas e cobria o fragmento de *O Livro dos Espíritos,* consumido pela metade. Nós os conservamos preciosamente, como um testemunho autêntico desse ato de insensatez."

À parte qualquer opinião, este caso levanta grave questão de direito internacional. Reconhecemos ao governo espanhol o direito de interditar a entrada em seu território de obras que lhe não convenham, como a de todas as mercadorias proibidas. Se as obras tivessem entrado clandestina ou fraudulentamente, nada haveria a dizer; mas foram expedidas ostensivamente e apresentadas à alfândega; havia, pois, uma permissão legalmente solicitada. A alfândega julga dever reportar-se à autoridade episcopal que, sem qualquer forma de processo, condena as obras a serem queimadas por um carrasco. Então o destinatário pede que sejam reexportadas para o lugar de sua procedência e, por fim, lhe é respondido que não aceitam o pedido. Perguntamos se a destruição dessa propriedade, em tais circunstâncias, não é um ato arbitrário e contra o direito comum.

Examinamos o caso, do ponto de vista de suas consequências, diremos, para começar, não haver dúvida de que nada poderia ser mais favorável ao Espiritismo. A perseguição sempre foi proveitosa à ideia que se quer proscrever. Por ela se exalta a sua importância, chama-se a atenção dos que a ignoravam e que passam a conhecê-la. Graças a esse zelo imprudente, todo o mundo na Espanha vai ouvir falar do Espiritismo e quererá saber o que é ele. Eis tudo quanto desejamos. Podem queimar-se livros, mas não se queimam ideias: as chamas das fogueiras as superexcitam, em vez de abafar. Aliás, as ideias estão no ar, e não há Pireneus bastante altos para as deter. E quando uma ideia é grande e generosa, encontra milhares de corações prontos a aspirá-la. A despeito do que tenham feito, o Espiritismo já tem numerosas e profundas raízes na Espanha; cinzas da fogueira vão fazê-las frutificar. Mas não é só na Espanha que se produzirá tal resultado: é o mundo inteiro que sentirá as suas consequências. Vários jornais da Espanha estigmatizaram esse ato retrógrado, como bem o merece. *Las Novedades* de Madrid, de 19 de outubro, contém notável artigo a respeito. Será reproduzido em nosso próximo número.

Espíritas de todos os países! Não esqueçais a data de 9 de outubro de 1861. Será marcada nos fastos do Espiritismo; que ela seja para vós um dia de festa, e não de luto, porque é o penhor de vosso próximo triunfo!

Entre as numerosas comunicações a respeito, ditadas pelos Espíritos, citaremos apenas as duas seguintes, dadas espontaneamente na Sociedade de Paris. Elas resumem as causas e todas as consequências desse fato.

SOBRE O AUTO-DE-FÉ DE BARCELONA

"O amor da verdade deve sempre fazer-se ouvir: ela rompe o véu e brilha ao mesmo tempo por toda parte. O Espiritismo tornou-se conhecido de todos. Em breve será considerado e posto em prática; quanto mais perseguições houver, tanto mais depressa esta sublime doutrina chegará ao apogeu. Seus mais cruéis inimigos, os inimigos do Cristo e do progresso, se conduzem de maneira a ninguém ignorar que Deus permite àqueles que deixaram esta Terra de exílio voltarem aos que amaram.

Tende certeza: as fogueiras apagar-se-ão por si mesmas; e se os livros são lançados ao fogo, o pensamento imortal lhes sobrevive."

Dollet

Nota: Esse Espírito, que se manifestou espontaneamente, disse ser o de um antigo livreiro do século XVI.

OUTRA

"Era preciso que algo ferisse num golpe violento certos Espíritos encarnados, para que se decidissem a ocupar-se dessa grande doutrina que deve regenerar o mundo. Nada é feito inutilmente em vossa Terra nesse sentido; e nós, que inspiramos o auto-de-fé de Barcelona, bem sabíamos que, assim agindo, contribuiríamos para um grande passo à frente. Esse fato brutal, incrível nos tempos atuais, foi consumado a fim de atrair a atenção dos jornalistas que ficavam indiferentes ante a profunda agitação reinante nas cidades e centros Espíritas. Deixavam dizer e fazer; mas se obstinavam em não ouvir, e respondiam pelo mutismo ao desejo de propaganda dos adeptos do Espiritismo. De boa ou má vontade, é preciso que hoje falem: uns, constatando o histórico do caso de Barcelona, outros o desmentindo, deram lugar a uma polêmica que fará a volta ao mundo e da qual só o Espiritismo aproveitará. Eis por que hoje a retaguarda da Inquisição praticou o seu último auto-de-fé, porque assim o quisemos."

Saint-Dominique

OPINIÃO DE UM JORNALISTA SOBRE *O LIVRO DOS ESPÍRITOS*

Como se sabe, a imprensa não nos prejudica, o que não impede o Espiritismo de avançar rapidamente, prova clara de que é bastante forte para marchar sozinho. Se a imprensa é muda ou hostil, não haverá razão para crer tenha ele contra si todos os seus representantes: muito ao contrário são-lhe simpáticos, mas detidos por considerações pessoais, porque ninguém que tomar a iniciativa. Neste tempo a opinião pública se pronuncia cada vez mais. A ideia se generaliza e, quando tiver invadido as massas, a imprensa progressista será mesmo forçada a segui-la, sob pena de ficar com os que não avançam nunca. Fá-lo-á sobretudo quando compreender que o Espiritismo é o mais poderoso elemento de propagação para todas as ideias grandiosas, generosas e humanitárias, que não cessa de pregar; sem dúvida suas palavras não ficam perdidas; mas quantos golpes não devem ser dados na rocha dos preconceitos antes de a encetar! O Espiritismo lhes oferece um terreno fecundo e elimina as últimas barreiras, que lhe detinham a marcha. Eis o que compreenderão os que se derem ao trabalho de estudá-lo a fundo, medir-lhe o alcance e lhe ver as consequências que já se manifestam em resultados positivos; mas para isso são necessários observadores sérios e não superficiais; esses homens que não escrevem por escrever, mas que fazem de seus princípios uma religião. Não duvidemos de que estes serão encontrados e, mais cedo do que se pensa, ver-se-á à cabeça da propagação das ideias espíritas alguns desses nomes que, por si sós, são autoridades e cuja memória o futuro guardará, como tendo concorrido para a verdadeira emancipação da humanidade.

O artigo seguinte, publicado pelo *Akhbar,* da Argélia, a 15 de outubro de 1861 é, nesse sentido, um primeiro passo, que terá imitadores. Sob o modesto pseudônimo de Ariel, nossos leitores talvez reconheçam a pena exercitada de um dos nossos eminentes jornalistas.

"A imprensa europeia está muito ocupada com essa obra. Depois de a ter lido, compreende-se, seja qual for a opinião que se tenha da colaboração das inteligências extraterrenas, que o autor diz ter obtido. Com efeito, suprimindo algumas páginas de introdução, que expõem as vias e os meios de tal colaboração – parte contestável para os profanos – resta um livro de alta filosofia, de uma moral eminentemente pura e, sobretudo, de um efeito muito consolador para a alma humana, abalada aqui entre os sofrimentos do presente e o medo do futuro. Assim, muitos leitores devem ter exclamado, ao chegar à última página: Não sei se tudo isso é; mas gostaria muito que fosse!

Quem não ouviu falar, desde alguns anos, das estranhas comunicações de que certos seres privilegiados eram intérpretes entre o mundo material e o mundo invisível? Cada um tomou partido na questão; e, como de hábito, a maioria dos que se colocaram sob a bandeira dos crentes, ou que se recolheram ao campo dos incrédulos, não se deram ao trabalho de verificar os fatos, cuja realidade uns admitiam e outros negavam.

Mas estes não são assuntos que se discutam num jornal como o nosso. Assim, sem contestar nem atestar a autenticidade das assinaturas póstumas de Platão, Sócrates, Santo Agostinho, Júlio César, Carlos Magno, São Luís, Napoleão, etc., que se acham no fim de vários parágrafos do livro do Sr. Allan Kardec, constatamos que se esses grandes homens voltassem ao mundo para nos dar explicações sobre os problemas mais interessantes da humanidade, não se exprimiriam com mais lucidez, com um senso moral mais profundo, mais delicado, com maior elevação de vistas e linguagem do que o fazem na obra original, da qual procuramos dar uma ideia. São coisas que não se leem sem emoção e não são daquelas que se esquecem apenas lidas. Nesse sentido *O Livro dos Espíritos* não passará, como tantos outros, em meio à indiferença do século: terá ardentes detratores, zombadores impiedosos, mas não nos admiraríamos, também e em compensação, se tiver partidários muito sinceros e muito entusiastas.

Não podendo, em consciência – por falta de uma verificação prévia – colocar-nos entre uns e outros, ficamos no humilde ofício de repórter e dizemos: Lede essa obra, pois ela sai completamente das veredas batidas da banalidade contemporânea. Se não estiverdes seduzido, subjugado, talvez vos irriteis; mas, sem a menor dúvida, nem ficareis frio nem indiferente.

Recomendamos, sobretudo, a passagem relativa à morte. Eis um tema sobre o qual ninguém gosta de fixar a atenção, mesmo aquele que se julga espírito forte e intrépido. Pois bem! depois de ter lido e meditado, a gente se sente muito admirada por não mais encontrar essa crise suprema tão apavorante. Sobre o assunto, chega-se ao ponto mais desejável, no qual nem se teme nem se deseja a morte. Outros problemas de não menor importância têm soluções igualmente imprevistas e consoladoras. Logo, o tempo que se consagrar à leitura desse livro será bem empregado na satisfação da curiosidade intelectual e não será perdido para o melhoramento moral."

Ariel

O ESPIRITISMO EM BORDÉUS

Se Lião fez o que se poderia chamar o seu *pronunciamento* em face do Espiritismo, Bordéus não ficou atrás, porque quer também tomar um dos primeiros lugares na grande família. Pode-se julgar pelo relato que damos, da visita que acabamos de fazer aos Espíritas dessa cidade, a convite dos mesmos. Não foi em alguns anos, mas em alguns meses, que a doutrina ali tomou proporções imponentes em todas as classes sociais. Constatamos, logo de entrada, um fato capital: é que lá, como em Lião e em muitas outras cidades que visitamos, vimos a doutrina encarada do mais sério ponto de vista e das suas aplicações morais; ali, como alhures, vimos inumeráveis transformações, verdadeiras metamorfoses; caracteres hoje irreconhecíveis; gente que em nada cria, trazida às ideias religiosas pela certeza do futuro, para ela agora palpável. Isto dá a medida do espírito que reina nas reuniões espíritas, já muito multiplicadas; em todas as que assistimos, vimos o mais edificante recolhimento, um ar de mútua benevolência entre os assistentes; sente-se um meio simpático, que inspira confiança.

Os operários de Bordéus nada ficam a dever aos de Lião: ali se contam numerosos e fervorosos adeptos, cujo número aumenta todos os dias. Sentimo-nos feliz dizendo que saímos de suas reuniões, edificados pelo piedoso sentimento que as preside, quanto pelo tato com o qual sabem guardar-se contra a intrusão dos Espíritos enganadores. Um fato que gostamos de constatar é que homens, por vezes em eminente posição social, se misturam aos grupos plebeus com a mais fraterna cordialidade, deixando os títulos à porta, assim como simples trabalhadores são acolhidos com igual benevolência entre os grupos de uma outra ordem. Por toda parte o rico e o operário se apertam as mãos cordialmente. Disseram-nos que essa aproximação dos dois extremos da escala social entrou nos hábitos da Terra e nos felicitaram por isso. A gente reconhece que o Espiritismo veio dar a esse estado de coisas uma razão de ser e uma sanção moral, mostrando em que consiste a verdadeira fraternidade.

Encontramos em Bordéus muito numerosos e muito bons médiuns em todas as classes, de todos os sexos e idades. Muitos escrevem com grande facilidade e obtêm comunicações de alto alcance, o que, aliás, os Espíritos nos haviam revelado antes de nossa partida. Não se pode senão elogiá-los pelo devotamento com que prestam seu concurso nas reuniões. Mas o que é ainda melhor é a abnegação de todo o amor-próprio a respeito das comunicações; ninguém se julga privilegiado e intérprete exclusivo da verdade; ninguém procura impor-se nem impor os Espíritos que os assistem; todos submetem com simplicidade o que obtêm, ao julgamento da assembleia e ninguém se ofende nem se fere com a crítica; aquele que recebe falsas comunicações consola-se aproveitando as boas que outros obtêm e dos quais não têm ciúmes. Dá-se o mesmo em toda parte? Ignoramos. Constatamos o que vimos; constatamos, também, que se compenetraram do princípio de que todo médium orgulhoso, ciumento e suscetível não pode ser assistido por bons Espíritos e que nele tal capricho é motivo de suspeita. Longe, pois, de buscar tais médiuns, se são encontrados, a despeito da eminência de sua faculdade, seriam repelidos por todos os grupos sérios, que querem, antes de tudo, ter comunicações sérias, e não, visar os efeitos.

Entre os médiuns que vimos, um há que merece menção especial. É uma jovem de dezenove anos que, à faculdade de escrevente, alia a de médium desenhista e músico. Ela anotou mecanicamente, sob o ditado de um Espírito, que disse ser Mozart, um trecho de música que não o desacreditaria. Assinou-o, e várias pessoas, que viram os seus autógrafos, afirmaram a perfeita identidade da assinatura. Mas o trabalho mais belo é, sem contradita, o desenho. É um quadro planetário de quatro metros quadrados de superfície, de um efeito tão original e tão singular, que nos seria impossível lhe dar uma ideia pela descrição. É trabalhado a creiom preto, pastel de diversas cores e esfuminho. O quadro, começado há meses, ainda não está terminado. É destinado pelo Espírito à Sociedade Espírita de Paris. Vimos a médium à obra e ficamos maravilhado, tanto com a rapidez, quanto com a precisão do trabalho. Inicialmente, como treino, o Espírito a fez traçar, com mão leve e de um jato, círculos e espirais de quase um metro de diâmetro e de tal regularidade, que se encontrou perfeitamente exato o centro geométrico. Nada podemos dizer ainda do valor científico do quadro. Mas, admitindo seja uma fantasia, não deixa de ser, como trabalho mediúnico, coisa bem notável. Como o original tinha de ser enviado a Paris, o Espírito aconselhou que o fotografassem, para se tirar várias cópias.

Um fato que devemos mencionar é que o pai da médium é pintor. Como artista, acha que o Espírito contrariava as regras da arte e pretendia dar conselhos. Também o Espírito o proibiu de assistir ao trabalho, para que a médium não lhe sofresse a influência.

Até há pouco tempo a médium não havia lido nossas obras. O Espírito lhe ditou, para nos ser entregue à nossa chegada, que ainda não estava anunciada, um pequeno tratado de Espiritismo, em todos os pontos conforme *O Livro dos Espíritos*.

Seria presunção enumerar os testemunhos de simpatia que recebemos, das atenções e delicadezas de que fomos objeto. Certo haveria com que inflamar o nosso orgulho, se não tivéssemos pensado que era uma homenagem prestada antes à doutrina do que à nossa pessoa. Pelo mesmo motivo tínhamos hesitado em publicar alguns discursos pronunciados e que realmente nos confundiram. Fazendo sentir nossos escrúpulos a alguns amigos e a vários membros da Sociedade, disseram-nos que eles eram um índice da situação da doutrina e que, sob tal ponto de vista, era instrutivo para todos os Espíritas os conhecer; que, por outro lado, sendo as palavras expressão de um sentimento sincero, os que as tinham pronunciado sentiriam pena se, por um excesso de modéstia, nos abstivéssemos de reproduzi-las. Poderiam ver nisto indiferença de nossa parte. Sobretudo, esta última consideração nos determinou. Esperamos que os leitores nos julguem um Espírita suficientemente bom para não mentir aos princípios que professamos, fazendo deste relato uma questão de amor-próprio.

Desde que transcrevemos esses diversos discursos, não queremos omitir, como traço característico, a pequena alocução recitada com uma graça encantadora e um ingênuo entusiasmo por um pequenino de cinco anos e meio, filho do Sr. Sabò, à nossa chegada ao seio dessa família realmente patriarcal, e sobre a qual o Espiritismo derramou a mancheias suas benfeitoras consolações. Se toda a geração que se ergue estivesse imbuída de tais sentimentos, seria permitido entrever como muito próxima a mudança que se deve operar nos costumes sociais e que, de todos os lados, é anunciada pelos Espíritos. Não penseis que aquela criança haja feito a sua pequena saudação como um papagaio. Não: captou-lhe muito bem o sentido. O Espiritismo, no qual foi, por assim dizer, embalado, já é para a sua jovem inteligência, um freio que compreende perfeitamente e que sua razão se desenvolvendo, não repelirá.

Eis o pequeno discurso do nosso amiguinho Joseph Sabò, que ficaria muito triste se não o visse publicado:

"Sr. Allan Kardec: Permiti que a mais jovem de vossas crianças espíritas venha hoje, dia para sempre gravado em nossos corações, exprimir-vos a alegria causada por vossa vinda ao nosso meio. Ainda estou na infância; mas meu pai já me ensinou que os Espíritos se manifestam a nós; a docilidade com que devemos seguir seus conselhos; as penas e recompensas que lhes são outorgadas. E, em alguns anos, se Deus o julgar certo, também quero, sob os vossos auspícios, tornar-me um digno e fervoroso apóstolo do Espiritismo, sempre submisso ao vosso saber e à vossa experiência. Em troca destas poucas palavras, ditadas por meu pequeno coração, conceder-me-eis um beijo, que não ouso pedir?"

REUNIÃO GERAL DOS ESPÍRITAS BORDELESES

14 DE OUTUBRO DE 1861

DISCURSO DO SR. SABÒ

Senhoras, Senhores.

Prestemos a Deus a sincera homenagem do nosso reconhecimento por haver lançado sobre nós um olhar paternal e benevolente, concedendo-nos o precioso favor de receber os ensinamentos dos bons Espíritos que, por sua ordem, vêm diariamente ajudar-nos a discernir a verdade do erro, dar-nos a certeza de uma felicidade futura, mostrar-nos que a punição é proporcional à ofensa, mas não eterna, e fazer-nos compreender essa justa e equitativa lei da reencarnação, chave da abóbada do edifício espírita, que serve para nos purificarmos e nos fazer progredir para o bem.

Eu disse a reencarnação! Mas para tornar o vocábulo mais compreensível, cedamos um instante a palavra a um dos nossos guias espirituais que, para nossa instrução espírita, teve a bondade, em algumas palavras, de desenvolver esse grave e tão interessante assunto para a nossa pobre humanidade.

Diz ele: "A reencarnação é o inferno; a reencarnação é o purgatório; a reencarnação é a expiação; a reencarnação é o progresso. É, enfim, a santa escada que devem subir todos os homens. Seus degraus são as fases das diversas existências a percorrer para atingir o topo, pois Deus disse: Para chegar a Ele é preciso nascer, morrer e renascer até que se tenha alcançado os limites da perfeição e ninguém a Ele chega sem se ter purificado pela reencarnação."

Ainda neófito na Ciência espírita, para divulgá-la tínhamos apenas zelo e boa vontade. Deus se contentou com isto e abençoou nossos fracos esforços, fazendo germinar no coração de alguns de nossos irmãos de Bordéus a semente da palavra divina.

Com efeito, desde janeiro ocupamo-nos da *ciência prática* e vimos ligar-se a nós um certo número de irmãos que dela se ocupavam isoladamente; outros que ouviram falar pela voz da imprensa ou pela fama, essa trombeta estridente que se encarregou de anunciar, em todos os recantos da nossa cidade, o aparecimento dessa fé consoladora, testemunha irrecusável da bondade de Deus para com os seus filhos.

Malgrado as dificuldades encontradas no caminho, fortes pela pureza e direitura de nossas convicções, sustentadas pelos conselhos de nosso amado e venerado chefe Sr. Allan Kardec, temos a grata satisfação, após nove meses de apostolado, com o auxílio de alguns dos nossos irmãos, de poder reunir-nos hoje, sob suas vistas, para a inauguração desta Sociedade que, assim o espero, continuará a dar frutos em abundância e espalhar-se-á como orvalho benéfico sobre os corações dissecados pelo materialismo, endurecidos pelo egoísmo, cheios de orgulho, e levará o bálsamo da resignação aos aflitos e sofredores, aos pobres e aos deserdados dos bens terrenos, dizendo-lhes: "Confiança e coragem; as provas terrenas são curtas, em comparação com o caráter eterno da felicidade que Deus vos reserva, em recompensa de vossos sofrimentos e de vossas lutas aqui embaixo."

Sim, confesso em voz alta, estou feliz por ser o intérprete de um grande número de membros da Sociedade Espírita de Bordéus, protestando nossa fidelidade em seguir a rota traçada por nosso caro missionário, aqui presente, pois compreendemos que, para se estar seguro, o progresso não se faz senão gradativamente, e que, combatendo fortemente certas ideias recebidas há séculos, afastaríamos o momento de nossa emancipação espiritual. É possível que haja entre nós opiniões divergentes a esse respeito. Nós as respeitamos. Por nós, marchemos pouco a pouco, seguindo a máxima da sabedoria das nações: *chi va piano va sano.* Talvez cheguemos mais tarde, mas chegaremos mais seguros, porque não teremos rompido com a fé dos nossos antepassados, sempre sagrada para nós, seja qual for. Sirvamo-nos da luz do Espiritismo, não para abater, mas para nos aprimorarmos, para progredir. Suportando com coragem e resignação as vicissitudes desta vida, onde estamos de passagem, mereceremos o favor de sermos conduzidos ao fim de nossas provas, pelos Espíritos do Senhor, a desfrutar da imortalidade para a qual fomos criados.

Permiti, caro mestre, que em nome dos membros desta Sociedade, que vos cercam, eu vos agradeça a honra que lhe destes, vindo em pessoa inaugurar esta reunião de família, que é uma festa para todos nós, e que marcará, sem dúvida, época nos fastos do Espiritismo. Recebei igualmente, neste dia que ficará gravado em nossos corações, e de maneira muito particular, a expressão muito sincera do nosso vivo reconhecimento pela bondade paternal com que encorajastes os nossos fracos trabalhos. Fostes vós que nos traçastes a rota onde nos sentimos felizes em vos seguir, previamente convencidos de que vossa missão é fazer marchar o progresso espiritual em nossa bela França que, por sua vez, dará ânimo às outras nações da Terra, para fazer que elas cheguem, pouco a pouco, à felicidade, pelo progresso intelectual e moral.

ALGUMAS CONSIDERAÇÕES SOBRE O ESPIRITISMO, LIDAS NA SESSÃO GERAL, QUANDO DA PASSAGEM DO SR. ALLAN KARDEC POR BORDÉUS

PELO DR. BOUCHÉ DE VITRAY

(14 DE OUTUBRO DE 1861)

Há certas épocas em que a ideia governa o mundo, precedendo esses grandes cataclismos que transformam os homens e os povos. Tanto mais que aquela que preside os interesses temporais, a ideia religiosa também participa do grande movimento social.

Absorvida frequentemente pelas preocupações materiais, ela se desprende de chofre, ou insensivelmente. Ora é o raio que desce das nuvens, ora o vulcão, que surdamente mina a montanha, antes de transpor a cratera. Hoje afeta outro gênero de manifestação: após se haver mostrado como ponto imperceptível no horizonte do pensamento, acabou invadindo a atmosfera. O ar está impregnado; ela atravessa o espaço, fecunda as inteligências, mantém emocionado o mundo inteiro. E não penseis que tomo da metáfora a expressão da realidade. Não. É um fenômeno do qual se tem consciência e que dificilmente a palavra traduz. É como um fluido que nos comprime por todos os lados, é algo de vago e de indeterminado, cuja influência todos sentem, de que o cérebro está impregnado e que dele se desprende frequentemente como que por intuição, raramente como um pensamento formulado explicitamente. A ideia religiosa, digamos Espírita, tem seu lugar no escritório do negociante, no consultório do médico, no escritório do advogado e do procurador, na oficina do operário, nos campos e nas casernas. O nome do nosso grande, do nosso caro missionário espírita está em todas as bocas, como sua imagem está em todos os nossos corações, e todos os olhos estão fixos neste ponto culminante, digno intérprete dos ministros do Senhor. Essa ideia que percorre a imensidade, que superexcita todos os cérebros humanos, que existe, mesmo instintivamente, nos mais recalcitrantes Espíritos encarnados, não seria obra dessa multidão de inteligências que nos envolvem, precedendo e facilitando os nossos trabalhos apostólicos?

Sabemos que o testemunho da autenticidade de nossa doutrina remonta à noite dos tempos; que os livros sagrados, base fundamental do Cristianismo, as relatam; que vários padres da Igreja, entre outros Tertuliano e Santo Agostinho, afirmam a sua realidade; as próprias obras contemporâneas lhe fazem menção e não posso resistir ao desejo de citar a passagem de um opúsculo publicado em 1843, que parece expor analiticamente toda a quintessência do Espiritismo:

"Algumas pessoas duvidam da existência de inteligências superiores, incorpóreas, isto é, gênios que presidem à administração do mundo, e entretêm um comércio íntimo com alguns seres privilegiados; é para elas que escrevo as linhas que se vão seguir. Espero que lhes deem convicção. Em todos os reinos da Natureza existe uma lei que escalona as espécies, desde os infinitamente pequenos até os infinitamente grandes. É por graus imperceptíveis que se passa do inseto ao elefante, do grãozinho de areia ao maior dos globos celestes. Essa gradação regular é evidente em todas as obras sensíveis do Criador; deve, pois, achar-se nas suas obras-primas, para que a escala seja contínua, a fim de subir até Ele! A distância prodigiosa que existe entre a matéria inerte e o homem dotado da razão parece ser ocupada pelos seres orgânicos, mas privados desta nobre prerrogativa. Na distância infinita entre o homem e seu autor, *está o lugar dos puros Espíritos*. Sua existência é indispensável para que a Criação seja acabada em todos os sentidos.

Assim, há também o mundo dos Espíritos, cuja variedade é tão grande quanto a das estrelas que brilham no firmamento; há também o Universo das inteligências que, pela sutileza, presteza e amplitude de sua penetração, se aproximam cada vez mais da inteligência soberana. Seu desígnio, já manifesto na organização do mundo visível, continua até a perfeita consumação no mundo invisível. Todas as religiões proclamam a existência desses seres imateriais, todas as representam imiscuindo-se nos assuntos humanos, como agentes secundários. Negar sua intromissão nas peripécias humanas, evidentemente é negar os fatos sobre os quais repousam as crenças de todos os povos, de todos os filósofos e de todos os sábios, remontando até a mais alta Antiguidade."

Sem a menor dúvida, aquele que traçou este quadro era Espírita do fundo da alma. A esse esboço incompleto falta o dogma essencial da reencarnação, bem como as consequências morais, que o ensino dos Espíritos impõe aos adeptos do Espiritismo. A doutrina existia no estado da intuição nas inteligências e nos corações: Vós aparecestes, senhor, como o eleito de Deus; o Todo-Poderoso reuniu a uma vasta erudição, a um Espírito elevado, uma retidão completa e uma mediunidade privilegiada. Todos os elementos das verdades eternas estavam disseminados no espaço. Era preciso fixar a Ciência, levar a convicção às consciências ainda indecisas, reunir todas as inspirações emanadas do Altíssimo, num corpo substancial de doutrina. A obra marchou e o pólen escapado dessa antera intelectual produziu a fecundação. Vosso nome é a bandeira, sob a qual nós nos colocamos à vontade. Hoje vindes em auxílio aos filhos do Espiritismo, que apenas balbuciam os rudimentos da Ciência, mas que um grande número de Espíritos atentos e benevolentes não desdenham favorecer em suas celestes inspirações. Já – e nos felicitamos por isto – em meio ao congresso das inteligências de dois mundos, as paixões más se amotinam em torno da obra regeneradora; já o falso saber, o orgulho, o egoísmo e os interesses humanos se erguem contra o Espiritismo, em testemunho de seu poder, enquanto o grande motor desse progresso ascendente para as regiões celestes, Deus, oculto atrás dessa nuvem das teorias odiosas e quiméricas, permanece calmo e prossegue a sua obra.

Realizada a obra, formam-se centros espíritas em todos os pontos do globo. Os moços abandonam as ilusões da primeira idade, que lhes preparam tantas decepções na maturidade; homens maduros aprendem a levar a vida a sério; velhos que gastaram as emoções no atrito da vida, enchem o vazio imenso com prazeres mais reais que aqueles que os abandonam; e de todos esses elementos heterogêneos formam-se agregados que irradiam ao infinito.

Nossa bela cidade não foi a última a participar desse movimento intelectual. Um desses homens de coração reto, de julgamento são, tomou a iniciativa. Seu apelo foi ouvido por inteligências que se harmonizavam com a sua. Em torno desse foco luminoso gravitavam inúmeros círculos espíritas.

De toda parte surgem comunicações variadas com o cunho do autor: é a mãe que, de sua esfera gloriosa, com a perfeição do detalhe e sua infinita ternura, se comunica com o filho muito amado; é o pai, ou o avô, que alia ao amor paterno a severidade da forma; é Fénelon que dá à linguagem da caridade o selo da beleza antiga e a melodia de sua prosa; é o espetáculo tocante de um filho, tornado Espírito feliz e, revelando àquela que o trouxe no seio, o eco de seus altos ensinos; é o de uma mãe que se revela ao filho e que, com a cabeça coroada de estrelas, o conduz, de prova em prova, ao lugar que ele deve ocupar junto dela e no seio de Deus por todas as eternidades (sic); é o arcebispo de Utrecht, soprando ao seu protegido suas eloquentes inspirações e as submetendo ao freio da ortodoxia; é um anjo Gabriel, homônimo do grande arcanjo, tomando espontaneamente, e com a permissão de Deus, a missão de guiar seu irmão, segui-lo passo a passo, assim aliando, ele Espírito superior, o amor fraterno ao amor divino; são os puros Espíritos, os santos, os arcanjos, que revestem suas sublimes instruções com o selo da divindade; são, enfim, manifestações físicas, depois das quais a dúvida não passa de absurdo, se não é uma profanação.

Depois de haver elevado os vossos olhares aos degraus superiores da escala dos seres, consenti, caros colegas, em baixá-los aos degraus ínfimos, e os infinitamente pequenos ainda vos fornecerão ensinamentos.

Há cerca de dez anos a claridade do Espiritismo luziu aos meus olhos; mas era o Espiritismo em seu estado rudimentar, despido de seus principais documentos e de sua tecnologia característica; era um reflexo, alguns jatos de fina radiação; ainda não era a luz.

Ao invés de tomar a pena ou o lápis e obter, por tal meio assim simplificado, comunicações rápidas, recorria-se à mesa pela tiptologia ou escrita mediata. A mesa não era senão simples apêndice da mão, mas esse modo de comunicação, em geral repulsivo para os Espíritos superiores, frequentemente os mantinha à distância. Assim, só tive mistificações, respostas triviais ou obscenas; e afastei-me desses mistérios do além-túmulo, que se traduziam de maneira tão pouco conforme à minha expectativa, ou antes, que se apresentavam sob um aspecto que me espantava. Várias experimentações haviam sido tentadas e conduzido a resultados análogos.

E, contudo, essas decepções aparentes não passavam de provas temporárias, que deviam ter como consequência definitiva o entranhamento de minhas convicções.

Malgrado meu, o positivismo de meus estudos tinha detido minhas crenças filosóficas; mas eu era cético e não pirrônico. Porque, pesar meu, fazia vãos esforços para repelir o materialismo que, de surpresa, havia invadido minha alma e meu coração. Como são impenetráveis os desígnios de Deus! Essa disposição moral serviu precisamente para a minha transformação. Eu tinha sob os olhos a imortalidade da alma, revestindo o aspecto de uma realidade material, e para assentar esta tão nova fé, afinal de contas que me importava se as manifestações viessem de um Espírito superior ou inferior, desde que era um Espírito! Eu não sabia bem que um corpo inerte, tal qual uma mesa, pode ser instrumento, mas não a causa de uma manifestação inteligente; que esta absolutamente não entrava na esfera de minhas ideias, e que todas as teorias fluídicas são incapazes de as explicar?

Assim, eu tinha agitado essas tendências materialistas, contra as quais lutava sem sucesso, com uma energia desesperada e teria explorado francamente essas regiões intelectuais, apenas vislumbradas, não fosse a demoniofobia do Sr. de Mirville e a impressão profunda que ela havia lançado em minh'alma. Como contrapartida de seu livro, era preciso esse tratado tão luminoso, tão substancial, tão cheio de verdades consoladoras, ditado por inteligências celestes a um Espírito encarnado, mas um Espírito de escol, ao qual, desde aquele dia, foi revelada sua missão terrena.

Hoje, o reconhecimento me obriga a inscrever nesta página o nome de um de meus bons amigos, que me abriu os olhos à luz, o do Sr. Roustaing, distinto advogado e, sobretudo, consciencioso, destinado a representar papel marcante nos fastos do Espiritismo. Devo esta homenagem passageira ao reconhecimento e à amizade.

Certo, se nesta solenidade não temesse abusar do emprego do tempo, deveria citar numerosas comunicações de incontestável interesse; contudo, em meio a esta atividade puramente intelectual, acima de nossas incessantes relações com o mundo dos Espíritos, flutuam dois fatos que me parecem, por exceção, protestar contra o mutismo absoluto. O primeiro é caracterizado pelos detalhes íntimos e tocantes que nos comoveram até às lágrimas; o segundo, pela estranheza do fenômeno, pertence à mediunidade vidente, e constitui uma prova tão palpável que seríamos levados a negar a boa-fé dos médiuns, se quiséssemos negar a realidade do fato.

Alguns Espíritas fervorosos comigo se reúnem semanalmente, para estudarmos em comum e mais frutuosamente a doutrina dos Espíritos. Uma fé plena e inteira, a analogia para a maioria dos estudos e da educação, fizeram brotar uma recíproca simpatia e uma comunhão de ideias e de pensamento; disposição intelectual e moral, sem contradição a mais favorável às comunicações sérias.

Nessa modesta reunião, um de nós, dotado de eminente grau de mediunidade, quis evocar o Espírito de uma menina que havia conhecido, morta de crupe, ao que penso, aos seis anos de idade. Ele trabalhava como médium e eu como evocador. Apenas terminada a evocação, eis que uma percussão muito sensível num dos móveis da antessala, excitou a nossa atenção e nos levou a buscar saber se o ruído, de caráter insólito, provinha de uma causa natural ou de um efeito espírita. Os guias responderam que eram as companheiras de Estelle (nome terreno da criança), que vinham à frente da sua amiga. Em pensamento seguimos esse gracioso cortejo planando no espaço. Entre elas designaram-nos Antônia, jovem que apenas passara pela Terra e que fora ceifada pela foice terrível quando ainda completava quatro anos. Prevendo que elas acabavam de completar suas provas em uma nova existência, orei ao meu anjo da guarda, essa boa mãe, cuja ternura jamais me faltou, que as tomasse sob seus cuidados, e lhes mostrasse claramente sua celeste proteção. A adesão não demorou; mas Deus só lhe permitiu aparecer a uma delas, e ela escolheu Antônia: "Que vês, minha amiguinha?" exclamei, evocando esta última. – "Oh! que bela senhora! está resplendente de luzes!" – "E que te diz essa bela senhora?" – Ela me diz: "Vem a mim, minha filha, eu te amo!" Por isso representei aquela terna mãe com a cabeça coroada de estrelas.

Se esta tocante história, pertencente ao mundo espírita, vos parece um capítulo de romance, há que renunciar a toda comunicação.

O outro fato pode resumir-se em duas palavras: Eu estava com um dos colegas de Espiritismo; onze e meia nos haviam surpreendido em meio às preces a Deus pelos Espíritos sofredores, quando entrevi, vagamente, uma sombra saindo de um canto do meu gabinete descrevendo uma linha diagonal que se prolongou até a minha cama, na peça vizinha. Quando terminou seu percurso, ouvimos um estalo bem distinto e a sombra se dirigiu para a biblioteca, formando um ângulo agudo com a primeira direção.

A emoção me tomou, mas a essa hora em que tudo dispõe às emoções e ao mistério, a princípio acreditei numa alucinação e uma ilusão de ótica e, interiormente, tomei a resolução de guardar silêncio quanto à aparição fantástica, quando o meu companheiro de estudos contínuos voltou-se para mim e perguntou-me se nada tinha visto. Eu estava interdito, mas esperei uma oportunidade mais completa e limitei-me a indagar os motivos da sua pergunta. Descreveu-me, então, o estranho fenômeno, que igualmente havia testemunhado, com tal exatidão que me foi impossível duvidar e deixar de confirmar a realidade da aparição.

Dois dias depois, nosso médium por excelência estava presente. Consultados, os guias confirmaram a verdade, acrescentando que a aparição espontânea era de um Espírito designado, na vida terrena, sob o nome de Maria de los Angelles. Foi-nos permitido evocá-la e o resultado de nossas perguntas foi que havia nascido na Espanha, tinha tomado o hábito, sua vida tinha sido por muito tempo motivo de censuras, mas que uma falta grave, à qual a morte não dera tempo para expiação, era a causa de seus sofrimentos no mundo dos Espíritos.

Alguns dias depois o acaso, ou antes, a vontade de Deus nos proporcionou um segundo controle desse fato estranho. Um espírita, jovem mecânico de notável inteligência, tinha passado comigo a última parte da tarde. Enquanto me entretinha com ele, notei que seu olhar tomava singular fixidez. Ele não esperou a pergunta para explicar a circunstância: "No mesmo instante em que me olháveis, vi distintamente a silhueta de uma mulher que, da janela avançou até a poltrona vizinha, diante da qual ajoelhou-se. Tinha o aspecto de uma pessoa de vinte e cinco anos; estava vestida de preto; a parte superior do tronco achava-se coberta com uma capa; tinha à cabeça uma espécie de lenço ou touca".

A descrição concordava perfeitamente com a ideia que eu fizera da religiosa espanhola, e o lugar em que ela se ajoelhou é mais ou menos aquele onde, por hábito, na mesma posição, oro a Deus pelos mortos. Para mim era Maria dos Anjos.

Sem dúvida, os incrédulos e os falsos Espíritas rir-se-ão de minha certeza, e verão no fato três visionários, em vez de um. Quanto aos Espíritas sinceros, estes me acreditarão, sobretudo quando o afirmar sob palavra de honra. Não reconheço a ninguém o direito de duvidar de semelhante testemunho.

Os trabalhos do Espiritismo em Bordéus, por maior que seja a modéstia e a reserva que o cercam, não são menos objeto da curiosidade pública e não se passa um dia em que eu não seja interrogado a respeito. Todo profano, maravilhado com os fenômenos espíritas, reclama com insistência o favor de uma experiência; sua alma flutua entre a própria dúvida e a convicção dos adeptos.

Introduzi-os numa reunião séria, de Espíritas que supomos profundamente recolhidos, isto é, trazendo uma disposição conveniente à gravidade da circunstância; que se passará nele? O médium escrevente, trasladando para o ditado as inspirações de um Espírito superior, fá-lo-á aceitá-las como tais? Eu tive assim uma experiência desagradável: se a comunicação tiver o cunho da inspiração celeste, ele atribuirá o mérito ao talento do médium; se o pensamento do mensageiro de Deus tomar a tonalidade do meio onde se passa, certamente lhe parecerá uma concepção puramente humana. Nessa circunstância, eis a minha regra de conduta. Ela é previamente traçada pelo homem da Providência, por esse missionário do pensamento, que possuímos momentaneamente e que, de seu centro habitual de atividade, continuará a fazer irradiar sobre nós os tesouros celestes, de que uma graça especial o fez dispensador. Aos curiosos que vêm inquirir da realidade dos fatos ou solicitar uma audiência, quer como distração, quer como uma emoção que atravessa o coração sem se deter, limito-me a expor a gravidade do assunto; ao Espírito pseudossábio encarnado, que me representa perfeitamente neste globo, o da 8ª. classe e da 3ª. ordem do mundo espírita, respondo com o propósito de não receber; mas aquele que, embora obcecado pelas dúvidas, possui a verdade em estado de germe, que começa pela boa-fé para chegar à fé, aconselho os estudos teóricos, aos quais não tarda a suceder o estudo prático ou a experimentação; assim, à medida que de um fato novo se desprende uma ideia nova, ele o registra ao lado do fato; então caem gota a gota em seu coração e no cérebro, a Ciência Espírita, suas consequências morais, que nos fazem ver, ao cabo desta longa sucessão de reveses, trabalhos e provas alternando nas duas existências, uma eternidade radiosa que se escoa do seio de Deus, fonte de felicidade de vida!

Bouché de Vitray
Doutor em Medicina

DISCURSO DO SR. ALLAN KARDEC

Senhoras e senhores,

Foi com felicidade que atendi ao vosso apelo, e o acolhimento simpático com que me recebeis é uma dessas satisfações morais que deixam no coração uma impressão profunda e inapagável. Se me sinto feliz com esse acolhimento cordial, é que nele vejo uma homenagem à doutrina que professamos e aos bons Espíritos que no-la ensinam, muito mais que a mim pessoalmente, que não passo de um instrumento nas mãos da Providência. Convencido da verdade desta doutrina, e do bem que ela está convocada a produzir, tratei de lhe coordenar os elementos; esforcei-me por torná-na clara e para todos inteligível. É tudo quanto me cabe e, assim, jamais me considerei seu criador. A honra cabe inteiramente aos Espíritos. É, pois, a eles só que se devem dirigir os testemunhos de gratidão; e não aceito os elogios que me dirigis de boa vontade senão como um encorajamento para continuar minha tarefa com perseverança.

Nos trabalhos feitos para atingir o objetivo que me propunha, sem dúvida fui ajudado pelos Espíritos, como eles próprios mo disseram várias vezes, mas sem qualquer sinal exterior de mediunidade. Assim, não sou médium, no sentido vulgar da palavra, e hoje compreendo que para mim é uma felicidade que assim o seja. Por uma mediunidade efetiva, eu só teria escrito sob uma mesma influência; teria sido levado a não aceitar como verdade senão o que me tivesse sido dado e, talvez, erradamente. Ao passo que, na minha posição, convinha que tivesse uma liberdade absoluta de apreender o que é bom onde quer que se encontre e de onde viesse. Assim, foi possível fazer uma seleção dos diversos ensinamentos, sem prevenção e com inteira imparcialidade. Vi muito, estudei muito, observei muito, mas sempre com o olhar impassível e nada mais ambiciono do que ver a experiência que adquiri posta em proveito dos outros, aos quais tenho a felicidade de evitar os escolhos inseparáveis de todo noviciado.

Se trabalhei muito e se trabalho diariamente, estou largamente compensado pela marcha tão rápida da doutrina, cujos progressos ultrapassam tudo o que era de esperar pelos resultados morais que ela produz; e sinto-me feliz por ver que a cidade de Bordéus não somente fica na retaguarda deste movimento, mas se dispõe a marchar na vanguarda, pelo número e pela qualidade dos adeptos. Se se considerar que o Espiritismo deve a sua propagação às suas próprias forças, sem o apoio de nenhum dos meios auxiliares que, de ordinário, fazem sucessos, e apesar dos esforços de uma oposição sistemática ou, antes, devido mesmo a tais esforços, não se pode impedir que nisso se veja o dedo de Deus. Se seus inimigos são poderosos, mas não lhe puderam paralisar o avanço, deve-se convir que o Espiritismo é mais poderoso que aqueles e tal como a serpente da fábula, em vão empregam os dentes contra uma lima de aço.

Se dissermos que o segredo de seu poder está na vontade de Deus, os que não creem em Deus zombarão. Há também pessoas que não negam a Deus, mas se julgam mais fortes que ele. Esses não riem: opõem barreiras que julgam intransponíveis e, contudo, o Espiritismo as vence diariamente e sob suas vistas. É que, realmente, ele tira da sua natureza, de sua essência mesma, uma força irresistível. Qual, então, o segredo dessa força? Teremos que a ocultar, de modo que, uma vez conhecida, a exemplo de Sansão, possam os inimigos derrubá-lo? Absolutamente. No Espiritismo não há mistérios; tudo se faz à plena luz; e podemos revelá-lo sem receio altissonante. Embora já o tenha dito, talvez não seja fora de propósito repeti-lo aqui, a fim de que se saiba que se entregamos aos adversários o segredo de nossas forças é porque lhes conhecemos o lado fraco.

A força do Espiritismo tem duas causas preponderantes: a primeira é a que torna felizes os que o conhecem, o compreendem e o praticam; ora, como há muita gente infeliz, ele recruta um exército inumerável entre os que sofrem. Querem lhe tirar esse elemento de propagação? Que tornem os homens de tal modo felizes, moral e materialmente, que estes nada mais tenham a desejar, nem neste, nem no outro mundo. Não pedimos mais, desde que seja atingido o objetivo. A segunda é que ele não repousa na cabeça de nenhum homem que possa ser derrubado; não tem um foco único, que possa ser extinto; seu foco está em toda parte, porque em toda parte há médiuns que podem comunicar-se com os Espíritos; não há família que não os possua em seu seio e que realizem estas palavras do Cristo: *Vossos filhos e vossas filhas profetizarão; e terão visões";* porque, enfim, o Espiritismo é uma ideia e não há barreiras impenetráveis à ideia, nem bastante altas para que estas não possam ser transpostas. Mataram o Cristo, mataram seus apóstolos e discípulos; mas o Cristo tinha lançado no mundo a ideia cristã; e essa ideia triunfou da perseguição dos Césares onipotentes. Por quê, então, o Espiritismo, que não é senão o desenvolvimento e a aplicação da ideia cristã, não triunfará de alguns trocistas ou de antagonistas que, até o presente e malgrado os seus esforços, não lhe puderam opor senão uma negação estéril? Há nisso uma pretensão quimérica? Um sonho de reformador? Aí estão os fatos para responder: a despeito de, e contra tudo, o Espiritismo penetra em toda parte; como o pólen fecundante das flores é levado pelos ventos e assenta raízes nos quatro cantos do mundo, porque em toda parte encontra uma terra fecunda em sofrimentos, sobre a qual derrama o bálsamo consolador. Suponde, então, o mais absoluto estado que a imaginação possa sonhar, recrutando a nobreza ativa e a nobreza auxiliar de seus esbirros para deter a ideia ao passar: poderão impedir que os Espíritos entrem nela e se manifestem espontaneamente? Impedirão que os médiuns se reúnam na intimidade das famílias? Suponhamo-la bastante forte para impedir de escrever, para proibir a leitura dos livros. Poderão impedi-los de ouvir, desde que há médiuns auditivos? Impedirão o pai de receber as consolações do filho que perdeu? Vedes, pois, que é impossível e que eu tinha razão em dizer que o Espiritismo pode, sem medo, entregar aos inimigos o segredo de suas forças.

Seja, dirão. Quando uma coisa é inevitável, há que aceitá-la. Mas se for uma ideia falsa e má não se tem razão para a entravar? Para começar, seria preciso provar que é falsa. Ora, até o presente o que opõem os seus adversários? Troças e negações que, em boa lógica, jamais passaram por argumentos. Mas uma refutação séria, sólida; uma demonstração categórica, evidente, onde a encontrar? Em parte alguma; nem nas críticas da Ciência, nem alhures. Por outro lado, quando uma ideia se propaga com a rapidez do relâmpago, quando encontra inumeráveis ecos nas classes mais esclarecidas da sociedade, quando tem suas raízes em todos os povos, desde que há homens na Terra; quando os maiores filósofos sagrados e profanos a proclamaram, é ilógico supor que não repouse senão na mentira e na ilusão. Todo homem sensato ou não enceguecido pela paixão ou pelo interesse pessoal, dirá que deve haver algo de verdadeiro e, pelo menos o homem sensato, antes de negar, suspenderá o seu julgamento.

A ideia é má? Se é verdadeira, se não passa de uma aplicação das leis da Natureza, parece difícil que seja má, a menos que se admita que Deus fez mal aquilo que fez. Como seria má uma doutrina que torna melhores os que a praticam, quando consola os aflitos, dá resignação na infelicidade, leva a paz às famílias, acalma a efervescência das paixões, impede o suicídio? Uns a dizem contrária à religião. Eis a grande palavra com que tentam amedrontar os tímidos e os que não a conhecem. Como uma doutrina que torna melhor, que ensina a moral evangélica, que só prega a caridade, o esquecimento das ofensas, a submissão à vontade de Deus, seria contrária à religião? Seria um contrassenso. Afirmar semelhante coisa seria processar a própria religião. Eis porque digo que os que falam assim, não a conhecem. Se tal fosse o resultado, por que conduziria ela às ideias religiosas aqueles que em nada creem? Por que faria orar aqueles que desde a infância haviam esquecido de o fazer?

Aliás, há outra resposta peremptória: o Espiritismo é estranho a toda questão dogmática. Aos materialistas prova a existência da alma; aos que não creem senão no nada, prova a vida eterna; aos que pensam que Deus não se ocupa das ações do homem, prova as penas e recompensas futuras; destruindo o materialismo, destrói a maior chaga social. Eis o seu objetivo. Quanto às crenças especiais, delas não se ocupa e deixa a cada um inteira liberdade. O materialista é o maior inimigo da religião; trazendo-o ao Espiritualismo, o Espiritismo lhe faz percorrer três quartas partes do caminho para voltar ao seio da Igreja. Cabe à Igreja fazer o resto. Mas se a comunhão para a qual ele tenderia a se ligar o repele, seria de temer que não se voltasse para uma outra.

Dizendo isso, senhores, falo a conversos, e o sabeis tanto quanto eu. Mas há um outro ponto, sobre o qual é útil dizer algumas palavras.

Se os inimigos externos nada podem contra o Espiritismo, o mesmo não se dá com os de dentro. Refiro-me aos que são mais espíritas de nome que de fato, sem falar dos que do Espiritismo apenas têm a máscara. O mais belo lado do Espiritismo é o lado moral. É por suas consequências morais que triunfará, pois aí está a sua força, por aí é invulnerável. Inscreve em sua bandeira: *Amor e Caridade* e, ante esse *palladium,* mais poderoso que o de Minerva, porque vem do Cristo, inclina-se a própria incredulidade. Que se pode opor a uma doutrina que leva os homens a se amarem como irmãos? Se não se admitir a causa, ao menos respeitar-se-á o efeito. Ora, o melhor meio de provar a realidade do efeito é fazer sua aplicação a si mesmo; é mostrar aos inimigos da doutrina, pelo próprio exemplo, que ela realmente torna melhor; mas como fazer crer que um instrumento possa produzir harmonia, se seus sons são discordantes? Assim, como persuadir que o Espiritismo deve conduzir à concórdia, se os que o professam, ou são supostos professos, o que para os adversários é o mesmo, se atiram pedras? Se uma simples suscetibilidade do amor-próprio, de precedência basta para os dividir? Não é o meio de destruir seu próprio argumento? Os mais perigosos inimigos do Espiritismo são, pois, os que o fazem mentir a si mesmos, não praticando a lei que proclamam. Seria puerilidade criar dissidência pelas nuanças de opinião; haveria evidente malevolência, esquecimento do primeiro dever do verdadeiro espírita, ao separar-se por uma questão pessoal, pois o sentimento de personalidade é fruto do orgulho e do egoísmo.

Não devemos nos esquecer, senhores, que os inimigos do Espiritismo são de duas ordens: de um lado, os trocistas e os incrédulos. Estes recebem diariamente o desmentido pelos fatos. Não os temeis, porque tendes razão. Sem o querer, servem à nossa causa e lhes devemos agradecer. Do outro lado estão os interessados em combater a doutrina. Não espereis trazê-los pela persuasão, pois não buscam a luz. Em vão desdobrais aos seus olhos a evidência do sol; são cegos porque não querem ver. Não vos atacam porque estejais no erro, mas porque estais certos e, a torto ou a direito, creem que o Espiritismo seja prejudicial aos seus interesses materiais. Se estivessem persuadidos de que é uma quimera, deixá-lo-iam perfeitamente tranquilo. Assim, seu encarniçamento cresce na razão do progresso da doutrina, de tal maneira que se pode medir sua importância pela violência dos ataques. Enquanto não viram no Espiritismo mais que um brinquedo de mesas girantes, nada disseram, e contaram com o capricho da moda. Hoje, porém, que a despeito de sua má vontade, veem a insuficiência da troça, empregam outros meios. Estes, sejam quais forem, têm demonstrado a sua impotência. Contudo, não podem abafar essa voz que se eleva de todas as partes do mundo; e se não podem parar essa torrente que os invade por todos os lados, tudo farão para criar entraves e, se puderem fazer recuar o progresso por um dia, dirão ainda que é uma partida ganha.

Esperai, portanto, que o terreno seja disputado palmo a palmo, pois o interesse material é, de todos, o mais tenaz; para ele, os mais sagrados direitos da humanidade nada são; tendes a prova na luta americana. Pereça a união que constituía a nossa glória, antes que os nossos interesses! dizem os escravagistas. Assim falam os adversários do Espiritismo, pois a questão humanitária é a menor de suas preocupações. Que lhes opor? Uma bandeira que os faça empalidecer, pois sabem que esta traz palavras saídas da boca do Cristo: *Amor e Caridade;* e que estas palavras são a sua sentença. Em torno desta bandeira, que todos os verdadeiros Espíritas se reúnam, e serão fortes, porque a união faz a força. Reconhecei, pois, os verdadeiros defensores de vossa causa, não pelas palavras vãs, que nada custam, mas pela prática da lei do amor e da caridade, pela abnegação da personalidade; o melhor soldado não é o que ergue o sabre mais alto, mas o que corajosamente sacrifica a própria vida. Olhai, pois, como fazendo causa comum com os vossos inimigos, todos os que tendem a lançar entre vós o fermento da discórdia porque, voluntária ou involuntariamente, fornecem armas contra vós. Em todo caso, não conteis mais com eles do que com esses maus soldados, que desertam ao primeiro tiro.

Perguntareis, entretanto, se as opiniões estão divididas sobre alguns pontos da doutrina, como saber de que lado está a verdade? É a coisa mais fácil. Para começar, tendes por peso o vosso julgamento e por medida a lógica sã e inflexível. Depois, tereis o assentimento da maioria; porque, acreditai, o número crescente ou decrescente dos partidários de uma ideia dá a medida de seu valor; se ela fosse falsa, não conquistaria mais adeptos do que a verdade: Deus não o permitiria; ele pode deixar que o erro surja aqui e ali, para nos fazer ver suas atitudes e nos ensinar a reconhecê-lo. Sem isso, onde estaria o nosso mérito, se não tivéssemos escolhas a fazer? Quereis um outro critério da verdade? Eis um, infalível. Desde que a divisa do Espiritismo é *Amor e Caridade,* reconhecereis a verdade pela prática desta máxima, e tereis como certo que aquele que atira a pedra em outro, não pode estar com a verdade absoluta. Quanto a mim, senhores, ouvistes a minha profissão de fé. Se – o que Deus não permita – surgissem dissidências entre vós, digo-o com pesar, eu me separaria abertamente dos que desertassem da bandeira da fraternidade, porque, aos meus olhos, não poderiam ser olhados como verdadeiros Espíritas.

Em todo caso, não vos inquieteis absolutamente com algumas dissidências passageiras: em breve tereis a prova de que elas não têm consequências graves. São provas para a vossa fé e para o vosso julgamento; muitas vezes são meios permitidos por Deus e pelos bons Espíritos para dar a medida da sinceridade e dar a conhecer aqueles com os quais realmente se pode contar, caso necessário, e que assim evitamos colocar na vanguarda. São pequenas pedras semeadas em vosso caminho, a fim de vos habituar a ver em que vos apoiais.

Resta-me, senhores, falar da organização da Sociedade. Desde que quereis pedir-me conselho, dir-vos-ei o que disse o ano passado em Lião. Os mesmos motivos me levam a vos desviar, com todas as minhas forças, do projeto de formar uma sociedade única, abrangendo todos os Espíritas da cidade, o que seria impraticável, dado o número crescente dos adeptos. Não tardaríeis a vos verdes tolhidos pelos obstáculos materiais e pelas dificuldades morais, ainda maiores, que vos mostrariam a sua impossibilidade. Melhor será, pois, não empreender uma coisa a que seríeis obrigados a renunciar. Todas as considerações em apoio a esta opinião estão completamente desenvolvidas na nova edição de *O Livro dos Médiuns,* à qual convido a vos reportardes. A isso apenas acrescentarei poucas palavras.

O que é difícil obter numa reunião numerosa o é muito menos nos grupos particulares. Estes se formam por afinidade de gostos, de sentimentos e de hábitos. Dois grupos separados podem ter uma diferente maneira de ver sobre alguns detalhes e nem por isso deixam de marchar de acordo, ao passo que se estivessem reunidos, a divergência de opiniões traria inevitáveis perturbações.

O sistema da multiplicação dos grupos ainda tem como resultado o corte de rivalidades de supremacia e de presidência. Cada grupo é, naturalmente, presidido pelo dono da casa ou pelo que for designado, e tudo se passa em família. Se a alta direção do Espiritismo, numa cidade, cabe a alguém, este será chamado pela força das coisas, e um assentimento tácito o designará muito naturalmente, em razão de seu mérito pessoal, de suas qualidades conciliadoras, do zelo e do devotamento de que tiver dado provas, dos reais serviços que houver prestado à causa. Assim, e sem a buscar, terá adquirido uma força moral que ninguém lha contestará, porque todos a reconhecerão. Ao passo que aquele que, por sua autoridade privada, procurasse impor-se, ou que fosse arrastado por uma camarilha, encontraria oposição da parte de todos quantos não lhe reconhecessem as qualidades morais necessárias. Daí uma causa inevitável de divisões.

Coisa séria é confiar a alguém a suprema direção da doutrina. Antes de o fazer é preciso estar bem seguro desse alguém sob todos os pontos de vista porque, com ideias errôneas, poderia arrastar a Sociedade por uma rampa perigosa e, talvez, à sua ruína. Nos grupos particulares cada um pode dar prova de habilidade e ser designado, mais tarde, aos sufrágios dos colegas, se for o caso. Mas ninguém pode ser general antes de ser soldado. Assim como o bom general é reconhecido por sua coragem e por seus talentos, o verdadeiro Espírita é reconhecido por suas qualidades. Ora, a primeira de que deve dar provas é a abnegação da personalidade; é, pois, por seus atos que o reconhecemos, mais que pelas palavras. O que é necessário para uma tal direção é um verdadeiro Espírita e o verdadeiro Espírita não é movido pela ambição, nem pelo amor-próprio. A tal respeito, senhores, chamo a vossa atenção para as diversas categoriais de Espíritos, cujos caracteres distintivos estão claramente definidos em *O Livro dos Médiuns* (nº. 28).

Aliás, seja qual for a natureza da reunião, numerosa ou não, as condições que deve preencher para atingir o seu objetivo são as mesmas. É a isto que devemos dar todos os nossos cuidados, e os que os preencherem, serão fortes porque terão, necessariamente, o apoio dos bons Espíritos. Tais condições se acham em *O Livro dos Médiuns* (nº. 341).

Um equívoco muito frequente entre novos adeptos e o de se julgarem mestres após alguns meses de estudo. O Espiritismo é uma Ciência imensa como bem sabeis, e cuja experiência não se adquire senão com o tempo, aliás como em todas as coisas. Essa pretensão de não mais necessitar de conselhos, e de se julgar acima de todos, é uma prova de insuficiência, pois foge a um dos primeiros preceitos da doutrina: a modéstia e a humildade. Quando os Espíritos malévolos encontram semelhantes disposições num indivíduo, não deixam de o superexcitar e de o entreter, persuadindo-o de que só ele possui a verdade. É um dos escolhos que podem ser encontrados, e contra o qual julguei dever vos premunir, acrescentando não bastar dizer-se Espírita, como não basta dizer-se cristão: é preciso prová-lo pela prática.

Se, pela formação de grupos, é evitada a rivalidade dos indivíduos, tal rivalidade não poderia existir entre os próprios grupos que, marchando por vias um pouco divergentes, pudessem produzir cismas, ao passo que numa Sociedade única seria mantida a unidade de princípios? A isto respondo que o inconveniente assinalado não seria evitado, desde que aqueles que não adotassem os princípios da Sociedade dela se separariam e nada os impediria de formarem um grupo à parte. Os grupos são outras tantas pequenas Sociedades, que necessariamente marcharão na mesma via se todas adotarem a mesma bandeira e as bases da Ciência, consagradas pela experiência. A respeito também chamo a vossa atenção para o nº. 348 de *O Livro dos Médiuns*.

Aliás, nada impede que um grupo central seja formado de delegados dos diversos grupos particulares que, assim, teriam um ponto de ligação, e um correspondente direto com a Sociedade de Paris. Depois, anualmente, uma assembleia geral poderia reunir todos os adeptos e tornar-se, assim, uma verdadeira festa do Espiritismo. Aliás, sob esses diversos pontos eu prepararei uma instrução minuciosa, que terei a honra de vos remeter posteriormente, tanto sobre a organização, quanto sobre a ordem dos trabalhos. Os que a seguirem manter-se-ão naturalmente na unidade de princípios.

Senhores, tais são os conselhos que vos devo dar, desde que tivestes a bondade de os solicitar. Sinto-me feliz por acrescentar que em Bordéus encontrei elementos excelentes e um progresso muito maior do que esperava. Aqui encontrei um grande número de verdadeiros e sinceros Espíritas e levo de minha visita a esperança fundada de que nossa doutrina se desenvolverá sobre as mais largas bases e em excelentes condições. Crede que meu concurso jamais faltará em tudo quanto em mim estiver, para secundar os esforços dos que são sincera e conscientemente devotados de coração a esta nobre causa, que é da humanidade.

O Espírito de Erasto, que já conheceis, senhores, por suas notáveis dissertações, que já lestes, também quer trazer-vos o tributo de seus conselhos. Antes de minha partida de Paris, ele ditou por seu médium habitual, a comunicação seguinte, que vou ter a honra de vos ler.

PRIMEIRA EPÍSTOLA DE ERASTO, HUMILDE SERVO DE DEUS, AOS ESPÍRITAS DE BORDÉUS

Que a paz do Senhor esteja convosco, meus bons amigos, a fim de que nada venha jamais perturbar a boa harmonia que deve reinar num centro de Espíritas sinceros! Sei quão profunda é vossa fé em Deus e quanto sois fervorosos adeptos da nova revelação. Eis por que vos digo, com toda a efusão de minha ternura, que ficaria desolado, ficaríamos desolados todos nós que, sob a direção do *Espírito de Verdade,* somos os iniciadores do Espiritismo na França, se viesse a desaparecer do vosso meio a concórdia de que, até hoje, destes provas brilhantes. Se não tivésseis dado o exemplo de uma sólida fraternidade; se, enfim, não fôsseis um centro sério e importante da grande comunhão espírita francesa, eu teria deixado essa questão na sombra. Mas se a levantei é que tenho razões plausíveis para vos convidar à manutenção da união, da paz e da unidade de doutrina entre os vossos diversos grupos. Sim, meus caros discípulos, aproveito com entusiasmo esta ocasião, que nós mesmos preparamos, para vos mostrar quanto seria funesta ao desenvolvimento do Espiritismo e que escândalo causaria entre os vossos irmãos de outras regiões, a notícia de uma cisão no centro que até agora nos encantou citá-lo, por seu espírito de fraternidade, a todos os outros grupos formados ou em vias de formação. Não ignoro, como não o deveis ignorar, que tudo farão para semear a divisão entre vós; que vos armarão ciladas; que em vosso caminho semearão emboscadas de toda sorte; que vos oporão uns aos outros, a fim de fomentar a divisão e levar a uma ruptura, por todos os títulos lamentável. Mas podereis evitar tudo isso, praticando os sublimes preceitos da lei do amor e da caridade, inicialmente perante vós próprios, e, a seguir, perante todos. Estou convicto de que não dareis aos inimigos de nossa santa causa a satisfação de dizer: "Vede esses Espíritas de Bordéus, que nos mostravam como marcha na vanguarda dos novos crentes! Não sabem nem ao menos estar de acordo entre si!" Eis, meus amigos, onde vos esperam e onde nos esperam a todos. Vossos excelentes guias já vos disseram: "Tereis que lutar não só contra os orgulhosos, os egoístas, os materialistas e todos esses infelizes que estão imbuídos do espírito do século; mas ainda, e sobretudo, contra a turba de Espíritos enganadores que, encontrando em vosso meio uma rara reunião de médiuns pois a tal respeito sois os mais aquinhoados, em breve virão assaltar-vos: uns, com dissertações sabiamente combinadas, nas quais, graças a tiradas piedosas, insinuarão a heresia ou algum princípio dissolvente; outros, com comunicações abertamente hostis aos ensinos dados pelos verdadeiros missionários do Espírito de Verdade. Ah! credeme, não temais desmascarar os embusteiros que, novos Tartufos, se introduziriam então vós sob a máscara da religião; sede igualmente impiedosos para com os lobos devoradores, que se ocultariam sob peles de cordeiro. Com a ajuda de Deus, que jamais invocais em vão, e com a assistência dos bons Espíritos que vos protegem, ficareis inquebrantáveis em vossa fé; os maus Espíritos vos acharão invulneráveis e, quando virem seus dardos se quebrarem contra o amor e a caridade que vos animam o coração, retirar-se-ão confusos de uma campanha onde só terão colhido impotência e vergonha. Encarando como subversiva toda doutrina contrária à moral do Evangelho e aos princípios gerais do Decálogo, que se resumem nesta lei concisa: *Amai a Deus sobre todas as coisas e ao próximo como a vós mesmos,* ficareis invariavelmente unidos. Aliás, em tudo é preciso saber submeter-se à lei comum: a ninguém cabe subtrair-se ou querer impor sua opinião e seu sentimento, quando estes não forem aceitos pelos outros membros de uma mesma família espírita. E nisto eu vos convido insistentemente a vos modelardes pelos usos e regulamentos da Sociedade de Estudos Espíritas de Paris, onde ninguém, seja qual for a sua posição, idade, serviços prestados ou autoridade adquirida, pode substituir por sua iniciativa pessoal a da Sociedade de que faz parte e, *a fortiori,* engajá-la em coisa alguma por meio de manobras que ela não aprovou. Dito isto, é incontestável que os adeptos do mesmo grupo devem ter uma justa deferência para com a sabedoria e experiência adquiridas. A experiência nem é divisa do mais velho nem do mais sábio, mas do que se ocupou por mais tempo e com mais frutos para todos, de nossa consoladora Filosofia. Quanto à sabedoria, cabe-vos examinar aqueles que entre vós a seguem e a praticam melhor de acordo com os preceitos e as leis. Contudo, meus amigos, antes de seguir vossas próprias inspirações, não o esqueçais, tendes os vossos conselhos e vossos protetores etéreos a consultar, e estes jamais vos faltarão, quando os solicitardes com fervor e com um objetivo de interesse geral. Por isso necessitais de bons médiuns e aqui os vejo excelentes, em cujo meio só tendes que escolher. Certo – e bem o sei – a Sra. e a Srta. Cazemajoux e alguns outros possuem qualidades mediúnicas no mais alto grau e nenhuma região, eu vo-lo repito, a este respeito é melhor dotada do que Bordéus.

Eu tive que vos fazer ouvir uma voz tanto mais severa, meus amigos, quanto o Espírito de Verdade, mestre de todos nós, mais espera de vós. Lembrai-vos de que fazeis parte da vanguarda espírita e que a vanguarda, como o estado-maior, deve a todos o exemplo de uma submissão absoluta à disciplina estabelecida. Ah! vossa obra não é fácil, desde que vos cabe a tarefa de levar com mão vigorosa o machado às sombrias florestas do materialismo e perseguir até às suas últimas trincheiras os interesses materiais coligados. Novos Jasons, marchai à conquista do verdadeiro tosão de ouro, isto é, dessas ideias novas e fecundas, que devem regenerar o mundo; mas nesse caso já não marchais no interesse privado, nem mesmo no da geração atual, mas, sobretudo no das gerações futuras, para as quais preparais os caminhos. Há nesta obra um cunho de abnegação e de grandeza que ferirá de admiração e de reconhecimento os séculos futuros e, crede-me, Deus saberá vos levar isto em conta. Tive que vos falar como falei, porque me dirijo a criaturas que escutam a razão, a homens que perseguem seriamente um objetivo eminentemente útil: a melhora e a emancipação da raça humana; a Espíritas, enfim, que ensinam e pregam pelo exemplo, que o melhor meio para lá chegar está na prática das verdadeiras virtudes cristãs. Tive que vos falar assim, porque era necessário vos premunir contra um perigo, que era meu dever assinalar; venho cumpri-lo. Assim, agora posso encarar o futuro sem inquietude, porque estou convencido de que minhas palavras serão proveitosas a todos e a cada um; e que o egoísmo, o amor-próprio ou a vaidade, de agora em diante não terão poder sobre os corações em que reine completamente a verdadeira fraternidade.

Vós vos lembrareis, Espíritas de Bordéus, que a vossa união é o verdadeiro encaminhamento para a união e a fraternidade universal; e, a esse respeito, sinto-me feliz, muito feliz, por poder constatar claramente que o Espiritismo, por si, vos impulsionou a dar um passo à frente. Recebei, pois, nossas felicitações, pois aqui falo em nome de todos os Espíritos que presidem à grande obra da regeneração humana, já que, por vossa iniciativa, abriu-se um novo campo de exploração e uma nova causa de certeza aos estudos dos fenômenos de além-túmulo, por vosso pedido de filiação, não como indivíduos isolados, mas como grupo compacto, à Sociedade iniciadora de Paris. Pela importância desse passo, reconheço a alta sabedoria dos vossos guias principais e agradeço ao terno Fénelon e seus fiéis coadjutores Georges e Marius, que com ele presidem às vossas piedosas reuniões de estudo. Aproveito esta circunstância para, igualmente, dar um testemunho brilhante aos Espíritos Ferdinand e Félicia, que todos conheceis. Embora esses dignos colaboradores tenham apenas feito o bem pelo bem, é bom saberdes que é a esses modestos pioneiros, secundados pelo humilde Marcelino, que nossa santa doutrina deve ter prosperado tão rapidamente em Bordéus e no sudoeste da França.

Sim, meus fiéis crentes, vossa admirável iniciativa será seguida, bem o sei, por todos os grupos espíritas formados seriamente. É, pois, imenso passo adiante. Compreendeis, e todos compreenderão como vós, que vantagens, que progressos, que propaganda resultarão da adoção de um programa uniforme para os trabalhos e estudos da doutrina que vos revelamos. Não obstante, fique bem entendido que cada grupo conservará sua originalidade e sua iniciativa particular; mas, fora de seus trabalhos particulares, terá que ocupar-se de diversas questões de interesse geral, submetidas ao seu exame pela Sociedade central, e resolver várias dificuldades, cuja solução até agora não foi obtida dos Espíritos, por motivos que seria inútil aqui desenvolver. Eu acreditaria vos fazer uma ofensa se aos vossos olhos ressaltasse as consequências resultantes de trabalhos simultâneos. Então, quem ousará contestar uma verdade, quando esta for confirmada pela unanimidade ou pela maioria das respostas mediúnicas, obtidas simultaneamente em Lião, Bordéus, Constantinopla, Metz, Bruxelas, Sens, México, Carlsruhe, Marselha, Toulouse, Mâcon, Sétif, Argélia, Oran, Cracóvia, Moscou, São Petersburgo, como em Paris?

Eu vos distraí com a rude franqueza com que falo aos vossos irmãos de Paris. Não obstante, não vos deixarei sem testemunhar minhas simpatias, justamente conquistadas, a esta família patriarcal, onde excelentes Espíritos, encarregados de vossa direção espiritual, começaram a fazer compreender suas eloquentes palavras. Citei a família Sabò, que soube atravessar com uma constância e uma piedade inalterável, as dolorosas provas com que Deus a afligiu, a fim de a elevar e a tornar apta para a sua missão atual. Também não devo esquecer o concurso dedicado de todos quantos, em suas respectivas esferas, contribuíram para a propagação de nossa consoladora doutrina. Continuai todos, meus amigos, a marchar resolutamente no caminho aberto: ele vos conduzirá seguramente para as esferas etéreas da perfeita felicidade, onde vos marcarei encontro. Em nome do *Espírito de Verdade,* que vos ama, eu vos abençoo, Espíritas de Bordéus.

Erasto

BANQUETE OFERECIDO AO SR. ALLAN KARDEC PELOS ESPÍRITAS BORDELESES

DISCURSO E BRINDE DO SR. LACOSTE, NEGOCIANTE

Senhores,

Rogo sobretudo à mocidade, que me ouve, que preste muita atenção às poucas palavras de fraterna afeição, escritas especialmente para ela. A falta de experiência, a conformidade de nossas idades e a comunhão de nossas ideias me asseguram sua indulgência.

Senhores, nenhum de nós acolheu com indiferença a revelação desta santa doutrina, cujos elementos novos foram recolhidos por nosso venerado mestre num livro sábio. Jamais campo mais vasto foi aberto às nossas imaginações, horizonte mais grandioso foi desvendado às nossas inteligências. É com o ardor de um jovem, é sem olhar para trás, que nos tornamos adeptos da fé do futuro e pioneiros da futura civilização. Permita Deus que eu não venha proferir palavras de desânimo! Vossas crenças me são muito conhecidas, senhores, e as sei muito sólidas para pensar que a zombaria ou o falso raciocínio de alguns adversários jamais as possa abalar. A juventude é rica de privilégios; fácil às nobres emoções, ardente no empreendimento; possui ainda o entusiasmo da fé, essa alavanca moral que levanta os mundos. Mas se sua imaginação a arrastar além dos obstáculos, por vezes poderá levá-la além do objetivo. É contra esses desvios que vos exorto a vos premunirdes. Entregues a vós mesmos, atraídos pelo encanto da novidade, erguendo a cada passo a ponta do véu que vos ocultava o desconhecido, quase que pondo o dedo na solução do eterno problema das causas primeiras, guardai-vos de vos deixar embriagar pelas alegrias do triunfo. Poucos caminhos estão isentos de precipícios; a maior confiança segue sempre caminhos fáceis, e nada mais difícil de obter dos jovens soldados, como das inteligências jovens, do que a moderação na vitória. Aí está o mal que temo para vós, como para mim.

Felizmente o remédio está junto ao mal. Há entre nós, aqui reunidos, alguns que reúnem à maturidade da idade e do talento, a feliz vantagem de, em nossa cidade, terem sido os propagadores esclarecidos do ensino espírita. É a esses Espíritas mais calmos e mais refletidos que deveis submeter a direção de vossos estudos e, graças a essa deferência de todos os dias, graças a essa subordinação moral, ser-vos-á dado trazer à construção do edifício comum uma pedra que não oscilará.

Saibamos, pois, senhores, vencer as questões pueris do amor-próprio. Nossa parte à nossa mocidade, não é tão bela? Com efeito, a nós pertence o futuro. Quando nossos pais em Espiritismo reviverem num mundo melhor, nós é que poderemos, cheios de vida e de fé, assistir à esplêndida radiação desta verdade, da qual eles terão apenas entrevisto na Terra a misteriosa aurora.

Deixai, pois, senhores, a esperança de que possais dizer comigo e do fundo do coração: A todos os nossos decanos de idade; a todos os que, conhecidos ou não, com roupas ricas ou com a blusa do operário, em Bordéus fizeram os adeptos e os propagandistas da Doutrina Espírita! À prosperidade da Sociedade Espírita de Paris, desta Sociedade que sustenta tão alto e tão firme a bandeira sob a qual aspiramos nos colocar! Que o Sr. Allan Kardec, mestre de todos nós, receba para os nossos irmãos de Paris a segurança de uma profunda simpatia; que ele lhes diga que os nossos corações moços batem em uníssono e que, embora com um passo menos firme, nem por isso concorremos menos para a regeneração universal, encorajados por seus exemplos e por seus sucessos!

BRINDE DO SR. SABÒ

Senhor, mais uma vez os Espíritos nos querem assegurar que sua simpatia, nós a adquirimos unindo os seus aos nossos desejos para a prosperidade desta santa doutrina, que é a sua obra. O Espírito de Ferdinand, um dos nossos guias protetores, ditou espontaneamente o seguinte que tenho a felicidade de vos transmitir:

"A grande família espírita, da qual participais, diariamente vê crescer o número de seus filhos e, em breve, não haverá mais em vossa bela pátria, nem cidades nem burgos onde não se tenha instalado a tenda dos membros desta tribo abençoada por Deus.

Já nos seria impossível assinalar os numerosos centros, que vêm gravitar em torno do foco luminoso sediado em Paris, porque os centros das grandes cidades apenas por nós são conhecidos. Entre esses distingue-se pelo saber, pela inteligência e pela união fraterna, a Sociedade dos Espíritas de Metz. Está destinada a dar frutos abundantes e, buscando com eles estabelecer relações amigas, baseadas numa estima recíproca, enchereis de suave alegria o coração paternal de vosso chefe aqui presente.

O Espírito eminente de Erasto vos disse ontem: Sede unidos; a união faz a força. Assim, fazei esforços, todos vós, para o conseguir, a fim de que, em pouco tempo, todos os centros espíritas franceses, unidos entre si pelos laços da fraternidade, marchem a passos de gigante pela via traçada."

Ferdinand
Guia espiritual do médium

Como conclusão e fiel intérprete dos sentimentos expressos por esse bom Espírito, proponho um brinde aos nossos irmãos espíritas de Metz, em particular, e a todos os Espíritas franceses, em geral.

Senhores,

Persuadido de que as calorosas palavras, ontem pronunciadas em vosso meio pelo nosso honrado Chefe Espírita, não caíram sobre pedras e espinheiros, mas nos vossos corações agora dispostos a apertar os laços da fraternidade, venho propor um brinde aos nossos irmãos espíritas de Lião. Eles começaram suas tarefas antes de nós e, para se organizarem, tiveram que sofrer os mesmos ataques, que tanto nos fizeram sofrer. Mas, graças ao impulso que o nosso bem-amado chefe lhes deu o ano passado, deram um passo imenso na via abençoada em que os bons Espíritos vêm fazer entrar a humanidade. Imitemo-los, senhores. Que uma louvável emulação una os Espíritas de Bordéus e de Lião, a fim de que a comunhão de pensamento e de sentimentos, de que estiverem todos animados, deles faça dizer: bordeleses e lioneses são irmãos.

Proponho um brinde à união dos irmãos de Bordéus e Lião.

DISCURSO DO SR. DESQUEYROUX, MECÂNICO, EM NOME DO GRUPO DE OPERÁRIOS

Senhor Allan Kardec, nosso caro mestre.

Em nome de todos os operários espíritas de Bordéus, meus amigos e meus irmãos, eu me permito levantar um brinde à vossa prosperidade. Embora já chegado a uma alta perfeição, que Deus vos faça crescer ainda nos bons sentimentos, que vos animaram até hoje e, sobretudo, que Ele vos faça crescer aos olhos do Universo e no coração dos que, seguindo a vossa doutrina, se aproximam de Deus. Nós, que somos do número dos que a professam, vos bendizemos do íntimo do coração e oramos ao nosso divino Criador para que vos deixe ainda por muito tempo entre nós, a fim de que, terminada a vossa missão, estejamos bastante firmes na fé, para nos conduzirmos sós, sem nos afastarmos do bom caminho.

Para nós é inefável felicidade havermos nascido numa época em que podemos ser esclarecidos pelo Espiritismo. Mas não é bastante conhecer e desfrutar essa felicidade. Com a doutrina, contraímos compromissos, que consistem em quatro deveres diferentes: dever de submissão, que nos faça ouvir com docilidade; dever de afeição, que nos faça amar com ternura; dever de zelo, para defender seus interesses com ardor, dever de prática, que nos faça honrá-la por nossas obras.

Estamos no seio do Espiritismo e o Espiritismo é para nós uma sólida consolação em nossas penas. Porque – é preciso confessá-lo – há momentos na vida em que a razão talvez pudesse sustentar-nos, mas há outros em que se tem necessidade de toda a fé que o Espiritismo dá, para não sucumbirmos. Em vão nos vêm os filósofos pregar uma firmeza estóica, repetir suas máximas pomposas, dizer-nos que coisa alguma perturba o sábio, que o homem foi feito para se possuir a si mesmo e dominar os eventos da vida. Triste consolo! Longe de suavizar a dor, eles a amarguram; em todas as suas palavras só encontramos vazio e secura. Mas o Espiritismo nos vem em socorro e nos prova que nossa aflição pode contribuir para a nossa felicidade.

Sim, nosso mestre. Continuai vossa augusta missão; continuai a nos mostrar esta Ciência, que vos é ditada pela bondade divina; que é o nosso consolo durante a vida e que será o pensamento sólido a nos sustentar no momento da morte.

Recebei, caro mestre, estas poucas palavras, saídas do coração de vossos filhos, pois sois o pai de todos nós; o pai da classe laboriosa e dos aflitos. Vós o sabeis; progresso e sofrimento marcham juntos; mas, quando o desespero acabrunhava os nossos corações, viestes trazer-nos força e coragem. Sim, mostrando-nos o Espiritismo, dissestes: Irmãos, coragem! Suportai sem murmúrios as provas que vos são enviadas e Deus vos abençoará. Sabei, pois, que somos apóstolos devotados e que, neste século, como nos séculos futuros, vosso nome será bendito por nossos filhos e nossos amigos operários.

DISCURSO E BRINDE DO SR. ALLAN KARDEC

Meus caros irmãos no Espiritismo.

Faltam-me expressões para dar a impressão que sinto pela vossa acolhida tão simpática e benevolente. Permiti-me, pois, dizer nalgumas palavras e não em longas frases que não diriam mais, que situarei minha primeira visita a Bordéus entre os mais felizes momentos de minha vida e da qual guardarei eterna lembrança. Mas, também, não esquecerei, senhores, que esta acolhida me impõe uma grande tarefa, qual a de a justificar, o que espero fazer com a ajuda de Deus e dos bons Espíritos. Ela me impõe, além disso, grandes obrigações, não só para convosco, mas ainda para com os Espíritas de todas as regiões, dos quais sois representantes, como membros da grande família: para com o Espiritismo em geral, que acabais de aclamar nestas duas reuniões solenes e que, não tenhais dúvida, colherá no arrojo de vossa importante cidade uma força nova para lutar contra os obstáculos que quererão lançar em vosso caminho.

Em minha alocução de ontem, falei de sua força irresistível. Não sois a prova evidente? Não é um fato característico a inauguração de uma sociedade espírita que, como a vossa, se inicia pela reunião espontânea de cerca de 300 pessoas, atraídas, não por vã curiosidade, mas pela convicção e pelo único desejo de se grupar num feixe único? Sim, senhores, o fato não só é característico, mas providencial. Eis a propósito o que, ainda ontem, antes da sessão, me dizia o guia espiritual, o Espírito de Verdade:

“Deus marcou com o cunho de sua vontade imutável a hora da regeneração dos filhos desta grande cidade. À obra, pois, com confiança e coragem. Esta noite os destinos de seus habitantes vão começar a sair da rotina das paixões que sua riqueza e seu luxo faziam germinar como joio junto ao bom grão, para atingir, pelo progresso moral que lhe vai imprimir o Espiritismo, a altura dos destinos eternos. Vês que Bordéus é uma cidade amada pelos Espíritos, pois vê multiplicar-se em seus muros os mais sublimes devotamentos da caridade, sob todas as formas. Assim, eles estavam aflitos por vê-la na retaguarda do movimento progressivo que o Espiritismo acaba de impor à humanidade. Mas os progressos vão ser tão rápidos, que os Espíritos bendirão o Senhor por ter inspirado o desejo de vir ajudá-los a entrar nesta via sagrada."

Vedes, pois, senhores, que o impulso que vos anima vem do Alto e seria muita temeridade de quem o quisesse deter, pois seria derrubado como os anjos rebeldes, que quiseram lutar contra o poder de Deus. Não temais, pois, a oposição de alguns adversários interessados ou se pavoneando na sua incredulidade materialista. O materialismo chega à sua última hora e é o Espiritismo que a vem fazer soar, pois é a aurora que dissipa as trevas da noite. E, coisa providencial! é o próprio materialismo que, sem o querer, serve de auxiliar à propagação do Espiritismo. Por seus ataques chama para este a atenção dos indiferentes. Querem ver o que é e, como o encontram bem, adotam-no. Tendes a prova disto aos vossos olhos: sem os artigos de um dos jornais de vossa cidade, os Espíritas bordeleses talvez constituíssem a metade do que são. Tal artigo naturalmente despertou a curiosidade, porque geralmente se diz: Atacam; logo existe algo. Perguntaram: É bom? É mau? É verdadeiro? É falso? De qualquer modo, vejamos. Viram, e sabeis o resultado. Longe, pois, de malquerer ao autor do artigo, é preciso ser-lhe grato pela propaganda gratuita. E se houver aqui algum de seus amigos, pedimos a este que o leve a recomeçar, a fim de que, se hoje somos 300, sejamos 600 no próximo ano. Sobre isso eu vos poderia citar casos curiosos de propaganda semelhante, feita em certas cidades, por sermões furibundos contra o Espiritismo.

Como Lião, Bordéus acaba de plantar, altiva, a bandeira do Espiritismo, e o que vejo me garante que não será arrancada. Bordéus e Lião! duas das maiores cidades da França! focos de luz! E dizem que todos os Espíritas são loucos! Honra aos loucos dessa espécie! Não esqueçamos Metz, que acaba de fundar sua sociedade, onde figuram em grande número oficiais de todas as patentes, e que reclamam sua admissão na grande família. Espero que em breve Toulouse, Marselha e outras cidades, onde já fermenta a nova semente, juntar-se-ão às suas irmãs mais velhas e darão o sinal da regeneração em suas respectivas regiões.

Senhores, em nome da Sociedade Parisiense de Estudos Espíritas, levanto um brinde aos Espíritas de Bordéus; à sua união fraterna para resistir ao inimigo que queria dividi-la, a fim de ter razão mais fácil.

A este brinde associo, do mais profundo de meu coração, e com a mais viva simpatia, o Grupo Espírita dos Operários de Bordéus que, como os de Lião, dão admirável exemplo de zelo, devotamento, abnegação e reforma moral. Asseguro-vos que estou feliz, muito feliz de ver seus delegados reunidos fraternalmente nesta mesa, com o escol da sociedade, que prova, por esta associação, a influência do Espiritismo sobre os preconceitos sociais. Não poderia ser de outro modo, quando ele nos ensina que o mais alto colocado no mundo talvez tenha sido humilde proletário, e que, apertando a mão do último trabalhador, talvez aperte a de um irmão, de um pai, ou de um amigo.

Em nome dos Espíritas de Metz e de Lião, dos quais me torno intérprete, eu vos agradeço por os terdes compreendido na expressão dos vossos sentimentos fraternos.

Aos Espíritas bordeleses!

Senhores, os Espíritas não devem ser ingratos. Creio ser dever de reconhecimento não esquecer os que servem a nossa causa, mesmo sem o querer. Assim, proponho um brinde ao autor do artigo do *Courrier de la Gironde,* pelo serviço que nos prestou, fazendo votos para que ele renove, de vez em quando, seus espirituosos artigos. E, se Deus quiser, em breve ele será o único homem sensato em Bordéus.

POESIAS DO MOMENTO, DITAS PELO SR. DOMBRE, (DE MARMANDE), VINDO A BORDÉUS PARA ESTA SOLENIDADE

OS CAMPONESES E O CARVALHO

FÁBULA

AO SR. ALLAN KARDEC

Os abusos têm campeões ocultos, mais perigosos que os adversários declarados, e a prova disto é a dificuldade que se tem de os arrancar.

Allan Kardec *(Que é o Espiritismo)*

Um dia, honestos camponeses
De pé ante um carvalho enorme,
[fronte ingente,
o mediam com os olhos, descorteses.
– É em vão, diz um, que prodigamos
[a semente
Por esses sulcos revolvidos e
[adubados.
Nada brota. O adubo e a seiva são
[levados
Para essa ramaria, essa espessa
[folhagem.
Fazer gastos assim é uma triste
[bobagem.
É deixar que esta árvore empobreça
[o chão,
Consuma o nosso suor e esterilize
[o grão.
Irmãos, se em mim quiserdes crer
Nós livraremos nosso campo

Un jour, d’honnôtes campagnards,
Debout devant un chéne énorme, au
[front immense,
Le mesuraient de leurs regards.
– En vain nous prodignons, dit l’un,
[notre semence
Le long de ces sillons hersés et bien
[fumés.
Rien ne pousse; l’engrais, les sues
[sont consommés
Par ces rameaux nombreux et cet
[épais feuillage,
C’est faire de son bien un triste
[gaspillage.
Que de laisser cet arbre appauvrir
[ce terrain,
Absorber nos suers, stériliser
[le grain.
Frères, si vous voulez m’en croire,
Nous délivrerons notre champ

Desse incômodo hóspede... e isso...
[num tranco!
– À obra! gritaram, a ferver.
Eram todos fortes e ardentes.
Uma corda amarrada na árvore, em
[cima,
E ei-los a formar a cadeia ferina
Cujos anéis ligavam-nos, potentes.
A folhagem treme a farfalha,
Mas é tudo... Eles podem agitar-se,
[esfalfar-se
A puxar a tortuosa e robusta
[ramalha,
Que o tronco não chega a abalar-se.
Um dos sabidos da região
Um bom velho lhes disse ao passar:
[– Meus meninos,
Vossa messe vai de aluvião
Em proveito dos ramos e dos grãos
[mofinos.
Destrui-os.., está bem... eu atino.
Mas abater de frente o tronco não é
[fácil;
Não envergará o carvalhaço
Todo o esforço do vosso braço.
A idade enrija o corpo, como o
[torna indócil.
Fazei menos bulhento o assalto, e
[mais terrível,
A esse colosso vigoroso.
Os séculos passaram em seu cascão
[nodoso;
Empregai dias a miná-lo, se
[possível.
Ponde ao sol a raiz sugadora e
[ferina

De cet hôte incommode... et cela...
[sur-le-champ.
– A l'oeuvre! reprit l'auditoire.
Ils étaient tous ardents et forts;
Une corde est fixée à la cime du la
[chêne,
Et les voilá formant comme une chaine
Dont les anneaux unissent leurs efforts.
Les feuillage tremble et murmure,
Mais c'est tout... Ils ont beau
[s'agiter, s'essouffler
Après la tortuese et robuste ramure,
Lo chène ne peut s'ébranler.
Un des, sages de la contrée,
Un bon vieillard leur dit en passant:
[– Mes enfants,
Votre moisson est devorée
Au profit des rameaux, des feuilles
[et des glands,
Détruisez-les... c'est bien... je le
[comprends;
Mais frapper l'arbre au front n'est
[pas chose facile;
Le vieux chène ne ploiera pas
Sous le faible effort de vos bras;
L'âge raidit le corps, comme il rend
[indocile.
Livrez un moins bruyant mais plus
[terrible assaut
A ce colosse plein de force;
Les siècles ont passé sur sa noueuse
[écorce;
Mettez à le miner plusieurs jours
[s'il le faut.
Décrouvez au grand jour
[l'absorbante racine

E levareis a morte ao ramalhal
[confuso.
Não podendo de um golpe suprimir
[o abuso
É nos seus fundamentos que se
[busca a ruína.

C. Dombre

Et vous aurez la mort de ces
[massifs touffus.
Quand on ne peut d'un coup
[supprimer un abus,
C'est dans ses fondements qu'on
[cherche sa ruine.

C. Dombre

O OURIÇO, O COELHO E A PÊGA

FÁBULA

AOS MEMBROS DA SOCIEDADE ESPÍRITA DE BORDÉUS

A caridade, meus amigos, é feita de muitas maneiras: podeis fazer a caridade por pensamento, palavras e obras...

(O Espírito protetor da Sociedade Espírita de *Lião.* – Revista Espírita *de outubro de 1861)*

Um pobre ouriço, sendo expulso
[da sua toca,
Rolava pelo campo em meio aos
[espinheiros,
aos golpes de tamanco de um
[moleque arteiro
que em sangue o abandona e quase
[que o sufoca.
Ele fecha, tremendo, a armadura
[espinhenta,
Espicha-se, lançando em volta
[esquivo olhar,
E, já sem perigo lamenta
Numa débil voz, a chorar:
– Onde esconder?... Fugir?...
[Voltar ao meu abrigo

Un pauvre hérisson, chassé de son
[abri,
Roulait à travers champs et ronces
[mourtrières,
Sous les coups de sabot d'un enfaat
[des chaumiéres,
Qui l'abandonne enfin ensanglanté,
[meurtri.
Il replie en tremblant son épineuse
[armure,
S'allonge, autour de lui jette un
[regard furtif,
Et, le danger, passé, murmure
D'un accent débil et plaintif:
– Où me cacher?... où fuir?...
[Regagner ma demeure

Está acima do meu querer.
Já nem posso prever os mil perigos
Que me ameaçam aqui... É forçoso
[morrer?
Preciso de um refúgio, um pouco
[repousar
Para curar minhas feridas.
Mas... onde encontrar uma guarida?
Quem irá de mim se apiedar?
Um coelho que morava entre lascas
[de rocha
E para quem a caridade
Não era vã palavra, sensível se
[arroja
E lhe diz: – Meu amigo, aceitai
[a metade
Do meu modesto abrigo; estou bem
[nesse asilo;
Nele estareis seguro; é difícil aqui
Buscarem vosso rastro. E mais,
[ficai tranquilo:
Cuidados, junto a mim, não vão
[faltar ali.
Diante dessa oferta graciosa
Já caminhava o ouriço a passo lento
Quando uma pêga obsequiosa
Fez um sinal ao coelho: – Parai
[um momento,
Eu peço... uma palavra... é um
[breve caso...
E depois ao ouriço: – É um
[pequeno segredo...
Perdoai-me, quando nada, pelo
[atraso!
E o bom coelho, nesse enredo

Est au-dessus de mon pouvir.
Mille dangers que je ne puis prévoir
Me menacent ici... Faut-il done
[que je meure?...
J'ai besoin d'un refuge et d'un peu
[de repos
Pour laisser guérir mes blessures;
Mais... où sont els retraittes sûres?
Qui prendra pitié de mes maux?
Un lapin, habitant sous de débris
[de roche,
Lapin pour qui la charité
N'était pas un vain mot, est
[attendri, s'approche
Et lui dit: – Mon ami, je suis
[bien abrité;
Acceptez la moitié de mon modeste
[asile,
Asile sûr pour vous; il serait difficile
De venir y chercher la trace de
[vos pas,
Puis, vous pouvez être tranquille:
Les soins auprés de moi ne vous
[manqueront pas.
Sur cette offre si gracieuse,
Le hérisson cheminait lentement,
Quand une pie officieuse,
Faisant signe au lapin: – Arrêez
[un moment,
Je vous prie... un mot... peu de
[chose...
Et puis au hérisson: – C'est un
[petit secret!...
Pardon au moins du retard que je
[cause!
Et le bon lapin, tout discret,

Ergue as orelhas para que ela fale
[baixo:
– Como! Levais a vossa casa uma
[tal gente!...
Avançais muito nos cuidados com os
[de baixo!
Nunca eu faria tal tolice, tão
[patente!
Eu... Mas, não receiais de vos
[arrepender?
Quando estiver curado, as forças
[recobradas,
Vós sereis o primeiro, talvez, a sofrer
Com seu mau coração e as farpas
[aceradas.
E que meios tereis, então, para o
[correr?
O coelho respondeu: – Nenhuma
[inquietação
Nos deverá afastar de impulsos
[benfeitores;
Vale bem mais expor-se à ingratidão
Do que faltar aos sofredores!

C. Dombre

L'engage a parler bas et dresse les
[oreilles.
– Comment! Vous emmenez chez
[vous de telle gens!...
Vous allez un peu loin dans vos
[soins obligeants!
Je ne ferai jamais de sottises pareilles,
Moi... Vous ne craignez pas de
[vous en repentir?
Une fois sa santé, ses forces
[recouvrées,
Vous serez le premier peut-être à
[ressentir
Avec son mauvais coeur ses pointes
[acérées;
Et quel moien alors de le faire sortir?...
Le lapin lui rópond: – Aucune
[inquiétude
Ne doit nous détournér d'un élan
[généreux;
Il vaux mieux s'exposeur à de
[l'ingratitude
Que de manquer aux malheureux!

C. Dombre

BIBLIOGRAFIA

O LIVRO DOS MÉDIUNS

SEGUNDA EDIÇÃO

A primeira edição de *O Livro dos Médiuns,* publicada no começo deste ano, esgotou-se em alguns meses, o que não é um dos traços menos característicos do progresso das ideias espíritas. Nós mesmo constatamos, em nossas excursões, a influência salutar que esta obra exerceu sobre a direção dos estudos espíritas práticos: assim, as decepções e mistificações são muito menos numerosas do que outrora, porque ela ensinou os meios de descobrir as astúcias dos Espíritos enganadores. Esta segunda edição é muito mais completa que a precedente: encerra numerosas instruções novas muito importantes e vários capítulos novos. Toda a parte que concerne mais especialmente aos médiuns, à identidade dos Espíritos, à obsessão, às questões que podem ser dirigidas aos Espíritos, às contradições, aos meios de discernir os bons e os maus Espíritos, à formação de reuniões espíritas, às fraudes em matéria de Espiritismo, recebeu desenvolvimentos muito notáveis, frutos da experiência. No capítulo das dissertações espíritas adicionamos várias comunicações *apócrifas* acompanhadas de observações adequadas a dar os meios de descobrir a fraude dos Espíritos enganadores, que se apresentam com falsos nomes.

Devemos acrescentar que os Espíritos reviram a obra inteiramente e trouxeram numerosas observações do mais alto interesse, de sorte que se pode dizer que é obra deles, tanto quanto nossa.

Recomendamos com instância esta nova edição, como o guia mais completo, quer para os médiuns, quer para os simples observadores. E podemos afirmar que, seguindo-a pontualmente, evitar-se-ão os escolhos tão numerosos, contra os quais se vão chocar tantos neófitos inexperientes. Depois de a ter lido e meditado atentamente, os que forem enganados ou mistificados certamente não poderão queixar-se senão de si mesmos, porque tiveram todos os meios para se esclarecerem.

O ESPIRITISMO OU ESPIRITUALISMO EM METZ

PRIMEIRA SÉRIE DAS PUBLICAÇÕES DA SOCIEDADE ESPÍRITA DE METZ

Em nosso último número mencionamos esta publicação apenas de memória, propondo-nos a voltar ao assunto. Lemo-la com atenção e só podemos felicitar a Sociedade dos Espíritas messinos por seus resultados. Ela conta em seu seio um grande número de homens esclarecidos que, esperamos, saberão mantê-la em guarda contra os embustes dos maus Espíritos, que não deixarão de tentar desviá-la da boa rota em que se colocou.

A publicação não é periódica; a Sociedade de Metz se propõe

fazer outras semelhantes de tempos em tempos, em datas indeterminadas e nelas inserir as melhores comunicações que houver obtido. Tal modo é vantajoso por isso que não obriga a assumir nenhum compromisso com assinantes, aos quais se deve servir apesar de tudo, e porque os gastos são sempre proporcionais.

Todas as comunicações contidas nesta primeira brochura têm um cunho eminentemente sério e uma moralidade irreprochável. Nada notamos que não se pudesse chamar de ortodoxo, do ponto de vista da Ciência e de acordo com o ensino de *O Livro* dos *Espíritos*. Se os senhores espíritas de Metz nos permitem um conselho nós os estimularíamos a continuar a trazer, em publicações ulteriores, a prudente circunspeção que notamos nesta; que se persuadam de que as publicações intempestivas podem ser mais nocivas do que úteis à propagação do Espiritismo. Contamos com a sabedoria e a sagacidade dos que as dirigem, para não cederem ao entusiasmo de adeptos mais zelosos que refletidos; que se lembrem sempre da máxima: *Não adianta correr; é preciso partir na hora.*

As duas comunicações seguintes, extraídas desse primeiro lançamento, podem dar uma ideia do espírito no qual são feitas.

O FLUIDO UNIVERSAL

(29 DE SETEMBRO DE 1860)

O fluido universal liga entre si todos os mundos; e, conforme os impulsos que lhe são dados pela vontade do Criador, forma todos os fenômenos da Criação. Ele é a própria vida e liga as diferentes matérias do nosso globo; é ele que, por suas propriedades subordinadas a leis, regula as diferentes coisas tão misteriosas para vós, as afinidades físicas e morais; é ele que vos faz ver o passado, o presente e o futuro, sobretudo quando a matéria que obstrui a vossa alma é anulada ou enfraquecida por uma causa qualquer; então essa dupla vista (embora menos desenvolvida do que após a morte), vê, sente e toca tudo, nesse meio fluídico que é o seu elemento e o espelho exato do que foi, é e será; porque não são senão as partes mais grosseiras desse fluido que sofrem sensíveis modificações de composição.

Henry, *antigo magnetizador*

EFEITOS DA PRECE

(15 DE OUTUBRO DE 1860)

A prece é uma aspiração sublime, à qual Deus concedeu um poder tão mágico que os Espíritos a reclamam constantemente. Orvalho suave, que é como um refrigério para o pobre exilado na Terra e uma ativação[1] frutífera para a alma em prova. A prece age diretamente sobre o Espírito a quem é dirigida; ela não transforma seus espinhos em rosas, mas modifica sua vida de sofrimentos (nada podendo sobre a vontade imutável de Deus) imprimindo-lhe esse impulso de vontade que levanta a sua coragem, ao dar-lhe força para lutar contra as provas e as dominar. Por esse meio é abreviado o caminho que conduz a Deus e, como efeito maravilhoso, nada pode ser comparado à prece.

Aquele que blasfema contra a prece não passa de Espírito inferior, de tal modo terreno e atrasado que nem mesmo compreende que deve apegar-se a essa tábua de salvação para se salvar.

Orar: é uma palavra descida do céu, é a gota de orvalho no cálice de uma flor, é o sustentáculo do caniço durante a tempestade, é a tábua do pobre náufrago na tempestade, é o abrigo do mendigo e do órfão, é o berço para a criança dormir. Emanação divina, é a prece que nos liga a Deus pela linguagem, que o volta para nós; orar-lhe é amá-lo; suplicar-lhe por um irmão é um ato de amor dos mais meritórios. A prece que vem do coração é a chave dos tesouros da graça; é o ecônomo que dispensa benefícios em nome da misericórdia infinita. A alma, elevada para Deus por um desses impulsos sublimes da prece, desprendida de seu invólucro grosseiro, parece apresentar-se cheia de confiança perante Ele, certa de obter o que pede com humildade. Orai! orai! fazei um reservatório de vossas santas aspirações, que será aberto no dia da justiça. Preparai o celeiro da abundância, tão precioso durante a carência; escondei o tesouro de vossas preces até o dia escolhido por Deus para distribuir o rico depósito. Acumulai para vós e para os vossos irmãos, o que diminuirá as vossas angústias e vos fará transpor mais rapidamente o espaço que vos separa de Deus. Refleti em vossa miserável natureza, contai vossas decepções, vossos perigos, sondai o abis-

---

[1] No original: *agencement,* que equivalerá a *agenciação,* seguida da nota *sic*. Veja-se o respeito de Kardec pelas expressões dos Espíritos. (N. da Eq. Rev.)

mo profundo aonde vos podem arrastar as paixões, olhai em torno de vós os que caem, e sentireis a necessidade imperiosa de recorrer à prece: é a âncora de salvação que impedirá o esfacelamento do vosso navio, tão sacudido pelas tormentas do mundo.

Teu Espírito Familiar

O ESPIRITISMO NA AMÉRICA

FRAGMENTOS TRADUZIDOS DO INGLÊS PELA SRTA. CLÉMENCE GUÉRIN[1]

O Espiritismo conta na América homens eminentes que, desde o princípio, lhe avaliaram o alcance e nele viram algo mais do que simples manifestações. Nesse número está o juiz Edmonds, de Nova Iorque, cujos escritos sobre tão importante assunto são justamente apreciados e muito pouco conhecidos na Europa, onde não foram traduzidos. Devemos ser gratos à Srta. Guérin por nos dar uma ideia deles por alguns fragmentos publicados em sua brochura, levando-nos a lamentar não tenha ela acabado sua obra por uma tradução completa. Ela junta alguns extratos não menos notáveis do Dr. Hare, de Filadélfia que, também ele, foi um dos primeiros a ter coragem de afirmar a sua fé nas novas revelações.

A Srta. Guérin, que residiu muito tempo na América, onde viu se produzirem e se desenvolverem as primeiras manifestações, é uma dessas Espíritas sinceras, conscienciosas, que tudo julgam com calma, sangue-frio e sem entusiasmo. Temos a honra de conhece-la pessoalmente e sentimo-nos felizes por lhe dar aqui um testemunho merecido de nossa profunda estima. Pelo fragmento seguinte, de seu prefácio, pode-se ver que nossa opinião é justamente motivada.

"Como os americanos, temos a Fé profunda, a Esperança radiosa de que esta doutrina, tão eminentemente baseada na caridade – não esmola, mas amor – seja bem aquela que deve regenerar e pacificar o mundo. Nunca a solidariedade fraterna foi mais claramente demonstrada, nem de maneira mais sedutora. Vindo consolar-nos, ajudar-nos, instruir-nos, indicar-nos, enfim, o melhor uso a ser feito de

[1] Brochura, grand in-18, prix, 1 fr., dez. Dentu, Palais-Royal, galeria d'Orléans.

nossas faculdades, em vista do futuro, os Espíritos são tão evidentemente desinteressados, que o homem não os pode ouvir muito tempo sem experimentar o desejo de os imitar, sem procurar ao seu redor alguém para participar dos benefícios que lhe dispensam tão generosamente. E o faz com tanto mais boa vontade enfim, quanto compreende que seu próprio progresso tem esse preço e que, no grande livro de Deus, não são levados a seu crédito senão os atos praticados em vista do bem-estar material ou moral de seus irmãos. O que os Espíritos fazem com sucesso neste momento foi tentado muitas vezes na Terra por corações nobres e almas corajosas, que foram e são ainda desconhecidos e ridicularizados. Suspeitam de seu devotamento e quase que só ao desaparecerem é que têm chance de ser julgados com imparcialidade. Eis porque Deus lhes permite continuem a obra após aquilo a que chamamos morte.

É o caso de repetir com Davis: "Nada temais, irmãos; sendo mortal, o erro não pode viver; sendo imortal, a verdade não pode morrer!"

Clémence Guérin

A passagem seguinte, do juiz Edmonds, mostrará com que justeza tinha ele entrevisto as consequências do Espiritismo. Não se deve esquecer que escrevia em 1854, época em que o Espiritismo ainda era novo na América, como na Europa.

"Outros julgarão se minhas deduções são verdadeiras ou falsas. Meu objetivo será atingido se, falando do efeito produzido em meu espírito por essas revelações, fiz brotar em alguns o desejo de também pesquisar e assim levar novas luzes ao estudo desses fenômenos; porque, até aqui, os mais veementes adversários, os que, na sua indignação, gritam contra a impostura, são também os mais obstinados na sua recusa de nada ver ou ouvir sobre isto, os mais resolvidos a permanecer na ignorância completa da natureza dos fatos. Homens com reputação de saber, senão de Ciência, não temem comprometê-la dando explicações que a ninguém satisfazem, baseadas em observações superficiais, feitas com uma leviandade que faria corar um estudante.

Entretanto, não é uma coisa indiferente esse novo poder inerente ao homem *(connected with man)* e que, sem a menor dúvida, terá sobre o seu destino uma considerável influência para o bem ou para o mal.

E já podemos ver que, desde a origem, apenas há cinco anos, a ideia espiritualista se propagou com uma rapidez que a religião cristã não havia igualado em cem anos. Ela não procura os lugares desertos, não se envolve em mistérios, mas vem abertamente aos homens, provocando um minucioso exame, não pedindo uma fé cega, mas, em todas as circunstâncias, recomendando o exercício da razão e do julgamento livre.

Vimos que os ataques dos filósofos não conseguiram desviar um só crente; que os sarcasmos da imprensa, os anátemas da cátedra são igualmente impotentes para deter o progresso e, sobretudo, já podemos constatar sua influência moralizadora. O *verdadeiro* crente (a *wise and better man)* torna-se sempre mais prudente e melhor, porque lhe foi demonstrado que a existência do homem após a morte está positivamente provada. Todos quantos, séria e sinceramente, conduziram suas investigações sobre o assunto, tiveram suas provas irrecusáveis. Como poderia ser diferente? Eis uma inteligência que nos fala todos os dias; é um amigo (Em geral os americanos começam conversando com parentes ou amigos). Ele prova a sua identidade por mil circunstâncias que não deixam a menor dúvida, por meio de recordações que só ele pode conhecer. Ele nos fala das consequências da vida terrena e nos pinta a vida futura em cores tão racionais que *nós sentimos* que diz a verdade, tanto é conforme à ideia íntima que tínhamos da Divindade e dos deveres que ela nos impõe.

Não somos separados pela morte daqueles que amamos, mas muitas vezes estão juntos de nós, ajudam-nos e nos consolam pela esperança de uma *reunião certa.* Quantas vezes os ouvi para mim e para os outros! Quantas pessoas desoladas vi acalmadas pela suave certeza de que o ser querido 'trazido pelos laços do amor, volteia em torno delas, fala-lhes ao ouvido, contempla a sua alma, conversa com o seu Espírito!'

Assim, a morte está despojada do cortejo de terrores misteriosos e indefinidos com que foi cercada por aqueles que esperam mais da degradante paixão do medo que do nobre sentimento de amor.

Notemos de passagem que, sejam quais forem as nuanças no ensino da nova filosofia, todos os seus discípulos se entendem sobre este ponto: que a morte não é um espantalho, mas um fenômeno natural, a passagem a uma existência em que, livre de mil males da vida material e dos entraves que o confinam num só planeta, o Espírito pode percorrer a imensidade dos mundos, alçar o voo para regiões onde a glória de Deus é realmente visível.

Está igualmente demonstrado que nossos mais secretos pensamentos são conhecidos pelos seres que, tendo sido amados, continuam a velar por nós. É em vão que a gente tentaria subtrair—se a essa inquisição, terrível por sua própria benevolência. Não é possível duvidar, como o quiseram. Muitas vezes fiquei estupefato e tive arrepios a esta revelação imprevista, mas irrecusável, de que os mais íntimos refolhos da consciência podem ser examinados por aqueles mesmos aos quais queríamos ocultar nossas fraquezas.

Não está aí um freio salutar contra os maus pensamentos, os atos criminosos, na maioria das vezes cometidos porque o culpado se garantiu por estas palavras: 'Não o saberão...' Se algo pode confirmar esta verdade tão terrificante para alguns, é a lembrança do que cada um experimenta após uma boa ação, mesmo quando ficou secreta – um contentamento íntimo a nenhum outro comparável. – Esses o sabem bem, pois a mão esquerda ignora o que dá a direita. É, pois, racional crer que se nossos amigos nos podem felicitar, também nos podem censurar; se veem nossos atos meritórios, veem também nossos erros.

A isso não hesitamos em atribuir o fato incontestável e incontestado de que não há *verdadeiro crente* que não se tenha tornado melhor.

De nossa conduta depende nosso destino futuro e não de nossa adesão a esta ou àquela seita religiosa, mas de nossa submissão a este grande preceito: **Amar a Deus e ao próximo**... Não devemos adiar a nossa conversão. Nós próprios devemos trabalhar pela nossa salvação, não mais tarde, mas *agora;* não amanhã, mas *hoje.*

Nada há de mais consolador, de mais fortificante para a alma virtuosa, através das provas e vicissitudes desta vida, que a *certeza completa* de que sua felicidade futura depende de suas ações, que ela pode dirigir.

Por outro lado o vicioso, o mau, o cruel, o egoísta, especialmente o egoísta, sofrerá por si e pelos outros *(self and mutual torments),* tormentos mais terríveis que os do inferno material, tal qual a imaginação mais desordenada jamais conseguiu pintar."

Allan Kardec

ANO IV
DEZEMBRO DE 1861

AVISO

Os Srs. assinantes que não quiserem sofrer demora na remessa da *Revista Espírita* para o ano de 1862 (5.º ano) são convidados a renovar a assinatura antes de 31 de dezembro.

Os assinantes de 1862 poderão obter a coleção dos quatro anos precedentes, em conjunto, ao preço de 30 fr., em vez de 40 fr. Assim, com a assinatura corrente não pagarão os cinco anos senão 40 fr., isto é, pelo mesmo preço terão 5 anos em vez de 4, ou seja, uma diminuição de 20%. Os anos comprados isoladamente são ao preço de 10 fr. cada, como no passado.

A segunda tiragem dos anos 1858, 1859 e 1860 se esgotaram. Acaba de ser feita uma terceira reimpressão.

Nota: O número de janeiro de 1862 conterá um artigo muito desenvolvido sobre a *Interpretação da doutrina dos Anjos Rebeldes, dos Anjos Decaídos, do Paraíso Perdido* e sobre a *Origem e a Condição Moral do Homem na Terra.*

PRÓXIMO LANÇAMENTO DE NOVAS OBRAS DO SR. ALLAN KARDEC

O Espiritismo na sua Expressão mais Simples. Brochura destinada a popularizar os elementos da Doutrina Espírita. Será vendida a 25 c.

Refutação das Críticas Contra o Espiritismo, do ponto de vista do Materialismo, da Ciência e da Religião. Esta última parte terá todos os desenvolvimentos necessários. Conterá a resposta à brochura do Padre Marouzeau.

Várias outras obras, das quais uma de importância mais ou menos igual, como volume, ao *O Livro dos Espíritos,* serão publicadas no correr de 1862.

ORGANIZAÇÃO DO ESPIRITISMO

1. – Até o presente, embora muito numerosos, os Espíritas se têm disseminado por todos os países, o que não é um dos caracteres menos salientes da doutrina. Como uma semente levada pelo vento, ela fixou raízes em todos os pontos do globo, prova evidente de que sua propagação não é efeito de uma camarilha, nem de uma influência local e pessoal. A princípio isolados, os adeptos se surpreenderam hoje com seu número; *e* como a similitude de ideias inspira o desejo de aproximação, procuram reunir-se e fundar sociedades. Assim, de toda parte nos pedem instruções a propósito, manifestando o desejo de união à Sociedade central de Paris. É, pois, chegado o momento de nos ocuparmos do que se pode chamar a *organização do Espiritismo.* Sobre a formação das sociedades espíritas, *O Livro dos Médiuns* (2.ª edição) contém observações importantes, às quais remetemos os interessados, pedindo-lhes meditem com cuidado. Diariamente a experiência vem lhes confirmar a justeza, que lembraremos de modo sucinto, acrescentando instruções mais circunstanciadas.

2. – Inicialmente falemos dos adeptos ainda isolados em meio a uma população hostil ou ignorante às ideias novas. Diariamente recebemos cartas de pessoas que estão nesse caso e perguntam o que podem fazer, na ausência de médiuns e de coparticipantes do Espiritismo. Estão na situação em que, apenas há um ano, se achavam os primeiros Espíritas dos mais numerosos centros de hoje; pouco a pouco multiplicaram-se os adeptos e há cidades onde quase se contaram por unidades isoladas, mas hoje o são por centenas e milhares; em breve dar-se-ão mesmo em toda parte; é uma questão de paciência. Quanto ao que devem fazer, é muito simples. A princípio podem trabalhar por conta própria, penetrar-se da doutrina pela leitura e meditação das obras especiais; quanto mais se aprofundarem, mais verdades consoladoras descobrirão, confirmadas pela razão. Em seu isolamento, devem julgar-se felizes por terem sido os primeiros favorecidos. Mas se se limitassem a colher na doutrina uma satisfação pessoal, seria uma espécie de

egoísmo. Em razão de sua própria posição, têm uma bela e importante missão a cumprir: a de espalhar a luz em seu redor. Os que aceitarem essa missão e não se deixarem deter pelas dificuldades, serão largamente recompensados pelo sucesso e pela satisfação de haver feito uma coisa útil. Sem dúvida encontrarão oposição; serão motivo da troça e dos sarcasmos dos incrédulos, mesmo da malevolência das pessoas interessadas em combater a doutrina; mas, onde estaria o mérito se não houvesse obstáculos a vencer? Assim, aos que fossem detidos pelo medo pueril do que diriam, nada temos a dizer, nenhum conselho a dar. Mas aos que têm a coragem de sua opinião, que estão acima das mesquinhas considerações mundanas, diremos que o que têm a fazer se limita a falar abertamente do Espiritismo, sem afetação, como de uma coisa muito simples e muito natural, sem a pregar e, sobretudo, sem buscar nem forçar convicções, nem fazer prosélitos a todo custo. *O Espiritismo não deve ser imposto: vem-se a ele porque dele se necessita,* e porque ele dá o que não dão as outras filosofias. Convém mesmo não entrar em explicações com os incrédulos obstinados: seria dar-lhes muita importância e os levar a pensar que se depende deles. Os esforços feitos para os atrair os afastam e, pelo amor-próprio, eles resistem na sua oposição. Eis por que é inútil perder tempo com eles; quando a necessidade se fizer sentir, virão por si mesmos. Enquanto se espera, é preciso deixá-los tranquilos, satisfeitos no seu ceticismo que, acreditai, muitas vezes lhes pesa mais do que eles manifestam. Porque, por mais que digam, a ideia do nada após a morte tem algo de mais apavorante, de mais pungente que a própria morte.

Ao lado dos trocistas encontrar-se-ão pessoas que perguntarão: "Que é isto?" Esforçai-vos, então, em satisfazê-las, proporcionando-lhes explicações conforme às disposições que neles encontrardes. Quando se fala do Espiritismo em geral, é preciso considerar as palavras que se pronunciam como grãos lançados a esmo: no número, muitos caem nas pedras e nada produzem; mas se um único tiver caído em terra fértil, julgai-vos feliz: cultivai-a e estareis certos de que essa planta, frutificando, terá renovos. Para alguns adeptos, a dificuldade é responder a certas objeções; a leitura atenta das obras lhes fornecerá os meios mas, sobretudo, poderão ajudar-se, para tal efeito, da brochura que vamos publicar sob o título de: *Refutação das críticas contra o Espiritismo, do ponto de vista materialista, científico e religioso.*

3. – Falemos agora da organização do Espiritismo nos centros já numerosos. O aumento incessante dos adeptos demonstra a impossibilidade material de constituir numa cidade e, sobretudo, numa, cidade populosa, uma sociedade única. Além do número, há a dificuldade das distâncias, que é obstáculo para muitos. Por outro lado, é sabido que as grandes reuniões são menos favoráveis às belas comunicações e que as melhores são obtidas nos pequenos grupos. É necessário, pois, cuidar de multiplicar os grupos particulares. Ora, como dissemos, vinte grupos de quinze a vinte pessoas obterão mais e farão mais pela propaganda do que uma sociedade única de quatrocentos membros. Os grupos se formam naturalmente, pela afinidade de gostos, de sentimentos, de hábitos e de posição social; todos ali se conhecem e, como são reuniões particulares, tem-se liberdade de número e de escolha dos que nela são admitidos.

4. – O sistema da multiplicação dos grupos tem ainda como resultado, conforme o dissemos em várias ocasiões, impedir os conflitos e as rivalidades de supremacia e de presidência. Cada grupo naturalmente é dirigido pelo chefe da casa, ou por aquele que para isso for designado; não há, a bem dizer, presidente oficial, pois tudo se passa em família. O dono da casa, como tal, tem toda a autoridade para manter a boa ordem. Com uma sociedade propriamente dita, há necessidade de um local especial, um pessoal administrativo, um orçamento, numa palavra, uma complicação de engrenagens, que a má vontade de alguns dissidentes mal intencionados poderia comprometer.

5. – A tais considerações, longamente desenvolvidas em *O Livro dos Médiuns,* adicionaremos uma, que é preponderante. O Espiritismo ainda não é visto com bons olhos por todo o mundo. Dentro em pouco compreender-se-á que é de todo o interesse favorecer uma crença que melhora os homens e é uma garantia da ordem social. Mas, até que estejam convencidos de sua benéfica influência sobre o espírito das massas e de seus efeitos moralizadores, os adeptos devem esperar que, seja por ignorância do verdadeiro objetivo da doutrina, seja em vista do interesse pessoal, suscitar-lhe-ão embaraços; não só será ridicularizado, mas, quando virem quebradas as armas do ridículo, *será caluniado.* Serão acusados de loucura, de charlatanismo, de irreligião, de feitiçaria, a fim de contra ele amotinar o fanatismo. Loucura! Sublime loucura esta que faz crer em Deus e no futuro da alma! Para os que em

nada creem, com efeito é loucura acreditar na comunicação entre mortos e vivos; é loucura que faz a volta ao mundo e atinge os homens mais eminentes. Charlatanismo! Eles têm uma resposta peremptória: o desinteresse, pois o charlatanismo jamais é desinteressado. Irreligião! eles que, desde que são Espíritas, são mais religiosos do que antes. Feitiçaria e comércio com o diabo! Eles, que negam a existência do diabo e só reconhecem a Deus como senhor onipotente, soberanamente justo e bom. Singulares feiticeiros estes que renegariam o seu senhor e agiriam em nome de seu antagonista! Na verdade o diabo não deveria estar contente com seus adeptos. Mas as boas razões são a mínima preocupação dos que querem travar discussões; quando alguém quer matar seu cão, diz que está danado. Felizmente a Idade Média lança os últimos e pálidos clarões sobre o nosso século. Como o Espiritismo lhe vem dar o golpe de misericórdia, não é de admirar vê-la tentar um supremo esforço. Mas, tenhamos certeza, a luta não será longa. Contudo, que a certeza da vitória não nos torne imprudentes, porque uma imprudência poderia, senão comprometer, pelo menos retardar o sucesso. Por esses motivos, a constituição de sociedades numerosas talvez encontrasse obstáculos em certas localidades, ao passo que o mesmo não ocorreria com as reuniões familiares.

6. – Acrescentemos mais uma consideração. As sociedades propriamente ditas estão sujeitas a numerosas vicissitudes. Mil e uma causas, dependentes ou não de sua vontade, podem conduzir à dissolução. Suponhamos que uma sociedade espírita tenha reunido todos os adeptos de uma mesma cidade e que, por uma circunstância qualquer, deixe de existir. Eis os membros dispersos e desorientados. Agora, se em vez disso, houver cinquenta grupos, se alguns desaparecerem, sempre restarão outros, e outros se formarão: são outras tantas plantas vivazes, que brotam apesar de tudo. Não tenhais num campo somente uma grande árvore; o raio pode abatê-la. Tende cem e o mesmo raio não atingiria a todas; e quanto menores, menos expostas estarão.

Assim, tudo milita em favor do sistema que propomos. Quando um primeiro grupo, fundado em qualquer parte, se tornar muito numeroso, que faça como as abelhas: que enxames saídos da colmeia materna fundem novas colmeias que, por sua vez, formarão outras. Serão outros tantos centros de ação, irradiando em seu respectivo círculo, e mais poderosos para a propaganda do que uma sociedade única.

7. – Admitida, pois, em princípio, a formação dos grupos, resta o exame de várias questões importantes. A primeira de todas é a uniformidade na doutrina. Essa uniformidade não seria melhor garantida por uma sociedade compacta, pois os dissidentes sempre teriam facilidade de se retirar, formando grupo à parte. Quer a sociedade seja una, ou fracionada, a uniformidade será a consequência natural da unidade de base, que os grupos adotarem. Ela será completa em todos os que seguirem a linha traçada pelo *O Livro dos Espíritos* e pelo *O Livro dos Médiuns*. Um contém os princípios da filosofia da ciência; o outro, as regras da parte experimental e prática. Essas obras estão escritas com bastante clareza para não dar lugar a interpretações divergentes, condição essencial de toda nova doutrina.

Até o presente essas obras servem de regulador à imensa maioria dos Espíritas e por toda parte são acolhidas com inequívoca simpatia; os que delas quiseram afastar-se puderam reconhecer, por seu isolamento e pelo decrescente número de seus partidários, que não tinham a seu favor a opinião geral. Tal assentimento, dado pelo maior número, tem grande valor: é um julgamento que não poderia ser suspeito de influência pessoal, desde que espontâneo e pronunciado por milhares de pessoas que nos são completamente desconhecidas. Uma prova desse assentimento é que nos pediram para as traduzir em diversas línguas: espanhol, inglês, português, alemão, italiano, polonês, russo e até em tártaro. Sem presunção podemos, pois, recomendar o seu estudo e a sua prática às diversas reuniões espíritas, e isso com tanto mais razão quanto são as únicas, até o momento, em que a Ciência é tratada de maneira completa. Todas as que foram publicadas sobre a matéria apenas abordaram alguns pontos isolados da questão. Aliás, não temos absolutamente a pretensão de impor as nossas ideias; emitimo-las, por ser direito nosso. Que as adotem aqueles a quem elas convêm; os outros têm o direito de as rejeitar. As instruções que damos são, pois, e naturalmente, para os que marcham conosco, para os que nos honram com o título de *seu chefe espírita* e de modo algum pretendemos regulamentar os que querem seguir outra via. Entregamos a doutrina que professamos à apreciação geral. Ora, temos encontrado bastantes aderentes para nos dar confiança e nos consolar de algumas dissidências isoladas. Aliás, o futuro será o juiz em última instância. Com os homens atuais desaparecerão, pela força das coisas, as suscetibilidades do amor-próprio ferido, as causas de ciúme, de ambição, de frustração de esperanças materiais. Não mais considerando as pessoas, ver-se-á apenas a doutrina e o julgamento será imparcial. Quais as ideias novas que, no seu aparecimento, não tiveram seus contraditores mais ou menos interessados? Quais os propagadores dessas ideias que não foram alvo dos ataques da inveja, sobretudo se o sucesso lhes coroou os esforços? Mas voltemos ao nosso assunto.

8. – O segundo ponto é a constituição dos grupos. Uma das primeiras condições é a homogeneidade, sem a qual não haveria comunhão de pensamento. Uma reunião não pode ser estável, nem séria, se não houver simpatia entre os componentes. E não pode haver simpatia entre pessoas que têm ideias divergentes e que fazem uma oposição surda, quando não aberta. Longe de nós com isso dizer que seja necessário abafar a discussão, porque, ao contrário, recomendamos o exame escrupuloso de todas as comunicações e de todos os fenômenos. Fica, pois, bem entendido que cada um pode e deve emitir sua opinião; mas há pessoas que discutem para impor a sua e não para esclarecer. É contra o espírito de oposição sistemática que nos levantamos; contra as ideias preconcebidas, que não cedem, nem mesmo ante a evidência. Tais pessoas incontestavelmente são uma causa de perturbação, que é preciso evitar. A esse respeito, as reuniões espíritas estão em condições excepcionais. O que elas requerem, acima de tudo, é o recolhimento. Ora, como estar recolhido se, a cada momento, a gente é distraída por uma polêmica acrimoniosa? Se reina entre os assistentes um sentimento de azedume e quando se sente, em torno de si, seres que sabemos hostis e em cujo rosto se lê o sarcasmo e o desdém por tudo quanto não concorda com a sua opinião?

9. – Em *O Livro dos Médiuns* (n.º 28) traçamos o caráter das principais variedades de Espíritas. Sendo tal distinção importante para o assunto que nos ocupa, julgamos dever lembrá-la.

Pode-se pôr em primeira linha os que acreditam pura e simplesmente nas manifestações. Para eles o Espiritismo é apenas uma ciência de observação, uma série de fatos mais ou menos curiosos; a filosofia e a moral são acessórios de que pouco se ocupam e cujo alcance não os preocupa. Chamamo-los *Espíritas experimentadores.*

Vêm a seguir os que veem no Espiritismo algo além dos fatos. Compreendem o seu alcance filosófico; admiram a moral dele decorrente, mas não a praticam; extasiam-se ante as belas comunicações, como ante um sermão eloquente, que ouvem mas não aproveitam. A influência sobre o seu caráter é insignificante ou nula; em nada mudam seus hábitos e não se privam de nenhum prazer: o avarento é sempre sovina, o orgulhoso sempre cheio de si, o invejoso e o ciumento sempre hostis; para eles a caridade cristã é apenas uma bela máxima e os bens deste mundo os arrastam na sua estima sobre os do futuro. São os *Espíritas imperfeitos*.

Ao lado destes há outros, mais numerosos do que se pensa, que não se limitam a admirar a moral espírita, mas a praticam e a aceitam em todas as suas consequências. Convencidos de que a existência terrena é uma prova passageira, tratam de aproveitar esses curtos instantes para avançar na via do progresso, esforçando-se por fazer o bem e reprimir suas más inclinações; suas relações são sempre seguras, porque a convicção os afasta de todo mau pensamento. Em tudo a caridade é sua regra de conduta. São os *verdadeiros Espíritas,* ou melhor, os *Espíritas cristãos*.

10. – Se bem compreendido o que precede, compreender-se-á, também, que um grupo formado exclusivamente por elementos desta última classe estaria nas melhores condições, porque entre praticantes da lei de amor e de caridade é que se pode estabelecer uma séria ligação fraternal. Entre homens para quem a moral é mera teoria, a união não seria durável; como não impõem nenhum freio ao orgulho, à ambição, à vaidade e ao egoísmo, não o imporão, também, às suas palavras; quererão primar, quando deveriam descer; irritar-se-ão com as contradições e não terão escrúpulos em semear a perturbação e a discórdia. Entre verdadeiros Espíritas, ao contrário, reina um sentimento de confiança e de benevolência recíprocas; sentem-se à vontade nesse meio simpático, ao passo que há constrangimento e ansiedade num ambiente misto.

11. – Isso está na natureza das coisas e nada inventamos a respeito. Daí se segue que, na formação de grupos, deva exigir-se a perfeição? Seria simplesmente absurdo, pois seria querer o impossível e, nesse ponto, ninguém poderia pretender dele fazer parte. Tendo por objetivo a melhora dos homens, o Espiritismo não vem procurar os perfeitos, mas os que se esforçam em o ser, pondo em prática os ensinos dos Espíritos. O verdadeiro Espírita não é o que alcançou a meta, mas o

que seriamente quer atingi-la. Sejam quais forem os seus antecedentes, será bom Espírita desde que reconheça suas imperfeições e seja sincero e perseverante no propósito de se emendar. Para ele o Espiritismo é a verdadeira regeneração, porque rompe com o passado; indulgente para com os outros, como quereria que fossem para consigo, de sua boca não sairá nenhuma palavra malévola nem cortante contra ninguém. Aquele que, numa reunião se afastasse das conveniências não só provaria uma falta de cortesia e de urbanidade, mas uma falta de caridade; aquele que se chocasse com a contradição e pretendesse impor a sua pessoa ou as suas ideias, daria prova de orgulho. Ora, nem um, nem outro estariam no caminho do verdadeiro Espiritismo, isto é, do Espiritismo cristão. Aquele que pensa ter uma opinião mais justa que os outros, poderá fazê-la aceitar melhor pela doçura e pela persuasão; seu azedume seria mal calculado.

12. – A simples lógica demonstra, pois, a quem quer que conheça as leis do Espiritismo, quais os melhores elementos para a composição dos grupos realmente sérios, e não hesitamos em dizer que são estes que têm a maior influência na propagação da doutrina. Pela consideração que impõem, pelo exemplo que dão, de suas consequências morais, provam a sua gravidade e impõem silêncio à troça que, quando se ataca ao bem, é mais que ridícula, porque odiosa. Mas que quereis que pense um crítico incrédulo, que assiste a experiências, cujos assistentes são os primeiros a considerá-la um brinquedo? Dela sai ainda mais incrédulo do que entrou.

13. – Acabamos de indicar a melhor composição dos grupos. Mas a perfeição não é mais possível nos conjuntos do que nos indivíduos. Indicamos os objetivos e dizemos que quanto mais nos aproximarmos deles, tanto mais satisfatórios serão os resultados. A gente é, por vezes, dominada pelas circunstâncias, mas é à eliminação dos obstáculos que se devem dar todos os cuidados. Infelizmente, quando se cria um grupo, a gente é muito pouco rigorosa na escolha, porque, antes de tudo, quer formar um núcleo. Para nele ser admitido, quase sempre basta um simples desejo ou uma adesão às ideias mais gerais do Espiritismo. Mais tarde é que se percebe ter-se facilitado.

14. – Num grupo sempre há o elemento estável e o flutuante. O primeiro é composto de pessoas assíduas, que formam a base; o segundo, das que são admitidas temporária e acidentalmente. É à composição

do elemento estável que é essencial prestar escrupulosa atenção e, neste caso, não se deve hesitar em sacrificar a quantidade à qualidade, porque é ele que impulsiona e serve de regulador. O elemento flutuante é menos importante, porque se tem liberdade de modificá-lo à vontade. Não se deve perder de vista que as reuniões espíritas, como aliás todas as reuniões em geral, têm as fontes de sua vitalidade na base sobre que se assentam; neste particular, tudo depende do ponto de partida. Aquele que tem a intenção de organizar um grupo em boas condições deve, antes de tudo, assegurar-se do concurso de alguns adeptos sinceros, que levem a doutrina a sério e cujo caráter *conciliatório* e benevolente seja conhecido. Formado esse núcleo, ainda que de três ou quatro pessoas, estabelecer-se-ão regras precisas, quer para as admissões, quer para a realização de sessões e para a ordem dos trabalhos, regras às quais os recém-vindos terão que se conformar. Essas regras podem sofrer modificações conforme as circunstâncias; mas há algumas que são essenciais.

15. – Sendo a unidade de princípios um dos pontos essenciais, ela não pode existir naqueles que, não tendo estudado, não podem ter opinião formada. A primeira condição a impor, se não se quiser distrair, a cada instante, por objeções ou por perguntas ociosas é, então, o estudo prévio. A segunda é uma profissão de fé categórica e uma adesão formal à doutrina de *O Livro dos Espíritos,* além de outras condições especiais, julgadas a propósito. Isto quanto aos membros titulares e dirigentes. Para os assistentes, que geralmente vêm para adquirir um pouco mais de conhecimentos e de convicção, pode-se ser menos rigoroso; contudo, como os há que poderiam causar perturbação com observações fora de propósito, é importante assegurar-se de suas disposições. É necessário, sobretudo e sem exceção, afastar os curiosos e quem quer que seja atraído por motivo frívolo.

16. – A ordem e a regularidade dos trabalhos são igualmente essenciais. Consideramos eminentemente útil abrir cada sessão pela leitura de algumas passagens de *O Livro dos Médiuns* e de *O Livro dos Espíritos.* Por esse meio ter-se-ão sempre presentes à memória os princípios da ciência e os meios de evitar os escolhos encontrados a cada passo na prática. Assim, a atenção fixar-se-á sobre muitos pontos que, por vezes, escapam numa leitura particular e poderão ocasionar comentários e discussões instrutivas, das quais os próprios Espíritos poderão participar.

Não é menos necessário recolher em pastas todas as comunicações recebidas, por ordem de data, com indicação do médium que serviu de intermediário. Esta última referência é útil para o estudo do gênero da faculdade de cada um. Muitas vezes, porém, acontece que tais comunicações se perdem de vista, tornando-se letra morta. Isso desencoraja os Espíritos que as haviam dado, visando a instrução dos assistentes. É necessário pois, fazer uma coleta das mais instrutivas e lê-las de tempos em tempos. Por vezes estas são de interesse geral e não são dadas pelos Espíritos apenas para a instrução de uns poucos e serem arquivadas. Assim, é útil que sejam do conhecimento de todos pela publicidade. Examinaremos esta questão em artigo no próximo número, indicando o modo mais simples, o mais econômico e, ao mesmo tempo, o mais próprio para alcançar o objetivo.

17. – Como se vê, nossas instruções se dirigem exclusivamente aos grupos formados por elementos sérios e homogêneos; os que querem seguir a rota do Espiritismo moral, visando o progresso de cada um, fim essencial e único da doutrina; enfim, aos que nos querem mesmo aceitar por guia e levar em conta os conselhos de nossa experiência. É incontestável que um grupo formado nas condições indicadas funcionará com regularidade, sem entraves e de maneira proveitosa. O que um grupo pode fazer, outros também o podem. Suponhamos, então, numa cidade, um número qualquer de grupos constituídos nas mesmas bases; haverá necessariamente entre eles unidade de princípios, pois seguem a mesma bandeira; união simpática, pois sua máxima é amor e caridade; numa palavra, são os membros de uma mesma família, entre os quais nem haveria concorrência, nem rivalidade de amor-próprio, desde que todos sejam animados dos mesmos sentimentos para o bem.

18. – Entretanto, seria útil que houvesse entre eles um ponto de ligação, um centro de ação. Conforme as circunstâncias e as localidades, os diversos grupos, pondo de lado questões pessoais, poderiam designar para isso o que, por sua importância e posição relativa, fosse o mais apto para dar ao Espiritismo um impulso salutar. Conforme a necessidade e se fosse preciso evitar suscetibilidades, um grupo central, formado de delegados de todos os grupos, tomaria o nome de *grupo diretor*. Na impossibilidade de nos correspondermos com todos, com este teríamos relações mais diretas. Também poderíamos, em certos casos, designar uma pessoa mais especialmente para nos representar.

Sem prejuízo das relações que se estabelecessem, pela força das coisas entre os grupos de uma mesma cidade, que marchassem por uma via idêntica, uma assembleia geral anual poderia reunir os Espíritas dos diversos grupos numa festa familiar, que seria, ao mesmo tempo, a festa do Espiritismo. Seriam pronunciados discursos e lidas comunicações mais notáveis, ou apropriadas às circunstâncias.

O que é possível entre os grupos de uma mesma cidade, também o é entre os grupos diretores de diversas cidades, desde quando entre eles haja comunhão de vistas e de sentimentos, isto é, desde que possam manter relações recíprocas. Indicaremos os meios para isto, quando falarmos do modo de publicidade.

19. – Como se vê, tudo isso é de execução muito simples e sem engrenagens complicadas; mas tudo depende do ponto de partida, isto é, da composição dos grupos primitivos. Se formados de bons elementos, serão outras tantas boas raízes que darão bons renovos. Se, ao contrário, forem formados de elementos heterogêneos e antipáticos, de Espíritas duvidosos, mais ocupados com a forma do que com o fundo, que consideram a moral como parte acessória e secundária, há que esperar polêmicas irritantes e sem saída, pretensões pessoais, estremecimentos de suscetibilidades e, em consequência, conflitos precursores da desorganização. Entre verdadeiros Espíritas, tais quais os definidos, que veem o objetivo essencial do Espiritismo na moral, que é a mesma para todos, haverá sempre abnegação da personalidade, condescendência e benevolência e, por conseguinte, segurança e estabilidade nas relações. Eis por que temos insistido tanto sobre as qualidades fundamentais.

20. – Talvez digam que essas restrições severas constituem um obstáculo à propagação. É um erro. Não julgueis que abrindo a porta ao primeiro que aparecer façais mais prosélitos: a experiência aí está para mostrar o contrário. Seríeis assaltados por uma multidão de curiosos e indiferentes, que ali viriam como a um espetáculo. Ora, os curiosos e os indiferentes são embaraços e não auxiliares. Quanto aos incrédulos por sistema ou por orgulho, por mais que lho mostrei, não tratarão disso senão com zombaria, porque não o compreenderão e não querem dar-se ao trabalho de compreender. Já o dissemos e não seria demais repetir, a verdadeira propagação, a que é útil e frutífera, é feita pelo ascendente moral das reuniões sérias. Se não as

tivesse havido senão destas, os Espíritas seriam ainda mais numerosos, porque, força é dizer, muitos foram desviados da doutrina porque só assistiram a reuniões fúteis, sem ordem e sem seriedade. Sede, pois, sérios em toda a acepção da palavra e as pessoas sérias virão a vós: são os melhores propagadores, porque falam com convicção e tanto pregam pelo exemplo quanto pela palavra.

21. – Do caráter essencialmente sério das reuniões não se deve inferir que se tenham de proscrever sistematicamente as manifestações físicas. Como dissemos em *O Livro dos Médiuns* (n.º 326), elas são de incontestável utilidade, do ponto de vista do estudo dos fenômenos e para a convicção de certas pessoas; mas, para tirar proveito sob esse duplo ponto de vista, há que excluir-se todo pensamento frívolo. Uma reunião que possuísse um bom médium de efeitos físicos e que se ocupasse desse gênero de manifestações com ordem, método e seriedade, *cuja condição moral oferecesse toda a garantia contra o charlatanismo e a fraude,* não só poderia obter coisas notáveis, do ponto de vista fenomênico, mas produziria muito bem. Assim, aconselhamos a não desprezar esse gênero de experiência, desde que se disponham de médiuns adequados e, para tanto se organizassem sessões especiais, independentes daquelas dedicadas a comunicações morais e filosóficas. Os médiuns possantes dessa categoria são raros; mas há fenômenos que embora mais vulgares, não são menos interessantes e concludentes, porque provam, de maneira evidente a independência do médium. Deste número são as comunicações pela tiptologia alfabética que, às vezes, dá os mais imprevistos resultados. A teoria desses fenômenos é necessária para se dar conta da maneira como se operam, pois é raro que levem uma convicção profunda aos que não os compreendem. Ela tem, além disso, a vantagem de dar a conhecer as condições normais em que os mesmos se podem produzir e, consequentemente, evitar as tentativas inúteis e permitir descobrir a fraude, caso ocorresse em qualquer parte.

Equivocaram-se supondo fôssemos sistematicamente contrário às manifestações físicas; preconizamos e preconizaremos sempre as comunicações inteligentes, sobretudo as que têm alcance moral e filosófico, porque só elas tendem para o objetivo essencial e definitivo do Espiritismo; quanto às outras, jamais lhes contestamos a utilidade, mas nos levantamos contra o deplorável abuso que delas fazem, ou podem fazer, contra a exploração feita pelo charlatanismo, contra as más condições em que são realizadas as mais das vezes, e que se prestam ao ridículo; dissemos e repetimos que as manifestações físicas são o começo da ciência e que não se avança ficando no *a, b, c;* que se o Espiritismo não tivesse saído das mesas girantes, não teria crescido como cresce e que talvez hoje nem mais se falasse dele. Eis porque nos esforçamos por fazê-lo entrar na via filosófica, certo de que, então, dirigindo-se mais à inteligência do que aos olhos, tocaria o coração e não seria uma coisa da moda. É com essa condição única que poderia fazer a volta ao mundo e implantar-se como doutrina. Ora, o resultado ultrapassou, e de muito, a nossa expectativa. Às manifestações físicas só damos uma importância relativa e não absoluta. Aí está o nosso erro, aos olhos de certas pessoas que delas fazem uma ocupação exclusiva e nada mais veem. Se delas não nos ocupamos pessoalmente é porque nada de novo nos ensinariam e temos coisas mais essenciais a fazer. Longe de censurar os que delas se ocupam, ao contrário os encorajamos, desde que o façam em condições realmente proveitosas. Sempre que conhecermos reuniões desse gênero, dignas de confiança, seremos os primeiros a recomendá-las à atenção dos novos adeptos. Tal é, sobre o assunto, a nossa profissão de fé categórica.

22. – Dissemos no começo que diversas reuniões espíritas pediram para se unir à Sociedade de Paris; usaram até a palavra *filiar-se.* A respeito faz-se necessária uma explicação.

A Sociedade de Paris foi a primeira a constituir-se regular e legalmente. Por sua posição e pela natureza de seus trabalhos, teve uma grande parte no desenvolvimento do Espiritismo e, em nossa opinião, justifica o título de So*ciedade Iniciadora,* que lhe deram certos Espíritos. Sua influência moral se fez sentir longe e, embora ela seja numericamente restrita, tem consciência de ter feito mais pela propaganda do que se tivesse aberto suas portas ao público. Formou-se com o único objetivo de estudar e aprofundar a ciência espírita. Para isso nem necessita de um auditório numeroso nem de muitos membros, desde que sabe que a verdadeira propaganda é feita pela influência dos princípios. Como não é movida por qualquer interesse material, um excesso numérico lhe seria mais prejudicial que útil. Assim, verão multiplicar-se ao seu redor as reuniões particulares formadas em boas condições, e com as quais poderia estabelecer relações de confraternidade. Ela não seria consequente com seus princípios, nem estaria à altura de sua missão, se pudesse conceber a sombra da inveja. Os que a julgassem capaz disto não a conhecem.

Estas observações bastam para mostrar que a Sociedade de Paris não poderia ter a pretensão de absorver as outras sociedades, que se pudessem formar, em Paris ou alhures, com os mesmos procedimentos habituais. A palavra *filiação* seria, pois, imprópria, porque suporia uma espécie de supremacia material, a que absolutamente não aspira e que, até, teria inconvenientes. Como Sociedade iniciadora e central, pode estabelecer com os outros grupos ou Sociedades relações puramente científicas; mas a isso se limita o seu papel; não exerce qualquer controle sobre essas Sociedades, que em nada dependem dela e ficam inteiramente livres de se constituir como bem o entenderem, sem ter que dar contas a ninguém, e sem que a Sociedade de Paris tenha que se imiscuir seja no que for em seus negócios. Assim, as Sociedades estrangeiras podem formar-se nas mesmas bases, declarar que adotam os mesmos princípios, sem depender dela senão pela concentração dos estudos, dos conselhos que lhe podem pedir e que ela terá prazer em dar.

Por outro lado, a Sociedade de Paris não se gaba de estar, mais que as outras, ao abrigo das vicissitudes. Se, por assim dizer, as tivesse em suas mãos e se, por uma causa qualquer, cessasse de existir, a falta de um ponto de apoio resultaria em perturbação. Os grupos ou Sociedades devem buscar um ponto de apoio mais sólido que numa instituição humana, necessariamente frágil. Eles devem adquirir sua vitalidade nos princípios da doutrina, que são os mesmos para todas e que a todas sobrevivem, estejam ou não esses princípios representados por uma sociedade constituída.

23. – Estando claramente definido o papel da Sociedade de Paris, para evitar qualquer equívoco ou falsa interpretação, as relações que estabelecer com as sociedades estrangeiras são extremamente simplificadas; limitam-se a relações morais, científicas e de mútua benevolência, sem qualquer sujeição. Permutarão o resultado de suas observações, quer através de publicações, quer de correspondência. Para que a Sociedade de Paris possa estabelecer essas relações, é preciso necessariamente que ela seja fixada às das sociedades estrangeiras, que entendem marchar pelo mesmo caminho e adotar a mesma

bandeira. Ela as inscreverá na lista de seus correspondentes. Se houver vários grupos numa cidade, serão representados pelo grupo central, de que falamos no parágrafo 18.

24. – Indicaremos agora alguns trabalhos aos quais poderão concorrer as diversas Sociedades de maneira útil. A seguir indicaremos outros.

Sabe-se que os Espíritos, não possuindo todos a soberana ciência, podem encarar certos princípios de um ponto de vista pessoal e, consequentemente, nem sempre estarem de acordo. O melhor critério da verdade está naturalmente na concordância dos princípios ensinados sobre diversos pontos, por Espíritos diferentes e por meio de médiuns estranhos uns aos outros. Assim foi composto em *O Livro dos Espíritos.* Mas ainda restam muitas questões importantes a serem resolvidas dessa maneira, e cuja solução terá tanto maior autoridade quanto obtida por grande maioria. Assim, na ocasião, a Sociedade de Paris poderá dirigir perguntas dessa natureza a todos os grupos correspondentes que, através de seus médiuns, pedirão a solução a seus guias espirituais.

Outro trabalho consiste nas pesquisas bibliográficas. Existe um grande número de obras antigas e modernas, nas quais se encontram testemunhos mais ou menos diretos em favor das ideias espíritas. Uma coleção desses testemunhos seria tarefa muito preciosa, mas é quase impossível que seja feita por uma só pessoa. Ao contrário, torna-se fácil, se cada um quiser colher alguns elementos em suas leituras e estudos e os transmitir à Sociedade de Paris, que os coordenará.

25. – No estado atual das coisas, esta é a única organização possível do Espiritismo. Mais tarde, as circunstâncias poderão modificá-la, mas nada se deve fazer de inoportuno; já é muito que em tão pouco tempo os adeptos se tenham multiplicado a ponto de conduzir a esse resultado. Há nessa simples disposição um quadro que pode estender-se ao infinito, pela mesma simplicidade das engrenagens. Não busquemos, pois, complicá-las, com receio de obstáculos. Os que têm a gentileza de nos testemunhar alguma confiança podem estar certos de que não os deixaremos para trás e que tudo virá a seu tempo. Só a esses, como dissemos, nos dirigimos nestas instruções, sem a pretensão de nos impormos aos que não marcham conosco.

Para denegrir, disseram que queríamos fazer escola no Espiritismo. E, por que não teríamos esse direito? O Sr. de Mirville não tentou fundar uma escola demoníaca? Por que seríamos obrigados a seguir a reboque deste ou daquele? Não temos o direito de ter uma opinião, formulá-la, publicá-la e proclamá-la? Se ela encontra tão numerosos aderentes, é que, aparentemente, não a julgam destituída de senso comum. É culpa nossa, aos olhos de certa gente, se não nos perdoam por havermos chegado primeiro que eles e, sobretudo, haver triunfado? Que haja, pois, uma escola, já que assim o querem. Para nós será uma glória escrever em sua fachada: *Escola do Espiritismo Moral, Filosófico e Cristão.* E convidamos todos os que têm por divisa *amor e caridade.* A todos que se ligam a esta bandeira, todas as nossas simpatias e o nosso concurso jamais faltará.

Allan Kardec

NECROLOGIA

MORTE DO SR. JOBARD, DE BRUXELAS

O Espiritismo acaba de perder um de seus mais fervorosos e esclarecidos adeptos. O Sr. Jobard, diretor do Museu Real da Industria de Bruxelas, oficial da Legião de Honra, membro da Academia de Dijon e da Sociedade Promocional de Paris, morreu em Bruxelas, de um ataque de apoplexia, a 27 de outubro de 1861, aos 69 anos de idade. Nasceu em Baissey, Alto-Mame, a 14 de maio de 1792. Tinha sido, sucessivamente, engenheiro do cadastro, fundador do primeiro estabelecimento de litografia na Bélgica, diretor do *Industrial* e do *Courrier Belge,* redator do *Bulletin de l'Industrie Belge,* da *Presse* e, ultimamente, do *Progrès international.* A *Sociedade Parisiense de Estudos Espíritas* lhe havia conferido o título de presidente honorário. Eis a apreciação feita por *Le Siècle:*

"Espírito original, fecundo, pronto para o paradoxo e para o sistema, o Sr. Jobard prestou reais serviços à tecnologia industrial e à causa, tanto tempo abandonada, da propriedade intelectual, da qual foi defensor teimoso e, talvez, excessivo; suas teorias sobre o assunto foram formuladas no seu *Maunotopole,* em 1844. Deve-se a este polígrafo infatigável uma porção de escritos e brochuras sobre todos os assuntos possíveis, desde o *psiquismo oriental* até à *utilidade dos tolos na ordem social*. Deixa ainda contos e fábulas picantes. Entre as suas numerosas invenções figura a engenhosa e econômica *lâmpada para um,* que figurou na Exposição Universal de Paris em 1855."

Nenhum jornal do nosso conhecimento falou deste que tinha sido um dos caracteres mais destacados dos últimos anos de sua vida: sua completa adesão à Doutrina Espírita, cuja causa havia abraçado com entusiasmo; eis o que custa aos adversários do Espiritismo confessar, que homens de gênio, que não podem ser taxados de loucura, sem que se duvide de sua própria razão, adotem essas ideias novas. Com efeito, é para eles um dos pontos mais embaraçosos, e dos quais jamais puderam dar uma explicação satisfatória, se a propagação dessas ideias foi feita a princípio e de preferência na classe mais esclarecida da sociedade. Assim, esconde-se nesse axioma banal, que o gênio é primo-irmão da loucura. Alguns até afirmam, de boa-fé e sem sorrir, que Sócrates, Platão e todos os filósofos e sábios que professaram semelhantes ideias não passavam de loucos: sobretudo Sócrates, com seu demônio familiar. Com efeito, é possível ter-se o senso comum e crer que se tenha um Espírito às suas ordens? Então o Sr. Jobard não podia encontrar graça diante desse areópago que se erige como juiz supremo da razão humana, da qual pretende ser o padrão métrico. Disseram-nos que foi para poupar a reputação do Sr. Jobard, e pelo respeito à sua memória, que passaram em silêncio sobre *essa fase* de seu espírito.

A teimosia nas ideias falsas jamais foi tida como prova de bom-senso. É, além disso, estreiteza quando se trata do orgulho, o que é o caso mais comum. O Sr. Jobard provou que era, ao mesmo tempo, homem de senso e de espírito, ao abjurar sem hesitação suas primeiras teorias sobre o Espiritismo, ao ser-lhe demonstrado que não estava certo.

Sabe-se que nos primeiros tempos, antes que a experiência houvesse elucidado o problema, surgiram vários sistemas, e que cada um explicava à sua maneira esses novos fenômenos. O Sr. Jobard era partidário do sistema da *alma coletiva.* Segundo esse sistema "só a alma do médium se manifesta, mas identifica-se com a dos vários outros seres vivos, presentes ou ausentes, de maneira a formar um todo coletivo, reunindo as aptidões, a inteligência e os conhecimentos de cada um". De todos os sistemas então criados, quantos ficaram de pé até hoje? Não sabemos se este ainda tem partidários; mas o que é positivo é que o Sr. Jobard, que o tinha preconizado e ampliado, foi um dos primeiros a abandoná-lo, quando apareceu *O Livro dos Espíritos,* a cuja doutrina se ligou francamente, como o atestam suas várias cartas que publicamos.

Sobretudo a doutrina da reencarnação o tinha ferido como um traço de luz. Dizia-nos ele um dia: "Se me atrapalhei tanto no dédalo dos sistemas filosóficos, é que me faltava uma bússola, só encontrava caminhos sem saída e que não levavam a nada; nenhum me dava uma solução concludente dos mais importantes problemas; por mais que quebrasse a cabeça, sentia que me faltava uma chave para chegar à verdade. Ora! essa chave está na reencarnação, que tudo explica de maneira tão lógica, tão conforme à justiça de Deus, que a gente diz naturalmente: Sim, é preciso que seja assim."

Depois de sua morte, o Sr. Jobard fez pouco caso de certas teorias científicas que havia sustentado em vida. Disso falaremos no próximo número, no qual publicaremos a palestra que com ele tivemos. Enquanto esperamos, diremos que ele se mostrou prontamente desprendido e que a perturbação durou muito pouco tempo. Como todos os Espíritas que o precederam, confirma em todos os pontos o que nos foi dito do mundo dos Espíritos, onde se encontra muito melhor que na Terra, na qual, não obstante, deixa pesares sinceros em todos os que chegaram a apreciar seu eminente saber, sua benevolência e sua afabilidade. Não era um desses cientistas ciumentos, que barram o caminho aos novatos cujo mérito lhes faz sombra. Todos esses, ao contrário, aos quais estendeu a mão e abriu caminho bastariam para lhe formar um belo cortejo. Em resumo, o Sr. Jobard era um homem de progresso, trabalhador infatigável e partidário de todas as grandes ideias generosas e próprias a fazer avançar a humanidade. Se sua perda é lamentável para o Espiritismo, não o é menos para as artes e a indústria, que escreverão seu nome em seus anais.

AUTO-DE-FÉ EM BARCELONA

(*Vide o número de novembro de 1861*)

Os jornais espanhóis não foram tão sóbrios de reflexões quanto os jornais franceses sobre esse acontecimento. Seja qual for a opinião que se professa quanto às ideias espíritas, há no fato em si algo de tão estranho para o tempo em que vivemos, que mais excita piedade do que cólera contra gente que parece ter dormido durante vários séculos e ter despertado sem consciência do caminho que a humanidade percorreu, julgando-se ainda no ponto de partida.

Eis um extrato do artigo a respeito, publicado por *Las Novedades,* um dos grandes jornais de Madrid:

"O auto-de-fé celebrado há alguns meses em La Coruña, onde queimaram grande número de livros, à porta de uma Igreja, tinha produzido em nosso espírito e no de todos os homens de ideias liberais uma tristíssima impressão. Mas é com uma indignação ainda bem maior que foi recebida a notícia, em toda a Espanha, do segundo auto-de-fé celebrado em Barcelona, nessa capital civilizada da Catalunha, em meio a uma população essencialmente liberal, à qual sem dúvida foi feito esse insulto bárbaro, porque nela reconhecem grandes qualidades."

Depois de relatar os fatos, conforme o jornal de Barcelona, acrescenta:

"Eis o repugnante espetáculo autorizado pelos homens da União Liberal, em pleno século XIX: uma fogueira em La Corunã, outra em Barcelona, e ainda muitas outras, que não faltarão, em outros lugares. É o que devia acontecer, pois é uma consequência imediata do espírito geral que domina o atual estado de coisas e que em tudo se reflete. Reação no interior, tocante aos projetos de lei apresentados; reação no exterior, apoiando os governos reacionários da Itália, antes e depois de sua queda, combatendo as ideias liberais em todas as ocasiões, buscando por todos os lados o apoio da reação, obtido ao preço das mais ineptas concessões."

Seguem-se longas considerações referentes aos sintomas e às consequências desse ato, mas que, pelo seu caráter essencialmente político, não são do programa de nosso jornal.

O *Diário de Barcelona,* jornal ultramontano, foi o primeiro a anunciar o auto-de-fé, dizendo que "Os títulos dos livros queimados bastavam para justificar a sua condenação; que é direito e dever da Igreja fazer respeitar a sua autoridade, tanto mais quanto se dá mais latitude à liberdade de imprensa, principalmente nos países que gozam da terrível chaga da liberdade de cultos."

La Corona, jornal de Barcelona, faz a respeito estas reflexões:

"Esperávamos que nosso colega *(o Diário),* que tinha dado a notícia, tivesse a bondade de satisfazer a curiosidade do público, seriamente alarmado por semelhante ato, incrível nos tempos em que vivemos; mas foi em vão que esperamos as explicações. Desde então temos sido assaltados por perguntas sobre esse acontecimento e manda a verdade dizer que os amigos do governo com isso sofrem mais penas do que os que lhe fazem oposição.

Com o objetivo de satisfazer a curiosidade tão vivamente excitada, pusemo-nos em busca da verdade e temos o pesar de dizer que o fato é verdadeiro e que, com efeito, o auto-de-fé foi celebrado nas seguintes circunstâncias:

(Segue o relato que demos em nosso último número)

Os expedientes usados para chegar a esse resultado não podem ser mais expeditos nem mais eficazes. Apresentaram ao controle da alfândega os livros acima; responderam ao comissário que não podiam ser expedidos sem permissão do senhor bispo. O senhor bispo estava ausente; à sua volta apresentaram-lhe um exemplar de cada obra e, depois de as ter lido ou mandado ler por pessoas de sua confiança, conformando-se com o julgamento de sua consciência, ordenou fosse lançados ao fogo, pois eram imorais e contrários à fé católica. Reclamaram contra tal sentença e pediram ao governo, já que não permitiam a circulação de tais livros na Espanha, que pelo menos fosse permitido ao seu proprietário devolvê-los ao lugar de procedência; mas até isso foi recusado, sob a razão de que, *sondo contrários à moral e à fé católica, o governo não podia consentir que esses livros fossem perverter a moral e a religião de outros*... Apesar disso, o proprietário foi obrigado a pagar os direitos, que, parece, não deveriam ser exigidos. Uma grande multidão assistiu o auto-de-fé, o que nada tem de admirável, se se levar em conta a hora e o lugar da execução e, sobretudo, a novidade do espetáculo. O efeito produzido sobre os assistentes foi de estupefação entre alguns, riso em outros e de indignação no maior número, à medida que se davam conta do que se passava. Palavras de ódio saíram de várias bocas, depois vieram as piadas, os ditos galhofeiros e mordentes dos que viam com extremo prazer a cegueira de certos homens. Nisto têm razão, porque entrevêm nessa reação, digna do tempo da Inquisição, o mais rápido triunfo de suas ideias; zombavam para que essa cerimônia não aumentasse o prestígio da autoridade que, com tanta complacência, se presta a exigências verdadeiramente ridículas. Quando esfriaram as cinzas dessa nova fogueira, observou-se que pessoas presentes, ou que passavam por perto e tinham sabido do fato, dirigiam-se para o local do auto-de-fé e recolheram como lembrança uma parte das cinzas.

Tal é o relato dos acontecimentos, que as pessoas que se encontram não podem deixar de comentar entre si. Indignam-se, lamentam, alegram-se conforme a maneira de interpretar as coisas. Os partidários sinceros da paz, do princípio de autoridade e da religião se afligem com essas demonstrações reacionárias, porque compreendem que às reações se sucedem as revoluções e porque sabem que os *que semeiam ventos podem colher tempestades.* Os liberais sinceros se indignam pelo fato de que semelhantes espetáculos sejam dados ao mundo por homens que não compreendem a religião sem intolerância e a querem impor, como Maomé impunha o seu Alcorão.

Agora, abstração feita da qualificação dada aos livros queimados, examinaremos o fato em si. Pode a jurisprudência admitir que um bispo diocesano tenha uma autoridade sem apelo e possa impedir a publicação e a circulação de um livro? Dirão que a lei de imprensa assinala o que há de fazer nesse caso. Mas diz a lei que, se os livros forem maus e perniciosos, serão lançados ao fogo com tal aparato? Nela não encontramos nenhum artigo que justifique ato semelhante. Além disso, os livros em questão foram publicamente declarados. Um comissário declara livros à alfândega, porque poderiam estar na categoria assinalada pelo Art. 6.º; passam à censura diocesana, o governo poderia proibir-lhes a circulação e a coisa estava acabada. Os sacerdotes deveriam limitar-se a aconselhar aos seus fiéis a abstenção de tal ou qual leitura, se a julgassem contrária à moral e à religião; mas não se lhes deveria conceder um poder absoluto, que os torna juízes e carrascos. Abstemo-nos de emitir opinião sobre o valor das obras queimadas: o que vemos é o fato, são as tendências e o espírito que revelam. De agora em diante, em que diocese se absteriam de usar, senão de abusar, de uma faculdade que, em nossa opinião, o próprio governo não tem, se em Barcelona, na liberal Barcelona, o fazem? O absolutismo é muito sagaz; ensaia se pode dar um golpe de autoridade em qualquer parte; se vencer, ousa mais. Esperemos, contudo, que os esforços do absolutismo sejam inúteis, que todas as concessões que lhe fazem não tenham outro resultado senão o de desmascarar o partido que, renovando cenas como a de quinta-feira última, se precipite cada vez mais no abismo para onde corre às cegas. É o que nos leva a esperar o efeito produzido pelo auto-de-fé em Barcelona."

A TOUTINEGRA, O POMBO E O PEIXINHO

(FÁBULA)

À Senhora e Senhorita C., de Bordéus

Amor e Caridade
(Espiritismo)

Em meio a uma roseira, à margem [de um cercado,	Dans le sein d'un rosier qui bordait [un enclos,
Havia a toutinegra posto a sua [ninhada.	Une fauvette avait déposé sa couvée;
Nascera bem feliz aquela petizada.	Tous les petits etaient heureusement [éclos;
Mas um desastre, oh Deus! lhe [estava reservado!	Une infortune, hélas! leur etait [réservée!
Entre os fogos do céu a tormenta [rugiu	Des feux ont lui partout et l'orage [a grondé;
E a chuva em torrentes caiu.	La pluie, à torrents descendue,
Nos campos se formou um vastíssimo [lago	Dans les champs forme un lac d'une [étendue;
E pronto inundou-se o cercado.	Déjá l'enclos est inondé.
Já longe da roseira o ninho se [balança;	Loin du rosier, le nid sur les eaux [se balance;
A ave, sobre as águas, o protege [ansiosa;	La fauvette le couvre et se livre au [destin;
Não leva o coração firmado na [esperança:	Elle n'a point fermé son coeur à [l'espérance;
Bem distante cintila a estrela [generosa.	L'étoile de salut lui sourit au [lointain.

Entanto, escorre a água; e com a
[água da vargem
O riacho recebe o ninho balouçante
Que apesar dos escolhos semeados
[na margem
Atinge facilmente o leito espectante.
Pelo meio do rio, um banquinho de
[areia
Se elevava acima das águas;
Ajudada por um zéfiro amigo, uma
[vaga
Para ele impeliu a barquinha tão
[cheia.
Tocando-lhe a horda, a pobre ave,
Ao sentir da alegria o primeiro
[transporte,
Caiu logo depois numa tristeza
[grave:
Nesse lugar, qual será a sua sorte?
Seus pequeninos já pediam alimento.
Devia ela, para ir longe procurá-lo,
Ali expostos na areia abandoná-los?
Se haviam sido salvos numa vaga
[amiga,
Não deviam temer uma vaga inimiga
Ou o funesto efeito de um golpe de
[vento?
No mesmo instante, ali pousa um
[pombo-trocaz.
"Desculpai-me, diz ela, ó meu
[pássaro audaz,
Apelar para a vossa bondade:
Trato da salvação de toda uma
[família.
Oh, devolvei ao campo e à roseira
[tranquila

Cependent l'eaux s'écoule. Avec
[l'eaux de la plaine
Le ruisseau dans son lit reçoi le nid
[flottant
Qui, malgré les écueils dont chaque
[rive est pleine,
Arrive sans encombre au fleuve qui
[l'attend.
Vers le milleu du fleuve un petit
[banc de sable
Des eaux dominait la hauteur;
Une vague, qu'aidait un zéphyr
[favorable,
Y pousse mollement le nid navigateur.
Auz premiers transports d'allegrésse,
Qu'éprouve la fauvette en touchant
[à ce bord,
Succède tout à coup une morne
[tristesse:
En ce lieu quel sera sont sort?
Ses petits ont dejá demandé la pâture:
Doit-elle, pour chercher au loin leur
[nourriture,
Les laisser exposés sur ce sable
[mouvant?
S'ils ont été sauvés par une vague
[amie
Ils ont à redouter une vague ennemie,
Ou le funeste effet de quelque coup
[de vent.
Au méme instant prés d'elle un
[gros ramier se posa:
"Oiseau puissant, dit elle,
[excusez-moi si j'ose
Faire un appel à vos bontés:
Il s'agit du salut de toute une
[famille;
Oh! rendez leur enclos, leur rosier,
[leur charmille

Estas pequenas vítimas da
[tempestade.
Dignai-vos abrir as asas generosas.
Não é tão longe, e as vossas garras
[vigorosas
Jamais levaram assim uma carga
[tão leve”.
Não se fez surdo o pombo a essa voz.
[E em tom breve:
“Eu deploro o vosso infortúnio,
Mas tenho a lamentar que um caso
[de pecúlio,
Exigindo que eu siga do meu voo o
[curso,
Me prive da alegria de vos dar
[concurso.
Mas ficai sem inquietude
E segui o conselho que a solicitude
Me torna feliz de vos dar:
Confiai na vossa sorte... O gênio
[benfeitor
Que a vida vos salvou, não há de se
[indispor
Convosco e vos abandonar.”
E contente de si, aos ares se lançou.
Uma pequena carpa, a nadar, escutou
E tudo viu, tudo entendeu.
“Consolai-vos, disse ela, ó mãe
[desesperada!
Eu bem compreendo a vossa dor
[amargurada,
Mas ainda nem tudo se perdeu.
Não disponho de forças para repartir,
Mas espero poder vos conduzir.”
E, pegando na boca um longo
[filamento,

A mes petits qu’ici l’ouragan a jetés.
Daignez ouvriz pour eux vos ailes
[généreuses;
Le trajet n’est pas long, et vos
[serres nerveuses
N’auront jamais porté fardeau
[moins lourd.”
Le ramier à sa voix n’est pas tout à
[fait sourd:
“Je déplore votre infortune
E regrette beaucoup qu’une affaire
[importune,
M’obligeant de mon vol à poursuivre
[le cours,
Me prive du bonheur de vous prêter
[seccours;
Mais soyez sans inquiétude,
Et suivez le conseil que ma sollicitude
Est heureuse de vous donner:
Confiez-vous aux flots... Le
[bienfaisant génie
Qui vous a jusqu’iei si bien sauvé
[la vie
Ne saurait vous abandonner.”
Et, satisfait de lui, dans les airs il
[s’élève.
Un carpillon, rôdant autour de cette
[grève,
Avait tout vu, tout entendu.
“Consolez-vous, dit-il, ô malheureuse
[mère!
Moi, je comprends votre douleur
[amère,
Et tout espoir n’est pas perdu.
Je n’ai pas la force en partage;
J‘espère cependant vous conduire au
[rivage.”

Abundante na espessura do ninho,
O puxou, deslizando em seu caminho.
A toutinegra, em pé, habilmente o
[ajudava,
De asas abertas ao vento.
A carga se inquietou, e o peixe, que
[puxava,
Para flutuar sereno a marcha
[equilibrava,
Evitando as correntes na passagem.
Já estão perto da borda... E
[chegaram!
A toutinegra alegre e os filhos
[encontraram
Farta relva e bom mato pela
[margem.
E o peixe então lhe diz: "No porvir,
[pelo menos,
Nos grandes não confiai; o clamor
[da miséria
Só fracamente ecoa em corações em
[férias;
Seus dons são o conselho e a
[condolência.
Mas a cordial assistência
Só se encontra nos pequenos."
C. Dombre

Et, prenant à sa bouche un des longs
[filaments
Dont l'épaisseur du nid abonde,
Il le déroule et fait glisser le nid
[sur l'ond.
La fauvette, debout, hardiment le
[secconde,
En ouvrant ses ailes aux vents.
La cargaison s'agite, et le poisson,
[qui hale,
Pour flotter sans cahot, tient une
[marche égale,
Et se detourne des courants.
On est près du bord... ou arrive!
La fauvette charmée a trouvé sur
[la rive
Gazons touffus et hauts tillis;
Et le poisson lui dit: "À l'avenir,
[ma chère,
Comptez peu sur les grands; les cris
[de la misère
N'ont qu'un bien faible écho dans
[leurs coeurs endurcis:
Leurs dons sont les conseils et la
[condoléance;
Mais la cordiale assistance,
On la trouve chez les petits."
C. Dombre

DO SOBRENATURAL

PELO SR. GUIZOT

Da nova obra do Sr. Guizot *L'Égllise et la societé chrétienne em 1861,* extraímos o notável capítulo a respeito do *Sobrenatural.* Não é, como poderiam pensar, um discurso pró ou contra o Espiritismo, porque não aborda a nova doutrina; mas, como aos olhos de muitos o Espiritismo é inseparável do sobrenatural que, segundo uns, é uma superstição e, segundo outros, uma verdade, é interessante conhecer a opinião de um homem do valor do Sr. Guizot sobre a matéria. Há, nesse trabalho, observações de incontestável justeza mas, em nossa opinião, também há grandes erros devidos ao ponto de vista em que se coloca o autor. Faremos o seu exame aprofundado em nosso próximo número.

"Todos os ataques de que hoje é objeto o Cristianismo, por mais diversos que sejam na sua natureza e na sua medida, partem de um mesmo ponto e tendem ao mesmo fim, a negação do sobrenatural nos destinos do homem e do mundo, a abolição do elemento sobrenatural na religião cristã, como em todas as religiões, na sua história como nos seus dogmas.

Materialistas, panteístas, racionalistas, céticos, críticos, eruditos, uns altamente, outros discretamente, todos pensam e falam sob o Império da ideia de que o mundo e o homem, a natureza moral como a natureza física, são apenas governadas por leis gerais, permanentes e necessárias, cujo curso nenhuma vontade especial jamais veio ou virá suspender ou modificar.

Não penso aqui em discutir plenamente essa questão, que é fundamental de toda religião; quero apenas submeter aos adversários, declarados ou ocultos, do sobrenatural, duas observações ou, mais exatamente, dois fatos que, em minha opinião, a decidem.

É sobre uma fé natural ou sobrenatural, sobre um instinto inato do sobrenatural que toda religião se funda. Não digo toda ideia religiosa, mas toda religião positiva, prática, poderosa, durável, popular. Em todos os lugares, sob todos os climas, em todas as épocas da História, em todos os graus da civilização, o homem traz em si esse sentimento, que eu gostaria mais de chamar pressentimento, de que o mundo que vê, a ordem em cujo seio vive, os fatos que se sucedem regular e constantemente ao seu redor não são tudo. Neste vasto conjunto, em vão ele faz diariamente descobertas e conquistas; em vão observa e constata sabiamente as leis permanentes que tudo presidem: seu pensamento não se encerra neste Universo entregue à sua ciência; este espetáculo não basta à sua alma; ela se lança alhures; busca, entrevê outra coisa; aspira o Universo e para si mesmo outros destinos e outro senhor:

Para além de todos estes céus o Deus dos céus reside, disse

Voltaire, e o Deus que está além de todos os céus não é a natureza personificada, é o sobrenatural em pessoa. É a Ele que se dirigem as religiões; é para pôr o homem em relação com Ele que elas se fundam. Sem a fé instintiva dos homens no sobrenatural, sem seu impulso espontâneo e invencível para o sobrenatural, não haveria religião.

Entre todos os seres aqui, o único que ora é o homem. Entre seus instintos morais, nenhum é mais natural, mais universal, mais invencível que a prece. A criança nela se comporta com uma docilidade solícita. O velho a ela se dobra como num refúgio contra a decadência e o isolamento. A prece sobe por si aos jovens lábios que apenas balbuciam o nome de Deus e aos lábios dos agonizantes que nem mais têm forças para o pronunciar. Em todos os povos, célebres ou obscuros, civilizados ou bárbaros, encontram-se a cada passo atos e fórmulas de invocação. Por toda parte onde vivem os homens, em certas circunstâncias, em certas horas, sob o império de determinadas impressões da alma, os olhos se elevam, as mãos se juntam, os joelhos se dobram para implorar ou render graças, para adorar ou apaziguar. Com transporte ou tremor, publicamente ou no íntimo do coração, é à prece que o homem se dirige, em último recurso, para encher o vazio de sua alma ou carregar os fardos de seu destino; é na prece que procura, quando tudo lhe falha, apoio para a sua fraqueza, consolo para as suas dores, esperança para a sua virtude.

Ninguém desconhece o valor moral e interior da prece, independentemente de sua eficácia, quanto ao seu objetivo. Pelo simples fato de pedir, a alma se alivia, se ergue, se acalma, se fortalece. Voltando-se para Deus, experimenta esse sentimento de volta à saúde e ao repouso que se espalha no corpo, quando passa de um ar tempestuoso e pesado a uma atmosfera serena e pura. Deus vem em auxílio aos que o imploram, antes e sem que saibam se os ouvirá.

Ouvi-los-á? Qual é a eficácia exterior e definitiva da prece? Eis o mistério, o impenetrável mistério dos desígnios e da ação de Deus sobre cada um de nós. O que sabemos é que, quer se trate de nossa vida exterior, quer da interior, não somos só nós que dela dispomos, conforme nosso pensamento e vontade própria. Todos os nomes que dermos a essa parte do nosso destino, que não vem de nós mesmos: acaso, fortuna, estrela, natureza, fatalidade, são outros tantos véus lançados sobre nossa impiedade ignorante. Quando assim falamos, recusamos ver Deus onde Ele está. Além da estreita esfera onde estão encerrados a força e a ação do homem, está Deus, que reina e atua. Há, no ato natural e universal da prece, uma fé natural e universal nessa ação permanente, e sempre livre, de Deus sobre o homem e seu destino. "Somos trabalhadores com Deus", diz São Paulo: trabalhadores com Deus e na obra dos destinos gerais da humanidade e na de nosso próprio destino, presente e futuro. Aí está o que nos faz entrever a prece no laço que une o homem a Deus. Mas aí a luz se detém para nós. "Os caminhos de Deus não são os nossos caminhos." Nós aí marchamos sem os conhecer; crer sem ver e orar sem prever é a condição que Deus impôs ao homem neste mundo, para tudo quanto ultrapassa seus limites. É na consciência e na aceitação desta ordem sobrenatural que consistem a fé e a vida religiosas.

Assim, tem razão o Sr. Edmond Scherer, quando duvida que "o racionalismo cristão seja e jamais possa ser uma religião". E por que o Sr. Jules Simon, que se inclina ante Deus com um respeito tão sincero, intítulou seu livro: *La Religion naturelle?* Deveria tê-lo chamado *Philosophie religieuse.* A filosofia persegue e atinge algumas das grandes ideias sobre que se funda a religião. Mas, pela natureza de seus processos e pelos limites de seu domínio, jamais fundou, nem poderia fundar uma religião. Falando mais precisamente, não há religião natural, pois desde que abolido o sobrenatural, também desaparece a religião.

Que essa fé instintiva no sobrenatural, fonte da religião, possa ser, e seja também a fonte de uma infinidade de erros e de superstições, por sua vez fonte de uma infinidade de males, quem pensa em negá-lo? Aqui, como em tudo, é a condição do homem, que o bem e o mal se misturem incessantemente nos seus destinos e nas suas obras como em si mesmos; mas, dessa incurável mistura não se segue que nossos grandes instintos não tenham sentido e não façam senão nos tremalhar, quando nos elevam. Aspirando isso, sejam quais possam ser os nossos desvios, continua certo que o sobrenatural está na fé natural do homem e que é a condição *sine qua non,* o verdadeiro objeto, a essência mesma da religião.

Eis um segundo fato que, penso, merece toda a atenção dos adversários do sobrenatural.

É reconhecido e constatado pela Ciência, que nosso globo nem sempre esteve no estado em que hoje se acha; que em épocas diversas e indeterminadas sofreu revoluções, transformações que lhe alteraram a face, o regime físico, a população; que o homem, em particular, nem sempre existiu e que, em vários dos estados sucessivos pelos quais este mundo passou, o homem não poderia ter existido.

Como apareceu? De que maneira e por que poder começou o gênero humano na Terra?

Para sua origem pode haver apenas duas explicações: ou foi um produto do trabalho próprio e íntimo das forças naturais da matéria, ou foi obra de um poder sobrenatural, exterior e superior à matéria. Para o aparecimento do homem cá embaixo, uma das duas causas se faz necessária: a geração espontânea ou a criação.

Mas admitindo, o que de minha parte absolutamente não admito, as gerações espontâneas, esse modo de produção não poderia, jamais poderia ter produzido senão seres crianças, à primeira hora e no primeiro estado da vida nascente. Creio que ninguém jamais disse, nem dirá que, pela virtude de uma geração espontânea, o homem, isto é, o homem e a mulher, o par humano, tievsse podido sair, e tivesse saído, um dia, do seio da matéria já formados e grandes, em plena posse de sua estatura, sua força, todas as faculdades, como o paganismo grego fez sair Minerva do cérebro de Júpiter.

É somente sob essa condição que, aparecendo pela primeira vez na Terra, nela teria podido viver, perpetuar-se e fundar o gênero humano. Imagine-se o primeiro homem, nascendo no estado de primeira infância, vivo, mas inerte, ininteligente, impotente, incapaz no momento de se bastar a si mesmo tiritando e gemendo, sem mãe para o escutar e o nutrir! Aí está, entretanto, o primeiro homem que o sistema da geração espontânea possa dar.

Evidentemente, a outra origem do gênero humano é a única admissível, a única possível. Só o fato sobrenatural da criação explica a primeira aparição do homem aqui na Terra.

Os que negassem e abolissem o sobrenatural, aboliriam, no mesmo golpe, toda religião real. E é em vão que triunfam do sobrenatural, tantas vezes erradamente introduzido em nosso mundo e em nossa história: são constrangidos a parar ante o berço sobrenatural da humanidade, impotentes para dele fazerem sair o homem sem a mão de Deus."

MEDITAÇÕES FILOSÓFICAS E RELIGIOSAS

DITADAS AO SR. ALFRED DIDIER, MÉDIUM, PELO ESPÍRITO DE LAMENNAIS

(SOCIEDADE ESPÍRITA DE PARIS)

Já publicamos um certo número de comunicações ditadas pelo Espírito de Lamennais e podemos observar o seu alto alcance filosófico. Por vezes o assunto era claramente indicado; outras, porém, não tinha um caráter bastante definido para que fosse fácil lhe dar um título. Tendo feito a observação ao Espírito, este respondeu que se propunha dar uma série de dissertações sobre assuntos variados, à qual propunha o título genérico de *Meditações filosóficas e religiosas,* com a liberdade de dar um título particular aos assuntos que o comportassem. Então suspendemos a publicação até que tivéssemos um conjunto suscetível de ser coordenado. É tal publicação que hoje começamos e continuaremos nos próximos números.

Devemos fazer observar que os Espíritos chegados a um alto grau de perfeição são os únicos aptos a julgar as coisas de maneira completamente sã; que até lá, seja qual for o desenvolvimento de sua inteligência e mesmo a sua moralidade, podem estar mais ou menos imbuídos de suas ideias terrenas e ver as coisas de seu ponto de vista pessoal, o que explica as contradições muitas vezes encontradas em suas apreciações. Lamennais nos parece estar nesse caso. Sem dúvida há, em suas comunicações, muitas coisas boas e belas, como pensamento e como estilo, mas há, evidentemente, as que se podem prestar à crítica, e cuja responsabilidade inutilmente não assumimos. Cada um tem a liberdade de aproveitar o que achar bom e rejeitar o que parecer mau. Só os Espíritos perfeitos podem produzir coisas perfeitas. Ora, Lamennais, que, sem contradita, é um Espírito bom e elevado, não tem a pretensão de ser ainda perfeito; e o caráter sombrio, melancólico e místico do homem incontestavelmente se reflete nesse Espírito e, consequentemente, nas suas comunicações. Só sob esse ponto de vista elas já seriam interessante motivo de observação.

I

"As ideias mudam, mas as ideias e os desígnios de Deus, nunca. A religião, isto é, a fé, a esperança, a caridade, uma só coisa em três, o emblema de Deus na Terra, fica inabalável em meio às lutas e preconceitos. A religião existe, antes de tudo, nos corações, e assim não pode mudar. É no momento em que reina a incredulidade, em que as ideias se chocam e entrechocam, sem proveito para a verdade, que aparece esta Aurora que vos diz: Venho em nome do Deus dos vivos e não dos mortos; só a matéria é perecível, porque é divisível; mas a alma é imortal, porque una e indivisível. Quando a alma do homem se enfraquece na dúvida sobre a eternidade, ela toma moralmente o aspecto da matéria; ela se divide e, por conseguinte, é submetida às provas infelizes nas suas novas reencarnações. A religião é, pois, a força do homem; diariamente ela assiste às novas crucificações que inflige ao Cristo; diariamente ela ouve as blasfêmias que lhe são atiradas à face; mas, forte e inabalável como a Virgem, ela assiste divinamente ao sacrifício de seu filho, porque possui em si a fé, a esperança e a caridade. A Virgem desvaneceu-se ante as dores do Filho do Homem, mas não está morta.

II

SANSÃO

Após uma leitura da Bíblia sobre a história de Sansão, vi em pensamento um quadro análogo aos do possante artista que a França acaba de perder, Decamps. Vi um homem de estatura colossal e membros musculosos, como o *Dia* de Miguel Ângelo. E esse homem forte dormia ao lado de uma mulher que queimava, em volta dele, perfumes tais como os orientais sempre souberam introduzir em seu luxo e seus costumes efeminados. Os membros desse gigante entraram em lassidão e um gatinho ora saltava sobre ele, ora sobre a mulher junto a ele. A mulher curvou-se para ver se o gigante dormia; depois tomou uma tesourinha e se pôs a cortar a cabeleira ondulada do colosso. Sabeis o resto. – Homens armados atiraram-se sobre ele e o aguilhoaram; o homem preso nas malhas de Dalila chamava-se Sansão, disse-me de repente um Espírito que logo vi junto de mim. Este homem representa a humanidade enfraquecida pela corrupção, isto é, pela avidez e a hipocrisia. Quando Deus estava com ela, como Sansão a humanidade levantou as portas de Gaza; quando a humanidade teve por sustentáculo a liberdade, isto é, o Cristianismo, esmagou os seus inimigos, como o gigante, sozinho, esmagou o exército dos Filisteus. – 'Assim, respondi ao Espírito, a mulher que está junto dele'... Não me deixou concluir. Disse-me: 'É a que substituiu a Deus; pense que não quero falar da corrupção dos séculos passados, mas do vosso'. Desde muito tempo Sansão e Dalila se haviam apagado ante os meus olhos. Eu via o anjo, só, que me disse sorrindo: 'A humanidade está vencida'. Então seu rosto tornou-se reflexivo e profundo, e acrescentou: 'Eis os três seres que devolverão à humanidade seu vigor primitivo: chamam-se a Fé, a Esperança e a Caridade. Virão em alguns anos e fundarão uma nova doutrina que os homens chamarão Espiritismo'.

III

(Continuação)

Cada fase religiosa da humanidade possuiu a força divina materializada nas figuras de Sansão, de Hércules e de Rolando. Um homem, armado com os argumentos da lógica nos diria: 'Eu vos adivinho; mas tal comparação me parece muito sutil e lenta'. É verdade, talvez até agora não tenha vindo ao espírito de ninguém; contudo, examinemos. Eu vos falei ultimamente de Sansão, emblema da força da fé divina nos primeiros tempos. A Bíblia é um poema oriental; Sansão é a figura material dessa força impetuosa que derrubou Heliodoro no átrio do templo e que reuniu as ondas do mar Vermelho, depois da as haver separado. Essa grande força divina tinha abatido exércitos, derrubado os muros de Jericó. Sabeis que os Gregos vieram do Egito e do Oriente. Essa tradição de Sansão não existia senão no domínio da Filosofia e da História egípcia. Os gregos desbastaram os colossos de granito do Egito, armaram Hércules com uma massa e lhe deram vida. Hércules fez seus doze trabalhos, venceu a hidra de Lema, a hidra dos sete pecados capitais e tornou-se, nesse mundo pagão, o símbolo da força divina encarnada na Terra; dele fizeram um deus. Mas notai quais foram os vencedores desses dois gigantes. Há que sorrir? Que chorar? como pergunta Lamartine. Foram duas filhas de Eva: Dalila e Dejanira. Vede, a tradição de Sansão e de Hércules é a mesma que a de Dalila e Dejanira. Apenas Dalila tinha mudado a cabeleira das filhas do Faraó pelo diadema de Vênus.

Pela tarde, no famoso vale de Roncevales, um gigante, deitado numa ravina profunda, berrava o nome de Carlos Magno, em gritos desesperados. Estava meio esmagado sob enorme rochedo que suas mãos desfalecentes em vão tentavam remover. Pobre Rolando! tua hora chegou; os Bascos te insultam do alto do rochedo e ainda te lançam pedras enormes. Entre os teus inimigos se acham mulheres. Talvez Rolando tenha amado uma: sempre Dalila e Dejanira. A História não o diz, mas é isto provável. Contudo, Rolando morreu como Sansão e Hércules. Discuti agora se quiserdes; mas, senhores, parece-me que esse acontecimento não é tão sutil. Qual será, nos tempos futuros, a personificação da força do Espiritismo? Quem viver verá, diz-se na Terra. Aqui se diz: O homem verá sempre.

Lamennais"

(Continua no próximo número)

Allan Kardec

ÍNDICE GERAL

Janeiro

Fevereiro

Março

Abril

Maio

Junho

Julho

Agosto

Setembro

Outubro

Novembro

Dezembro

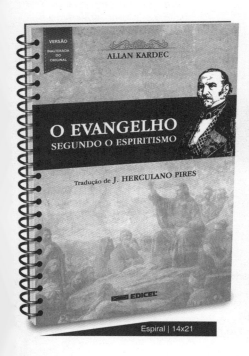

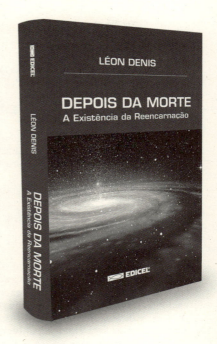

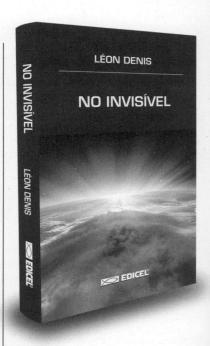

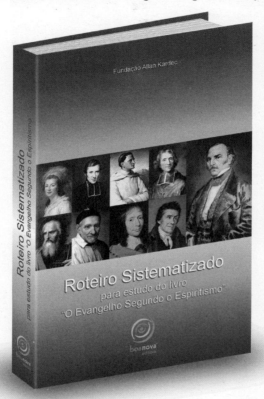